仅以此书献给——

为建设中国当代写作学学科大厦

而筚路蓝缕不懈拼搏的

前辈、时贤与后学们

国家级精品课程教材
面向21世纪课程教材
Textbook Series for 21st Century

高等写作学教程系列

高等写作思维训练教程

（第二版）

主　编　马正平
副主编　陈果安　佘佐辰
邹华芬　王　琳

中国人民大学出版社
·北京·

高等写作学教程系列
编 委 会

修订说明

这套“高等写作学教程系列”作为世纪之交教育部重点课题“面向21世纪高等师范院校中文专业主干课程教学内容和教材体系改革研究”的重要研究成果，2002年被教育部选入教育部重点规划教材“面向21世纪课程教材”系列出版，在全国产生了较大影响。《中华读书报》2003年2月19日第5版曾发表了整版书评《面向本土　平视他者　独立言说——评马正平主编“高等写作学教程系列”的文化立场》。

鉴于这套教材的理论的深度与实践训练的操作性程度较高，受到教育部高教司的高度重视，为了宣传推广这套教材，高教司于2003年1月8日专门发了《关于委托中国人民大学举办“高等学校基础写作学与文艺批评学中青年教师研讨班”的函》（高教司函【2003】5号），并委托中国人民大学、四川师范大学于2003年4月5日—13日，在北京举办教材讲习、研修班。高教司刘凤泰副司长专门参加开幕式，并做了《关于切实加强高校写作课教学》的重要讲话，中国写作学会会长於可训教授、北京师范大学刘锡庆教授和我对这套教材进行介绍阐述，并和与会代表进行广泛的沟通和研讨，这次研修班对全国写作学产生了较大影响。据教育部高教司“全国高等学校精品课程建设工作”网站之“写作学”课程网站（http：//jpk. sicnu. edu. cn）2008年的不完全统计，全国有82所各类大学的中文专业和非中文专业使用此教材或将此教材作为首选的参考教材。其中，作为精品课程教材的18家；作为硕士研究生课程的8家；高等师范院校22家；综合大学8家；理工学院5家；政法公安、新闻、外语大学7家；网络高等教育4家；语文教师教育机构与培训考试机构10家。正是由于我们在写作课程教材建设方面的突出成就，2008年四川师范大学文学院“写作学”获评全国中文专业本科类写作学课程的第一门“国家级精品课程”。本次修订是在这个背景之下进行的。自2002年本系列教材出版发行以来，我们对写作学与写作教学的研究有了一些新的研究成果需要和全国同行分享，这些新的研究成果使我们的写作学理论与写作教学理论更加趋于完善、理想，更加具有哲理性与操作性的统一，大学写作教学的有效性因此得以产生，而这正是我们30年来不懈奋斗的目标。

作为中文专业本科类“国家级精品课程”的大学写作教材，本书追求的是教学内容应有的理论深度和操作模型的简单性。理论的深度不一定是一种玄学，而应该是一种本体性程度和思维操作性级别的提升。现在，学术界和写作教学界有一个误区，认为凡是理论都与实践脱离，都远离实践。真实的情况是，本体论与思维方法论是统一的：思维方法是发现本体的操作技术，而本体论则是对操作技术的控制。以往那些所谓的“理论”的一个共同特点，就是本体论与方法论脱离。例如，美学本质论与审美思维方法论的分离，思维本体论与思维操作论的脱离，写作本体论与写作操作方法论的脱离，这就导致了美学、思维学、写作学既没有哲理性的高度、深度，又没有思维操作的简单性、规律性，于是导致这些学科的学术水平与实践性品格都很低下。本教材“追求哲理性与操作性的统一”，这一点最早被孙绍振先生天心慧眼发现，已在拙著《写的智慧》全书总序中精辟指出，令人解颐。

本书第一版已经初步解决的写作行为的章法、措辞的思维操作模型化的问题，但是，从写作原理上来将，还存所在了两个问题，第一，本教材出版对写作路径思维中的分析问题讲得很到位，思维操作模型也很管用，但是，写作思维中的综合思维的原理与操作模型较为模糊，思维操作模型也为讲清楚。第二，写作思维中的赋形思维，在章法结构的层面讲的很清晰，很到位，很管用，但是，在行文表达的语言艺术或技巧的层面的复兴思维讲的就未明确涉及，最多就是和章法结构上的赋形思维混在一起讲，这样对于学生提高行文表达的艺术性、美感性方面，就不能令人满意。这次修订，我们比较重视这两个方面，在这两个方面，做了较大努力。在第一个问题上，我们专门探讨了综合思维的类型与操作模型，在第二个问题上，我们专门提出了张力思维或技法思维的概念，并对其思维操作模型进行专门的讲解。

另外，最近10年来，我的研究领域重久别的美学领域，其研究成果不存在，2008年申报成功的“国家社科基金课题”——“直观与折射：时空美学基本原理初探”项目之中，因此，本次修订我在“写作美学”部分增加了有关“美学基本原理”，以此作为写作美学的理论基础、前提。

本册第5章和第7章系这次修订时新编写章节，其中第五章由我和王琳博士共同完成；第七章的编写和全书其余各章的修订由我完成。

我可以很负责任地告诉本书的使用者和读者，这套“高等写作学教程系列”所包含的写作原理体系和写作教学体系，是我们通过近30年的努力，真正在中国古代写作理论的基础上吸收西方的先进的写作知识，将古代写作理论进行了现代转化，将西方理论进行了本土转化之后形成的。她具有浓郁的中国古代写作理论的基本文化精神，又具有西方先进的写作原理的精华，实现了文化间的对话与交流，不仅没有“失语”，而且是自信地言说、升华、超越。我们无愧于这伟大的写作学传统，无愧于我们伟大的时代，也无愧于我们的学术人生。

在本书修订过程中，四川师范大学校长周介铭教授、副校长祁晓林教授、文学院院长李诚教授、教务处处长杜伟教授为本书修订提供了诸多优厚条件，中国人民大学出版社人文出版分社司马兰社长以及编辑翟江虹、李颜、刘汀老师做了大量工作，在此对各位表示衷心的感谢。

马正平　谨识

2010. 5. 20

中国当代写作学成熟的标志性建筑（总序）

孙绍振[①]

六七年前，我在一篇万字长文中，曾经十分悲哀地写道："自 80 年代以来，中国写作学的各类教材纷纷出版，估计已达数百种，可能是人文科学中教材数量最多的了。但是，数量众多与学科理论水平之低下，正好形成强烈的反差，这是因为中国当代写作学缺乏必要的学术基础。"[②] 这并不是我个人对写作学的一己偏见，因为，在中国当代学人的心目中，一提到"大学写作教材"，就把它与肤浅、平庸、无用等糟糕印象联系起来。写作学的硕士、博士学位点至今仍未能设立，就是一个明证。

但是，当读完由马正平教授主编的"高等写作学教程系列"之后，我惊喜地发现，我对中国当代写作学与写作教学的总体评价和印象需要彻底改变，对中国当代写作学的确是应该刮目相看了。

这是一部结构恢弘、气魄浩大的真正面向 21 世纪的大学写作学系列教材。这套写作学教材的内容，已经基本符合了我们对当代写作学理论和写作学教材的期待与理想，它所显示出的写作理论和写作教学的哲理性和操作性，已经基本符合写作学的学科特征和学术规范。因此，在我看来，这套教材应该是 20 世纪中国现代写作学的一个高度总结，也是 21 世纪中国当代写作学的一个良好开端，它无疑成了中国当代写作学学科成熟的一座"标志性建筑"。作为一个曾经数十年从事大学写作教育并深切关注中国当代写作学发展的学人，我由衷地感到兴奋，我为中国写作学理论与写作教学体系走向成熟感到自豪，我为中青年写作学者进入如此深邃的学术境界感到欣慰！

这套教材对写作学的研究是全方位的，不仅在写作哲学、写作美学、写作文化学、写作思维学、写作语言学等方面取得了令人振奋的成就，而且（也是最为

---

① 孙绍振，福建师范大学教授、博士生导师。原福建省写作学会会长，现为中国中外文艺理论学会副会长。

② 孙绍振：《建设中国当代写作学的操作性理论体系》，载《福建论坛》，1994（6）。

精彩的地方）从写作思维的角度，破解了人类写作言说的操作技术之谜、艺术之谜。

在这里，写作理论的哲理性是通过写作本质论（哲学）、写作美学、写作原理来体现的。在《高等写作学引论》中，作者认为，写作的终极本质，不是模仿生活、反映生活，不是抒情言志，不是书面语言的表达，也不是信息的传播，而是写者对精神秩序（情思理想、价值取向）与书面语言符号秩序（语流符号结构）的创建、缔造而已，即人对自由生命秩序的创生与建构。这里，秩序并非就是对现成既定秩序的维护，而是一种批判、否定，一种创造，是对一种新的人类生存秩序的憧憬与构筑。这也是对语言之家、存在之家的“构筑”。这便深刻地揭示了人类写作行为的人文性、创造性的人性本质。

在写作美学方面，《高等写作学引论》指出，写作之美、文章之美，就是人类的一般的审美理想在文章内容和形式方面的体现：文章境界、文章节奏。所谓“文章境界”，就是内容上所显示出来的写者的心灵高度、思维高度、智慧高度，一句话，就是写者的人格高度感、心灵空间感。所谓“文章节奏”，就是文章行文的语言运动所体现出来的流动感、速度感、力量感、时间感。后者体现着生命的“存活”、生气，前者体现着生命、心灵、思维的自由。作者认为，作为三维或“分维”空间的“境界”和作为一维时间的“节奏”具有相互的转换性。因此，写作之美、文章之美具有四维时空统一的场性特征，它正是人的自由生命的“栖居之所”。

在《高等写作学引论》中的“写作文化”的概念和理论是较为重要的写作学理论。这个理论主要解决的是关于人类写作的创造性机制的问题。这个理论认为，在人类写作的历史过程中，体裁的选择、主题的确立、文体（技法、结构、语言）的革新和创造的依据是特定时代社会的写作文化精神，因为写作文化是特定时代社会关于文章“写什么”和“怎么写”方面的价值取向、思维方式、时空情绪等写作规范的精神整体、意识形态。写作文化理论既是社会的产物，又是写作主体的心理现实，因此，写作文化在社会（“世界”）和写作行为之间充当了控制性中介。所谓作家要深入生活，不是去录制生活，而是要获得特定时代社会的写作文化精神。因此，要进行创造性写作，就必须培养写作主体关于特定时代社会的写作文化精神的敏感、感受、感悟。让写作文化来控制、催动写作内容和形式、主题和文体、技法的全面创新。这是写作创造的最后奥秘，也是文学创造的最后奥秘，这在文学艺术创造上也具有极大的实践和理论意义。

众所周知，当代写作学界对于写作行为过程的原理概括最有名的是所谓“双重转化”论，即从“意化”到“外化”的过程。这个理论本来是苏联文艺学家

A. 科瓦廖夫在其《文学创作心理学》中提出来的。20世纪80年代被中国写作学学者引进。说写作是“双重转化”的过程是不错的，但问题是，我们关心的是这个“转化”究竟是怎样进行（操作）的。但是这个理论本身并没有告诉我们这方面的一丁点儿信息，所以，有理而无用。然而《高等写作学引论》认为，写作过程原理不是什么“双重转化”、“三级飞跃”、“三重转化”、“四重转化”……而是“知行递变”。即在写作行为的过程推进中，“知”（目标、目的）不断地自变为“行”（表达方式、行为方式）；而在下一阶段上，“行”又自变为“知”。写作过程中，“知”与“行”就是这样周而复始地“递变”着、自我运动着，直到写作的全部目的、目标完成为止。这“知”就是写作秩序，就是生命境界、节奏、主题……这“行”就是写作行为过程、方式。显然，这种自我运动的“知行递变”论，是符合事物的辩证运动的生长规律的。我赞赏作者学术研究中的这样深邃、严密的分析、论难和超越。应该说，这几个原创性写作理论所达到的形而上的学理高度，我看与当代文艺学、美学等显学的一流研究成果是不相上下的。

这套教材不仅在形而上的层面有如此建树，而且难能可贵的是对写作行为操作技术、操作艺术规律的揭示，这也是我们写作学界多年来梦寐以求的东西。

与其他当代中外写作教材相比，这套教材的最大贡献是对人类写作思维的“基因图谱”与操作奥秘、规律的揭示。颜纯钧认为，写作就是处在“无”和“有”之间的过程，就是从“无”到“有”的过程。因此，写作学要研究的是从“无”到“有”的规律。这是对的。在我看来，这从“无”到“有”的规律，就是我经常讲的写作行为的操作技术层面的原理问题。换言之，只有写作理论的操作化，才能最后解决写作中的从“无”到“有”的技术和艺术问题。

在写作过程中，“无”和“有”有两个层次的含义：在第一个层次上，“无”是指没有观念规定性的生活现象，“有”是指从生活现象中生成的价值取向规定性的“立意”、“主题”；在第二个层次上，“无”指没有形式规定性的“立意”、“主题”，而“有”则是指具有书面语言形式规定性的材料结构体系。说穿了，写作就是立意和立意的语言秩序化（形式化）的过程。写作学的关键就是要解决这个过程的操作原理和技术、艺术的问题，尤其是后者。令人欣喜的是，这套教材顺利地、漂亮地解决了这个写作学最为艰难的问题。

在《高等写作思维训练教程》的“立意”章中，著者认为，“立意”的最高审美要求是“新颖性”，而达到立意新颖性有六条途径，或六种思维操作技术，写者只要提炼出深刻、高远、高妙、奇特、生僻的立意来，文章的立意就是“新颖”的了。在这里，新颖性是创新性、创造性的同义词。不仅如此，该教材还花很大篇幅给出了每一种新颖性立意生成的思维操作模型、技术。如果说这里讲的是写文章怎样从生活现象中产生一个新颖的主题、立意的思维技术的话，那么，《高等基础写作训练教程》中关于学术论文的观点创新的论述，则是从对现实（材料）与既成学术观点的矛盾的分析批判的思维过程来揭示立意思维操作技术。怎样产生一个具有创新性的学术观点呢？该教材认为：

> 对于一个学术论文写作者来说，首要的品格就是树立一种重新审视、重新评价的无情的严厉的批判眼光，来面对前人和他人的学术观点。看他们的观点是全面、整体、普适的，还是片面、局部、偏颇的？是深刻、本质的，还是表面、肤浅的？是系统、立体化的，还是孤立、零散的？是呆板凝固僵化的，还是动态灵活开放的？是复杂的，还是简单的？是线性静力学的，还是非线性动力学的？是稳态的，还是非稳态的？是决定论的，还是非决定论的？如此等等。
>
> 实际上，任何学术观点上的片面或错误都是研究者的思想方法、思维方式上的片面或错误，其本质都是哲学世界观、方法论上的问题。因此，要解决这些陈旧观点上的学术问题，获得正确的独创性学术观点，最为重要的是从世界观、方法论、思想方法、思维方式上的脱胎换骨，来一场根本的深刻的革命，树立整体、立体、系统、动态、复杂、非线性、动力学的世界观、方法论，树立起现代广义系统哲学和系统论的思想方法和思维方式。
>
> 因此，要提出一个深刻的新颖的学术见解，首先要进行的是一种批判行为：质疑、论难、证伪。正是在这个质疑、论难、证伪的过程中，不断发现这些传统观点的局限性、肤浅性，逐渐凸显出真理的光辉——一个深刻的独创的学术观点来。这一切都是从现象到本质，从肤浅到深刻的思维过程。

这些创新性学术观点的思考、思维途径、方法、模型又有五种：

（1）从片面到全面，从局部到整体的思考；

（2）从结果到原因，从现象到背景，从结果状态到功能作用的思考；

（3）从系统到环境影响的思考；

（4）从元素罗列到内在关系的思考；

（5）从静态到动态的思考。

如此精彩的分析和揭示，阐述得何等深入。作者这里讲的不就是波普尔《猜想与反驳》中所谓科学革命的“证伪”理论的具体化思维操作技术吗？虽然教材并没有引述波普尔的一句话、一个字。这样，该教材便首次解决了立意的思维技术层面的“老大难”问题。

十分可贵的是，教材在这里的阐述，还不是从理论到理论，照搬别人的观点，而是从自己的学术论文的写作经验中概括出来的。因此，不仅具有较高的理论价值，而且具有较高的实用价值。这是一般写作学教材所难以企及的。这就是我盼望已久的所谓操作性写作理论的理想范本之一。

第二个层次上的从“无”到“有”，在教材中就是“主题结构化”或“结构主题化”的过程。这个问题的解决，是这套教材的又一个最吸引人的地方。这也是《高等写作思维训练教程》的重点内容。作者认为，当文章创新性立意产生之后，写作的全部任务就是将主题化为结构，或使结构主题化。这个过程，教材把它叫做“赋形”，即将没有形式规定性的文章的主题、立意赋予形式化（材料、结构、语流）的规定。因此，写的过程就是一个将写作立意“赋形”的过程。但是，写作赋形不是一下子就能够完成的，是一个需要有一系列中介的思维过程。“赋形”的思维模型就是“重复”与“对比”：使自己的写作主题、立意更加强化，从而更加感人、服人、明人。运用重复与对比的写作思维模型的过程就是一个产生“辞达”与“足文”的艺术感觉过程，也是一个将主题、立意赋形的过程。

但是，在写作之时，赋形思维或足文思维只是一种目标、理想、功能，那么，这里最重要的问题是，遵循什么路径进行这种重复与对比、渲染与反衬呢？该教材认为，这种路径就是因果思维、相似思维、构成思维等若干种“分析”与“综合”的思维操作模型，即从逻辑关系、空间关系、时间关系、相似关系等路径进行分析与综合。由于逻辑关系、空间关系、时间关系、相似关系必须服从对主题、立意构成重复与对比、渲染与反衬的内在性质关系，这样便解决了“材料围绕主题、立意”的问题，也解决了主题结构化和结构主题化的问题，从而与现实生活中的自然主义的逻辑关系、空间关系、时间关系划清了界限。在这里，分析与综合和重复与对比实际上是一回事。

这套教材认为，上述重复与对比、分析与综合的写作思维操作技术（模型）解决的是材料与结构的主题性、有机性、统一性的问题，还没有解决写作言说的书面化、语流化，即文本化的问题。要将上述重复与对比、分析与综合生成的文章材料和结构变成文章的书面语言文本，必须运用“渐进”与“平列”的思维操作将这些文章材料和结构进行线性整归，生成一个一个句子以及由句子构成的段落，从而形成书面语言的文章文本，最终完成从“无”（主题、立意）到“有”（书面语言文本）的书写任务。

正是在这种深邃严谨的学理基础之上，读者将会高兴地看到，教材（《高等写作思维训练教程》、《高等实用写作训练教程》、《高等基础写作训练教程》）对写作过程论进行了精彩的解构：一改过去西方学者延续了几千年的“材料（聚材、选材）—主题（立意）—结构（谋篇布局）—表达（记叙、描写、抒情、议论、说明）—语言（遣词造句）”的虚拟的写作过程框架，而建立了一个只有“立意—行文”或者“感思—行文”的写作过程的思维模型。与传统的写作过程论相比，这是一种没有选材、没有结构的以行文为中心的写作过程论，即非构思的写作过程论，亦即“即兴写作”的写作过程论。马正平胆敢丢弃“选材”、“结构”、“语言”这些传统写作学的范畴和环节，是因为在行文展开中重复与对比的路径思维，所以，我们欣喜地看到，在教材的写作过程论部分，没有感到一点理论环节上的残缺和遗憾。

在这里，文章的立意、行文，不是对材料的猜想、对结构的谋划、对提纲的预拟，而是运用一整套写作思维操作技术进行思维的展开、分蘖，这种展开、分蘖，就像一棵树的生长那样美妙、自然、流畅。这样的写作过程，这样的行文操作，能保证学生有话可说，而且能保证充分地完美地高质量地言说、书写！在此，这套教材便真正实现了 20 世纪 80 年代颜纯钧提出的对“推倒”“物—意—文”过程模式的愿望。这无疑是一个十分大胆而深刻的理论原创！

这样，这套教材便把作为艺术的写作的科学奥秘——思维原理——十分准确到位地揭示出来了。我以为，这就是真正具有高度操作性的写作思维的原理，而且超越了一般文学创作与文章写作的思维操作的规律。这无疑是中国当代写作学最为重大的事件和最为重大的原创性学术贡献之一。

但是，作者还不满足，还在继续探讨当下真正的更加实际的写作思维机制。教材认为，世界上没有抽象的写作，只有具体的写作，即具有特定读者对象，特定的时空背景，具体的写作目的、功能的写作活动和行为。在这种情形下，写作并不是写者个人的“独语”，而是一种双向的反馈与对话，是一种“互动”的过程。因此，写作思维的每一步，都必须考虑将自己思考出来的文章材料、内容让读者、时空背景“审核”，如果不能被读者、时空背景所接受，就要进行调整、撤换。这时，就要对写作思维的成果进行反思。这时，所需要的就不是一般的写作思维，而是一种写作智慧，一种写作策略。而写作智慧或写作策略的思维操作模型就是“协调”与“对抗”。也就是说，在写者进行重复与对比、分析与综合、渐进与平列的写作思维过程中，时时处处都要运用“协调”与“对抗”的写作策略思维操作模型，对文章的构思与行文进行把关、调控。只有这样，写出来的文章才能为读者、时代所接受，才能发挥最大的写作功能，实现自己的写作意图。这样一来，“写作文化”和“写作禁忌”的先锋写作学思想就派上了用场。

写到这里，我不得不感叹作者对写作思维的操作性原理体察之微、研究之深、概括之妙！这里已经给出了写作全过程中两个“无中生有”，即两个从“无”到“有”的写作思维过程的高度操作性的思维原理、技术（模型），实现了对操作性写作（思维）原理奥秘的最终破解。

上述写作思维、写作文化的原理只是一般的写作原理，写作教学的最终任务就是要把一般的写作原理最后落实，在具体语境下完成各种文章体裁写作的任务。《高等基础写作训练教程》和《高等实用写作训练教程》所做的工作正是如此。这两部书核心的写作概念就是“文体思维”，即“文体写作思维”。教材在对某种文体的写作和训练设计中，将一般的写作思维、写作文化的原理落实到具体的文体写作中形成具体的文体意识和文体思维，并对文体写作思维的过程进行了知识讲解、例文分析和操作演示，对写作实践等进行了精致的设计，强调了文体思维过程的学习、训练，这是这册教材的最重要的特征。我想经过如此精美、丰富的训练环节的训练，学生的写作思维能力是能够得到明显提高的。这样才可能实现写作教学的有效性。

另外，我更注意到教材所体现出来的新的方法论。因为，教材对人类写作行为的研究，不是对抽象的写作行为的研究，而是对处于真实语境状态、现实时空背景下的人类写作行为原理和奥秘的研究，这样就真正逼近了真实的复杂写作，而不是虚幻的简单写作，也只有这样的写作思维操作原理，才具有提高人类思维和写作能力的实际意义，从而实现当代写作教学的有效性和高效性。这正是人们翘首以待的东西。这也是若干年前我在《建设中国当代写作学的操作性理论体系》的万字长文中所深切渴望和期待的东西。

这套教材之所以能够获得如此成就，一是因为这套教材的主编马正平教授之前进行了13年写作学的潜心研究，奉献了皇皇5卷175万字的当代写作学研究巨著《写的智慧》。如果没有这个专著式研究成果，编写这样的体大思精的写作教材是不可思议的。二是因为这次教材编写，又物色了一批当代写作学研究的新锐，组成了一支阵容强大的编写队伍。三是因为马正平近年来运用这些写作学理论直接介入跨世纪的中学语文教学课程改革，参加了2000年人教版中学语文教材的修订和审订，并对当代中学作文教学理论与训练体系进行改革，他先后主编、出版了两套规模宏大的中小学作文教材丛书，均获得很大成功，这为本套教材编写积累了一定的经验。

近读米勒的《重申解构主义》一书，感慨颇深。他在该书中对美国社会和教育界对文学系的写作教学与写作学研究的过于重视，而对轻视文学研究与教学的现象大为光火。他说，在美国大学里，写作教学与写作研究得到学校和社会的大力资助，而文学教学与研究则未能受到这一待遇。人们更为关心的是写作学从文学系独立出去的可能性，那样，文学系就会受到冷遇。正是在这种学术背景之下，他的解构主义策略便侧重于向修辞学方向发展，向写作学靠近，形成具有耶鲁大学特色的“修辞学解构主义”。在美国，修辞学主要是关于写作的研究，而不是主要研究修辞格问题（所以，当前有人又把“修辞学”译为“措辞学”）。他还说，在美国，写作教学是热门的学科，许多有才华的青年教授争着去教写作课。[①] 而在我们中国的高等院校，情况恰恰相反，青年教师要争着教的是美学、文艺理论、古典文学、现当代文学。我在美国、加拿大等国访问讲学的时候，发现他们早就招收写作学的硕士生、博士生了，而我们还在为写作学争取学位授予权而竭力呼吁。这就是对于应用性、技能性学科两种截然不同的态度。是我们错了，还是人家错了？

我曾经是一个教过三十多年大学写作课的教师。在我的印象中，在20世纪90年代以前，写作课曾经是大学中文系的一门十分受重视的专业基础课程。那时候，许多大学里，写作教研室也算是中文系最大的教研室之一。据我所知，北京大学、复旦大学是全国最先编写写作教材的高校，像复旦大学、北京师范大学、东北师范大学和我所在的福建师范大学，写作教研室的教师都在20人左右，而且阵容强大、实力雄厚。写作课的确是深受学生欢迎的课程之一，在高等师范院校更是如此。

但由于20世纪90年代以来，中文学科本科的专业目录和攻读研究生的学位目录调整，写作学没能进入一、二级学科的目录之中，连三级学科也不是。写作学被排斥于当代学术话语领域之外！于是，写作课、写作学在国家教育界、学术界，在大学中文系受到了鄙视和排挤，许多地方写作教研室被并入文艺理论教研室，或与语文教学法一起成为综合教研室。于是，昔日风光无限的写作学科成了无家可归的“流浪儿”!

与此形成强烈反差的两个现象是：一方面，大学中文系的学生对写作课的兴趣有增无减[②]；另一方面，从20世纪80年代起，在中国高等汉语言文学教育界产生了一股十分强劲的建立现代化、科学化、民族化的写作学理论体系和写作教学体系的学术大潮。当时，中国写作学会的会员曾达6 000名之众，就是一个耐人寻味的信号。这个大潮经过几次一浪高过一浪的写作学研究理论和研究方法的重大变革，旧的写作知识体系发生翻天覆地的变化。我清楚地看到，通过这二十多年来老、中、青三代写作学理论与写作教学研究者的潜心研究，中国当代写作

---

① 参见［美］米勒：《当前美国修辞学研究的功能》，见《重申解构主义》，78～84页，北京，中国社会科学出版社，1998。

② 一项关于当前大学写作教学的问卷调查结果表明：在中文专业的8门课程中，有66.2%的学生认为，就课程对学生的重要程度而言，应将写作课排在前4位，只有33.8%的学生认为应排在后4位。

学研究与写作教学已经趋于成熟。应该说，马正平教授主编的这套“高等写作学教程系列”就是写作学科成熟的一个强有力的证据，这是当代写作学由“潜科学”走向“常规科学”的一个学术里程碑。

此刻，我又想到中国当代写作学的学位授予权的问题。20 世纪 80 年代中期，在讨论写作学的学位授予权的问题时，负责中文专业学位授予权评审的一位前辈语言学家说：“写作课就是教学生作文，没有什么学问可言，不必设立硕士、博士学位。”另一位著名语言学家也说：“写作学就是文章学，应该属于语言学的一个分支。”用这样的语言和态度来评价 80 年代以前的中国写作理论知识体系和课程体系，是对的，我同意。但是，时间又过去了二十多年，在这二十多年中，经过几代（尤其是中青年一代）中国当代写作学研究者的不懈努力，写作学的理论和教学体系已经发生了翻天覆地的变化。“士别三日，当刮目视之。”写作学的研究现状已今非昔比。我以为，任何一位有学术良知的学者，对这套“高等写作学教程系列”教材，是不应该视而不见的，也是无法回避的。那么，我们的教育界，我们的语言学界、文学界，是否也该重新正视一下中国当代写作学不断提高的学术水准呢？

如果以公正、负责的心态去看中国当代写作学，人们会发现，中国当代写作学的确已经达到了一个相当的学理高度，虽然，达到这种高度，还不是一个十分普遍的现象。而且，它的确与语言学（修辞学、文体学）、文学（文艺理论，乃至文学创作论）有不同的学术特征和鲜明的差异。它的确既不属于语言学，也不属于文学，而是与这二者鼎立而三的一门独立的现代新型学科、边缘学科。我甚至强烈地感到，中国当代学者们正在为世界贡献一门由中国人原创和建构的现代新兴学科——写作学。

因此，我认为，教育部、国家学位委员会、国家哲学社会科学规划办公室应该组织有关专家学者对写作学科的学术现状和学科的专业定位进行重新考察、评估、论证，将现在的一级学科“语言、文学”改为“语言、文学、写作”，使写作学能授予硕士、博士学位，使当代写作学有一个合法的“户口”，使最受社会欢迎的大学写作教学，有一个完整的层次、体系。

这不仅是写作学界的迫切要求，而且也是信息社会、知识经济时代社会的迫切需要。

这不仅是中国的需要，也是全世界的需要。

目　录

下编 写作过程思维素养与能力建构训练

导　论

走向非构思写作的研究、教学与训练

艺术家的这种构造形象的能力，不仅是一种认识性的想象力、幻想力，而且是一种实践性的感觉力，即实际完成作品的能力。这两方面在真正的艺术家那里是结合在一起的。……按艺术的概念，这两方面——心理的构思与作品的完成（或传达）——是携手并进的。

——黑格尔

画家只有通过画笔才能得到他的仙女，这个真理涉及到一个基本的精神生活的特殊性：创作对于表达的依靠。那种要我们在说与写之前便把事情想个明白的旧学派的规则提出了某种常人达不到的要求。在任何情况下，说和写都帮助思想变得更加清晰，而且它们常是使之成为可能的必要条件。

——玛克斯·德索

第1节　写作是怎么回事：在场论写作学批判

一、写作行为难在何处

如果有人要问“写作是什么”，我们可作一个柏拉图式的回答：“写作是难的。”苏联著名心理学家、艺术理论家维果茨基就认为：写作是一种最具有难度性的能力。写作难在何处？维果茨基对此作了分析：一是写作具有高度的“创造性”，例如文章主题、立意和结构语言的创造；二是具有高度的“抽象性”，例如语言对世界的间接反映的抽象性，以及作者对读者对象的把握的抽象性；三是写作思维语言的“严密性”，因为写作语言与思维的运行有十分密切的关系，语言的严密就是思维的严密。[①] 这个分析是比较深刻的。

正因为写作行为是这样的高难度，“写作究竟是怎么一回事”这样的问题，在许多人心目中是没有底的，就连许多有成就的作家、文章家也是如此。

许多人在写作的时候，对文章立意的产生、材料的选择、结构的设计布局、语言的运用、文体的把握、文章的修改等环节，都处于一种感性、经验的水平上，处于一种“乱碰”的经验性状态。这样带来的后果，可能是立意肤浅，可能是无话可说，可能是文不对题，可能是材料芜杂，可能是结构松散，可能是语言混乱，如此等等。所以，不仅许多中小学生高喊“作文难”，即便是大学生，面对写作也同样望而生畏。

二、在场论的现代主义写作学无法揭示写作能力生成的内在机制

学生的写作为什么进入了这种窘境？这有多种原因，但其中最为重要的原因是长期以来我们的大学、中学的写作教学的内容——写作学理论知识——出了严重问题。

众所周知，整个20世纪的写作学——现代主义写作学——研究的兴趣、热情都是集中在对写作行为的成品——文章——的元素、结构、要求、规范、技法的研究总结上面。雄踞中国写作学界数十年之久的“八大块”写作知识体系和“文章学”的研究思路是最为典型的表现。写作教学自然就是对这种写作成品知识的传授。接受这样的写作教学，学生对文章应该写成什么样子，对文章写作的要求——立意深刻、新颖，材料充实、典型，条理清楚，结构严谨，语言流畅，文面美丽，如此等等——还是比较明白的。但是，究竟进行怎样的写作思维操作才能达到这种写作境界，则不甚了解，或根本不知道。

于是，中外写作教学——从中小学的作文教学到高等院校的写作教学——效果极差。据美国和中国教育部门组织的专家调查表明，几年前，美国和中国分别只有12.5%和10%左右的中学生作文水平符合国家的教学标准要求。所以，到了大学阶段，学生的写作仍然是一个问题。据我们对刚入学的大一学生的问卷调查表明：只有12.5%同学对写作最感兴趣，而这个比例正好与美国中学生写作达标的比例接近。华中理工大学对本科生和硕士、博士研究生的语文能力的调查表明，即使是硕士、博士研究生，许多人的文章也写得不成样子，甚至文不从、字不顺。

① 参见［苏］列夫·谢苗诺维奇、维果茨基：《思维与语言》，1版，杭州，浙江教育出版社，1999。

这真可谓“以其昏昏，使人昭昭”。

造成这种现象的根本原因，则在于现代写作学研究的观念、方法论上面存在问题。

三、从在场性研究走向不在场性研究：当代写作学的写作原理观

从哲学的世界观和方法论的层面来看，这种关注写作成品（文章）的写作研究与教学行为，是一种“在场”的哲学思维，它始于人类对外在客观世界的探索、认识、把握的早期科学行为习惯。在这种科学活动的基础上，人类产生了反映论、认识论的哲学。但是，人所以为人，就在于它并不仅仅停留在对外在客观世界现存外物的反映、认识上面，而且要对“不在场”的未来世界、未来事物加以创造。劳动工具的产生就是一个典型的例子。工具的产生是人之所以为人的一个极为重要的标志。

在这里，工具之所以产生，是因为，人类运用了“不在场”的思维活动——目的思维、方法思维、创构思维。因此，马克思说，工业和人的环境是一本打开了的心理学。然而，由于种种原因，人类对种种“工业产品”所以生成的“不在场”的实践行为的心理学（思维学）一直未予以真正的关注。虽然，很早以前古希腊神殿上就铭刻着这样一句哲言：“人啊！认识你自己。”但是，最近300年间，由于科学主义和在场形而上学的主流哲学话语的流行，几乎所有的科学、技术研究和人文学科研究，都是对客观的实存事物的认识、思考、探索，很少有人将研究兴趣转向那神秘的不在场的想象世界、思维世界。一直到20世纪80年代中期，世界哲学界才猛然醒悟，提出人类不仅应该关注世界是怎么样的问题，而且应该关注世界应该怎么样。因此，20世纪80年代第六届世界美学大会宣布：当代智慧已由对世界的认识转向对未来世界的创造。创造是一种对不在场事物的创构过程，而这个创造的核心是联想、想象。对未来世界的创造就是用不在场的行为、思维活动去创造新的事物、新的世界。这样，人类的哲学理念、思维方法就由对“在场”形而上学的关注转向了对“不在场”的联想、想象等心理思维行为过程的认识、研究了。这是人类哲学思维在新世纪的一次重大的观念变革。

其实，最早关注“不在场”的人类现实的思维活动的是中国当代写作学。80年代初，写作学学科这个概念提出的时候，人们把研究对象放在“在场”性的文章上面。然而稍后，写作学界的有识之士，最早喊出了写作学“应以写为研究中心”的口号，这是当代写作学的真正哲学觉醒。写作活动表面上看是一种外在的书写行为，但本质上是一种语言生成行为。这种写作语言生成行为的本质具有“不在场”性。当代国外写作学学者已经十分深刻地指出，语言生成的活动是一

种写作思维的活动过程："在整个写作中，写作和思维是同时产生的，写作的过程也就是思维的过程。"① 因此，当代写作学研究与写作教学的本分应该在写作思维上面。在我们看来，写作行为的真实心理状态应该是：写作行为通过写作思维生成了意义网络、内部语言，同时通过赋形思维、路径思维在特定环境下的具体操作（行文措辞）形成外部的书面言说文本。

写作思维活动是一种非常复杂的人类意识活动。我们20多年的写作学研究结果表明，写作思维活动是动力系统（写作兴趣）、操作系统（写作思维）和控制系统（写作审美、写作文化、写作策略）三大系统整合协调的过程。

所谓思维，就是对事物现象的分析与综合的过程。写作思维也是一种对某种社会心理现象不断分析与综合的过程。但是，任何写作都不是在抽象的真空状态下进行思维的，而是在十分具体的当下语境中进行的。这些语境包括：

（1）具体的读者对象；

（2）具体的时代地域；

（3）具体的写作功能；

（4）具体的文章体裁图样；

（5）具体的写作意图、文章主题。

这样，人的写作便具有强烈的"主体间性"。人类写作就不是一种个人的"独语"，而是一种面对这几种语境因素的"主体间"的"对话"。因此，写作思维不仅仅是一个分析与综合的问题，而更重要的是写作思维的分析与综合着的文章内容（思维材料）是否与这些语境因素保持了一种对话性、商量性、协调性、得体性关系的问题。

一方面，写作思维是被语境因素高度制约、控制的对话性的思维；另一方面，写作思维又是被有效的动力激活起来的意识活动，没有这种动力的驱使，写作思维的"机器"是不能转动起来的，它永远是一堆"废铁"。这就是我们对人类写作思维的基本原理的基本理解。

第2节　写作主体性和写作思维模型建构
——写作能力生成的奥秘

大学写作教学的最终目的是培养学生的写作思维过程的运转操作能力，即人

---

① ［美］唐纳德·奎得语，转引自裴丽娜主编：《当代国外语文教学》，179页，海口，海南出版社，2000。

们所说的“写作过程能力”或“写作基本能力”。但是，我们怎样才能具备这种思维操作能力呢？当代写作学研究表明：“能力是个空无”①、“操作来自模型”②。这就是说，写作思维过程的操作运转能力是无法直接培养的，必须通过一个主体“中介”，这个“中介”就是将写作思维的基本原理变成学习者的一种心灵化、感觉化的写作思维操作模型的心理现实。只有建构起这种写作思维的操作模型，真实的、有效的写作思维操作过程才能生成出来。因为，没有思维操作模型，人的行为就是盲目茫然的，个体将寸步难行。

另一方面，写作行为的发生来源于写作主体的主体性建构。只有当写作主体建构起优化的、理想的写作主体性时，写作者才能在现实社会生活中产生写作的敏感性，从而产生写作动机，并对写作行为实施有效的写作控制。本套教材认为，写作主体性的实现形态就是写作主体的写作审美感知力和写作文化感知力的建构。换句话说，写作审美感知能力和写作文化感知能力的形成是优化的写作主体性的实现形态。

本册教材正是在上述写作学原理与写作教学理念基础上设计、编写出来的。本册教材共分两编：上编是写作主体素养与能力建构训练，下编是写作过程思维素养与能力建构训练。教学的重点是下编，教学的难点则是上编和下编中作为基础理论的写作美学与写作思维。

上编内容主要是围绕写作动力（第 1 章）和“主体间性”写作主体性建构的（第 2～9 章）。写作的“主体间性”是一个成熟的优秀的写作者的主体状态，是一种写作素养和基本能力，它由两个方面构成：一是主观的写作主体性，即主体的写作思维的认识能力和写作审美素养、能力；二是客观的主体性，即作者对时代社会的写作文化的时空情绪、价值取向、思维方式、写作规范的感悟认知以及特定语境的写作禁忌的自觉理解。因此，上编主要是写作主体的美学原理（第 3 章）和思维原理（第 9～8 章），作为客观主体性的写作文化（第 9 章）与写作禁忌理论（第 10 章）。

本册教材的下编，是运用上编建构起来的写作主体间性的写作素养和能力完成写作从立意到章法、行文、修改、清誊的写作行为的全过程。在下编之中，立意思维（第 14、15 章）是难点，重点是写作试思与文章开笔思维（第 16 章）行文措辞（第 17、18 章）的表达行为过程。

当主体建构起了这些写作美学与写作思维理想和写作思维的操作模型之后，

① 参见马正平：《写的智慧》，第 4 卷，1289～1299 页，重庆，西南师范大学出版社，1995。

② 参见上书，1339～1355 页。

便可能产生在现实语境和时空背景控制之下的“对话”中的言说、书写能力。这样，写作行为的情景可以作这样的描述：

> 写作行为是在写作美学和写作文化、写作策略的宏观控制之下，以赋形思维（重复与对比）为目的、理想、动力，以文采思维为技巧生成艺术，最后形成文本思维（渐进与平列）转换的书面言说过程。

这就是具有“主体间性”精神的中国当代写作学。

这种“主体间性”写作学也就是“非构思”写作学，或者说是生长写作学、生命写作学。

第3节　写作过程：从构思写作到非构思写作

尽管如此，上面两部分所构成、所产生的“写作思维的基本素质和能力”，仍然不是当下现实的写作思维的能力，它只是写作主体思维活动中的一种“准备状态”。因为，这时具体的写作任务还没有下达，具体的写作目的、写作功能还没有产生。只有当具体的写作任务产生，具体的写作目的、写作功能、写作主题产生之后，真正的现实的写作行为才产生，于是现实的写作过程——写作思维过程——才真正发生。这个过程便是写作学研究的落脚点。因此，作为本教材主体部分的下编就是写作思维过程能力的培养与训练。

写作过程无疑是当代每一个写作学研究者、每一个写作教学工作者、每一个学习写作的人最为关注的核心问题。但是，究竟怎样理解写作过程，在写作学界是有不同意见的。现代写作过程论认为，写作过程就是“物—意—文”的“双重转化”的过程，即取材、立意、布局、技法、表达、造语、修改这7个写作环节组成的写作过程。这个写作过程论要表述的基本观念是：在现实生活、写作材料（“物”）的基础上，产生文章的主题、立意、布局的转化（“意”化），再用书面语言的技法去表达、造语并修改（“外”化）。这是一种具有很大影响的写作过程论。在此基础上提出的更加精致的“三级飞跃论”、“三重转化论”、“四重转化论”，大都没有超出这个基本的写作过程理念。

另一种与“双重转化论”不同的写作过程观认为，写作行为并非始于对材料的把握，而是始于文章立意的产生。只有文章的立意产生之后，文章的材料概念才开始产生。因为，材料是相对主题、立意而言的，没有主题、立意的产生是没有写作的材料意识和取材行为的，而人们在写作之前对生活的观察和材料的收集不是写作的取材，而是写作的准备。那时的材料、素材的概念，都是针对抽象的写作活动、写作事业而言的，与具体的当下的写作行为过程的关系不是十分紧密，尚未进入写作者的意识视野。因此，写作行为的过程应该是立意的产生和对立意的表达的意识过程。“知行递变论”的写作过程观就是如此。而“双重转化论”的写作过程观则是建立在传统的反映论的哲学基础之上的。

“知行递变论”认为，在写作行为过程的层面，写作过程的起点是“知”（主题、立意），为了表达这个“知”，必须生成写作的“行”，即依据主题选择材料；而这个“行”的结果则是生成新的“知”（作为文章未成品的结构），这个新的“知”又要进行新的“行”（试思），而这个新的“行”又要生成新的“知”（文章基调），这个新的“知”（基调）又要进行新的“行”（开笔行为），而这个开笔行为又要生成新的“文章开笔”……写作过程就是这样不断的“知”与“行”相互递变着的，以至文章的最后完成。① 从哲学上看，“知行递变”是一种表现论、生长论的过程观。

但我们并不认为写作行为过程起于“立意”，因为“立意”已经是写作行为过程比较后的写作思维环节了。“立意”是一个比较理性的过程性的写作思维活动，而最先发生的胚胎则是写作动机、灵感或广义灵感（写作感受）。文章立意、提炼主题只是对直觉性的写作（广义）灵感的理性化思考过程而已。

因此，我们心目中的写作过程最初是这样的：一，写作动机；二，写作构思：读者意识与文章立意；三，写作构思：深层结构、表层结构与文章线索；四，写作构思：叙述者、叙述视点、叙述视阈、叙述人称；五，写作构思：写作语言；六，写作运思：目的性、语法性、心理性、修辞性运思；七，写作运思：文章的整一与贯通——血脉、过渡与照应；八，写作传达：描写的艺术；九，文章修订；十，文章清誊；十一，写作复杂性。② 我的《写的智慧》第一卷《写作行为论》的“写作过程论”的章节安排仍然是：一，写作动机；二，文章结构原理；三，文章线索系统；四，写作试思；五，写作人称；六，关于表达方式的思考；七，写作文风；八，文章清誊。③

其实下面这种比较流行的写作过程论的教材体系也是属于“知行递变”写作过程观的。因为它的起点不是“取材”，而是“立意”：立意、选材、结构、表达

---

① 参见马正平：《知行递变：人类写作行为的思维模式与内在机制》，载《四川大学学报》，1987（4）。

② 这是1992年全国青年写作理论家协会组织一批中青年写作学者协作编写的一本《当代写作原理》的下编“写作过程论”部分的章节安排。这部写作理论教材因故未能出版。

③ 参见马正平：《写的智慧》，第1～5卷。

（记叙、描写、说明、抒情、议论）、起草（行文）、修改的过程。[①] 这种写作过程观可表述为“意（立意）—物（选材）—意（布局）—文（表达、起草、修改）”的过程。

尽管这两种写作过程观是对立的，但是有一点则是共同的，那就是这两种写作过程观都把写作看作一个从“立意”到“构思”到“表达”的过程。正是这样，构思（选材、结构）成了任何一本写作教材不可或缺的内容，然而，至今还没有一本没有关于构思的写作过程论的写作学专著与写作学教材。我们把这种强调从“立意”到“构思”再到“表达”的过程的写作学叫做构思性写作学与写作教学。其实，到了本教材开始编写的1998年夏天，我们的写作过程观也是如此，本教材写作过程部分的提纲和上面这种体系的安排差别不是很大：一，感思思维（动机）；二，立意思维；三，吸材思维；四，结构思维；五，试思思维；六，行文思维；七，文章修改；八，文章清誊。

但是，在教材具体内容编写时，二者差别就比较大了。因为，本教材的写作过程论内容是运用了本书上编的写作思维的四大基本原理进行编写的。负责“吸材思维”、“试思思维”、“行文思维”的作者编在完前两章的时候，就感到“行文思维”部分没有什么话可说了。我们原以为，可能是这位作者对这部分内容不太熟悉的缘故，于是自己编写起行文思维这一章来。但是，当我们按照理想的行文思维的情景即将写完这一重头章节之时，才猛然发现前面“吸材思维”、“结构思维”的内容显得十分多余，因为在“行文思维”这一章里，已经圆满地解决了前两章需要解决的全部问题！

于是，我们索性抽掉这两章，把一些内容加入“行文思维”这一章中去。结果，教材的脉络更加清晰，血脉更加流畅，这种对写作过程的描述更加符合我们的写作实践的真实状态。这个写作过程体系一改动，一个学术奇迹突然产生了：写作学界第一个没有选材（吸材、聚材）、构思（结构、布局、提纲）环节的写作过程论宣告诞生，一种“非构思写作学”，或称“运思性生长论写作学”的知识原理体系宣告诞生了！

于是，在本书的下编“写作过程能力培养与训练”部分，就再也不是与过去写作过程论类似的“八大块”，而只有“三大步”或“三大块”：

一，“写作立意”（上、下），其中上章是感性化、直觉化、灵感化、状态化、共时性、瞬间性的立意思维——写作感思的思维操作问题（第14章）；下章是理性化、过程化、历时性、操作化的写作立意思维操作问题（第15章）。

---

① 参见路德庆主编：《普通写作学教程》，修订2版，北京，高等教育出版社，1994。

二，“写作行文”（上、中、下），其中上章是讲作为写作行文之初的写作试思过程中的文章开笔，即行文胚胎生成最初行文思维的问题（第 16 章）；中章和下章则是在文章开笔基础之上的行文中，思维展开的全部思维操作过程问题（第 17 章和第 18 章）。

三，“写作完善”（上、下），其中上章是讲文章修改的问题（第 19 章）；下章是讲文章的清誊（编辑排版）的问题（第 20 章）。

应该说，这是中国当代写作学界关于写作过程论研究的一个重大的原创性的理论突破。

人们一定会问：为什么突然抽掉“吸材思维”、“结构思维”内容之后，写作过程系统仍然完美、仍然有机和谐呢？这里因为，全部的奥秘在于，对“吸材思维”、“结构思维”和“行文思维”这几个写作过程环节的内在思维机制的描述、揭示的都是共同的规律——重复与对比的赋形思维、分析与综合的路径思维、协调与对抗的策略思维。前者与后者的差别在于：在写“吸材思维”和“结构思维”两章时，是从静态的角度分析阐述写作思维的操作规律，而在写“行文思维”一章时，则是从动态的角度综合阐述写作思维的规律。显然，在动态性、生长性的综合的写作思维阐述中自然就完全包括了静态的分析的写作思维阐述了。

构思性写作学与运思性、生长性写作学的差异在于：前者对写作过程的描述是围绕主题、立意进行选材，然后对材料进行结构、谋篇、布局，草拟提纲，最后把构思的成果表达出来形成书面语言文本。这样的写作过程是一个从“有”（构思成果：意态文）到“有”（文章成品：物态文）的过程。在这里，由于没有运用整套科学的写作思维操作模型，而是运用拼凑、猜测、感觉、试错的经验或方法来组合、构造、组装文章的，作者对这种写作的成果没有把握，因此必须先构思、后写作、再修改来保证文章的质量。而后者则是通过整套科学写作思维——重复与对比的赋形思维、分析与综合的路径思维、协调与对抗的策略思维——的“运行”对写作话题、主题、立意的思维展开，直接生长出写作思维网络——文章意思的网络、主题立意的系统，同时将这些“思绪”用语符（词汇、语音、文字）转译出来，形成书面语言文本。这是一种即兴式生长或非构思的写作行为，这是一种真实、开放、自由、理想的人类写作行为、最高的写作境界。

在这里，作者认为按照这样成套的科学的写作思维操作，所生长、展开的文章内容（材料、结构、语言）是能实现自己的写作目的、完成文章的写作功能的，因此，就没有前者那样的“宿构”的写作环节。

如果说构思性写作是一种初等写作活动的话，显然，即兴式、非构思的、运思性、生长性写作无疑是一种高等的写作活动。

回忆我们的写作经验就会发现：从构思性写作向非构思的运思性、生长性写作的转变，正好揭示了人类写作能力发展的一般规律。而真正的、成熟的写作，显然应该是指这种非构思的运思性的写作状态，这不正是中国古代先贤所谓“出言有章”、“倚马可待”的写作最高境界吗？

第4节　怎样进入非构思写作的美妙境界

这的确是一个让每一个学习写作者怦然心动、心驰神往的写作佳境、人生佳境。那么，怎样才能达到这个美妙的写作境界呢？

第一，要改变对写作课、写作教材的陈旧印象和态度，产生对写作学与写作课的敬畏感。自从20世纪初文言文被白话文所颠覆、摧毁，与此同时中国古代写作理论也被西方的语法学、文体学的现代写作理论所取代、颠覆，汉语白话文写作教学就缺乏本土的写作理论的支撑。60年代初，在西方的语法、修辞、逻辑、文艺学理论的基础上产生出来的时间意义上的当代写作学，正如前面指出的那样，始终停留在对文本构成因素（材料、主题、结构、技法、表达方式等）的分析、解说的水平上，基本不能解决提高学生写作能力的问题。而且，小学、中学、大学的写作教材基本上大同小异，这样的写作教材，败坏了人们的学术胃口，给人留下了十分糟糕的印象：陈旧、肤浅、重复、无用。因此，许多学生失去了学习写作的兴趣。

但是，经过20年来的对当代写作学与写作教学理论的潜心研究，今天，整个写作学和写作教学的知识话语体系和教学训练体系都发生了前所未有的巨变。读者可以从本书中看到，当代写作学的知识话语体系，不仅具有较为深刻的写作原理、哲理（写作哲学、写作美学、写作思维学、写作文化学、写作策略学、写作行文论等），而且具有较强的思维操作性。在这里，写作学以及写作教学基本做到了哲理性与操作性的统一。在写作教学方面，不仅具有先进的“动力学”写作教学哲学、写作教学论，而且，把这种教育哲学、教学论落实为一整套写作思维训练的方案。第一次让写作教学落实到以训练为中心的教学轨道上去，将写作理论知识转变为真正的写作素养、能力、水平。

因此，我们应该对写作学刮目相看：写作学深邃了，高远了，写作学有学问，而且有大学问了，写作教学深层化、操作化、系统化了。于是，我们在新的写作学与写作教学面前，应该认真、严肃，应该对它保持一种敬畏感，否则，将永远无法进入当代写作学与写作教学的神圣殿堂，也无法真正提高自己的写作思维能力。

第二，要明确：非构思写作是与写作思维原理和思维操作模型的建构、熟练分不开的。因此，写作课学习的核心，首先是学习当代最新的写作原理，其次是建构写作赋形、路径、策略三种思维操作模型（技术），再次是进行写作过程的立意、试思、行文思维基本能力的训练，最后才是运用自己的写作思维的模型、能力去进行具体的文体写作的学习与训练、实践。学习写作的四个环节论，好比那个寓言故事所说的那样：不吃前面两块馍，第三块馍是不能吃饱肚子的。那种认为只要吃了第三块馍就能吃饱肚子的想法，显然是不可能实现的。

第三，掌握写作思维操作模型的建构的客观规律，扎实地进行思维模型建构训练。写作思维操作模型的建构，首先是对写作思维原理——三种写作思维操作模型——的理解，主要通过认真阅读教材，认真听老师的知识阐述、举例分析、操作演示。其次是对这些理论的思考、验证，看是否能推翻这些结论，如果不能推翻，就只有运用它。再次是运用所学的这些写作思维原理 、思维模型去进行大量的文章写作思维分析实践，分析每种写作思维模型在每篇文章的具体体现。要对各种类文章进行分析，不仅要分析文学作品，还要分析一般实用文章、科学文章。最好把这种写作思维分析的结果写成写作思维分析短文，或者用图表的方式形象地表示。通过这样大量的分析训练，你就会建立这三种写作思维模型的感觉、印象。这样，你就会自觉地用这些写作思维的规律、原理、模型去审视别人的文章、讲话，还会用这些写作思维的操作模型有意识或无意识地进行写作思维的实践。

第四，进行大量的写作练笔的实践活动，对写作思维模型有意识或无意识地进行实战运用练习。在这里，所谓写作实践，就是运用已经建构起来的种种写作思维操作模型、写作思维的无意识来面对具体的写作语境，解决具体的写作任务。所谓解决具体的写作任务，就是面对具体的生活现象、写作话题进行立意思维，然后进行展开、创构行文思维。这里就必须运用所建构的种种写作思维操作模型。只有把已经建构起来的写作思维模型运用到这种现实的写作行为中去，才能真正锻炼写作思维能力，实现写作思维的心灵化、书写化。这样才能真实地实现写作目的，提高写作能力。因此，你必须进行大量写作实践活动。这种写作实践活动，既包括课堂教学中的大作文，也包括课后布置的练笔性的小作文，还包括创作性、自发性的现实写作活动，例如文学创作、学术论文的写作、日常生活中的各种实用性写作，如此等等。

写作是一种思维技能。当代美国认知心理学家安德森认为：“凡涉及技能的训练，需以十年计。”因此，学习写作，不仅要进行写作实践，而且这种实践还要持之以恒，以那种“一日曝十日寒”的态度学习写作，是不会有什么大的收获的。因此，要做好应有的心理准备。

只要我们对写作学科、写作课保持一种正确的学习态度，只要我们认真进行写作思维操作模型的建构，只要我们坚持不懈地进行写作实战演习和写作创作活动，我们就能培养出一流的写作思维能力，就能进入非构思写作的无比美妙的写作境界、人生境界，写出使人生“不朽”的宏文佳作，真正实现我们的人生价值和人生意义。

【概念术语】

在场　不在场　写作过程　双重转化　知行递变　构思写作学　非构思写作学

【复习思考】

1. 写作与思维是一种什么关系，写作的本质是什么？
2. 写作学与写作教学是如何走向不在场的非构思写作学方向的？
3. 什么是写作行为的“当下语境”？
4. 写作行为为什么不是自己的“独语”，而是一种主体间的“对话”活动？
5. 什么是反映论过程观？
6. 什么是表现论过程观？
7. 什么是生长论过程观？
8. 什么是写作思维动力？
9. 为什么说写作主体的心灵、心理的空间背景是一种写作思维的动力？
10. 写作思维操作模型是怎样建构起来的？
11. 怎样才能进入生长性的非构思写作最高境界？

上编

写作主体素养与能力建构训练

■ **其心切切　其文煌煌**

——写作主体心理动力的培养与训练

■ **人格恢恢，文格恢恢**

——写作人格动力和心灵空间的培养与训练

■ **时空体验　自由之证**

——写作思维审美动力的培养与训练

■ **渲染反衬　内容章法**

——内容章法的写作赋形思维操作模型的建构

■ **虚实波澜　笔下生花**

——文采美感生成的张力思维模型的建构

■ **分析自如　思如泉涌**

——分析性写作路径思维操作模型的建构

■ **直观概括　道明理真**

——综合性写作路径思维操作模型的建构

■ **深刻灵活，敏捷独创**

——写作思维优秀品质与写作思维操作模型的建构

■ **感悟趋势　引领新声**

——写作主体文化精神的培养与训练

■ **明察禁忌　消解障碍**

——“协调”与“对抗”的写作策略思维模型的建构

■ **成也萧何　败也萧何**

——数字化时代写作主体的处境与对策

第 1 章

其心切切　其文煌煌

——写作主体心理动力的培养与训练

1. 教学要求： 培养学生强烈的写作兴趣、事业心等情绪动力，推动写作任务完成和人生理想的实现。

2. 训练重点： 领悟写作活动与个体的人生成功之间的内在联系，真正感悟写作活动、行为对人的生命质量的意义所在。

3. 训练难点： 创设学生写作兴趣、写作事业产生的教学机制、环境，寻求写作兴趣、意志产生的措施。

兴趣是生长中的能力的信号和特征，兴趣显示出最初出现的能力。

——杜威

一休在“佛界易入”之后，加进了“魔界难进”一句，这位禅僧的话深深打动了我的心。一个追求真善美的艺术家，对于“魔界难进”，既有所憧憬，又感恐惧，只好求神保佑。没有“魔界”便没有“佛界”。要入魔界，更为困难。意志薄弱的人是入不了的。

——川端康成

倘若没有昂扬奋发的精神，你休想写出艺术作品。

——托尔斯泰

第1节 写作兴趣的激发

一个人要想写作，要想成为一个真正有成就的写作者，就得努力培养起自己的强烈的写作事业心。写作事业心的培养主要应该从两个方面入手：激起与升腾写作的兴趣，强化与保持写作的意志。

一、兴趣是一切事业成功的胚胎

人是命运地生存在这个茫茫的世界上的，但人又是兴趣盎然地生活在人群中的。可以这样讲，兴趣创造了人间的光芒与色彩。一个人如果没有兴趣而活，那一定是“死了的活人”。因为没有人生的兴趣，也就没有做人的个性、爱好、追求、理想、憧憬，当然也就谈不上有生活的价值与意义了。所以，无论你要成为一个什么样的人，无论你要想干好什么事，首先，就得从培养自己的兴趣开始。

（一）人生成就必以兴趣为动力

“兴趣”是什么？简单地说，兴趣是指一个人力求接触、认识某种事物或从事某种活动的积极的、自发性的心理倾向，这种具有主动性和自发性的心理倾向，既具有意志个性的成分，又具有情感个性的因素，同时还包含了个人的独特气质色彩。正因为如此，兴趣才成为生活和人生的强劲原动力，才成为一个人做好一件事情、干出一番事业的成功能力的胚胎。

兴趣是人人皆有的，对一切都丧失兴趣的人可以说是不存在的。兴趣是个体化和个性化的：不同的人，其兴趣往往各有不同。兴趣是人的生活与人生的原动力：一旦一个人根据自身的气质、个性、性格和对生活的需要而形成自己的兴趣，他就获得了相对持久的聚敛性和自我开放的稳定性，兴趣伴随人的一生，成为人生事业的基础和生活意义的动力源泉。19世纪法国现实主义风景画家柯罗为了事业而终身没有结婚。他说：“我唯一的恋人就是大自然，我一生对她保持忠贞不贰。”直到临终前，他还喃喃地说：“要是天国里也有绘画，该有多好啊！”①

事实上，古今中外，凡在事业上有成就的人，没有一个是在对事业根本不热爱的情况下成长起来的。所以，贝弗里奇才说：“从事研究的人必须对科学真有兴趣，科学必须成为他生活的一部分，被他视为乐趣和爱好。”他还说：“最有成

---

① 转引自念宁、陆陆编著：《技高赛群雄——创造与成功》，136页，北京，团结出版社，1993。

就的科学家具有狂热的热情……只有热爱科学才能不屈不挠，百折不回。”①

（二）兴趣是写作最好的老师

现代大科学家爱因斯坦以一生的科学探索总结道：“兴趣是最好的老师。”

只有热爱科学才能从事科学。只有对科学事业狂热的人，才能成为科学家。文学艺术、写作又何尝不是如此！只有热爱写作的人才能从事写作；只有对人类的写作事业怀有狂热追求的人，才能成为人类的写作大师！《苦难的历程》的作者阿·托尔斯泰说：“艺术家自己怀着兴趣，而且还是怀着极为强烈的兴趣去塑造形象的一个过程。有的时候，艺术家的这种兴趣甚至比读者读作品的兴趣还要高。”②

兴趣是写作者最好的老师。一个人要成为写作者，并不一定需要天赋，但一定需要对写作的无比热爱与追求。爱迪生曾经很形象地说道：“天才等于百分之九十九的勤奋加百分之一的灵感。”文学家郭沫若认为，天资、勤奋和爱好是构成天才的三大并列要素，而在这三大构成要素中，兴趣出勤奋，勤奋出天才。

天才在于勤奋，勤奋以兴趣为动力。兴趣正是指引人走向写作之路的启蒙者，兴趣更是引导、鼓励写作者走向勤奋写作人生、创造千古作品的终身老师。

没有对写作的真诚而浓厚的兴趣，哪怕有再优越的生活条件与环境，哪怕有再好的学识与思想，都不可能写出真东西、写就好文章。这就是许多人才思敏捷、学富五车、口若悬河，却不能写、不会写、写不好文章和作品的一个重要原因。一旦你具备了对写作的浓厚兴趣，并把它作为生活的一部分，作为人生的一大乐趣与爱好，作为你生命的灵魂，不管你在哪种环境里，也不管你现在的学识积累如何，你终能写作，你终能写出惊动心魄的好文章、好作品来。

1837 年，莱蒙托夫因为写文章悼念普希金而被捕。在沙皇政府的牢房里，他用火柴梗蘸着酒和炉道里的黑灰，在面包纸上写下了光辉的诗篇。1848 年，英国宪章派诗人琼斯在反动当局的监狱里继续写作，当墨水用完后，他竟毅然割破血管，用鲜血写完了二十多首洋溢着革命激情的诗歌。

写作是写作者的人生理想！

写作是写作者的美丽而永恒的梦！

写作是写作者的最高生命礼赞和最销人心魂的恋曲！

当你对写作产生了这样一种心灵化情绪、意念、兴趣时，兴趣也就变成了成就你写作事业走向辉煌的永恒心灵动力！

---

①② 转引自念宁、陆陆编著：《技高赛群雄——创造与成功》，136、133 页。

二、写作兴趣产生的来源

要写作就必须得有浓厚兴趣。那么，浓厚的写作兴趣是从哪里来的呢？

在日常生活中，一直流行着这样一种观念，认为能写作、会写作的人，大都是天才，对写作的兴趣是天生的。其实，这种看法带有很大的盲目性。从大量的研究和人类写作的自身经验的总结来看，写作兴趣也和其他领域里的兴趣一样，它作为写作者的一种心理特性，是属于后天的，是人们在自身的生活过程中，自发地或者自觉地接受周围生活环境的熏陶和社会影响、教育、导向、训练的产物。大体讲，写作兴趣的来源主要有三种形式。

（一）写作兴趣的直观性生成

由对生活的直观感受与体验而产生写作兴趣，这种情况往往比较普遍，并且大多发生在人生的青少年时期。比如看到周围美丽的、引人注目的事物，而自然引发出想要把它表达出来的激情；再比如阅读文学作品时，自发地萌动起对作家的崇拜心理，久而久之就积淀而成想要当作家的强烈愿望；再比如生活的苦闷、性格的忧郁等各种自我感受和体验触发起寻找自慰自泄的强烈愿望等，从而激发出强烈的写作兴趣。

美国当代女作家琼·迪戴恩在谈到自己何以对写作感兴趣时说："同许多作家一样，我从童年起就因为烦恼和虚荣心开始了写作。逐渐写作成癖，就一直写下去，这就像一个人中毒一样。作家不写作，他的思想也就逐渐停止了活动。我不知道这是否是懒惰，衰退或是冷漠。但我体会到，假如我不工作，我是绝对不能思维的。鉴于这答复问题不太确切，自然还有其他因素。这就是我喜欢搞文学的东西，爱好语言的节律，乐意创造属于自己的天地——在这个世界里，我可以生活上一段时间。我愿有能力把自己的所见告诉他人。此外，还是上面说的烦恼和虚荣心的驱使。"日本作家深泽七郎在谈到自己的写作动机时也说："当我对一个人产生兴趣时，写作的念头油然而生。我的兴趣是把他的思想表达出来。我想，这也就是人们所说的启迪吧。"

由此不难看到，写作的直观性兴趣往往产生于对工作的需要，对思维的需要，对交流的需要，对审美地生活的需要。因为，就本质上讲，写作既是一种创造性劳动，又是一种培养、训练创新思维的最佳途径，更是一种与不确定的对象进行跨越时空障碍的历史化交流与沟通的有力方式，还是一种审美化生存的有效方式和途径。

（二）写作兴趣的自觉性发动

写作兴趣的自觉性发动就是为了实现一种明确的人生目的而自觉地激活和培养自己的写作兴趣。写作兴趣都是具有很强的情感色彩的。对写作兴趣的自觉性发动——这种类型的写作兴趣，除了具有强烈的情绪色彩以外，还伴随着明确而深刻的理性思维活动，或者说是感受性的情绪倾向推动着理性思维把所感受到的事物、对象上升为一系列生存上的问题，形成丰富而深邃的生活联想，感受性的兴趣得到理性的深化和加强。因此，这类写作兴趣是一种高层次的写作兴趣。

女作家丁玲是这样描述她为什么要从事写作的，她说："我诞生在 20 世纪初，因家败父亡，我成了一个贫穷的孤女，而当时的中国又处于半封建、半殖民地的黑暗时代，人民在水深火热中熬煎，这些痛苦不能不感染着我，令我感到寂寞、苦闷、愤懑。我要倾诉，要呐喊，要反抗，因此我拿起笔，要把笔作为投枪。我追随我的前辈，鲁迅、瞿秋白、茅盾……为人生、为人民、为民族的解放，为国家的独立，为人民的民主，为社会的进步而从事文学写作。"① 写作兴趣的自觉形成与获得，使写作兴趣获得了理性的成分。在这种性质和内涵的兴趣激励下的写作，往往变成了人生追求的唯一热爱的事业，它最为可贵，并最值得珍贵。

（三）对潜在兴趣的写作化转换

将生活过程中的某种潜在兴趣转换为写作兴趣，这不仅包括了情绪、思维，而且还投入了明确而顽强的意志力。在现实生活中，有些事物本来是枯燥无味的，不能马上引起兴趣，但是，往往由于意志的推动而使自己的思想专注于其内，就能激发出自己的写作兴趣来。对生活中的潜在兴趣一旦通过思考与意志的力量而转换成写作兴趣，其写作兴趣往往具有明确的目的性、既定的方向性和坚韧的持久性。

要将生活中的潜在兴趣转换成写作兴趣，主要是靠长期培养和训练来实现，这同一个人的责任心和事业心密切相关。有明确的奋斗目标和远大的人生理想，热爱自己所从事的工作，对与写作事业有关的知识怀着极大的兴趣去了解、去学习、去掌握，这样的人，往往可以将生活中的某些潜在的兴趣自觉地转化为写作兴趣。存在主义哲学大师雅斯贝尔斯，原来是一位精神病医生，在他 40 周岁时，他突然宣布搞哲学研究，后来潜心探索人的存在问题，而成为存在主义哲学的一代先驱。现代美国的灵魂拿破仑·希尔原来只不过是一个穷小子，在艰难的人生拼搏中，偶然幸遇了钢铁大王卡耐基。由于卡耐基的要求与厚望，他开始了总结与探索卡耐基的致富人生经验的工作，从此，他与写作结下了不解之缘，最后成为世界级的一代成人教育大师，他的《心理创富》等一系列著作风靡全球。

① 林辰选编：《世界 100 位作家谈写作》，2 页，上海，上海文化出版社，1987。

以这种形式获得写作兴趣，有两个基本的特点：一是人生生活的潜在兴趣向写作兴趣的转移，其中必然有某种能够“转移的契机”存在，并且这种“转移的契机”只有被某种外部的或内在力量激活方才实现；二是一旦这种潜在的人生生活兴趣转化为实实在在的写作兴趣，这一写作兴趣将作为人生最强大的动力推动写作者走向写作人生的高峰。所以，以这种形式获得写作兴趣的写作者，往往是人类写作事业中的大师。

三、写作兴趣：生成写作主体精神、智慧的胎胚

一般而言，写作兴趣的产生并不十分困难，因为就实际情况而言，凡文化人，许多都曾在自己的生活、学习中产生过写作的兴趣，但其中绝大多数人，都只让这种兴趣瞬即消逝了，或者痛苦地夭折了，没有使其魅人的火花在心中自由地点燃起壮美的写作智慧与力量。因而，要使心中的写作兴趣升腾为一种创造性的写作力量与智慧，要使自己真正成为一个创造性的写作者，单对写作有兴趣还很不够，还必须有要写作的兴趣，即还要把对写作的兴趣上升为对真理的追求，上升为对人生、时代、人类命运的关怀，上升为对生活理想、人生价值、生命意义的探索与拷问的美好方式。只有这样，对写作的兴趣才能升腾为要写作的兴趣；也只有这样，要写作的兴趣才能融化为非写作不可的生命强力和生存智慧！

对写作的兴趣只是一种积极的心理情绪、思维、意志倾向；要写作的兴趣才是一种具体的实践要求；而非写作不可、不写作就不能感受和获得人生的乐趣与意义的热烈向往与追求，才表现为一种脚踏实地的实践探索活动。最后一种对写作的热烈向往与追求，不仅包含了对写作兴趣的全部内容，而且还体现了积极地探索人生、探索世界、探索人类的可贵精神与智慧。对写作的热烈向往与追求的真正可贵之处，就在于它使人对写作的兴趣和要想写作的兴趣得到了综合发展，把对写作的认识倾向和要想写作的活动倾向，发展成为具体的以写为人生的中心任务和神圣使命的实际行为。一个人，如果只把写作兴趣停留在对写作的倾心、期望与幻想之中，兴趣就不能产生实际的行为效果；而如果只把写作兴趣局限在重复前人的经验上，也不可能发现真理、探索真理、创作出优美壮丽的文章来。

写作兴趣只是使平常的生活者成为写作者的胚胎。进一步讲，写作兴趣只是写作成功的胚胎。当你有了对写作的兴趣或者想要写作的兴趣，最好是精心呵护它，细心地养育它——应将它当做你的写作主体人格、精神、智慧的胚胎来予以积极地孕育。以写作兴趣为契机、动力、源泉，来积极地建构自己的写作主体人格、精神与智慧，并以此来促进写作兴趣的健康生长，让它在生长中

升腾，在升腾中变成一把燃烧不息的创造写作、探索人生、追求真理的内在生命火炬！让它成为写作主体人格、精神、智慧的肥沃土壤！用它来照亮写作人生的漫漫征程！

四、写作兴趣与写作行为

当代作家竹林走上文学写作的道路，完全是因为插队当知青的那一段特殊的生活经历。他在《我的起步》中记叙了他在知青生活的沉沦时期的一件让他终生不忘、并由此燃烧起写作冲动与兴趣的特殊经历。

在七月的一个暴雨天，他进大学深造的愿望又一次落空了，在落选回队的归途中被暴雨所阻，身无分文的他面对汪洋般的河水，“心中的希望好像被灰色的浓云和暴雨淹没了”，绝望之中意外地得到一个不相识的老农的帮助，他重新燃烧起生活的希望，并记录下这种情感、兴趣、勇气与力量。他写道：“一股暖流涌上我的心头，这位朴实的农民使我感受到了人与人之间真诚的善意与美好的心灵。就这样，在生活的道路上，我开始懂得了爱什么与恨什么，产生了想记录和抒写这一切的愿望。于是，在艰苦的劳动之余，我在担土和推小车的间歇里，在滴水成冰的寒冬静夜中，在知青集体宿舍铺着高粱秸的铺板上，开始写我和我年轻的朋友们的生活经历。然而，在那样的年月，写作和保存这样一些真实的生活记录，是充满着危险的。我常常拿着写好的稿子，在屋里东瞅西瞧，找不到一个可以安全隐藏的地方，只好在睡觉的时候掖在枕头下，在外出的时候揣在衣袋里。最后，在白色恐怖和乌云密布的时刻，这些手稿还是在烧锅的时候被我统统塞进了炉膛。然而，文稿中的人物形象，他们的音容笑貌，仍栩栩如生地浮现在我的面前；那些亲历、亲见过的丑恶和卑污，也激发着我的义愤，鼓励起我斗争的勇气。因此，不把它们写出来，我的心一时一刻也不得安宁。于是，我又拿起笔，匆匆把烧掉毁了的东西重新写了出来。”①

竹林的创作自白，可以说几乎具有所有写作者的共性：那就是写作兴趣推动了具体的写作行为的产生。没有对写作的兴趣，没有一定要写作的兴趣，没有非写不可的欲望、冲动与激情，就没有具体的写作行为的产生；没有具体的写作行为，没有一定要写好、写成功的持久耐力和战斗精神，就没有写作兴趣的持续升腾与源源不断的爆发！写作兴趣与写作行为，二者之间是互为因果，互相激发，互为升腾，互相展开的。

① 巴伟、虞阳编选：《中青年作家创作经验谈》，81～83 页，杭州，浙江文艺出版社，1983。

五、写作兴趣的激发与升腾

要想成为一个名副其实的写作者，最重要的是自我建构起健康的写作主体人格形象。建构写作主体人格形象的基础是培养顽强而高远的写作事业心。培养顽强而高远的写作事业心，首先是要培养起对写作的浓厚兴趣和要写作才能安身立命的生命激情。如何才能在自己的平常而充满新意的生活中培养起安身立命的写作激情与兴趣呢？这是每一个意欲走向写作之路的人必须解决的首要问题。

19 世纪唯美主义文学大师王尔德在论及个人与艺术时说，写作兴趣在作家身上的起源大致可以归纳为以下三大类：

- 写作兴趣的起源（激发与升腾）
  - 智力方面的（知识）
    - 经验的
    - 内省的
    - 审美的
  - 感情方面的（感应）
    - 感应的
    - 社会的
    - 宗教的
  - 行动方面的

王尔德在这里所讲的写作兴趣的起源实际上是说写作兴趣的激发与升腾的方式。写作兴趣的激发与升腾，既可以从对知识的积累与探索中获得，也可以从对情感的体验与感悟中产生，更可以从生活的奋斗与拼搏中获得。

就知识的获得、积累与探索方面讲，一方面，个人的生活经验与前人的创作经验不仅可以成为生活知识，也可以激发起写作兴趣与热情；另一方面，对前人创作经验以及对个人生活经验的心灵化审视，也可以激发起写作兴趣与热烈的情感；还有，如果能够以一种纯粹审美的态度和眼光来看待人类知识与前人的经验，来创造性地获得一种审美的情趣，同样可以激发起写作兴趣与创造激情。

写作兴趣带有很强的情感色彩，因此，情绪和情感的体验与心灵化的领悟，自然可以激发起人们对写作的兴趣和非写不可的创作性激情。情感、情绪体验包括对个人的生活情感和生存情趣的体验与领悟，也包括对写作生活情感与时代生存情绪的体验与感悟，更包括对人类生存的基本情感——宗教情感的体验与感悟。

对写作兴趣的激发与升腾也可能是个人的生活行为的诱发，即为着特定的生活理想而奋斗和拼搏的行为往往激发出强烈的写作兴趣，这种情况最为突出地体现在写作的过程中，写的行为本身强化和升腾起更为顽强的写作兴趣与热情。

由此不难看出，要能够使自己的生活激发起写作兴趣，要能够在写作的过程中升腾起更顽强、更热烈的写作兴趣，必须从以下这些方面勤加努力。

（一）严肃生活，广泛思考，敏锐感受时代生活的脉搏

这是激发和升腾写作兴趣的重要方式。曾经有一位国外学者做过这样的预言：21 世纪的文盲，是不懂计算机，不懂经济学，不会外语和写作的人。这种预言绝非危言耸听。在知识生产日新月异、信息网络社会化和日常生活化的今天，知识的不断更新要求我们每个人必须终身学习，信息高速公路把我们每个人的生活卷进了世界一体化的开放性心态、高技术能力、高文化修养、高情感体验与表达的生存境遇之中，写作成为每个文化人必备的基本技能与创造性表达与交流的手段与方式。因此，我们所生存的时代，是一个“大众写作”的时代；我们所面对的生活是无处不充满着写作的生活。写作包围了时代，写作更包围了每一个人！你要生存、要发展、要创造与革新，要实现理想和开创事业，那就必须学会写作，那就必须写作！那就必须以写作作为生存奋斗的强力武器！一旦你这样去感受、去体验时代社会的这种写作氛围，你自然会从心底孕育出写作的浓浓兴趣，升腾起为人生而写作的激情！

（二）学会生存，学会发展

学会生存、学会发展，就是学会学习，学会革新与创造。而有效途径就是：“学习通过写作！”“研究通过写作！”“创造通过写作！”“生产通过写作！”即通过写作来促进学习，通过写作来促进研究，通过写作来促进革新与创造。这是当代信息社会中每一个文化人、每一个希望成就事业的人所必须具备的基本生存态度、原则与方法。

（三）增强交流与沟通能力

成功的人生是具有融融大度、得心应手的交流能力与沟通能力的人生，因为交流与沟通是人的生存本性，还因为任何人的人生成就、事业成功，都是建立在众人的智慧的基础上的，而获得这一基础的途径，不仅仅是读书、学习，更重要的是交流与沟通。在所有人与人之间的交流与沟通的手段中，写作是最佳的、也是最高雅的方式，因为写作这种方式不仅可以使人把情感、思维、思想、认识、看法、感受理性化、条理化、审美化，而且还可以使交流与沟通超时空、超语境和重复、再现。

（四）推销自我

伯乐相马的故事告诉我们：在许多时候，人才的脱颖而出，还需要环境条件，这个“环境条件”就是指要有识别人才的人对你的赏识与推荐，否则哪怕你是人才，也会被淹没在平庸中而无用武之地。但人们又往往感叹千里马常有而伯乐不常在。尤其是在信息爆炸、竞争激烈的时代，人才的脱颖而出，更多的不是靠伯乐，而是靠毛遂自荐。因此，要创造人生的成功，要使自己的才华、能力变成实现了的社会价值，还必须具备毛遂自荐的能力——即自我表述、自我表达、自我推销、自我广告的能力，而写作则是成功人生奋斗中毛遂自荐的最佳方式。所以，当你努力地进行这种生存技能与智慧的培养和训练时，也就有可能自然地激发或升腾起对写作和要写作的浓浓兴趣。

（五）追求心灵的健康、情感的和谐

德国作家乌尔里希·普伦多夫说："写作可以使人摆脱孤独，可以同周围的人们接触，也可以使人自得其乐，我本人就是乐在其中。"

生活的真正幸福并不只是物质上的富有，还应该包括精神上的富有。治疗心理疾病，纯化心灵情感，创建心灵秩序，这是每个人生活真正安宁、和谐、幸福的精神体现。当一个人向着幸福的方向努力奋斗时，必须面临着健康自我心理，纯净自我灵魂，追求和谐心灵秩序的问题，一旦他为解决这一系列精神问题而体验、思索、反省和检讨自我时，他就会发现写作是解决这些问题的最好方式。

（六）发愤著书

比利时作家雨果·克洛说："我写作则我生存。"葡萄牙作家维吉利奥·弗雷拉说："我写作是为了活着；我写作是为了存在；我写作是因为我写作。"写作显示人生活在这个世界上的独特的方式；写作是突现人的存在的最形象的形式。因而，立志写作，发愤著书，也就成了激发写作兴趣的又一方法。英国作家毛姆曾宣称："世界只能靠美来拯救。"按照毛姆的看法，美之所以成为拯救世界的唯一方式，就在于美就是和谐，就是幸福，就是永恒。创造美，就是在创造秩序、创造和谐、创造幸福、创造永恒。而勤于写作，发愤著书，就是创造美，创造永恒，创造幸福、秩序和和谐。为创造美而勤于写作，为创造永恒而发愤著书，这将是对写作兴趣的最好激发，这更是对写作兴趣的最强劲的升腾！

（七）学习通过写作

发生认识论心理学家皮亚杰说："写作才思维。"这是因为，写作需要思维，写作就是思维，写作发动思维，写作活跃思维，写作创造思维。

不仅如此，思维的过程始终伴随着认识、思考、情绪与情感的创造与新生的过程，因此，"写作才思维"的深刻含义还有：写作还发动认识，创造思想，启动情绪，活跃和升华情感。所以，当你为思维而写作，为认识的提升、思想的创造而写作，为情绪的活跃、情感的纯化与升华而写作时，你对写作的兴趣，你要顽强写下去、写好、写出色、写出宏大与壮丽的自信与雄心，也就蒸蒸日上，如决堤之江河，一泻千里，汹涌奔流，以至永远！

第 2 节　写作意志力的培养

川端康成在获得诺贝尔文学奖时的演讲告诉了我们一个朴素而永恒的真理：一个写作者，只有获得“敢于直面惨淡的人生”、“敢于面对淋漓的鲜血”的满怀壮志的写作气魄和顽强的写作意志，才可能写出真文章，才能创造出回肠荡气的好作品，才可能在孤独而荆棘丛生的写作道路上勇敢地走下去，以至永远！

一、人的意志力与事业成就

（一）人生与意志

现代心理学揭示了人类的最大秘密：每个人都是一个沉睡的巨人！因为每个人都是有意志的人。人是意志化的生活者。人的意志性，决定了人的生存潜能的无限性。换句话讲，人的无限潜能，主要体现为意志的潜能。人的认知潜能、思想潜能、情感潜能、想象潜能以及身体的潜能等，都是人的意志潜能之表，意志是人的潜能之本。因此，人生的成败、贫富与荣辱，从根本上取决于其对自我意志的觉悟和对自我意志的开发运用的程度。

（二）意志力与人生成就

意志是构成人的生命动力和生存动力的灵魂。当意志具有了对人的生活和行为的现实引导功能时，人的意志就产生了力，这种力就是意志力。

不管你乐意与否，人生都是一种选择。在现实生活中，可供选择的人生只有三种：一种是平平庸庸，一种是贫穷潦倒，另一种是轰轰烈烈。在现实生活中，100 个人至少有 99 个人都会选择轰轰烈烈的人生；但事实上，真正能开创出轰轰烈烈的人生的并不多。究其原因，只有一个：几乎每个人都有过或者不断构想过向往和追求不平常人生的意愿，但很少有人燃烧起一种持续不衰的欲望与激情，即把这种自设的意愿化为引导自己生活与奋斗的力量。只有把心中的意念、意愿用激情维持下去，强化壮大，使之变成一种引导自我生活的无形力量时，人生才可能创造出不平常，奋斗才可能出成就！

创造意志力，培养意志力，强化意志力，生存的兴趣能够得到扩张与升腾，人生成功才获得了真正的内动力！所以，世界成功学大师拿破仑·希尔才这样热情洋溢地宣示他的心理创富的光辉思想和精神：志愿是箭，朝定目标，百发百中；欲望是弓，集中能量，有志竟成。无的放矢，浪费能量，一生多劳少成。有箭无弓，就徒有理想，没有摧枯拉朽的精神，投闲置散，发白日梦，一生多言少成。弓箭齐备，正鹄而射，威力有如最精确的电子仪器发射的核导弹，将最不可能的梦想实现，有生之年必可成功创富。志愿力就是帮助我们运用意识力量将潜意识力量转化为财富的发动机，有了它，我们驾驶超级赛车就会像火箭一样，飞速驰往财富宝藏的高速公路。①

二、写作意志力的构成

写作意志力是指对写作的欲望、意愿和为实现这一意愿所表现出来的独特心灵力量。

（一）写作信念

人生的法则就是信念的法则。写作意志力的基本构成要素是对写作的信念。写作信念包括写作信心、写作爱心和写作恒心。在其中，应该写作、能够写作和必须写作的自信心，是写作信念的构成基础；而为爱（热爱人生、热爱生命、热爱他人、热爱社会、热爱人类、热爱大自然、热爱自由与真理、热爱写作）而写作和通过写作来表达这热爱、来实现这热爱、来创造更新更炽烈的热爱，则是写作信念的灵魂；坚持写下去、写好、写出色、写得美不胜收的恒心，则是写作信念的推动力。

人生哲学家马登说：“成功没有阳关大道可走，总是要走那条艰苦奋斗、百折不挠的老路，那种想靠运气一蹴而就，一步登天的人，最终只能碰得头破血流。”②

生活就是战场，人生就是战斗，能胜者，始终是勇者。勇者就是智者。勇者之为勇者，不仅在于他有对人生事业的顽强信念，还在于他有对人生事业的坚忍不拔的斗志。写作事业同样如此。

（二）写作毅力

写作毅力是构成写作意志力的第二个基本要素。英国作家狄更斯曾经说过，顽强的毅力可以征服世界上任何一座高峰。史学家司马迁因李陵兵败之事而触怒汉武帝，命受宫刑。为完成父业，他以超人的毅力忍受了身体和精神上的痛苦，坚强地活下来，完成了光照千秋的《史记》。俄国文学家车尔尼雪夫斯基说，只有毅力才会使我们成功。因为写作毅力是写作斗志成长的基础，更是写作意志力形成与升腾的最持久的强化力量！而维护和强化写作斗志的健康成长的两翼形态

① 参见［美］拿破仑·希尔：《人人都能成功》，128页，武汉，湖北人民出版社，1997。

② ［美］西德尼·牛顿·布雷默：《366天性格塑造篇》，165页，北京，学术期刊出版社，1989。

则是写作耐性和写作韧劲。

W. F. 科里以自己的一生实践表明：聪明的人不一定都能获得成功，成功往往属于那种坚持不懈的人。能够在任何环境和情况下都坚持不懈地写作，既需要有写下去的耐性，又需要有必须写好的韧劲。耐性就是磨劲，有耐性的写作者就是有磨劲的人。能够在写作的道路上坚持磨炼不断的人，最终能磨出大成就来。因为磨劲磨炼的是自己的意志、斗志、人格、毅力，唯有能磨，才能磨去为人的阴暗面，如自卑、懒散、惰性、骄气、躁性等；唯有能磨，才能磨炼意志，磨旺斗志，磨利一往无前的信念之剑，磨出实干、苦作的行动飞轮。因此，要想人生有成就，要想奋斗真成功，就必须自练磨劲，练出耐性耐力。

耐性是种磨劲，由于有磨劲，写作者的写作意志、写作斗志、写作毅力才每日强旺；而韧劲则是一种倔劲，或者说钻劲。一个写作者，唯有具备钻劲，才能把顽强的意志、斗志、毅力引向写作人生这一个方向，集中于一点，拼命地写下去，钻下去，直到成功，直到生命的永远！

（三）写作责任心

写作责任心是构成写作意志力的第三个基本内容。无论我们为何要写作，只要我们一旦写了，一旦成了写作者，我们就都必须而且已经承担起了一种责任——一种对写作的责任！一种要写好、写出健康的思想、美好的情感、沁人心脾的魅力、慰人心疾的力量、给人希望的理想的责任！否则，就是在堕落，在制造精神垃圾。

挪威作家比斯脱·比昂松在 1903 年诺贝尔文学奖颁奖仪式上说："我们在文学中追求的是生命的意义，它虽然渺小，却可以在风雨中来去无阻。有了这点精神，我们就会处处心安理得；没有它，我们就会感到怅然若失。一个人越敢于承担重任，就越是意气风发；如果一个人有足够的胆识与能力，就没有什么该讲而不敢讲的话，没有什么该做而不敢做的事，更没有什么让他心虚和畏怯的。这就是我所要维护的理想，我一直都忠心信守它；我决不赞成作家逃避责任，相反地，我还主张作家担当起更大的责任，因为它是引导人类前进的舵手。"①

写作就是责任！写作的责任首先表现在它是时代、社会、人类良知的见证；其次体现在它对真理、正义的护卫；再次它是泓泓清泉，冲刷大地的卑污，浏亮人性使之澄明。

① 《诺贝尔文学奖颁奖演说集》，23 页，南昌，百花洲文艺出版社，1992。

三、写作意志力的自我培养

（一）以诱人的写作佳境来激发写作意志力

写作意志力的自我培养是一个写作为人生的生命过程。在这个过程中，首先要培养起一种对诱人的写作佳境的积极追求。具体地讲，就是要培养起以写作来充实人生生活，以写作来实现人生的意义与创造人生的价值，以写作为做人的光荣，以写作为生活的快乐这样一种智慧心境和审美心境。同时，还要追求以写作来改变人生，以写作来改造世界，以写作来实现交流与沟通，以写作来表达对他人的热爱、对人类的热爱、对大自然的热爱，以写作来思考人生、反抗人性的堕落、关心时代的命运、塑造人类的尊严、弘扬人间的美德。

（二）不断孕育人生的高峰体验来升腾写作意志力

在写作人生中不断创造与获得高峰体验，也是升腾写作意志的有效方式。高峰体验是一种审美体验，或者说是一种具有宗教性质的审美体验。高峰体验是人生生活的一种审美理想的萌发，一种审美境界的光照，一种自然神性向心灵的启示，一种对生命自身的豁然开朗，一种对世界之神秘的深刻感悟。

高峰体验是精神升腾的结果。获得高峰体验的方式和途径多种多样，思考，学习，阅读，欣赏音乐、绘画、书法、建筑、园林、风景，以及钻研理论、问题等，都可能产生高峰体验。

培养人生生活的高峰体验的最重要的条件是：要有对事物、对世界的强烈好奇心。好奇心不仅是创造的原动力，也是高峰体验产生的原动力。其次是要有广阔的联想力和丰富的想象力。一切审美行为都离不开想象与联想，高峰体验更是如此。因为想象力和联想力是创造性活动的两翼源泉。拿破仑曾经说过："想象力统治着世界。"格林·克拉克认为："人类所有的才能之中，与神最相近似的是想象力。"再有，献身写作事业、人类精神创造的行为追求，与开拓、创新的意识与激情，也是源源不断地产生高峰体验的条件。

（三）在观察与思考中强化写作意志力

我们通常以"长期积累，偶然得之"来说明写作准备的重要性。这个"长期积累"中的"积累"，狭义地讲，是指观察、阅读、生活、感受；广义地讲，则是一个"读"字，即读书，读人，读生活，读时代、社会、人生、历史、人类。读有所得的前提是感受、体验与思考。没有感受、体验与思考的"读"是没有任何意义的无效劳动。所以这个"偶然得之"的"得"并不是"读"的产物，而是通过"读"而生发出来的感受、体验和思考的积极成果。

而这个"偶然得之"的"得之"又应该是哪些内容呢？对写作来讲，当然不仅仅是写作的素材、主题，还包括认识、思想、情感，以及意欲表达的新视野、新角度、新方法、新技巧。除此之外，还得到了什么？这就是人们常常忽视的东西——通过广泛的“读”而感受、体验、思考，获得了写作的题材、主题、认识、思想、情感和意欲表达的新视野、新角度、新方法、新技巧的同时，强化和升华了继续写作和写得更好、更优秀的写作意志力。

（四）以感受激活写作意志力，用灵感沐浴写作意志力

古人说：事事留心皆学问。把这句话运用到写作生活中来是最恰当不过的了：事事留意皆感受，处处感受有写作。生活，读书，散步，闲谈，思考，乃至一阵劳累之后的小憩，一曲美妙的音乐，一个陌生而偶然的微笑，一瞬无意的远眺……就是蹲一次厕所，或者不知何处飘来一句毫无意义的废话，都可以给你带来新的感受，使你的心灵升腾起新的写作灵感，敏锐地抓住这些新的感受与灵感，很好地把握与运用这些新的感受与灵感，新的写作行为动机就这样产生了。新的写作行为动机的产生，也就是你的写作意志力的激活，就是你的写作意志力获得新的营养、新的动力，产生更新的内在爆发力的开始。所以，在写作生活中善于捕捉新感受、新灵感的写作者，也是最善于激活和强化自我写作意志力的写作者。

写作来自于勤奋。会写作者、能写作者和善写作者，无一例外都是勤奋者。天才来自于勤奋，失败根源于懒惰。曾经有人说过这样一句笑话：作家睡觉的时候都是睁大着双眼的。确实如此，只有勤于事事留意、处处感受与思考的人，才配成为作家；只有在任何时候都善于抓住感受、运用灵感来激活写作动机，来强化写作意志力，来发动写作行为的人，才是好作家，才是优秀的写作者。

（五）把每一次构思都作为磨砺写作意志力的好机会

写作需要构思。构思的过程既是活跃情绪、畅通情感、条理思维、深化认识、提炼思想、确立表达角度、明确表述方式、取舍材料、布局框架、安排结构的过程，同时也应该是磨砺写作意志力的过程。因此，一个虚心学习的写作者，应该把写作的构思活动作为训练自我写作意志力的有效方式和最实在的感性机会。

（六）把锤炼写作意志力置于文章的修改与清誊中

晚唐贾岛是著名的苦吟诗人，他不仅因其“两句三年得”而誉满文坛，还因“鸟宿池边树，僧推（敲）月下门”而为传世佳话。贾岛的这种苦吟苦作的精神，其实就是写作者的精益求精的精神。

精益求精的写作精神的获得与锤炼，不仅需要有高度的责任心，而且更需要至大至美的境界感和风格意识。因此，对精益求精的写作的追求，实际上就是对高尚的写作责任心的塑造，和对至高至大的写作人格和至美的艺术境界的追求，这种塑造和追求的深层本质恰是对自我写作意志力的纯化、提炼与升腾。

写作的精益求精精神最突出地体现在对文章（诗作）的修改与清誊上。因而，严肃、认真、细致地修改文章和清誊文章，也是写作意志力培养与磨砺的又一方式。

（七）以不懈的人生追求来弘扬写作意志力

塞尔维特讲："我知道我将自己的学说、为真理而死，但这样并不会减少我的勇气。"

科学探索是这样，写作人生更是如此！

1949年获得诺贝尔文学奖的美国作家威廉·福克纳在授奖台上以《写出人类不朽的灵魂》为题讲演道：

> 一个有志于写作的青年，应该从头学习去认识和描写人类心灵的挣扎与痛苦。他应当这样教育自己：最卑劣的事，莫过于恐惧，要永远忘记这恐惧。在他的工作场所，应该仅只充塞着人心从古以来就有的真实和真理。没有这古老而普遍存在的真理，任何小说也无非是蜉蝣与朝露，瞬息即逝。这古老而普遍存在的心灵的真理，便是爱、荣誉、怜悯、尊严、同情和牺牲。
>
> 在重新去学习描写人的心目中的永恒真理之前，一个文学青年仿佛被人类的末日所浸染，眺望着人类的末日那样去写作。我不愿接受人类最终要消灭的说法……我深信人不仅仅只是能忍耐，他将得胜。人的不朽，不只是因为他在万物中唯一具有永不耗竭的声音，而是因为他有灵魂，那使人类能同情、牺牲与忍耐的人的灵魂。诗人和作家的希望，是能够提高人的心灵，鼓舞人的勇气，让荣誉、尊严、同情、怜悯和牺牲这些人类一度拥有的精神，来帮助人类永垂不朽。诗人的声音绝不止于作为人的记录，而应成为协助人类永垂不朽的倚仗和柱石。①

对于任何一个写作者来讲，永无止境的追求才是他生命的全部。也只有永无止境的追求，才是他的写作意志的不竭动力，才是他走向壮丽而伟大的写作人生的永恒力量源泉！

（八）在意气风发的写作中铸造写作意志力

英国作家格林厄姆·格林在谈到他为什么要写作时说："写作是由不得我的事。好比我长了个疖子，只等疖子一熟，就非得把脓挤出来不可。"在格林的这一幽默的表述中，包含了一个非常重要的写作奥妙：写作事业心（包括写作兴趣和写作意志力）的培养，有许多途径，但其中最重要、最具有爆发性的途径，恰

① 《诺贝尔文学奖颁奖演说集》，374～375页。

恰是写作本身！因此，通过写作训练来强化、提升、升腾写作兴趣和写作意志力，才是最美妙的方式！

因为写作意志力的激扬与升腾，不仅需要才、学、识、胆、情，还需要写作者对自我的约束与克制，而写作训练行为本身就是这样一种最好的自我约束、自我克制的方式。还因为写作意志力的昂扬需要博大的智慧、奥远的思想、深挚的热爱和快乐的心泉来滋润，而写作训练行为就是创造思想，升腾智慧，浏亮情感，畅通快乐心泉的美丽方式。

加拿大当代女作家安东尼·马耶对写作有一段特别有意味的表述，她说："我写作，因为我有一种印象或感觉，这就是上帝在六天内创造的这个世界并不完善。第七天是他的休息日，从而没有时间完成他的全部工作。我意识到世界太小，生命过于短促，更无足够的幸福而言。我写作是为了完善世界，为了完成创世的第八天的工作。"作家意志，本身就是为人类写作的伟大使命，就是每个立志写作的人的事业核心，就是每个写作者的永恒理想与追求，勇敢地拿起属于你的笔，训练，训练，再训练，写作，写作，再写作。在写中获得一切，在写中创造一切，在写中建设一切。

第3节 写作动力（兴趣与意志）的激发训练

一、通过出题激发写作兴趣的训练：演示、模仿与实践

（1）教师出一些具有强烈的刺激性、参与性、角色感、热门性、争论性、情景性、感性化、口气感的写作题目或话题，激发学生的写作兴趣、情感和思维，并进行独立写作。

（2）学生模仿老师出题艺术，出10个具有刺激性、参与性、角色感、热门性、争论性、情景性、感性化、口气感的作文的题目或话题。

二、写作事业心、意志力的激发训练

（1）以"事业心：人生成功的第一推动力"为题，进行演讲稿写作比赛，择其优者参加年级写作演讲比赛。

（2）教师、学生以自己的一篇写作为例，谈谈自己在这篇文章写作中，写作事业心、意志力对自己写作行为的影响的经验和教训。

三、写作实践尝试

（1）教师围绕“激发写作动力”的话题，出一个题目让学生进行写作。

（2）布置一个难度较大的写作任务（例如写学术论文、调查报告、社会现象分析等），考验、磨炼学生的写作事业心、意志力。

四、写作素质课后培养

（1）组织班级的文学社、写作社、记者团、演讲协会、写作协会。

（2）编辑出版年级的文学写作的内部性报纸、刊物，对学生的写作成果尽量予以发表。

（3）每个学生自制一个优秀作文、作品的自选集。

（4）对学生的优秀作文、作品进行自费积集出版。

（5）记下你最近产生的感悟、认识的思想火花。

【概念术语】

写作心理动力　写作兴趣　写作成就感　写作意志力　写作事业心　写作信念　写作毅力　写作责任感

【复习思考】

1. 在写作中写作兴趣的功能是什么？
2. 在写作中写作意志力的功能是什么？
3. 在写作中写作事业心的功能是什么？
4. 在写作中写作成就感的功能是什么？
5. 为什么要注重写作心理动力的培养？
6. 写作主体心理动力建构成熟的标志是什么？
7. 写作心理动力与写作行为关系是怎样的？
8. 写作兴趣激发的途径有哪些？
9. 写作意志力激发的途径有哪些？
10. 写作事业心激发的途径有哪些？
11. 写作成就感激发的途径有哪些？
12. 谈谈写作与人生成功的关系。

第 2 章

人格恢恢　文格恢恢

——写作人格动力和心灵空间的培养与训练

1. 教学要求： 培养学生高远的人格心灵背景和精神空间，为个体写作提升强烈的写作精神动力。

2. 训练重点： 怎样在阅读、鉴赏和经历、阅历的过程中进行人格背景、心灵空间的建构。

3. 训练难点： 写作主体真、善、美的人格心灵结构的建构。

无高尚伟大之人格，而有高尚伟大之文章者，殆未之有也。

——王国维

小说是作家灵魂的自白，多么高明的作家也不能用笔墨把自己的灵魂和人格包藏起来。

——蒋子龙

第 1 节　写作主体人格的构成

北京大学中文系前主任温儒敏教授说：“中文系本科人才如何才能面对社会的需要呢？我以为从业务上讲，就是‘能说会写’，不把目标放在培养作家上，但可以放在‘写家’上，中文系出来的都应该是笔杆子。这是中文系人才的特色。”①

一、写作表达的人格化

从古至今，人们都把“能说会写”者视为是“能人”。这里“能说”中的“说”就是话语，“能说”就是会表达。这里的“会写”中的“写”即是“写作”，“会写”即是善于写作。在现实生活的芸芸众生中，会表达的人并不多，善于写作者更是寥寥无几。因而，能说会写作者才成了能人而为众人所敬重。

从表面上看，能说会写作者不过是善于运用语言来表达，语言能力比一般的人要强些而已。但就实质看，问题并非那样简单：能说会写作者都是具有驾驭语言的能力的人，但为什么能说会写作者精于驾驭语言，而不会说、不会写的人在表达时难于驾驭语言呢？还有一个常见的生活现象是：不少能说的人往往不会写，而许多善写的人不会说，真正既会说、又善于写的人却并不多。这种“能说”与“会写”相分离的现象又揭示了什么呢？

其实，虽然“能说”、“会写”都属于语言表达，但它们之间却有空间性与时间性之分：前者属于空间性语言表达，后者属于时间性语言表达；空间性语言表达具有感受的情景性和智力性，因而往往较少理性智慧和人格成分的参与；时间性语言表达具有逻辑思考的严谨性，因而往往需要理性智慧与人格力量的推动。因此，话语表达是一种情境化、智力化和非人格化的语言表达活动；写作表达是逻辑化、智慧化和人格化的语言表达活动。一个人要具有“能说”的本领，首先要具有相应的智力水平，同时还要具备很强的空间情境的感受能力和体验能力；而一个人要想“会写”，除了要具备较强的逻辑思维能力和理性的生活智慧以外，更需要具备健康、高尚的人格力量与魅力。而在现实生活中，那些“能说”却不“会写”者，往往是只具备前一种能力而缺乏后一种能力（或者后一种能力不强）；反过来看，那些“会写”却不“能说”者，恰恰是后一种能力较强，而前一种能力较差；既“能说”又“会写”者，则是两种能力均达到较高的水平。所以，“能说会写”者不仅是能人，而且是大能人，他在生活中受到特别的尊重、景仰，也就是很自然的事情了。

那么，一个人怎样才能成为一个“会写”者呢？要使自己能成为一个真正的“会写”者，最重要的一个条件就是把自己培养成一个名符其实的写作主体。

二、写作主体性

“写作主体”在目前还是一个似是而非的概念，在很多写作教材和写作理论

① 温儒敏：《北京大学中文系近期的本科教学改革》，载《中国大学教育》，2002（11）。

著作中，“写作主体”都是作为一个非常重要的命题出现的。但一旦涉及什么是“写作主体”时，就都显得语焉不详了。写作教学要真正培养出能写、会写和善写的写作者和写家来，就必须教人弄清楚什么是“写作主体”。其实，更准确地说，写作主体之所以重要，是因为写作主体建构起来的写作主体性对写作行为具有控制作用。因此，写作主体的问题，实际上是写作主体性建构的问题。

要真正弄清楚什么是写作主体性，首先得搞明白我们的生活为什么需要写作。

（一）生活为什么需要写作?

法国作家让·马拉凯诺曼·梅勒在被问及为什么要写作时，他十分惊讶地回答说：“因为对于我，写作是觅求真理的唯一方式。”美国作家琼·迪戴恩却说：“写作对于我，尤其成了一种纪律，一种思维方式。”总之，人需要一种理想的生活方式，人需要一个美丽、幸福的世界，人的成长需要一种健康的思维和心灵，人群化的生活、人类生活更需要希望与热爱……这些都可以从写作中得到，都可以通过写作来创造，来建设。正因为这样，写作成了人生活的需要，成了社会生活的需要，成了人类文明进步、发展与繁荣的需要。

从人类写作的动因来看，所谓写作主体性，其实就是写作者的理想化、人格化和审美化了的精神指向和控制力量。

（二）写作为什么需要写作主体性

理想化、人格化、审美化了的精神自我之所以能够构成写作者的主体性，主要在于两个方面的原因：一是一切写作行为的产生、展开、完成与美化，都必须由写作者身上的这个理想化、人格化和审美化了的精神自我来发动推动，因此，理想化、人格化和审美化的精神自我事实上构成了写作者的写作行为的直接动力与推力。二是写作行为圆满完成后，这种理想化、人格化和审美化的精神自我又成为它的成品——文章内容的精神主体。

从写作行为与文章构成的角度看，所谓“写作主体性”，其实就是写作行为产生、展开、完成与美化的主导力量，也是写作成果的生命与灵魂。

（三）写作主体性的构成

写作主体性作为写作者的理想化、人格化、审美化的精神形象，有其自身的丰富内涵。具体地讲，写作主体性基本构成因素有三：一是写作审美能力；二是写作人格；三是写作精神。

写作是一种审美创造活动，因此写作审美能力构成了写作主体的第一个要素。写作审美能力主要由写作者的写作文章图样意识、写作文本模型、写作文体思维构架、写作个性、写作风格意识、写作审美洞察力、写作审美鉴别力、写作审美直觉力、写作审美想象力和写作形式美感能力等构成。

写作既是一种理想化的审美创造行为，又是一种探索真理、开拓生活意义、实现人生价值的审美创造行为，因此，真正的写作，需要一种有关于写作的精神，这种写作精神又叫做作者的写作哲学。写作者的独特的写作人生意向、深邃凝重的写作智慧、以理想的胸襟和追求真理的态度来体验人类生活与世界的演变与发展的能力，包括对事物的敏感心、求实心、求知心、探索心、批判心和创造心等。

在写作主体构成的三大要素中，写作人格是居于主导地位的。围绕写作人格，写作精神是其“体”，写作审美能力是其“用”：写作精神是作者的写作人格形成、成长、升华的广阔基础和内在源泉，而写作审美能力则是写作人格的表现形态。但是，它们三者之间的这种生成关系并不是单向的，而是双向敞开的，写作审美能力在写作者的写作实践中也会反转来影响写作人格内涵的修正或丰富与提高，从而影响写作精神的方向性的改变或强化。

写作审美能力、写作精神、写作人格，此三者的相互作用、相互影响所形成的整体氛围状态，就是写作者的独特写作文化（或者说写作文化心理意向）。

三、写作人格

（一）人格

“人格”的基本含义有三：一是指人的性格、气质、能力等人的本质力量（特征）的总和；二是指个人的道德品质；三是指人能够作为权利、义务主体的资格。由此可见人格的基本内涵：第一，人格的形成既具有先天性的因素，更是后天习得的结果；第二，人格是人的生活能力的构成要素，进一步讲，人格贯穿在人的各种生活之中而构成了其基本成分；第三，人格是一个人的道德品质的整体显现；第四，人格还是一个人作为人的权利资格，当人格作为人的生活权利资格时，它的基本内涵是责任与义务。

从更广泛的角度看，人格是人类社会历史条件的产物，是人类文化的发展、时代社会的变迁和个体生存环境陶冶的产物。人格，构成了人的生活行为的基本内容和如何生活的价值取向。由于前者，人格一旦形成，就获得了相对稳定的性质；因为后者，任何人的人格都是有待于完善的。

由于人格形成与成长的过程性，人格也就有了残缺与健全之分。而健全的人不仅需要有独立的、独特的表达和弘扬个人特色、在生活领域中敢于发明和创造的勇气；而且应该具有充分吸收自然信息的能力、自由移动的能力和适当得体地表达感情的能力。具有健全人格的人，首先是一个自由的和负责任的人，他必须肩负起提高自己以及他周围的人和社会大众的责任，他必须具有超越自我的信念（弗洛伊德），在超越自我中不断探索真、善、美，不断实现自我。

人始终是过程中的人，健全的人格是在自我完善的过程中实现的。因而，人格也是一个过程。人格的过程化，就在于他的自我完善性。在人生的过程中，人格的健全与自我完善的基本途径和表现形式，主要有四个方面：一是通过学习而促使个人的智力和认识能力持续地发展；二是通过修身养性而促进个人的情感得到平和、稳定的展示和不断的丰富；三是通过生活的奋斗实践而磨炼意志，不断增强支配自己命运的决心；四是敞开心胸，探索生活的真、寻求人生的美、创建的共同幸福，以此来实现自己与世界的统一。

人格的核心内涵是理想。理想对于人，有生活理想与人生理想的区别：单有生活理想（如希望自己有很多钱）而无人生理想（如一旦有了很多的钱而不知道怎样花）的人，其人格不一定是健全的，健全的人格是生活理想与人生理想的统一。

（二）写作人格

写作人格是“写作主体人格”的简称，它是指写作中的人格，是写作者因为写作而理想化、人格化和审美化的精神自我形象中的主导性因素、力量。从写作者的角度讲，人格是“写作者的人格”的简称，它是指写作者作为一个存在个体的自我生活形象中的主导性因素、力量。

写作者首先是活生生的生活个体，写作是写作者的生活的一部分内容（或基本内容），但任何一个写作者的写作活动都不构成他的生活的全部内容，因此，写作人格虽然要以人格为基础，但写作人格并不等于人格。另一方面，写作人格是写作中的人格，而写作作为一种特殊的生活方式和表达特定生活内容的方式，贯穿于其中的人格内涵也与一般的人格内涵有很大的区别。所以，写作人格是人格的一种特殊形式。

（三）写作人格的构成

写作人格首先应该是一种健全的人格，因为写作人格必须融进写作者的个人生活理想和人生理想的部分内容或全部内容。但写作人格不仅应该是一种健全的人格，还应该是一种具有严格规范的创造性的审美人格。

写作人格的基本构成要素有：写作气质、写作意志、写作兴趣、写作理想、写作伦理追求和审美价值取向。

写作气质是一种具有先天性因素的写作人格要素，它为写作人格的形成奠定了相应的生物基础，以最隐秘的方式影响着写作人格的形成与方向性的成长（当然它也随着写作人格的变化而有条件地修正、改变、提升）。写作气质对写作人格的影响主要体现在它对写作意志性质的规定，和对写作人格的力度与坚韧程度的强化上，因此，写作气质是写作意志的土壤。写作气质是写作人格的基础，而写作意志则是写作人格的内在生命核心和灵魂，是写作人格的本质规定性。

在写作气质的规范和写作意志的冲动下，形成了个体的写作兴趣——即以写作为生活的情趣和人生价值实现的方式。写作兴趣直接酝酿形成个体的写作理想。写作理想是以个体的写作人生目标和写作人生价值确立为基本内容的。写作理想的形成决定了个体写作的伦理方向与价值追求。

在写作人格的生成构建中，写作气质、写作意志、写作兴趣可以视为写作人格的本我；写作理想、写作伦理追求则可视为写作人格的自我；而写作个性和写作审美价值取向可视为写作人格的超我。

（四）写作人格的精神特征

由于写作人格是理想化的，所以写作人格的首要特征是它的非世俗化：写作人格的非世俗化形成了写作人格的非功利性精神品质，如果写作者的写作行为具有完全的或者过分的功利色彩，那么，其写作也就变得彻底世俗而丧失应有的写作理想，这样写出来的东西也就没有多少存在的价值了。

写作人格的第二个精神特征是它的过程性。由于写作人格自始至终是在过程中实现写作理想，又在过程中提升写作理想的，因而，写作人格获得了对世界和自我的探索性、批判性和认知世界、探索世界、表达对象的审美个性化。

写作人格是写作中的人格表现，写作又始终是审美形式规范下的创造性行为，因此形式美感的意向性和审美创造的规范性又构成了写作人格的另一个特征。

（五）写作人格与写作风格、文章境界

法国自然科学家布封曾经说过一句很有名的话，他说："风格就是人本身。""风格"这个词用于人，是指行为风度与品格；用于写作，是指文章所表现出来的风范与格局；用于艺术创造行为，是指表现艺术家独特创造个性的思维品格和审美表达方式。库柏认为："个人风格是当我们从作家身上剥去所有那些不属于他本人的东西，所有那些为他和别人所共有的东西之后所获得的剩余和内核。"能够属于写作者自己所独有的那些"剩余"与"内核"是什么呢？是写作人格。所以狭义上写作风格就是作者的写作人格，而广义上写作人格只是写作风格的生命内核，除了写作人格之外，写作者的学问、才识、思想等因素也构成了写作风格形成的重要条件。因此，写作风格是写作者的写作人格（包括他的学问、才识、思想）的行为表现。个体的写作行为一产生，写作人格就以一种感性生动的氛围和精神容量表现为写作者的写作风格的生命形式。

写作人格在写作行为成果——文章——中就体现为文章境界，即文章所表现出来的独特胸襟、视野、格调和文章的审美理想的凝重度和人生智慧的恢宏度，就是写作人格的对象化定格。歌德认为：在诗和艺术里，“人格确实就是一切”。明代人王士祯则非常形象地阐述了文章境界的生成内涵，他说：“才生思，思生调，调生格；思即才之用，调即思之境，格即调之界。”所以，写作者的才、学、识、思，虽然构成了文章境界的具体内容，但是如果没有写作者的写作人格贯穿其中，是无所谓境界的。清人王国维在《文学小言》中更是直截了当地说：“无高尚伟大之人格，而有高尚伟大之文章者，殆未之有也。”

第 2 节　写作主体人格心灵背景的结构

写作者的写作主体人格的形成、成长与完善，是伴随写作者的人生生活和写作生活始终的一个生命过程。不仅如此，写作者的写作主体人格的形成、成长与完善，还必须是以健康、丰满、广阔的心灵背景为基础的。写作者的健康、丰满、广阔的写作主体人格心灵背景的形成是一个不断建构与解构的过程。在这个过程中，对真、善、美的追求，构成了写作者的写作主体心灵人格背景建构和解构过程的主旋律。

一、求真——理性智慧心理结构的建构

（一）何为“真”

美国当代哲学家阿德勒在谈到什么是“真”时说：

> 这里有一些观念，我们只要理解了真理就能更了解它们。按照它们的字母顺序，它们是：经验、想象、判断、知识、语言、记忆、心智、意见、诗词、推理、宗教。我们还可以补充几个和知识及意见有关的观念：数学、哲学、科学和神学。①

阿德勒的这段话，是对“真”的内涵的全部概括。通俗地讲，所谓“真”即是真实、实在。在这个意义上的“真”与“假”、“伪”相对，即凡是不假的、非伪的东西都是真实的、实在的——我们的生活经验，我们的想象，我们对事物的判断与推理，我们的知识，我们的语言，我们的记忆，我们的心智，我们对诗词以及其他艺术的创造与欣赏，我们对事物、生活、对象的意见与看法，我们对宗教的信

① ［美］阿德勒：《六大观念：真、善、美、自由、平等、正义》，55 页，北京，团结出版社，1989。

仰等，都是真实，都是实在，都是“真”的具体而丰富多彩的内容。

特殊地讲，所为“真”即是真理、真知。这一意义上的“真”与“错误”、“谬论”相对，即凡是真实的道理、正确的认识都是真理，都是真知识，都是真——数学、哲学、科学和神学，构成了人类真理、真知的典型来源。“真”不仅指真理，而且还指天真、纯真等超越性概念，中国道家所谓“真人”，王国维《人间词话》所谓尚“真”的文学观的“真”就是这个意思。

（二）何为“求真”

何为“求真”，通俗地讲，就是对人生、生活真实、实在的追求。比如有意识地积累生活、工作以及人类的经验与知识，发挥想象，开启心智，习得语言，形成独立判断能力与推理能力，获得对事物的看法与对自然、人生的美好信仰等，都是求真的具体表现途径与形式。

而特殊地看，“求真”，就是杜绝错误，避免谬误，追求关于宇宙、自然、人类的真实知识，发现和掌握宇宙、自然、人类、生命的存在规律与生存的道理、本质。

（三）写作者为何要具备“求真”的品格与精神

因为写作就是人类追求真理、真知识、真实、实在，创造真实、实在，表达真知与真理的美好途径和壮丽形式。因为写作者进行写作，就是以写作作为思考生活、美化人生、创造真实、探索真理、丰富真知的有效手段与方法。所以，一个人要想写作，要想成为一个名符其实的写作者，就必须担当起两种基本的责任——对人类的责任和对自我的责任，就必须努力于“求真”之路，只有这样，他才会把人类的知识与意见融化为自己的生存智慧，他才可能在生活、工作与写作中创造性地积累起属于自己的经验，才可能获得对宇宙、自然、人生、生命、存在等方面的真知识、真理解、真领悟、真智慧，才可能真正构建起能写、会写、写好、写美、写出空阔寰宇、流唱千秋的大文章的理性智慧心理结构。

（四）如何培养“求真”品格与精神

1. 永远保持一颗独立、自由的心

幸福的人生是一种智慧的人生。写作作为一种创造人生生活幸福的方式，它必须充满大智大慧。一个写作者要获得有关于宇宙、自然、人性的大智慧，其基本的心灵前提就是要有意识地培养独立精神和生存的自由心。台湾作家陈映真说：“笑，对于我是一个批评和自我批评的过程。写作则是为了使那些绝望的人重新充满希望，让那些因失败受挫的人重鼓斗争的勇气，使受凌辱的人重获自由与尊严。”陈映真关于写作的严肃思考，几乎概括了人类一切严肃的写作活动的使命：创造生活的美，探索人生的真，弘扬人间的善。这是写作的神圣使命！这更是写作者的神圣使命！写作者要能够在写作实践中真正履行起这一神圣使命，需要一种生存的大勇，而支撑这种生存大勇的顽强、坚固的心灵基石，和使这一生存大勇之火熊熊燃烧的风力，是人格独立、人生独立的永恒意识与追求向往，和对人生自由、人类自由、时代社会生活自由的顽强不息的渴望与追求。客观地看，只有具有强烈不衰的独立意识与精神向往的人，才能真正写出壮丽的文章；只有终生不倦地渴望和追求自由的人，才能创造出美丽的写作人生！

2. 时时更新生命体验意识，天天升腾自然关怀品格

人是生命性的存在。人生是有限的生命向无限企盼的沉重过程，人类的文明与繁荣是生命的绵绵繁衍与永恒扩张的壮丽历史：生命之于宇宙、自然、人类历史和个体人生，都是一个永恒的主题，一个伟大的神秘，一个存在的焦点，因此，一切人生的智慧，人类的智慧，无不贯穿着对生命的拷问与质询。美国人类学家和心理学家 E. 贝克尔在《反抗死亡》的序言中指出：

> 死的观念和恐惧，比任何事物都更剧烈地折磨着人这种动物。死是人各种活动的重要动力，而这些活动多半是为了逃避死的宿命，否认它是人的最终命运，以此战胜死亡。①

从更广泛的角度来看，人类一切写作都与生命有关，都是以（直接的或间接的）生命为主题的。加拿大作家欧文·莱顿在谈到自己为什么要写作时说："死亡和性欲的巨大神秘伴随着我。我把与性欲和死亡的谈话写了出来，以便赞颂我有限的头脑中所不懂的东西。"如果说莱顿的写作主题还带有很浓的个人兴趣的话，那么，布列坦·布列坦巴施则揭示了生命关怀与体验意识对写作者的主体人格建构的重要性："可以断言：一切生命是实际上的死亡，死亡乃是活生生的文字符号。最终能永留人世的，是句逗无声的奥妙。"

人类来源于自然，人类又从自然中走出来，人类最终还得走进自然：在走出自然的过程中走进自然，又在走进自然的活动中走出自然——这样一个循环往复的过程，构成了人类的文明史，同时也构成了每一个人的生命史。因此，对生命的关怀与体验意识的获得与更新，就不可能撇开对宇宙自然的关注。因为人生于宇宙自然之中，人的生命是大自然的恩赐，人关于生命的智慧，关于人生的智慧，关于生存与成长的智慧，都无一例外地是大自然的灵光的普照和神意的激活：关于宇宙自然的智慧是人类文化的源泉，也是人类写作的精神源泉。

只有对生命燃烧起深厚的体验情感，对宇宙自然充满无言的关怀激情，才会使你的每一个文字符号饱浸生活的奥妙，才可能使你的每一次写作行为融化灌注

---

① ［美］E. 贝克尔：《反抗死亡》，1 页，贵阳，贵州人民出版社，1988。

着深广的智慧与亮丽的美德，才可能使你的有限的写作人生通过句读无声的奥妙荡漾着青春的魅力与永恒的微笑。

3. 把你好奇的天性发挥到极致

好奇心是人的天性。每一个正常的人，其儿童时代都具有不同程度的好奇心。随着年龄的增长，外部功利生活对人的强力诱惑，使许多人淡化和泯灭了人本有的美好天性，而一步步踏向了人生的平庸。而那些无论在何种年龄阶段都始终保持一颗旺盛的好奇心的人，则走向了人生的创造与成就。所以法国作家法朗士才如是说："好奇心造就科学家和诗人。"

所谓好奇心，就是对陌生的事物所产生的新奇感和兴奋感。好奇心经常表现为对新的事物的自发注意，并为了弄清楚它们的因果关系而提出各种问题。它是求知欲的具体表现，是潜在的创造力。正是从这个意义上讲，好奇心是任何领域、任何形式的创造的原动力。对一个创造者来说，永不满足的好奇心，是引导他去不断地获得新的发现、新的发明、新的目标、新的创造性构想的真正内在动力。

好奇心之所以成为人类一切创造的原动力，就在于好奇心包含着对事物的敏感，包含了对真实、实在、真知、真理的渴望与求证。所以，一个具有好奇心的人，始终是一个对事物具有强烈敏感心的人，一个具有永不疲倦的求实心和求知心的人！

对好奇心的培养、强化与升腾的基本途径，就是要时时培养和增强对生活、对事物、对自然、对外部世界的敏感意识与激情，就是要培养与强化对新事物、新问题、新情况、新发现的求证品格，就是要培养在任何时候都保持一颗强烈而旺盛的求知心与热烈情感。只有这样，才可能把你天生就有的好奇心保持下来并有意识地发挥到极致。把凡事好奇的天性发挥至极致时，你也就获得了不竭的创造动力。

一个真正的写作者，应该永远记住爱因斯坦的话："谁要是不再有好奇心，也不再有惊讶的感觉，他就无异于行尸走肉，他的眼睛是模糊不清的。"

4. 磨砺自我心灵的批判之剑

南非作家马齐齐·库内内说过："大凡写作全凭心，我认为这会导致错误，是狂热与幼稚的表现。唯有理智才能把握人的头脑，及其思维和行动。显然，理智指导一切，高于一切，具有观察千变万化的宇宙之慧眼。"①

写作就是求真与达真，就是对生活与人生、对象与世界的理智观照与智慧把

① 林辰选编：《世界100位作家谈写作》，18页。

握。写作者必须具备求真与达真的品格与能力、理性与智慧，而对这种品格与能力、理性与智慧的修炼的又一主体性方式与途径，就是要培养一颗永不衰竭的批判之心。当你用理智与智慧之砧，磨砺心灵的批判之剑时，你就获得了处处留心、事事求证的品格与精神；你对生活的敏感，你对人生的思考，你向自我与人类的写作，就会变得“大”与“美”、“壮”与“阔”起来。

一个要成为真正意义上的写作者的人，要保持心灵的批判之剑始终锋芒光照，就得自觉地培养自我内省意识与自我检讨品格，就得自觉地培养对生活传统的距离感与冷峻的反省品质，就得培养对现有秩序的解构意识，就得培养对发现残缺、发现堕落、发现腐朽的精神品质。

5. 用自教之器打通人类求真的永恒之路

写作是一种文化的创造、建设与传播活动。写作的这一独特的社会功能，决定了写作具有极强的教化作用。健康的写作，优秀的文章，不仅沁人心脾，砺人心智，而且纯其民风，正其时道，助益人类的和平与繁荣；而卑劣的写作，庸俗的文章，不仅可以导致人格分裂，助其人性之恶劣品性的任意泛滥，而且更可以败坏朝纲，腐败时风世德，阻碍人类文明的进程。

要担当起积极促进人的健康生活、社会的文明发展和人类的和平与繁荣之使命，写作者必须要具备一种终生不渝的自教意识和对人类的关怀情感。

正人者先正己，教人者先自教。写作者要具有一种终生不渝的自教意识，首先要有自我检点、自我约束、自我改进、自我提高意识；其次，要具备一种开放的心态，这样，才能真诚地面对生活的变化，真诚地接受各方面的新信息、新观念、新思想、新意见、新批评，才能够不断弄清楚许多新问题、新困惑，不断获得写作的新材料、新思想和表达生活与世界的新视野、新方法。

自教意识就是自我关怀意识。写作者只有在正确确立起健康的自我关怀意识的基础上，才能够真正获得社会、时代、人类关怀意识与情感。也只有获得了对时代、社会、人类的关怀情感的时候，自我关怀意识与情感才赢得了“教人”与“正人”的品质与能量。

培养起对时代、社会、人类的关怀情感、精神、品质的基本途径是：第一，要学会对时代、社会、人类生活变化与发展趋势、前景的敏感意识；第二，要自觉地训练一种对时代、社会、人类发展中的困境、问题、矛盾、曲折、失误等的追问意识；第三，要具备一种对所有不了解的事物的好奇心；第四，要以一种悲天悯人的同情心去体味时代、社会、人类以及他人的苦难；第五，要学会培养对一切进步与新生事物的敏锐发现意识；第六，时时磨炼对时代、社会、人类的和平、繁荣、幸福抱有顽强不衰的希望之心。

二、求善——道德心理结构的建构

（一）何为“善”

霍布斯认为：“善就是我们给予那些我们碰巧欲求或喜爱的事物的名称。他们认为，善并不是我们可以从事物本身发现的属性。我们称他们是善，仅仅是我们欲求他们，如果我们憎恨他们，那我们就称他们为恶。”①

从霍布斯关于“善”的独特看法中可以看出：第一，善不是事物本身的属性，而是我们人为的一种看待；第二，这种人为的看待，恰恰是我们所欲求的东西或所喜欢的东西；第三，我们所欲求的或所喜欢的东西之所以是“善”的，就在于它是“好的”。因此，所谓“善”就是我们所认为是“好的”这样一种行为和看法。进一步看，这些对我们来说是“好的”的行为与看法之所以属于“善”，就在于它们对我们“有益”。因此，简单地讲，所谓“善”就是那些我们认为“好的”，并且是对我们“有益的”的东西。

“善”之成为一个普遍的概念，就在于它的普遍适用性。从它的普遍适用性这个角度看，我们自己认为是“好的”并对我们本身“有益的”的东西，并不一定都是善。只有当这个“好的”或“有益的”的东西获得普遍性时，它才能称得上是“善”。因此，所谓“善”即是具有普遍性的“好的”和“有益的”的东西。

（二）“善”的内涵构成的层级性

阿德勒说：“从对善的理解中可以得到启迪的这些观念，按它们的字母顺序和排列依次为：欲望（欲求）、家庭、习惯、幸福、荣誉、生活（指健康的生活）、爱、人类、快乐与痛苦、美德与罪行（也许还包括罪孽）和意志。如果再进一步，我们可以增加情绪（情感）这一观念，因为，决心使自己成为善人的努力和决心使自己养成那些被称为道德的好习惯的努力中涉及情绪。而且，一旦罪孽也在其中，那我们也许不可避免地涉及有关上帝的善，人类与上帝的关系，以及人类之善的问题。除了所有这些，我们还应该注意到，对于善的思考，还涉及我们的经验提及的而且与善有关的别的观念，其中不但包括知识与和平，而且还包括另一组观念：自由、平等与正义。”

“善”作为人心的内在尺度和生活的共同价值准则，既有经济学意义，又有道德意义，更具有哲学意义和美学意义。在经济学意义上，它所涉及的是“应当”与“正当”的问题，即凡是“应当”和“正当”的东西，都是好的和有益的。比如，一个人付出了8个小时的劳动而索取了50元钱的报酬，这对他（包括对其他的人）来讲，是善的；而另一个人在应该上班的时间里坐上公家的车去

---

① 周辅成编：《西方伦理学名著选辑》上卷，671页，北京，商务印书馆，1996。

谋取个人的利益，虽然这对他本人来说是“好的”和“有益”的，但他的行为却是非善的，其理由是他的这一行为既不应当，也不正当。

经济学意义上的善是实用功利的，涉及我们每个人的生存规范的内在价值尺度。而道德意义上的“善”则是非实用功利的，它涉及我们每个人的成长规范的精神价值倾向。道德意义上的“善”所涉及的是有关“正义”与“公正”的问题，“惩恶”的问题。它具体体现在对财富、荣誉、友谊、平等、自由、关爱、美德等的看待、追求与向往。

经济学意义的“善”和道德意义上的“善”都可以说是一种相对性的“善”，它可能随着人的生存时空框架的变化而产生价值判断上的变化。比如在分裂与战乱的时代，追求战争的荣誉是正义的，但一旦人类的生存步入和平与发展的轨道，倡导战争与杀戮就不一定是善了。再比如在人类绝对地缘化的时期，绝对的种族与国家之爱是不可少的，而当人类已进入全球生态共同发展的阶段，过分地强调一种狭隘的种族与国家之爱，其行为就往往会失去应有的正义与公正。因此，人类之善，人生之善，人性之善，还涉及一个绝对性意义，而这个绝对性意义上的“善”，即是哲学意义和美学意义上的“善”。

哲学意义和美学意义上的“善”，是人的终极之“善”。它是超越一切功利（实用功利和精神功利）的超价值之善，这种超越价值的“善”是涉及人的存在的善。它的主要内涵体现在三个方面：一是有关于人生和人类的根底之爱——即生命之爱、人性之爱、人类之爱、大地之爱、自然之爱、宇宙之爱；二是对知识的崇敬、信仰与追求——这一有关于人类的本性的善，知识是人类真正的善，因为人类的本性在事实上要获得知识，这是开发人的潜能与力量，并使之得到实现与满足的最高雅、美好的方式；三是对真理的捍卫与追求，因为，真理所包含的是人类心智中的终极的善，并且当我们献身于对真理的捍卫和追求时，我们也就履行了作为个体的人和作为大写的人的道德义务与责任。

（三）何为“求善”

所谓“求善”，就是对我们所喜欢的或我们所欲望、希求的那些体现了既对我们，也对别人来说是“好的”和“有益”的“东西”的向往、追求与热爱。具体来讲，“求善”就是追求应当与正当；而上升到道德意义上讲，“求善”即是追求生活的正义与公正；而当我们跨越时空的限制，走向对存在的探索与领悟时，“求善”就是对博爱、知识、真理的追求，或者说是对大美与永恒的追求。

（四）写作者为何需要“求善”

阿根廷女作家西尔维亚·奥坎波认为：“写作是为了使他人爱我，爱我认为应该热爱的东西，不忘记世上之要事——友谊、爱情、智慧和艺术。写作是不死的永生，永生的死亡。”①

奥坎波的这番话或许最能表明写作者为什么要追求善：对任何一个写作者来讲，只有自己生活得“应当”和“正当”，才能对生活做出“应当”的和“正当”的裁判；只有自己不懈地维护和追求人间生活的正义与公正，才可能在他的文章与作品中表达对正义与公正的歌颂；只有当他在写作的道路上煽起博大的热爱之火，时时校正知识与真理的航灯，他才永不止步、永不停顿、永不气馁地探索与前进，直到生命的最后。

人是有人情、有人性的。人的人情、人性还具有共同性。正是因为如此，才有了人同此心、心同此理，才有了人间的互助与互爱，才有了沟通、理解与同情，才有了良知与道德，才有了对无限的知识与永恒的真理的追求！所有这些，就是人类写作的深厚人性土壤和文化土壤，也是人类写作的永恒主题。从根本上讲，人类的一切写作活动，都是从不同的角度、以不同的方式，立足于不同的层面来探索、反刍、鞭笞或弘扬人情、人性，来促进沟通与理解、互助与互爱，来呼唤良知与道德人性。也许正因为如此，写作者才获得了主体人生的崇高道德感，写作才获得了人间的神圣性，文章才因为有对人情与人性的思考与表达而充满了生存的魅力与无限的美。

（五）如何培养“求善”品格与精神

1. 学会在价值追求中超越价值

人需要劳动才能生活，写作者首先是个体的人，他同样需要付出劳动而获得应有的报酬，才有得以生活下去的物质资源基础。因此，写作同样需要具备价值追求意识的获得与更新。

价值追求意识与超越价值追求品格培养的最好方法是劳动。劳动是人生的最大美德，写作者应该有对劳动的价值追求意识。一个写作者应该终其一生去实践和弘扬这样一种生存原则：勤奋劳动，努力创新，增长财富（物质的或精神的）才是最大的美，至高的善，永恒的真！

价值追求包括经济价值追求与道德价值追求，价值追求意识培养的又一方式，就是对经济价值原则意识和超越品格、精神的培养。人生生活幸福的基本标志就是富裕。人生的富裕是物质资源的富有和精神财富的富有的真正统一。写作者绝不能当精神财富的富有者而沦为物质资源的贫困者。在人类社会物质生活水平普遍提高的时代，如果出现这种状况，那一定是一种畸形的生活。在一种畸形

① 林辰选编：《世界100位作家谈写作》，66页。

的生活中创造出来的精神产品，不一定是健康的、有价值的，因为畸形生活中的人，他的人格不一定是健全的。因此，写作者应该具备一种经济价值原则意识：劳动应该创造出经济价值，健康而正当的付出应该获得应有的经济价值。

经济价值原则意识是写作者需要的，但作为写作者，是绝不能唯经济价值原则化，否则，有关写作的一切美好的东西都将蜕变为赤裸裸的金钱交易关系，这是写作所不能容许的。正是因为如此，写作者还应该具有一种超经济价值原则的意识，那就是对经济价值的超越性意识：超越经济，超越名誉，超越所有的功利需求与满足的精神追求。只有获得这种超越意识与追求精神，写作才可能达到精神的不朽，写作者才可能走向道德建树的永恒。

与此同时，一个写作者，还应该在价值追求的过程中，学会对自我进行超越性的典范意识的激发与培养。《左传》中鲁大夫叔孙豹回答范宣子什么是不朽时说："大上有立德，其次有立功，其次有立言，虽久不废，此之谓不朽。"并指出，"世不绝祀"之世禄，只是保姓爱氏，以守宗谱，并不是不朽。[①] 其意思是说：对于任何一个来讲，人生的不朽不是显赫的家世，也不是高官厚禄，而是其高尚的品德与精神为后人所效法。这种能为后世效法的高尚品德与精神主要体现在两方面：一方面是为社会、国家和人民创立下不朽的功劳，建立为后世所敬仰的功业；另一方面就是在思想和精神上留下永可遵循之言，在理论和品格上为后世之人树立精神追求的榜样。

这就是中国传统文化讲求人生的"三不朽"境界，它与现代科学讲求的人生不朽在其精神本质上是共同的，那就是特别强调人生的主动精神，强调积极进取的美德，强调为社会、为人民、为人类做出贡献、创造财富的不朽意义。在现代科学的人生观看来，个体的人必须是有活力的、有自主精神的、有无限创造力的人，只有具备这些最基本的条件，才能在整体中保持和保存自己的贡献而获得不朽。如果个人的行为和生活没有活力，没有自主性，没有进取精神和创造性的力量，那么他的人生就是残缺的，他的存在就是被异化的，甚至可以说是虚空的。所以人生的不朽就在于人的精神、品德、人格和劳动创造的实际贡献的卓越。

2. 自我培养做人的名誉心和生活的尊严感

"树活一张皮，人活一张脸"这一形象的比喻告诉每一个人：做人就是要活得有尊严。因为有尊严的人生才有价值，有尊严的生活才有意义。因此，写作者必须有崇高的尊严感，在任何时候、在任何环境下都做一个有尊严的人，去有尊严地生活，有尊严地写作。

---

① 郑天挺主编：《左传选》，189 页，北京，中华书局，1979。

一个人的尊严感的形成总是与他的名誉紧紧地联系在一起的：没有名誉的人是难以有尊严感的；名誉败坏地生活，尊严是与他无缘的。所以一个人要具备尊严感，他要生活得有尊严，那就必须具有名誉感，有一种对名誉的意识与追求。

尊严是道德的载体，名誉是尊严的底色。人生的名誉的获得不能靠巧取豪夺，更不能靠欺诈蒙骗，只能靠堂堂正正地生活，勤勤恳恳地做事，真心诚意地为人，脚踏实地奋斗、拼搏与创新，全心全意地助益于他人与社会、时代，满怀爱心地关注人类的命运与前途，严肃地思考与写作而得来。并且，珍视人生名誉，培育生活尊严感，还需要具备一颗正义人生、正义生活、正义人间的心，要为正义而生活，而奋斗，而思考，而探索；另外，还需要有一种公正面对所有的人、事、物、问题、情况、变化的品格、精神与能力，这需要在日常生活中时时训练，不断更新自我与生活的品质与精神。

3. 训练和提升对人性的体验意识

写作者要获得主体人生的崇高道德感，首先必须具备一种深邃、凝重的人性体验意识。获得人性体验意识的前提是要有一颗真诚善良的心，去正直地做人，诚挚地生活，以纯朴的善情、善意、善心去善待一切事物，去认识和理解一切人，去思考和探索生活中的所有问题。

做文就是做人。做文首先在于做人。只有做一个真诚善良的人，才会写出真诚执著的文。

获得健康的人性体验意识与情感的又一方法是反省意识的自我培养：只有学会反省自己的人性弱点、缺陷，人情的疏漏，性格的愚顽，才能获得自我生活情感的纯正与美好，才可能培养自我人性的健康与伟岸。

获得人性体验意识与情感的另一途径是发现意识的自我训练：在生活中，要学会发现生活的沉沦与奋起、失败与成功、阴暗与光明。发现他人、发现社会、发现人间的善恶消长、美丑流转者，就是一个具有强烈的道德感和使命感的人！

培养人性体验意识与情感，还需要对凝重、深层的良知感的训练。只有具备做人的良知、生活的良知、时代社会的良知和人类良知的人，才有资格称得上是真正的写作者，才可能写出为人们所喜爱的文章来。良知意识实际上是一种责任意识、使命意识。具有强烈良知感的人，必然具有强烈的人生与社会责任感和严肃的使命感。

健全、健康的良知意识与情感的获得，是一个人生过程，在这个过程中，应该从日常生活中自我培养真挚纯正的同情心、强烈的热爱心、奥远的博爱感、纯真空灵的友谊意识、积极的互助意识、对邪恶和丑陋的义愤感和空阔人间的关怀意识、关爱情感。

4. 用日常生活的火铸造起公正人间的生存信仰

对宇宙自然的关怀意识，对人类社会的博爱情感，对周围的人的关爱心的训练与培养，都必须落实在日常生活的每分每秒中。在日常生活中关怀，在日常生活中博爱，在日常生活中关爱每一件事物，每一个值得我们去同情、去关心、去爱护、去帮助、去为之呐喊的人——这样一种美的品格与精神，是最需要自我培养与塑造起一种公正人间的美丽心灵与生存信仰。

在竞争日益剧烈、贫富差距日益加剧的 21 世纪，由于高科技的全速前进和竞相发展的不平衡，人口压力的递增，生存资源的日益稀缺，生态环境的日趋恶劣，生存竞争的日益激烈，各种生活矛盾和生存冲突错综复杂，贫富冲突、弱肉强食更为普遍。在这样一种极为残酷的生存背景下，人类生存要求得理性节制，和平生存，共同发展，必须寻求建立起一种普遍适用的新型行为规范和道德要求，这即是公正原则！因此，面对 21 世纪人类生存、公正才是最大的善，公正更是最高的道德！因为只有普遍适用的国际公正原则的全面确立，人类的和平生存、共同发展才有行为前提和道德上的根本保证；也只有建立起完善的公正伦理价值观念体系来作为其内在的社会行为规范，人间的生活才有正义可言，人与人之间才可能信任、同情、关爱、互助与共同发展。因此，现今人类生活走在新世纪的道路上，最伟大的人类良知、社会良知和做人的生存良知，就是公正心。一个写作者应该始终成为社会良知的典范，因此，在当代生活中，当你要从一个普通人通过走上写作的道路而成为一个写作者，那你必须是一个公正的人，你必须自我培养和塑造起一颗顽强的公正心，并把它作为思考人生、反省社会、写作文章的真正信仰尺度。否则，你就不配写作，否则，你就根本不是一个具有真诚良知感的写作者！

写作者要担当起这样一种社会的、时代的，以至人类生存发展的重任，就必须有一颗公正心，就必须具备一种真正公正的生存信仰。

对公正的意识与信仰，既是一个严肃的生活伦理问题，又是一个错综复杂的政治问题，更是一个极为普遍的人本要求问题。因而，对人类生存和社会生活的普遍公正的意识与信仰，其首要的问题就是对制度（包括社会的主要制度、社会的基本结构、社会安排方式）的公正意识，和对社会权力（国家机器权力、社会知识权力和财富权力）的权限制约意识。其次是要通过对日常生活的感受、认识、体验、反省而培养和获得一种公正原则意识——包括人性（需要）原则意识，普遍（发展）原则意识，动机与效果相一致（的评价）原则意识。只有自我培养和获得这样一种意识与激情时，你作为一个写作者，才获得了一颗顽强的公正心和面对任何情况都能保持一种不屈于任何外力的公正写作的生存信仰！

三、创美——审美心理结构的建构

（一）何为“美”

什么是美？美就是存在本身，美就是生存本身，美更是生命自由本身，是生命时空本身。

什么是存在？存在就是苍茫、空阔、无限，就是时空的绵绵若存，就是生命的永恒延展。

什么是生存？生存就是时空向生命的无情切割与展开，就是万物与存在的相互突显、照亮，就是生命向苍茫的绵绵迸发，就是意义向空阔的填充，就是力量向无限的征战。

什么叫生活？生活就是生存向存在的无休无止的证明！就是人的不可自由的自由劳动、奋斗、拼搏与永恒期望！

（二）何为“创美”

创美就是对存在的主观留驻与永存，创美就是对生存的想象与秩序，创美更是对生活秩序的形式化建构、解构和重新建构。

（三）写作者为何需要“创美”的光与能

生活就是美，生活更是创造美。写作作为一种特殊的生活形式，其最高的目标就是创造人间的美。因此，一个写作者，首先应该是一个审美者和对生活大美的创造者。写作者要能够有目的地、挥洒自如地欣赏美和创造美，只有自我培养起一种深幽、阔空、苍劲、奥远的审美心理，才能在实际的写作过程中囊括天地之美于胸中，发抒寰宇之情于笔端。

对任何一个写作者来讲，培养、凝重、升腾创美的光与能，都需从两个方面入手：一是要敞开自我，面向生活，面向时代社会，面向人类整体和宇宙自然的胸怀，去凝重和升腾起一颗呼唤自由、发现自由、创造自由的心，去追求存在的真，去创建生活的善。因为至真、至善本身就是美，就是大美，就是至高无上的美！二是淳朴自我心灵与情感，去感受、去体验、去领悟自然、人间那五彩缤纷的形式美。

（四）如何培养“创美”品格与精神

1. 秩序美感的获得是写作创美的心灵基础，是秩序性的存在

生活的变化，时代的进步，社会的发展，人生的奋斗与前进，无不体现为对秩序的解构运动。人类的文明，人的文明，就是一个对旧秩序的前仆后继的消解的同时对新秩序的不遗余力求建构的过程。因此，写作作为人类文明的创造性活动，其首要的心灵基础与创造性主体前提，就是要获得一种对秩序的美感意识与经验能力。秩序美感意识与秩序美感能力的培养，应从三个方面

入手。

一是对世界、生活、人生、事物的秩序的消解意识与能力。要明确地意识到，秩序之于人，之于人化的生活，之于人生的追求与创造性生存，始终是一种禁锢，因为秩序本身具有一种自我稳定、自我惰性的倾向，这种倾向对流变不居的世界，对日日更新的生活，对充满好奇心与创造性的人来讲，始终具有一种扼制性和禁锢性。变革与创造，就是对禁锢的突围，就是对扼制的反叛。而写作作为一种创造性行为与活动，也就必须具备一种对现存秩序的自我稳定、自我惰性的深刻感受能力和对旧秩序的真诚消解意识与激情。

二是要有意识地培养一种对新秩序的构建能力。人存在于这茫茫的宇宙自然之中，宇宙世界的苍茫无限，自然时空的流变不居，生命的有限与短促，无不铸造了人的生存的无依无靠与自我渺小。然而，人作为文明的物种，必须伟岸，必须永存，必须主宰，必须成为这宇宙的主人，必须成为自己的主人。要实现这一步，其唯一的途径，就是创造属于人的秩序世界，创造属于自我的秩序世界，因为只有通过这一创造性劳动，才能把宇宙自然秩序纳入自我世界之中；只有通过这一创造性劳动，人才可能抵御自然时空的侵袭而获得存在的永恒。因而，在消解旧秩序中创造新秩序，也就构成了人类的永恒劳作，构成了每一个人人生的根本生存课题，也构成了写作者不可回避的生活和写作的根本课题。

三是要自觉地训练和养成一种感觉良好的（生存语义）场化意识与激情。因为世界的秩序性，正在于其场化性：秩序（包括宇宙自然秩序、人间生活秩序）是场之表，或者说秩序是场之体，而场则是秩序之本。对于一个写作创造者来讲，没有一种对世界、生活之场的意识与激情，是很难获得一种深邃、凝重的秩序解构意识与能力的。

2. 不断刷新结构美意识是写作创美的心灵前提

天地变化，日月斗转，层峦叠嶂，江河奔流，物种生灭，生命衰盈，经济荣枯，国家兴亡，政权更替……所有的自然现象和社会现象，表面上看是无序的，但就其本质讲，则都是有秩序的：一切变化都是秩序的变化，一切变化都是在秩序中的变化，一切变化都是打破旧秩序建立新秩序的变化。

世界是秩序化的。世界的秩序化，就在于世界自身的结构性。结构性构成了人类生活之美和人类创造美的重要源泉。写作是一种自觉遵循文本模式和文体规则，运用思维逻辑的自身要求和人类语言的游戏规则而创造性地表达对生活的思考的艺术：写作是对世界的结构、事物的结构、生活的结构和文本结构、文体结构、语言结构、思维结构等的一种创造性再现与表现活动。因此，一个写作者，一个具有创造力与独创性的写作者，必须具有良好的结构美意识，必须养成对结构美的创新性意识与能力。

结构美意识的获得首先表现为对事物、对世界、对生活、对历史的结构的复杂性意识，包括对结构的线性与非线性的并存性意识；对结构的流动性、变化性和隐显性的意识，对结构的稳定性与非稳定性的意识。

结构美意识的第二层含义是对事物结构的内在和谐感的意识。结构的和谐感，主要体现为事物内部结构之间的比例性和事物各结构部分之间的对称性。因此，对事物结构的和谐感意识的形成取决于对事物结构比例感和事物结构对称感的体验与获得。

事物的结构性还体现在事物与事物之间的相互依存性，因此，培养对事物的结构美意识，还包括对事物与事物之间的相互依存性的意识和事物与事物之间的关联性意识。这是结构美意识的第三层含义。

结构美意识的第四层含义是对结构的秩序感的获得。

3. 凝重和升腾语言美感意识才构成写作创美的丰富心灵内涵

20世纪的哲学家海德格尔认为，语言是诗的栖居之所。岂止如此，从本质上讲，世界是语言化的，人的思想、行为、情感，几乎都被语言所笼罩。语言无所不在，它成了人的生活的无形居所。写作更是这样。因为人类一切写作活动都是语言活动。因此，对人类语言美感意识的获得、训练与培养，成了写作者形成健康的写作主体人格的重要心灵基础。

对语言美感意识的自我训练与培养，包括语言对宇宙、大自然中各种事物的模拟美感意识、语言的声韵美感意识、语言的对称美感意识、语言的节奏美感意识、语言的逻辑美感意识、语言的空间美感意识、语言的时间美感意识、语言的思维美感意识、语言的心灵美感意识等的训练与培养。

4. 努力刷新自由美感意识才是写作创美永恒心灵动力

人类生活在宇宙自然空间，人生活在特定的社会和时代之中，虽然有许多的限制，有许多的不自主，但总是希望通过自身的努力去获得更多的自由。虽然这种种自由的获得是以更多的不自由为代价，但是向往和追求自由，构成了人类文明进步的永恒主题，谱写出了有限的人生竭尽全力做出无限的劳动与创造的壮丽诗篇。写作就是人类这恢宏、壮丽的史诗中的最优美、最动人心魄的一章。一个写作者，要使自己的劳动融入这恢弘的壮丽史诗中，必须对人类自由、对时代社会生活的自由、对人生与生命的自由，有着始终不渝的向往与追求，必须对这种向往与追求有着刻骨铭心的意识与体验，这种向往与追求和意识与体验，构成了写作者的写作生命力的灵魂，构成了人类史诗的永恒魅力。

对自由的美感意识与体验还体现在对人类创造自由、人生获得自由以及与时代、社会、他人分享自由的崇高感和壮丽感。

对自由的美感意识与体验更包括对人类、时代、社会、个体生命在向往和追求自由之途中不得自由、不能自由、不可自由——而终不悔的悲壮感和悲剧感的体验和意识。

5. 培养和升腾形式化、赋形化的创美意识

人生的价值和意义就在于创造。创造意在革新，创造意在开拓，创造更在超越已有而达向未有与未来。如果说创造是人生的自我实现，那么超越就是对实现着的自我的积极否定。人唯有具备在创造中实现自我、在实现自我中超越自我的品格与能力，他的生活才永远充满青春的活力，他的人生才放射出壮丽的辉煌。

写作就是这样一种创造生活和超越生活的美的方式。这一创造生活和超越生活的美的方式就是形式化！写作者要自我培养起这样一种创造与超越的形式化审美意识，需要学会对创造与超越的心灵体验。

形式化的超越性审美意识与体验，包括对自我生活的形式化超越意识与体验；对人性的善恶与美丑的形式化超越性意识与体验；对人生的进步与堕落的形式化超越性意识与体验；对人类思维、情感的开放性与局限性的形式化超越性意识与体验；对功利、名誉、成就的形式化超越性意识与体验；对时代、社会、家庭、群体的形式化超越性意识与体验；对空间地域的客观限制性的形式化超越性意识与体验；对秩序解构的形式化超越性意识与体验；对人类科学、文化、知识、艺术的形式化超越性意识与体验；对宇宙、自然、生物圈的存在的永恒性与生存的流动变化的形式化超越性意识与体验；对写作本身和写作行为本身的形式化超越性意识与体验。

写作是为了创造人生。最淳朴、最美丽、最伟大的写作人生，恰恰是创美的形式化：写作人生，超越生存，就是形式化的创美人生！只有达到这一至高的境界，才能获得返璞归真的生命意识和自然意识，才会在写作中融科学、哲学与艺术于一体。

第 3 节　写作主体人格心灵背景的建构

写作主体人格心灵背景的形成与健康的成长，是人生的过程，在这个过程中，自我培养是其基本的也是唯一的方式。自我培养写作主体人格的基本途径有三：一是广泛阅读；二是多元化鉴赏；三是增加丰富的人生经历与阅历。

一、在阅读中陶冶性情，浸润思想

写作是与读书联系在一起的。要写作，就必须读书；只有通过广泛的阅读，才能够形成写作，写出好作品。

写作与阅读的关系到底是一种什么关系呢？

简单地讲，阅读能够形成和提炼写作者的主体人格心灵背景：阅读是形成和提炼写作者的主体人格心灵背景的基本途径。

我们通常讲“开卷有益”，“开卷”对于“开卷者”的益处到底体现在哪些方面呢？

第一，开卷能够改变人的欲望和需求心理结构，舒畅人的情志，治疗人的心理隐疾。这就是人们通常所讲的阅读具有治疗功能。

《韩诗外传》记载：春秋时，鲁国有个叫闵子骞的人，仰慕孔子的才学，前去拜孔子为师。开始时，脸色干枯、蜡黄，过了一段时间，慢慢地变得红润起来。孔子便问其原因，闵子骞说，我生活在偏僻山下，蓬门陋户，衣食有限，但看到达官贵人坐在华丽的车上，前后龙旗飘舞，又很羡慕，于是两种情形时时在我脑子里打架，因而寝食不安，脸色干枯。现在我受老师的教化，精读做人治国之书，懂得的道理日多，能辨是非、知美丑了，那些“龙旗”之类的东西再也不动我心，因而也就心平气和，脸色也就红润起来了。

闵子骞把自己的美容归功于读书明理是非常有道理的。读书得多了，懂得生活与做人的道理，它会潜移默化地渗透到你的气质、人格、胸襟情操上，这就是“腹有诗书气自华”——由“心”到形影响到你的容貌，使你目光有神，举止文雅。

第二，阅读能够促使人学会思考，形成思想、获得思想、深化思想，明确生活与做人的责任。因为能够阅读书籍的人往往善于思考，一个喜欢阅读而善于思考的人，必定是一个对社会负责、对自己生活负责的人。

第三，阅读能够丰富人的学识，开阔人的视野，空阔人的胸襟，宏大人的生活和做人、做文的气魄。沈德潜说：“有第一等的襟抱，第一等的学识，斯有第一等真诗。”第一流的真诗、真文章只能产生于作者第一流的学识、胸襟和气魄，而能形成写作者第一流的学识、胸襟和气魄的最佳途径，恰恰是阅读。

第四，阅读能够浏亮人的性情，纯化人的情感，强化写作者对写作人生的热爱，使写作者的写作热情的火焰熊熊燃烧。巴尔扎克说过：“我最好的灵感总是在我最痛苦的时候，才放光芒。”别林斯基认为：“没有感情就没有诗人，也没有诗。”

第五，阅读能够增强人的刻苦拼搏的自信、勇气与意志。而刻苦拼搏的高度自信、勇气与意志，不仅是写作主体人格的构成内容，而且更是写作者的写作激情与灵感激发的重要条件。

第六，阅读能够使写作者自如地创造出和保持住最佳写作心境。这是由于阅读能够使人时时获得一种高涨的情绪和保持一颗机智敏锐的发现性头脑；阅读可以消除世俗生活中的诸多利欲杂念，使人生活在一泓清澈澄明的心境中，而保持旺盛的精力与健康的身体；并且，善于阅读者，可以通过阅读而为自己营造出专一于写作人生的胸襟和心境，提升对写作的信心。

第七，经常阅读的人，能够不断增强语感，能够廓大、深化和提升对各种不同文体的文体感的把握能力与文体性的创造能力。

阅读不仅仅是写作者对自我写作主体人格心灵背景修炼的基本途径，也是写作者的写作能力形成与提升的基本方式。因此，只有高度重视阅读，天天不忘阅读，时时开阔阅读视野，不断总结阅读方法，才能从阅读中真正获得情感，获得思想，获得智慧，获得心灵的博大，人格的伟岸和写作与人生理想的恢弘与奥远。

要达到这个目标，阅读的范围应该宽泛，阅读的视野应该广阔。具体地讲，写作者应该时常阅读古今中外的文学名著，从这些名著中吸取写作的丰富营养，提升写作素养。

与此同时，应该大量阅读古今中外的哲学、思想名著，从中吸取思想的营养，丰富人生智慧，提升自己的人格修养与认识事物、认识世界的能力。

在广泛阅读的过程中，不能忽视对科学著作，尤其是对体现时代社会水平和人类文明进程的科学思想著作的研读，从中获得思维和写作的新方法、新视野、新角度，以此活跃自己的思维，创新自己的观念，革新感受和体验人生与事物的态度与方式。

还不能忽视宗教著作的阅读。宗教是探索人类的起源及其与宇宙自然之生存关系的学问，亦是包含了对人类写作、人类创造、人类的求真、求善、求美等根本生存问题的破译的神圣启示。因此，经常阅读宗教著作者，能够不断从中获得最高的，也是无限的人类生存的智慧和宇宙自然生存的智慧，而这种智慧才是写作的大智慧。只有获得大智慧的人，才能写出大文章。

二、在鉴赏中纯化心灵，升华人格

从根本上讲，阅读就是鉴赏。阅读的鉴赏是对文学、科学、哲学、宗教著作的鉴赏。一般地讲，对科学和哲学著作的鉴赏，主要目的是对自我思想、认识、生存视野和生存境界的拓展与超越；对宗教著作的鉴赏，主要目的是对生命本源和生存归依的终极性领悟与把握；对人类艺术的鉴赏主要目的是对心志情感的纯正与空阔和对心灵人格的健康与升腾。

艺术鉴赏之所以具有如此的功能与作用，还在于艺术本身包容了艺术创造的时代精神、人格、情感，和人类生存在美丑、善恶、真假方面的交战。邓福星在《艺术前的艺术》中指出："艺术不是历史，但却是历史的'形象的'记录。它所记载的是一个时代的精神，彼时彼地人类集体的情绪。它具有直觉的特点，因而在某种意义上说，倒可能是对社会、时代一种最全面把握。"①

戏剧艺术、舞蹈艺术、建筑艺术、园林艺术以及现代各种形式风格的艺术，都属于感受性艺术。对感受性艺术的鉴赏与品味，可能给人灌注进一种关于生活、关于生命、关于人生的创造与追求的磅礴气概和对人性、对自然的神秘与奥远、苍茫的心灵震动。同时，对感受性的艺术的鉴赏，可以获得一种强烈的时空域度感，获得一种人为的主观化的感受时空情绪和历史时空情绪向实在的宇宙自然时空和现实的生活时空的扭曲与迎合，还可以从中感受和体验到历史意识的人为化张扬与理智节制所形成的生存智慧。

音乐、绘画、书法，是最典型的心灵性艺术形式。对心灵性的艺术的鉴赏，则可以领悟到人的生命意志、人类的生命意志向世俗的生存意志穿越的艰难性，以及人生的生命激情向实在的生存智慧宣泄与消解的曲折性；同时，对心灵性的艺术的鉴赏，还可以以此烛照自我意识王国的黑暗，从而触亮生命底座的光与能，打开潜藏于心灵底部的生命宝库。并且，对心灵性的艺术的鉴赏，能够使我们获得一种宁静、安详的心境，空阔博大的胸怀，自由、狂放而严正的性格，含蓄、凝重、深邃、奇诡的个性，洒脱、空灵、飘逸的气韵与风度，和古朴、纯正、雄浑、苍劲的写作风格。

三、丰富的经历与阅历塑造辉煌的写作人生

刘勰在《文心雕龙》中提出，一个写作者，一定"积学以储室，酌理以富才，研阅以穷照"。这说明丰富的阅历对写作人生的重要性。对于写作者来讲，只有阅尽人间春色，才能写出千秋文章。这"人间春色"为什么会与"千秋文章"联系在一起呢？

冰心在《文学的造就》中这样写道："文学家要常和自然界接近。自然的美是普遍的，是永久的，在文学的材料上，要占极重要的位置。文学家要迎合他，联络他，利用他，请他降临在自己的思想中，溶化在自己的文字里。若只花花绿

① 邓福星：《艺术前的艺术》，92页，济南，山东文艺出版社，1986。

绿的堆字叠句，便变成呆板笨滞，无神采，无生气的文学。因此文学家要常和自然静对，也常以乐器画具等怡情淑性的物品，作他的伴侣。这样，他的作品里，便满含着可爱的天籁人籁。”①

就表面来看，写作是写作者对生活的理性激情的表达，然而从存在本质来看，写作则是人籁与天籁的对话，或者说是人类精神与宇宙自然精神的对话，写作者即是这种“对话”的导演，文章即是这种“对话”的美丽成果。换一种表述方式，人类的文章要获得千秋神韵、万古流唱，既要融入人类的伟大精神与情操，又要涌动着宇宙时空的神秘韵律、大自然的神圣灵光。正是基于这样的要求，写作者必须时时接近大自然，必须时时走进大自然，必须时时拥抱大自然。

凡以写作为生的人，应该“读万卷书，行万里路”，才能达到“吟咏感受风雨，下笔惊动鬼神”的写作境界。

这是因为对于一个真正的写作者来说，只有走遍大江南北，历阅千山万水，才能获得宇宙自然的精神、神韵、灵气对自我的化育，升腾起无限空阔的自由的心境，体悟出苍茫时空中的伟大与渺小、宏伟与悲壮，奇诡与绚丽；只有走遍大江南北，历阅千山万水，才能真正走进人群，走进生活，走进民情风俗的历史，走进人性的美德与罪恶的永恒史诗，走进远古的神话与现代的希望，走进千古风骚的大合唱！

生命的意义与价值通过过程来展开。写作是心灵向世界的艰苦跋涉，要写作，就必须走向世界；要终生写作，其命运就必然是行进于世界之中。正是从这个意义上讲，写作者的生命，就是一次壮丽的远游。写作者的人生，就是行进于这无始无终的壮丽远游中对“天籁”与“人籁”的永恒对话的徐徐展开。

第 4 节　写作人格心灵背景控制与建构训练

一、写作人格心灵背景分析：演示、模仿与实践

（1）教师选择一篇文章，分析文章中作者的写作心灵背景。

（2）学生模仿老师的人格心灵背景分析方法，分析一篇文章的写作心灵背景，并将分析结果写成一篇分析短文。

---

① 范伯群编：《冰心研究资料》，176 页，北京，北京出版社，1984。

二、写作人格心灵背景控制：演示与模仿

（1）教师以自己的一篇文章为例，向学生演示这篇文章写作中，写作人格心灵对文章写作的控制的经验和教训。

（2）学生以自己的一篇文章为例，谈谈自己在这篇文章写作中，写作人格心灵对文章写作的控制的经验和教训。

三、写作实践尝试

学生模仿上述写作人格心灵背景控制分析和演示，独立写成一篇文章。注意独立写作中进行人格心灵背景的控制。

四、写作素质课后培养

（1）坚持阅读文学、哲学、美学的经典名著，逐渐熏陶培养自己优秀的人格心灵（情操、胸襟）背景。

（2）坚持进行艺术（或音乐，或书法，或绘画，或电影……）鉴赏、批评，积淀自己的写作人格心灵（情操、胸襟）背景。

（3）坚持“走万里路”（旅游、观光、社会考察实践）来开拓胸襟、视野，化育培养自己的写作人格心灵（情操、胸襟）背景。

（4）记下你最近产生的感悟、认识的思想火花。

（5）写一则生活随笔。

【概念术语】

写作主体　写作主体性　写作心灵动力　写作心灵空间　写作人格　写作心灵背景

【复习思考】

1. 为什么要注重写作心灵动力的培养？
2. 写作主体心灵背景建构成熟的标志是什么？
3. 写作心灵动力与写作心灵空间是什么样的关系？
4. 什么是表达的人格化？
5. 生活为什么需要写作，写作为什么需要写作主体性？

6. 简述写作人格的构成要素。

7. 简述写作人格的精神特征。

8. 何谓写作人格心灵建构中的“求真”行为，怎样进行“求真”性主体建构?

9. 何谓写作人格心灵建构中的“求善”行为，怎样进行“求善”性主体建构?

10. 何谓写作人格心灵建构的中的“创美”行为，怎样进行“创美”性主体建构?

11. 阐述写作人格心灵背景建构的途径。

第3章

时空体验　自由之证

——写作思维审美动力的培养与训练

1. **教学要求**：培养学生高远的写作审美意识和审美能力，保证文章中内容和形式的审美特征。
2. **训练重点**：写作境界感和写作节奏感的培养。
3. **训练难点**：怎样从文章写作的过程中产生文章内容和形式的空间（境界）之美和时间（节奏）之美。

文章中须有海阔天空气象，清风明月胸怀。

——林纾：《春觉斋论文》

文章最要节奏。……积字成句，积句成章，积章成篇，合而读之，音节见矣，歌而咏之，神气出矣。

——刘大櫆：《论文偶记》

第1节　写作美学的形态与理想

一、作为写作审美本体的时空

（一）流动的时间感是生命存在的依据

时间问题是同人类最初对自然的思考联系在一起的。正因为日月星辰的运转、山河万物的变更，人在对事物前后变迁的对照中才感觉出时间的无情流逝，存在才得以彰显。流动是生命存在的基本形态，时间是存在得以展开的地平线，现实的人总是存在于时间之中。

在人类历史中，现实时间几乎是以一种压迫性的力量存在。“子在川上曰：逝者如斯夫，不舍昼夜。”几千年以前，孔子面对滚滚流逝的江水发出了对时间无情流逝的深情喟叹。粗猛如桓武，亦有“树犹如此，人何以堪”之叹。陈子昂之《登幽州台歌》更是充满了在无情时间中自我存在的孤独：“前不见古人，后不见来者。念天地之悠悠，独怆然而涕下。”人作为现实的时间存在，永远无法逃脱必然向死的既定命运。然而，作为有高度智慧和丰富情感的人类，不可能无所作为地忍受这种有限生命的煎熬，他们必得为自己的存在寻找一个合适的理由——确证自身的存在，寻找人之为人的价值和意义。由此，人类在现实时间之外，发现了心理时间。心理时间即是让人类得以在无限敞开的心灵体验中，超越现实时间的束缚与压迫，遨游无限时间之中。以“追光摄影之笔，写通天尽人之怀”，写作则正是对这种心灵体验的符号化表征，也即为意义世界的生成。人类在这种永恒的意义世界中才得以摆脱有限生命的煎熬，自由遨游于无限空间之中。

（二）高远的空间感是生命自由的标志

与时间紧密联系在一起的是空间。如果说时间是物质运动过程的持续性、顺序性，那么，空间则是运动的物质的伸张性、广延性，个体的存在即是对空间的占有。同样的，不仅个体存在对空间的占有是有限的，而且个体感官所能把握的空间也是有限的，要超越有限空间，仍得借助于心灵。心灵在高远空间中无所阻碍地遨游，正是自由的境界。

思想界曾经流行一种看法，认为自由是对必然性的认识，这其实是将自由局限在认识论的领域。真正的自由不可能在必然性知识领域中获得，只有超出知识，才能寻求自由。自由不属于逻辑学的范围，而属于心理学的领域。自由不过是人类对于必然性的现实世界的一种无限开放的精神状态。这种精神状态正表现为一种高远的空间。

（三）美感来自于生命自由的体验

流动的时间感是生命自由的依据，高远的空间感是生命自由的标志，在这里，我们把美感设定为：美感来自于生命自由的体验。

美感不是一种单纯的存在物，它只有在生命与之发生联系的时候才会被感觉到。当主体以自身的生命去领悟宇宙生命，超越个体的有限生命，无所阻碍地遨游无限时空，美感即得以彰显。

在这里，时空作为写作审美本体而存在，写作者优化的心理时间感与心理空间感是文章秩序的源泉，而每篇具体文章则是写作者心灵时间感与心理空间感的折射与表征。

二、写作的时间之美——节奏美

（一）节奏的概念与范畴

“节奏”原指乐音的高下缓急。现在所谓节奏已不单纯指乐音节拍的强弱或诗歌音韵的平仄，而是作为时间与速度的表征，表现出一种有规律的运动。时间不是绝对平稳均衡的河流，它体现于万物的孕育、萌生、成长、衰亡的过程中，随着万物运动的变化表现出起伏震荡、疾徐迟骤的有规律的运动。

节奏作为时间与速度的表征，具有非具象性、非主观性的特点。节奏的非具象性，指节奏无法反映现实生活的具体图案、事件，只能主要反映出这个时代的运动速度；非主观性说的是节奏能激发情感，但不是直接激发而是以节奏运载的内容为中介，节奏本身具有一种独立于主体品格的表现力。

就其范畴而言，节奏可分为外在节奏和内在节奏。外在节奏有宇宙节奏、时代节奏。内在节奏则指主体的心理节奏。内在节奏受外在节奏的影响，时代节奏又受宇宙节奏的影响，宇宙节奏统领一切节奏，只有内在节奏与外在节奏相和相应，才会趋于和谐。

具体到写作行为中，不同的主体在宇宙节奏的统领下，在时代节奏的影响下，在自身特定心理节奏的驱使下，付诸文字，则又表现出不同的叙述节奏、语言节奏。叙述节奏指的是叙述的快慢程度。叙述节奏和现实节奏是不一样的。一件事情的发生也许就在一秒之际，但写作者却可以花几百字、几千字乃至更长的篇幅来叙述，同样的道理，几年、几十年的时间却可以一笔带过，这完全视写作主体表达情感的需要而定。

语言节奏则是指具体语言组织起来所形成的高低、起伏、强弱等有规律的运动。由平仄组成的汉语言文字本身就极富节奏感，另外语言的详略、句式长短变化形成都是一种语言节奏，而这种语言节奏的快慢起伏又会影响到叙述节奏。

但叙述节奏、语言节奏的快与慢、动与静，应与时代节奏相宜，与宇宙节奏相和，由此形成的写作节奏即为一种理想的时间与速度之美。

（二）写作中的节奏现象

在写作学中，写作节奏既体现在内容方面，又体现在形式方面。从内容方面来说，作者思维的纵横驰骋尽情挥洒，是一种节奏。例如，在文章中上下五千年纵横八万里的思维方向、变动速度使我们产生一种思想在剧烈运动、快速运动似的感觉。思想感情的跌宕起伏、大起大落也是一种节奏。所谓“文似看山不喜平”，讲的就是节奏。另外，一气呵成，意脉贯通，思路流畅也是一种节奏感，古人评文所谓“清通流畅”，指的应是写作节奏（节奏是一种流动）。

在形式方面，语言的详略得当是一种节奏。在当代文章中，简洁明快是一种节奏；在语音与结构方面，排比、复叠、渲染能形成节奏，句式长短变化能形成节奏。在当代写作中，短句子也产生强烈的运动感和节奏感。在语言方面（主要在诗歌），押韵、平仄和谐都能产生一定的节奏感；而在当代诗歌写作中多注重繁复的意象运动，纷至沓来和多变的意识流动，也都能产生强烈的节奏感。

三、写作的空间之美——境界美

（一）境界的概念与范畴

“境界”本义为一定的疆域、疆界。现在所谓境界，已不再是实体的疆域，不再是单纯的认识问题，而是指向一种心灵状态，一种经过自我体验、自我超越、渴求无限空间的心灵状态，一种弥漫性的空间存在。事实上，境界的本义指的就是空间的延展性。境界的本质就是一种对生命空间之美的向往，而这种生命空间之美其实就是对生命自由的感觉与体认。

境界具有审美特性，但不是说境界本身就是审美境界。境界有多样性和多层性的区分。就其内容不同可分为思想境界、道德境界、审美境界；就层次来分，又有自然境界、功利境界、道德境界和天地境界（冯友兰语）。

具体到写作这一特定行为，就其内容来分，有情境、智境；就其层次来说，有主体（心灵）境界、文章境界。主体（心灵）境界指写作者所能达到的心灵空间，文章境界则是主体境界的折射、表征，为可达到理想的文章境界，写作者必须不断提升主体的心灵境界，获得最优化的心灵空间感。情境多涉及包含形象与情感的文学作品，故对主体的人格、心境有严格要求。智境则多指向非文学作品，故对主体的观察力、感受力、理解力等智能因素有较高要求。但必须说明的是，将情境与智境区分开来只是为了说明的方便，在实际操作中，为了达到最优化的心灵空间感，主体对智能因素和非智能因素都必须加以培养。在具体写作中，智境和情境是同时出现的，只是不同文体对两者各有偏重而已。

（二）境界在写作中的体现

境界在写作中是作为一种理想的高远空间而出现。从内容来说，思想深刻新颖、情感淳朴深厚、壮美景物的感受与描绘是一种境界；形式上行文挥洒跌宕、文气盎然是一种境界；技巧上的开合、呼应、顿挫也是一种境界；最后，整体风格的形成还是一种境界。“调即思之境，格即调之境”，风格、格调就是情思的一种境界、氛围，也表现为一种弥漫性的空间存在。

四、写作审美理想

为了阐述的方便，这里将境界与节奏分开阐述，但实际上，正如时间与空间的不可分割一样，写作中境界与节奏也是不可分割的。在具体的写作行为中，时间可以空间化，空间也可以时间化。节奏的加快可以拓宽文章的空间，使文章产生高远的境界感。同样，空间上的重峦叠嶂也可以表现出一种时间的跳跃。中国古代典型的写作模式“起承转合”就显示出文势的转折变化，从而给人鲜明的时间感。

写作的审美理想其实就是时空的融合，也即境界美和节奏美的水乳交融。空间不是静止的空间，而是气韵流动、节奏分明的空间；时间不是单纯的时间，它必得在空间中展开，并融为空间的一部分。王维的“行到水穷处，坐看云起时”即表达了时间空间化的过程和以空间吸收无限时间的深长意味，这正是写作审美理想的完美实现。

第2节 作为控制机制的写作美学

写作本质上是一系列互为联系的选择行为，写作美学作为写作主体人格的中介，在写作这一系列的选择行为中起着控制的作用，它决定写作者这样写而不是那样写。写作审美理想在心灵上具象化形成文章审美图样，这种文章审美图样作为一种意识时时规范、控制着写作者的立意、行文，并最终形成节奏分明、境界高远的文章成品。

必须指出的是，写作审美理想的实现程度，需视写作主体心灵建构程度而定。写作主体心灵空间高远空旷，心理节奏与宇宙节奏、时代节奏相和相应，则行文过程中写作审美理想实现的可能性就大。但无论如何，写作审美理想始终以文章审美图样存在于人的思维意识中，始终以一种理想化的完美状态提醒着写作行为努力的方向。

一、写作行为中产生空间之美的方法

（一）立意中空间之美的生成

正如王夫之所言：“无论诗歌与长行文字，俱以意为主，意犹帅也；无帅之

兵，谓之乌合。”立意在写作行为中起着统率的作用，立意的形成本身就可以对行文产生监控，故写作审美理想对立意的调控便显得更为重要，可以说，它是对调控的调控。

空间之美在立意中的生成鲜明地体现在高远、深刻、新颖等标准上。

高远本身就是一个无限的空间范畴，表现的是无限对有限的超越。立意以高远为标准，体现的即是这样一种对无限空间的心灵追求。要生成高远的立意，写作者必须具备空旷高远的胸怀，具有高瞻远瞩的气魄、洞察一切的敏感与锐利。王国维《人间词话》曰“古人为词，写有我之境为多，然未始不能写无我之境，此在豪杰之士能自树立也”即为此意。他说要获得高远的立意，写出无我之境，写作者必得在动笔之前具备超越的心境，非如此，无法获得高远的立意。比如说，美国“9·11”事件之后，很多记者马上就报道了事件的发生，再要报道的话，就必须寻找新的立意。目光远大的记者马上将笔触伸到更为高远的空间：对受害者家庭的影响，对美国整个国家局势的影响，对整个世界格局的影响等，不断地由点到面，向更高远处拓展，取得了很好的效果。

立意还以深刻为要。深刻即为思维空间的纵向拓展。要生成深刻的立意，写作者必须深入体验时代精神、意识和氛围，以发展变化的眼光，切入时代的心灵深处，探寻人生的意义，尽可能达到时代思维空间的极限。立意的深刻和高远是有区别的，高远可以超越时代的局限，达到人类共性的高度，而深刻则往往是在时代思维空间之内向纵深处发展。某一立意在特定时代是深刻的，而在另一特定时代则可能是浅薄的。

立意不仅要高远、深刻，而且还必须尽量新颖。新颖的立意以全新的思维空间出现，它的陌生化效果能产生巨大的张力，从而拓展思维空间。要生成新颖的立意，当以高远、深刻为准，注意独辟蹊径，反其意而用之，取他人所不敢或不能之言，发他人之所未发之言。龚自珍的诗句“落红不是无情物，化作春泥更护花”即一反既往诗人对落花的同情与悲切，独辟蹊径，从落花默默无闻的牺牲精神方面立意，取得了新奇的效果。

（二）行文中空间之美的生成

在具体行文中，写作审美理想同样也在起着调控作用。皎然所谓“状难写之景如在目前，含不尽之意见于言外”，说的就是行文中空间之美的生成问题。

行文中空间之美生成的常见方法有：

1. 在材料上吸纳高远壮阔的景物，同时加大选材的跨度

高远壮阔的景物描绘本身形成的是阔大的物理空间，但在阅读者心里也会产生一种高远精神空间的感觉。王维的诗句“大漠孤烟直，长河落日圆”给人的就

是一种天宽地阔的感觉。古代登高之作众多，描绘的景物也多高远阔大，原因即在于登高望远，心旷神怡，在心理上顿生提升超越之念，心灵从古到今，上天下地，纵横驰骋，从而生出无穷的空间之美。如屈原的《离骚》即是上叩天阍，下求佚女，波澜壮阔，气势恢弘，有无穷的空间感。

2. 阔大的自然景物可以引发出高远的精神空间，对细小事物的工笔细描也可以生成空间之美

王国维《人间词话》曰："境界有大小，不以是而分优劣。'细雨鱼儿出，微风燕子斜'何遽不若'落日照大旗，马鸣风萧萧'。'宝帘闲挂小银钩'，何遽不若'雾失楼台，月迷津渡'也。"说的就是非境界本身有大小，而是引发境界的景物有大小。不仅高远壮阔景物的选用能生出境界，对细小事物的传神描绘也能生出境界。静安先生在这里其实揭示了一个很深刻的问题，即以空间为描写对象仅仅是产生空间之美的方法之一，而以空间为描写形式是产生空间之美更为重要的方法。

所谓对细小事物的传神描绘也就是指通过对事物的细节描写，自然流露出人物、事物的内在精神、情感。"神"指的即是一种弥漫性的抒情气氛。如郁达夫的《故都的秋》有这么一段：

> 像花而不是花的一种落蕊，早晨起来，会铺得满地。脚踏上去，声音也没有，气味也没有，只能感出一点点极柔极软的触觉。扫街的在树影下一阵扫后，灰土上留下来的一条条扫帚的丝纹，看起来既觉得细腻，又觉得清闲，潜意识里并且还觉得有点落寞，古人所说的梧桐一叶而天下知秋的遥想，大约就在这些深处的地方。

在这里，作家写的也就是秋天中的一些细微的感受，从触觉、嗅觉、视觉等几个方面极力描写、渲染，那种有点清闲、有点落寞的秋的境界就浮现出来了。另外还如朱自清的《背影》，作者写他的父亲去给他买橘子，细细地描绘父亲买橘子回来走路、爬月台的姿势，自然描绘出父亲对自己的深爱之情，弥漫出一种亲情的氛围。

3. 自然真切的情感抒发

苏东坡《答谢明师书》云，文章之境"如行云流水，初无定质，但常行于所当行，常止于所当止，文理自然，姿态横生"。行文自然而然，不矫揉造作，情感抒发自然真切，如行云流水，便能生出"姿态横生"的自由境界。韩愈很多文章道学味很重，独《悼十二郎文》读来感人之至，究其原因，就在于《悼十二郎文》如话家常，行文如入无人之境，情感抒发自然真切，恍入生命自然流淌的自由境界。再如汪曾祺的《翠湖心影》：

我是很想念翠湖的。

前几年，听说因为搞什么“建设”，挖断了水脉，翠湖没有水了。我听了，觉得怅然，而且，愤怒了。这是怎么搞的！谁搞的？翠湖变成了什么样子呢？那些树呢？那些水浮萍呢？那些鱼呢？

这一段也是如此，怎么想就怎么说，行文随情感的流动而流动，却也姿态横生，也是一种境界。

4. 立体化结构的生成

结构本身就是一个空间的范畴，而立体化结构的生成就是空间拓展之后的结果，写作者在行文中尽量生出立体化的结构是空间之美生成的重要方法。

要形成立体化的空间结构，我们首先可以用穿插等手段在时间的线性进程中尽量制造空间化的效果。如莫言的《红高粱》以余占鳌袭击日寇汽车队为主线，行文中不断岔开。中间插入罗汉大爷被剥皮的故事，“我奶奶”坐花轿出嫁的故事，任副官与余大爷的故事，“我奶奶”与“我爷爷”的爱情故事，中间又不断地闪回到主线上来，结构便更具空间效果。

但在写作行文中常用的是多角度论述，多线索发展。一般来说，行文中单一角度的论述、单一线索的推进，往往会使文章流于浅薄，暴露出思维空间的局限。而行文中的多角度论述、多线索发展，则可以避免单线发展所造成的空间狭小，更为直接地形成立体化结构，生出空间之美。事实上，本书所进行的以“赋形思维”、“路径思维”为中心的思维训练，就是要打破写作者的思维局限，拓展写作者的思维空间，使之可以自如地写出深厚蕴藉、极具空间之美的作品来。

立体化结构的生成还可以通过打破时间的线性进程，从心理逻辑出发，细细切割时间，往往是有意放弃“开端、发展、高潮、结局”式的线性进程，取消情节与情节之间的因果关系，叙述时间过去、现在、将来交错进行。如加西亚·马尔克斯的《百年孤独》的开头：

许多年之后，面对行刑队，奥雷连诺上校将会想起那久远的一个下午，他父亲带他去见识冰块。

短短的一句话，就给出了一个过去与将来交错的奇异空间。

这种从自由联想出发，随意切割时间生成空间之美的手法在意识流小说中运用更为常见。如沃尔夫的《墙上的斑点》就是从墙上的一个斑点出发，自由联想，思维呈网络状发射，重视对当下、瞬间感受的抒发，形成立体化结构。中国较早的意识流小说有施蛰存的《梅雨之夕》、王蒙的《春之声》，发展到格非的《褐色鸟群》，则几乎取消了时间的进程，情节向前发展又不断被否定，小说在虚幻与真实之间构成相互否认的意义悖论，除了拓展了的空间，什么都不复存在。

而孙甘露的《请女人猜谜》甚至取消了小说赖以独立的情节，通篇所见的皆是时间的碎片，空间的拓展达到了极限，但也付出了极大的代价：时间不复存在，人的存在也就几乎被消解。故在行文中生成空间之美的同时，也要注意控制这种对自由空间的极端向往，不能过于损害人的自我存在感，即应该保证切割的时间仍有组合起来的可能。

具体到语言的运用层面来说，为了最大限度地获得语域空间、生成空间之美，首要的原则是用语忌露和透，应以含蓄为要。尽可能以最少的文字形成最大语域空间，获得言有尽而意无穷之效果。王国维《人间词话》曰："少游词境，最为凄婉。至'可堪孤馆闭春寒，杜鹃声里斜阳暮'，则变为凄厉矣。"王国维此处讲的就是一个用语忌露、透的问题。

其次，我们还可以在语言层面，采用比喻、象征、反讽、悖论等修辞手法生成空间之美。所谓比喻、象征，实际上就是引入一个新的话语空间，使之更形象、更生动。就效果而言，即表现为语域空间的拓展。反讽、悖论则往往是故意制造一种陌生化的效果、一种矛盾的语义状态，由此产生思维冲击力，从而引导读者进入思维和想象空间，形成空间之美。如莫言的《红高粱》：

> 高密东北乡无疑是地球上最美丽最丑陋，最超脱最世俗，最圣洁最龌龊，最英雄好汉最王八蛋，最能喝酒最能爱的地方。

这一句无疑是最具悖论性的语言，取得了一种意在言外、令人咀嚼良久的空间效果。

最后，写作者还可以使用注释、用典等手法生成空间之美，但必须注意不得阻碍自然真切情感的抒发。用典、注释实际上也就是一个重新引入其他话语空间的问题，制造意义的外延，其效果，则是文章内容的更加深厚，也即意义空间的延伸。在某种意义上我们可以说，德里达之谓"异延"，就是这种观念的极端扩展。德里达认为，世界是一个由许多文本组成的大的文本结构，意义便在文本之间不断地滑动、漂浮，不断地由在场引入不在场，也即不断地由有限空间向无限空间拓展。但这种拓展往往以消解人的存在为代价。

（三）标题设计中空间之美的生成

在写作行为中，标题的设计非常重要。在标题的设计中生成空间之美常见的方法一般是比喻、双关、拟人、象征等，着意制造以小见大的效果。而正副标题的使用，也是生成空间之美的好方法。

（四）文面处理上空间之美的生成

就广义的写作行为来说，文面处理也在其中。文面处理上要产生空间之美，标题所在的位置、行间距、字形的大小都要特别讲究，这一点在马正平先生所著的《文面布白的黄金分割思想》中有详细介绍。

（五）修改中空间之美的生成

正如在写作中生成空间之美一样，空间之美在修改中的生成注重的也是一种最后的协调与监控，找出与文章审美图样中空间之美的差距进行修饰，使之最大限度地接近审美图样。

首先要注意的仍然是各部分之间是否和谐统一，注意整体境界是否形成。整体境界的形成，与各部分的和谐统一是分不开的，某一部分、某一细节处理不当，都会影响到作品的感染力。修改要做的就是修饰文章中的不和谐部分，使之形成某种笼罩全篇的统一境界。

其次是看具体语言运用中个别词语是否能够恰当地生成空间之美。中国古代许多关于语言推敲的典故，说的都是使个别词语尽量贴切的生成空间之美的问题。

二、写作行为过程中产生时间之美的方法

（一）行文中时间之美的生成

正因为时间具有某种独立于主体的表现力，我们对写作行为过程中时间之美的生成问题的讨论，是直接从行文开始的。我们认为，对于立意来说，节奏只起一个中介的作用，无法直接反映现实生活中具体的图景、事件，它可以作为生成立意中空间之美的手段，但绝不是其本身。

写作行文中生成时间之美的常见方法有：

1. 在材料的吸纳上选取时间意象

在这里，时间是作为描写对象而出现的，时间之美的生成是由时间意象本身蕴涵的流动感所引起的。例如李白填的《忆秦娥》词最后一句是“音尘绝，西风残照，汉家陵阙”，“汉家陵阙”一语的使用，便增添了无尽的历史兴衰之感，节奏便在这兴衰更替中形成，因为时间的压迫性力量，这节奏便往往显得沉重。

2. 在行文叙述上顺时推进，逐步深入

叙述本身就表现为时间的流动进程。我们在这里所说的叙述，不仅仅是作为一个叙事学的概念，而是指写作行文中向前推进、拓展这一行为本身。叙述的顺时推进的逐步深入，在小说等文学文体中，表现为人物出场一个接一个，情节按时间的先后依次发展，没有明显的高潮，情感亦依次推进，逐步加深。在议论文等非文学文体中，则表现为由浅入深，层层论证，水到渠成。或者按事物结构逐步说明，中间没有跳跃、间隔，节奏整齐、匀称，如流水一往无前地流淌，读来

亲切、自然。在文学文体中，以沈从文、汪曾祺为代表。沈从文的《边城》从一开始即交代故事发生的地点，然后依次推进，写翠翠的出生、成长，翠翠与二佬的相识，大佬对翠翠的钟情，大佬的死，二佬对爷爷和翠翠的误会，二佬的远行，最后写爷爷的死，翠翠对二佬孤独而惆怅的等待。故事按时间先后依次推进，节奏恰如溪水轻轻悄悄地流淌，而忧郁与伤感也在逐层弥漫。

这种文学文体中依次推进、逐步展开的行文方式，起源于中国古代章回小说，现多见于一批受古典文学熏陶的大家笔下。这是一种“绚烂之极归于平淡”的从容，是历久弥坚的自然与平静，它不仅与写作者的技巧有关，更与写作者的心理节奏有关。初学写作者，心多浮躁，心理节奏则趋急躁，如极力学此，则往往流于贫乏无味，很难有和谐之效果。另外，此种依次推进、逐步展开的行文方式，因为节奏上的整齐、匀称，很容易造成阅读者的注意力不集中。成熟的写作者往往能用文笔的生动、老练，人格的高远空旷来弥补，而初学写作者则很难弥补。

在非文学文体中，因为其文体要求严谨、清晰、简洁、准确，逻辑要求严密，说明顺序要求清晰，不主张行文的跳跃、间隔，故多采用此种依次推进、逐步展开的行文方式，使节奏显得均衡与整齐。

3. 打破时间的既定进程，制造文章内容上的高低起伏和情思的旁逸斜出，以达到时间上的参差错落之美

写作者的心理节奏不可能永远波澜不惊地流动，它往往要受时代节奏等外界事物的影响，而生出参差错落的情思（非文学文体之所以常常采用那种逐步展开的行文方式，是因为在行文心理中，文体感也始终在监控着文章的生成）。所谓“文似看山不喜平”就是这个意思。事实上，可以说，很少有一篇文章会是绝对地整齐、匀称的，即便是沈从文的《边城》，在如水流淌的整体感之下，仍有部分情节的起伏转折，如翠翠与二佬相爱，却偏有误会造成他们不能结合，这便是转，在节奏上便由整齐趋于错落。

文章内容上的高低起伏在行文上可以是打破时间的既定进程，即不再采用逐步发展的顺叙方式，而采用倒叙、插叙等方式，也就是说不依据时间的因果关系发展，而是主要依据心理时间也即心理节奏进行。如福克纳的《纪念爱米丽的一朵玫瑰花》，叙述方式采用的就是倒叙。在小说的开始，就先说出了爱米丽的死以及在市民中引进的骚动，然后才开始说关于她生前的种种传闻。但一般说来，由于单纯的倒叙往往在文章开始即交代故事的结果，没有了对故事的期待，在节奏上很难有一张一弛的交替，读者便缺乏继续阅读下去的动力。故在行文中，我们不太主张采用绝对的倒叙，即便是《纪念爱米丽的一朵玫瑰花》，爱米丽的死也不是小说的完全结束，在结束对爱米丽生前种种传闻的叙述之后，小说又回到了爱米丽的死这一事实上，并且又有了一个出人意料的结尾，人们在爱米丽的阁楼上，发现了她情人的腐烂得已和床板分不开的尸体，而在尸体的旁边，有爱米丽特有的铁灰色的头发。如此出人意料的结尾在节奏上便有了非常明显的高低起伏。除此之外，小说还通过人们的回忆穿插爱米丽生前的事迹，使节奏上的起伏更加明显。

我们还可以用穿插、转折等手段制造文章的起伏感。中国古代典型的写作模式如“起承转合”，在起与承的基础上，加上一转，使节奏由整齐趋于错落。很多文章尤其是小说等文学文体中，为了产生错落有致的节奏之美，往往不只一转，而是二转，三转，契诃夫的《变色龙》就是典型。关于穿插的文章则如秦牧的《土地》，通过回忆穿插晋国公子重耳逃亡途中关于土地的故事，便有了一张一弛的起伏感。

另外，写作者还可以通过视点、人称的变换，叙述视角时间与现实时间的比例大小改变来生成时间之美。张承志的《北方的河》有这么一段：

> 他垂直对准着河对岸的山，他双臂均匀地划着水，我就这样游，注意手臂推水时别太猛，两腿后蹬时也要用劲均匀，你总喜欢用力过猛。记得那次我就是这样，游蛙泳，但头不能埋进水里。要用眼睛瞄着上游打来的浪。绝对不能抽筋。他觉得浑身被温暖的河水浸的很舒服，但他每一根神经都绷紧着。那回你登上山西的河岸时，激动得跳着喊了一声“万岁”，可是你不知道有个十二岁的小女孩在用毛巾，擦着父亲尸体上的血污。“你真够浑的。”他说出了声，一个浪头哗地打在他脸上，使他把后半句咽了回去。今天我才明白，你是仗着黄河父亲的庇护和宽容才得以横渡成功。这时他停了一瞬，河水浮力很大，他感觉着身躯被浑重的河水托住的滋味。真的，黄河在保护着我呢，他想。

在这一段中，自然的时间流动并不快，也就是作品主人公在黄河游泳这一事件，但是第一人称、第二人称、第三人称交替快速变换，却很明显地加快了时间的流动。

人称之间的变换可以形成节奏，而同一人称、不同对象也可以生出时间的流动感。如法国作家小仲马的《茶花女》采用的是第一人称，但人称的指称对象是不一样的。第一个“我”是小说的作者，第二个“我”是玛格丽特的情人阿尔芒，第三个“我”是小说的女主人玛格丽特，第四个“我”是最后呆在玛格丽特身边的朱利·迪普拉，小说从这四个“我”的视角说出，很自然地有了起伏感、动态感。

为了表达的需要，也为了生成时间之美，写作者还可以根据主观感知来改变叙述时间与现实时间的比例，将对文章不太重要而在现实生活中却占有较长时间段的时间略去不写或一笔带过，而将现实生活中较短的时间段拉长，用类似电影中慢镜头的方式细细叙说。如茨威格的小说《一个女人的二十四小时》写一个女人C太太的一生，她的长达67年的生活，作品只用不到两页的篇幅一笔带过，而那24小时的短暂遭遇，却整整写了48页。在这里，时间的拉长与缩短造成了节奏的跳跃与起伏。

具体到语言的运用层面来说，时间之美的生成与语音的变化有密切的关系。汉语言是极富音乐美的。中国古代即积淀有丰富的声律知识。为了达到完美的节奏，中国古代文体如诗、词、骈、赋，有严格的声律要求。《文心雕龙》有专篇论声律，沈约还明确提出“四声八病”之说，这是为什么我们读古代的诗、词、骈、赋，读来抑扬顿挫，朗朗上口，极富音乐美的原因。

现代写作虽然已不再讲究严格的格律，但对时间之美也即节奏美的追求仍是人类之天性。大体说来，现代诗文在平仄上互相交错配合，仍是语言运用中生成时间之美的重要方法之一。徐志摩的《再别康桥》、戴望舒的《雨巷》是这方面典型的例子。

现代诗文还注意以词组、句子的重复来丰富声音的节律。贾平凹的《〈小月前本〉跋》里有“我小看起我以前那些浮浮浅浅幼幼稚稚的作品了，厌烦起我这些热热闹闹轻轻狂狂的日月了”，就是如此。

在语言的运用中，不仅语音本身的交错配合会生成节奏美，而且语言句式的变换同样也会给人以运动的时间之美。整句的联合使用，即两句或多句字数、结构相同或相近的句子放在一起使用，能产生一种整齐、匀称的节奏，增加气势。在讲演稿中有明确应用。

散句与整句相对，长短不一，结构多相异，语调多有变化，节奏便趋流动和轻快。汪曾祺的《夏天》：

> 香瓜有：牛角酥，状似牛角，瓜皮淡绿色，刨去皮，则瓜肉浓绿，籽赤红，味浓而肉脆嚼之有黄瓜香；梨瓜，大如拳，白皮，白瓤，生脆有梨香；有一种较大，皮色如虾蟆，不甚甜，而极“面”……

这一段使用的就是很典型的散句，节奏轻快自然。

一般来说，行文中很少将整句和散句分别成篇使用，而是根据情感变化的需要，将整句和散句互相搭配，穿插安排，以显示出句式的参差变化之美。如朱自清的《春》中的一段：

> 小草偷偷地从土里钻出来，嫩嫩的，绿绿的。园子里，田野里，瞧去，

一大片一大片满是的。坐着，躺着，打两个滚，踢几脚球，赛几趟跑，捉几回迷藏。风轻悄悄的，草软绵绵的。

在这里，整句和散句交替使用，句式参差变化，正如春天的脚步，明快而又清新。

语言句式中还就句式的长短分成长句和短句，长句多运用于逻辑性严密的文章中，短句音节短促，轻快、有力，多运用于内容不太复杂的文章中。但实际行文中正如整句和散句的交错使用一样，长短句也往往是穿插使用，以造成灵活多变、参差错落的节奏效果。如汪曾祺在《随遇而安》中写道：

中国的知识分子是善良的。曾被打成右派的那一代人，除了已经死掉的，大多数还在努力的工作。他们工作的动力，一是要证实自己的价值。人活着，总得做一点事。二是对生我养我的故国未免有情。但是要恢复对在上者的信任，甚至轻信，恢复年轻时的天真的热情，恐怕是很难了。他们把世事看淡了，看透了，对现实多多少少是疏离的。受过伤的心总是有的。人的心，是脆的。

这段就是长句和短句穿插使用，句式灵活多变，节奏效果参差错落，自然悦耳。

（二）标题中时间之美的生成

广义的写作行为指的是从写作动机的萌生直到文章成品的最终完成的过程，因此我们将标题的制作也包括进来了。一般说来，阅读者对一篇文章的注意程度往往在很大程度上取决于标题的冲击力。而标题中时间之美的生成常常能够加强这种冲击力。

首先，标题中时间之美的生成首先得力于抑扬顿挫的音节效果。如一个关于摄影作品展的报道用的标题是《岁月留痕》，声调是“平平仄仄”，念来清脆悦耳，节奏分明。

其次，对偶等修辞手法在标题中的使用也能很好地达成时间之美的效果。

最后，标点的运用在标题中时间之美生成中的作用也不可小视。写作行文中标点常用来显示透气的长与短，故写作者在标题的制作中灵活运用标点，可以很好地生成出时间之美。试比较《反正—反思—反叛 ——二十年文艺美学历程》和《粗糙的灵魂——王元化与九十年代的文艺批评》这两个标题，两者都使用了“——”符号，都表现出了时间的流动，有了动态的美感；但前者因为有多个“—”的连用，流动感加快，节奏也更为明快。再如《冷硬与荒寒：当代中国文学的根本特征》，以“：”取代“——”，较之前两者，信息的传达更为直接，节奏也更为急促，更能表现出时代的节奏之美。

（三）修改中时间之美的生成

我们认为，修改也是写作行为中不可或缺的一部分。修改也就是从整体上将文章粗坯与文章审美图样进行对照，找出其中存在的差距，然后在文章审美图样的监控下，再一次对文章整体进行修饰，使之最大限度地接近文章审美图样，从时间的层面来说即更好地生成时间之美。初学写作者，往往过于注意时间生成的某一方面，而疏于全面协调，修改首先要做的就是从整体上对各部分进行协调，使之血脉贯通，达成文章整体上的时间之美。

其次，修改要做的是对文章各部分进行更为细致的修饰，尤其是对字词的修饰，我们在修改的过程中常常会觉得某个词、某个句子念起来特别拗口，一般来说，也就是因为这一处的节奏安排不和谐，修改要做的就是在尽量不改变文章意义的情况下对不和谐的节奏进行修饰、更换，使之更趋和谐。

总的说来，写作行为中时间之美主要是以对称均衡、参差错落两种基本形式出现，但从时代的审美心理来看，由于生活节奏、时代节奏的加快，现代人很难满足于绝对的均衡与整齐，而更期望一种快速流动、错落有致的时间之美。但快速、跌宕的节奏必须建立在整齐匀称的基础上。一般来说，非文学文体因为文体要求的简洁、清晰，故节奏上以均衡整齐为主，而文学文体因为文体要求的自由与丰富，故在节奏上更为追求参差跌宕的效果。

三、写作行为中时空之美的转换与融合

时间与空间本质上是一个二而一的问题，在实际操作中很难将其绝对分开。事实上在具体的行文中，时间可以空间化，空间也可以时间化，我们追求的其实是一个时空互融的最高境界。

（一）时间的空间化

从物理学的角度来说，时间是空间的第四维，时间的绵延也即表现为空间的拓展。也就是说，时间本质上仍然是一个空间的问题，仍得回归于空间。故在具体的行文中，我们往往可以通过时间的空间化，而造成时间之美向空间之美的转换。

首先，在材料的吸纳上，时间意象的跨度选择，其实就是一个具体空间的转换问题。在过去、现在、将来之间的意象跨越选择，在时间流动的同时，可见出空间的转换与拓展。

其次，在具体的行文中，节奏的加快可以拓展空间。节奏的加快实质上也就是同一时间内信息量加大，信息传达加快，占有的空间自然就变大。

最后，我们还可以切割时间、撕裂时间链条，向空间转换。在某种意义上，

时间的流动往往表现出一种线性的流程，空间就显得狭窄。要达到时间的最大空间化，写作者常常打破时间的线性流程，撕裂时间的因果链条，以时间碎片的方式向空间转换。这种手法在当代小说中运用得相当普遍。

（二）空间的时间化

空间不是绝对静止的空间，其中必得有生气往来，才能见出生命的自由丰盈之美。

首先，同样的，具体空间的不断转换可以生成出时间之美。具体空间的跳跃转换，可以显现出时间的流动、起伏。

其次，情感、结构这些典型的空间范畴的跌宕起伏、旁逸斜出可以制造时间感。空间是立体化的空间，在立体化的空间层峦叠嶂中，可见出动态的时间之美来。在具体行文中，情感起伏，结构变换，空间中就会气韵流动，节奏分明。

（三）时空的互融

无论是时间的空间化，还是空间的时间化，最终的结果都是为了时空之美也即节奏美与境界美互相融合的最高境界，实际上也就是写作审美理想的完美实现，在行文中则是达到了"从心所欲不逾矩"的最高境界。

时间之美也即节奏美在行文中制造的高低起伏的运动感，血脉贯通的流动感，空间之美也即境界美在行文中制造的是文气盎然的弥漫性存在。在具体行文中，要达到时空之美的互融，既要注意生成最为和谐的时间节律，又要注意生成可供无限想象的空间。而时空之美的互融表现在文章成品中，便是血脉贯通、文气盎然之美。在鉴赏的层面，则谓之有滋味，即可在令人咀嚼良久的时间中品出意蕴无限、节奏分明的时空之美来。

第 3 节　写作者主体写作审美意识与思维训练

一、文章写作美学分析：演示、模仿与实践

（1）教师选择一篇文章，分析文章中作者的写作审美意识（境界感和时间感）与审美思维对文章的主题、立意、材料、结构、语言、节奏、技巧的控制；并将分析结果写成文章。

（2）学生选择一篇文章，分析文章中作者的写作美学意识与思维对文章的主题、立意、材料、结构、语言、节奏、技巧的控制，并将分析结果写成一篇写作文化批评文章。

二、写作审美意识的控制：演示与模仿

（1）教师以自己的一篇文章为例，向学生演示这篇文章写作中，对文章写作的控制的经验和教训。

（2）学生以自己的一篇文章为例，谈谈自己在这篇文章写作中，写作审美意识（空间感与时间美）对文章写作的控制的经验和教训。

三、写作实践尝试

学生模仿上述写作美学分析和演示，独立写一篇文章。注意独立写作中进行写作审美意识对写作行为、技巧、语言的控制。

四、写作素质课后培养

（1）对各类文章（文学作品和应用写作）进行写作美学的分析、并将分析结果写成文章。

（2）根据观察到的人物、景物、事物、事件，运用本章所学的写作审美意识和思维，进行文章立意和行文的写作文化控制的综合练习。

（3）记下你最近产生的感悟、认识的思想火花。

（4）写一篇读书心得。

（5）写一则生活随笔。

【概念术语】

审美动力　审美规范　审美意识　写作美感　文章审美图样　文章美感　空间美　时间美　时空美　写作境界　写作节奏　文章境界　文章节奏　文气　文面

【复习思考】

1. 写作审美动力的基本含义是什么？
2. 为什么写作审美是写作活动和写作行为的内在动力？
3. 写作美感和文章美感的差异是什么，他们之间的内在关系是什么？
4. 写作审美理想的具体内涵是什么？
5. 为什么说空间感和时间感是写作审美理想的核心？

6. 在文章写作过程中，写作审美理想是通过哪些文章因素来表现的？
7. 写作审美理想是怎样对写作中的文章的标题制作产生影响的？
8. 写作审美理想是怎样对文章的主题、立意产生影响的？
9. 写作审美理想是怎样对文章行文中的材料取舍生成产生影响的？
10. 写作审美理想是怎样对文章行文中的结构方式生成产生影响的？
11. 写作审美理想是怎样对文章行文中的语言生成产生影响的？
12. 写作审美理想是怎样对文章行文中的写作节奏产生影响的？
13. 写作审美理想是怎样对文章行文中的写作境界和文章境界产生影响的？
14. 写作审美理想是怎样对文面处理产生影响的？
15. 写作审美理想是怎样对文体风格产生影响的？
16. 怎样培养我们的写作审美理想、审美能力？
17. 怎样进行写作审美理想的培养训练？

第4章

渲染反衬　内容章法

——内容章法的写作赋形思维操作模型的建构

1. 教学要求：通过对赋形思维一般操作模型、技术知识理论的学习与训练，建构重复、对比的思维操作模型，从而让学生在写作过程中自由灵活深入地展开行文。

2. 训练重点：理解并学会“重复”与“对比”的操作模型（技术），并将其转化为内在的写作思维习惯，即进行思维操作模型的建构。

3. 训练难点：学会从空间（辐射）和时间（过程）角度进行重复与对比的文章材料的选择的思维操作技能。

唐人七律，宾主、起结、虚实、转折、浓淡、避就、照应，皆有定法，意为主将，法为号令，字句为兵卒。由有主将，故号令得行，而部曲兵卒，莫不如臂指之用，旌旗金鼓，秩然井然。

——吴乔：《围炉夜话》

海涅首先是一个艺术家。他具备任何艺术家所有的三个基本特征。……第三个特征：善于将取自客观现实的材料，经过艺术家的主观气质的改造和渲染，用异常感人、异常鲜明和富于表现力的方式重新呈献于自己作品中的那种能力。

——卢那察尔斯基：《海涅——思想家》

故事好比一根树干，它的详情细节就在那上面越长越多，好像菌类在一个树上繁殖一样。

——屠格涅夫

盖人情物象，往往深迹幽香，必非常言能应其妙，故赖有敷设之功，亦为玉者必须琢磨之益，绘画者端在渲染之能，径情直言，未可谓之文也。

——刘永济

写作其实是一种艺术生产行为，与音乐、美术、书法、舞蹈、园林、建筑这些艺术不同的地方在于，后者主要是一种感性媒介的艺术，它们运用音符、构图、色彩、线条、动作这些感性媒介产生形式之美，而写作则主要是通过语言这种抽象的理性的表达媒介组织句子篇章来表达思想情感从而产生内容之美。因此，语言问题是文章写作的关键。写作的过程是一个行文措辞的过程，是一个言语生成的过程，因此，写作是一种语言的艺术。而语言问题的实质则是思维的过程。

写作思维包括两个层面，首先是对主题展开的美学性思维的"赋形思维"，其次是关于怎样进行赋形的逻辑化思维的"路径思维"。

第 1 节　写作赋形思维的操作模型

一、什么是"赋形思维"

(一) 狭义的写作"赋形思维"的概念

所谓"赋形思维"，就是写作者对自己所要写的文章的主题、立意（思想、情感、氛围、性格、特征、信息）的渲染化、造势化、清晰化写作行为中所运用的思维操作技术。

赋形思维这种渲染化、造势化、清晰化写作行为，不是对文章立意的空洞言说，而是要有若干能表达立意的材料，并将其组成文章结构，形成文章。这样，文章的立意就附于文章的材料、结构、语言及文体上了。这样，赋形思维的过程就是一个将立意变成材料、结构、文体的过程。赋形思维的这个过程，就是维果茨基在《艺术心理学》所讲的"形式架空内容"的艺术思维的过程。同样，赋形思维的过程，也是一个将“结构主题化”的过程，这就是另一西方学者所讲的“让形式模糊化”。让材料、结构、文体浸透主题，读者在文章中看不到结构、形式，只感受到文章的主题、立意。这是文章写作的最高境界。

文章写作为什么必须进行赋形思维呢？近代写作理论家刘永济先生认为：“盖人情物象，往往深迹幽香，必非常言能应其妙，故赖有敷设之功，亦为玉者必须琢磨之益，绘画者端在渲染之能，径情直言，未可谓之文也。”其实，写作之所以需要进行赋形思维，最根本的原因是要形成文章立意的秩序，让读者对主题、立意产生强烈的印象，从而征服读者，实现自己的写作意图和文章功能。

因此，在写作过程中，赋形思维既是写作行为的起点，也是写作行为的最终目标和理想，因为写作的过程就是对写作主题、立意彻底的赋形。

（二）广义的写作“赋形思维”的概念

广义的写作“赋形思维”的概念，除了上述关于文章主题展开的内容章法、段法、句法生成规律的美学性思维，即“写什么”的章法结构赋形思维原理以外，还包括在写作的行文措辞的语言艺术活动中艺术技巧生成、文采生成、语言艺术美感生成的关于“怎样写”的赋形思维原理。我们可以把前者叫做文法性赋形思维、文法思维，把后者叫做修辞性的赋形思维，或文采思维。

（三）赋形思维的功能、意义

“赋形思维”是最典型、最重要的“按美的规律造型”的审美思维原理，一方面，“赋形思维”中的“形”并非物质之形，而是精神之“形”，是一种生命时空之“形”，是“境界”之“形”，是“气韵”之“形”，是老子所谓“大音希声，大象无形”之“形”；另一方面，赋形思维中的“重复”性思维操作模型产生了关于文章内容或形式的节奏、韵律的生命时间之美，而“对比性”赋形思维操作模型产生了文章的审美空间、审美张力的生命空间之美。因此，赋形思维就是写作行为中的审美思维的操作性规律，直观与折射则是审美思维的本体性规律。

二、写作赋形思维的操作模型

（一）“重复”与“对比”是写作赋形思维的基本操作模型

所谓思维操作模型、基本原理、操作技术，就是人们在写文章时必须处处遵循的原则。它既是写作赋形思维的基本原理，也是写作赋形思维的基本技术。它是写作课中必须学会的最一般的写作基本技能，因此，对此必须予以高度的注意。

所谓“重复”的赋形思维操作模型，就是指在主题展开（材料生成、结构生成、起草行文）的写作过程中，选择那些和自己的写作主题、文章立意的主题信息、性质、意思、情调相同、相似、相近的文章因素（文章材料、结构单元、段落、语段、句子、词汇）进行谋篇、结构、构段、造语、行文，以增强（渲染）文章的感染力、说服力、说明性程度。这种思维操作的习惯，就是“重复”性赋形思维操作模型。“重复”性赋形思维操作模型是文章写作最为必要的基本的主要的普遍的写作思维技能。

所谓“对比”的赋形思维操作模型，就是指在主题展开（材料生成、结构生成、起草行文）的写作过程中，选择那些和自己的写作主题、文章立意的主题信息、性质、意思、情调相反、相对、相背的文章因素（文章材料、结构单元、段落、语段、句子、词汇）进行谋篇、结构、段落、造语、行文，以增强（反衬）文章的感染力、说服力、说明力的清晰度，即反差。这种思维操作的习惯，就是“对比”性赋形思维操作模型。“对比”性赋形思维操作模型是文章写作中辅助的、次要的、修饰的写作思维技能。因此，一篇文章可以没有“对比”性的写作赋形思维操作，但绝对不可以没有“重复”性的写作赋形思维操作。

无论“重复”性还是“对比”性写作赋形思维技术，就其本质，都是一种广义的修辞性、艺术性的思维行为。其目的是展开文章主题，对文章主题感觉的强化。而“强化”正是所有艺术，所有文章的写作的最终写作目的。“重复”和“对比”既可作为宏观的谋篇布局结构的思维操作模型、技术，也可以作为中观的中间部分的结构构成的思维操作模型，还可以作为微观段落、语段、句子结构的思维操作模型、技术。

一般情况下，“重复”和“对比”这两种写作赋形思维模型在文章写作中常常是结合起来运用的。这方面的经典之作应算马致远的《天净沙·秋思》：

枯藤老树昏鸦，
小桥流水人家，
古道西风瘦马，
夕阳西下，
断肠人在天涯。

在这首元曲小令中，几乎找不到西方所说的语法结构，语篇逻辑，但是，它的确是中国古代诗歌中的千古绝唱。其中的奥秘，不是别的，正是对“重复”与“对比”的赋形思维模型的精彩运用。

第一句用三个孤立无援的情调相同而形象不同的艺术意象——“枯藤、老树、昏鸦”，渲染出一种浓郁的绝望死寂的生命感受。然后，采用“对比”的赋形思维模型的思维操作，将一幅明快、清新、温暖的情调意象、图画——“小桥、流水、人家”——送到你的眼前，使人产生强烈的反衬对比的审美感受，使前者的情调更加孤寂。而在属于“对比”的这第二句中，仍然运用“重复”的赋形思维操作模型，这样使这种温馨的情调更加温馨。第三、四、五句——“古道西风瘦马，夕阳西下，断肠人在天涯”——仍然像第一句那样，无论是内部还是外部，都运用了“重复”的赋形思维模型，从而将那种悲壮苍茫、孤立无援的生命死寂感，渲染得淋漓尽致、氤氲郁郁、生气勃勃。

试想，这首元曲假如不反复运用“重复”和“对比”这两种赋形思维操作模型，还会有今天这种强大的感染力吗？还会成为诗歌中的“千古绝唱”吗？

就写作思维结构的单元而言，诗歌中的一句话、一个意象，在散文中就是一个段落、一个部分，无论诗歌还是散文，所运用的“重复”与“对比”赋形思维的操作模型都是不变的。但是，并非每一篇文章都必须运用“重复”与“对比”赋形思维的操作模型，这要看具体情况灵活而定。有时只用“重复”，有时只用“对比”，有时二者兼而有之。

（二）赋形思维注意事项

进行“重复”与“对比”的赋形思维的时候，应该注意以下两个问题。

1. 异构同质

在这里，“重复”这个词汇并非是一个贬义词，并非形式（形象、物体、语形）和内容（主题、意思、内含、语义）的消极性的同一、再现、重复。而是一个褒义词，即形式（形象、物体、语形）的不断变异、差异、变化而在内容（主题、意思、内涵、语义）方面的相同、相似、相近。即在形式的变化中保持内容、性质、内涵的统一、协调、有机，这是一种积极性的艺术的美学的“重复”。

2. 非赋形思维

虽然说写作赋形思维的思维操作模型是“重复”或“对比”，但是，并非说一篇文章或一部作品中所有的地方都是运用“重复”与“对比”的思维模型的结果。事实上，在有的文章中，有时有一些文字既不属于“重复”的思维操作，也非“对比”的思维操作，而是对“重复”或“对比”思维操作的内容和成果进行介绍、解释、说明。这些文字对于文章主题、立意来讲，并没有独立的价值与意义，而是从属于、依附于“重复”或“对比”思维操作的内容和成果。因此我们只能把它们看成是“重复”或“对比”思维操作的内容和成果的附属部分。这在写作时运用“重复”与“对比”的赋形思维操作模型时和写作赋形思维分析时必须注意的问题。

三、“重复”与“对比”赋形思维操作模型、技术的分析

（一）“重复”性赋形思维

有时，文章的赋形思维也可以只运用“重复”的思维操作模型。例如，这样

一首唐诗名句："鸡声茅店月，人迹板桥霜。"这同样是一种"重复"的赋形思维的模型：一系列的意象，渲染出清冷孤独的审美感受和意境。

在现代散文写作中，在篇章上对"重复"的赋形思维模型的运用上，冰心的散文名作《笑》堪称典型。散文的开头，首先把我们带进了一种优美凄艳的意境之中，给我们勾勒了一幅"苦雨孤灯"的"清美的图画"。这里的每一句话，都是为了营造那种苦雨孤灯清美的意境，所以，句子与句子之间是一种情调上的渲染、重复。通过这样的"重复"性的赋形思维操作技术，为全文烘托出了一个凄美、孤独、彷徨的情感基调背景。

之后，作者转过身来，目光突然聚焦于墙上画中的天使"安琪儿"。作者感到似乎看到："——这白衣的安琪儿，抱着花儿，扬着翅儿，向着我微微地笑。"这是一种温馨甜美的感情基调。这两段之间作者所用的赋形思维模型就是对比，就是反衬，通过这种对比与反衬，后者的温馨、甜美的爱的感受表达得更为强烈、鲜明，从而成为全篇文章的主题、基调。

文章后面两大部分（第 4 段至第 8 段）都反复运用了这种思维模型，描述了 5 年前在古道旅行中看到的孩子的微笑："他抱着花儿，赤着脚儿，向着我微微地笑。"以及 10 年前在雨后初晴看到的老妇人的微笑："她倚着门儿，抱着花儿，向着我微微地笑。"文章就由三大板块形成一种重章叠句的一唱三叹的渲染、重复，使文章产生了非常强烈的抒情氛围和审美意境。没有"重复"性、渲染性的思维操作，这种抒情气氛和审美意境是不大容易产生出来的。这种强烈的抒情气氛和审美感受的产生，就是抒情文章写作中的一种赋形思维。

这篇文章在赋形思维上的一个特征，就是在每一个进行重复、渲染的部分、结构单元的内部，又是由一个"对比"性的赋形思维操作构成的，十分工整。这样，便增大和强化了苦闷彷徨中郁闷心境意态与温馨甜美的爱意向往的巨大反差，使后者给人更强烈的印象。所以，"这同样微妙的神情，好似游丝一般，飘飘漾漾地合了拢来，绾在一起"。"眼前浮现的三个笑容，一时融化在爱的调和里"，因此，"这时心下"才能"光明澄澈，如登仙界，如归故乡"。

总之，《笑》在宏观的篇章结构上面，运用的是"重复"的赋形思维操作，而在每一个部分内部运用的则是"对比"的赋形思维操作。

（二）"对比"性赋形思维

有时，也可以只用"对比"的赋形思维操作。在中国古代诗文名篇中，在篇章上对"对比"性的赋形思维模型运用，最典型的是明代这样一副表现南北文化特征的对联：

塞马秋风蓟北

杏花春雨江南

上联通过这三个意蕴、情调、色彩相同而形象不同的意象，反复渲染出了苍劲、悲壮的风骨精神；而下联通过三个意蕴、情调、色彩相同而形象不同的意象，反复渲染出了一种风流、艳丽、浪漫的情怀。而上下联则是一个对比，通过这个反差极大的情调对比，使人们对南北文化各自的特征感知得更加清晰、强烈。在上面这副对联中，如果不运用"重复"的赋形思维操作模型，各自的文化特征的感觉就难以充分表达，难以引起人们的注意；如果不运用"对比"的赋形思维操作模型，南北各自的文化特征的差异、反差就不够清晰和强烈。

和《笑》相反，这副对联在宏观的篇章结构方面，运用"对比"的赋形思维操作，而在每一个对比因素的内部则运用"重复"的赋形思维操作。

又如，范仲淹《岳阳楼记》的精彩之处，就是运用"或以物喜，或以物悲"和"不以物喜，不以物悲"这两种人格心胸境界的"对比"作为全篇的赋形思维的操作模型，反衬出"先天下之忧而忧，后天下之乐而乐"的士大夫情怀的博大。《岳阳楼记》在宏观结构上是一个"对比"的赋形思维模型，而其中给后人留下最难忘、最深刻、最真切印象的，恐怕不仅仅是"先天下之忧而忧，后天下之乐而乐"这种政治抱负的曲终奏雅，而是那表达忧、喜心情"对比"的景物描写的华彩乐章。我们似乎在这里才感受到了一个真实的范仲淹！

在现代散文、小说、杂文的写作中，对"对比"的赋形思维操作模型的运用，鲁迅应该最具代表性。鲁迅作品艺术性的体现，主要就是他对"对比"性赋形思维的深刻和灵活的理解、运用。

在《故乡》中，基本的赋形思维就是"对比"。小说开头部分，主要是对眼前故乡的"悲凉、萧索"的景物、人事的描绘，当然是不断通过景物描写、人物特写、景物特写来进行情调渲染的。

小说的中间部分的内容，则是通过一个又一个的"对比"性的赋形思维的操作，来构成、生成小说的主体内容。小说整个中间部分和小说的开头部分形成了一个巨大的对比、反差。景物上，眼前故乡是"西风、断茎、枯草"的"悲凉萧索"的"荒村"，而儿时故乡是"海边金黄明月"的自由乐土。人物方面，眼前故乡的人物是"凄凉的母亲"，"乞丐"式的闰土、"圆规"一样瘦脚伶仃的"杨二嫂"，而儿时故乡的闰土是血气方刚的"小英雄"，那时，杨二嫂是美丽的少妇——"豆腐西施"。在情感体验方面，"我"回到故乡时，感到一种深深的隔膜、对立，而儿时则是与小伙伴们的亲密无间融洽的深情厚谊。在人物性格的多样性方面，闰土老实忠厚以至愚昧无知，而杨二嫂则是尖刻狡猾贪婪，性格对比十分鲜明，但是，这种鲜明的性格对比从故乡人民人性堕落和人性丧失的意义上讲，又是对时代人性悲剧气氛的一种渲染，一种重复。这是鲁迅小说的最精彩之处。

小说中间部分的对比是儿时美丽故乡和眼前悲凉萧索的苦难故乡的对比，结尾落在悲凉萧索的苦难故乡上面。因此，小说的结尾部分再次运用“对比”的赋形思维操作模型，用未来理想中的金黄、明月、蓝天、碧海的美丽故乡的憧憬与现实中悲凉萧索的苦难故乡进行对比，从而进一步强化了对故乡人民的苦难命运的同情，对封建社会的无情批判和对美好的人类命运的热切向往。

从这里的粗略分析，我们可以清楚地看到，《故乡》的基本的谋篇结构的思维是运用“对比”的赋形思维操作模型。而在每个对比部分的内容结构，又是运用“重复”的赋形思维操作模型进行思维的。

第 2 节　行文展开的思维操作技术

一、赋形意识与赋形思维：重复与对比

作为行文宏观动力的赋形意识或足文意识，并不是行文行为发动起来，就完成了动力生成的任务，而是伴随行文行为始终的持续性动力行为。这就是说，行文思维的每一环节，都依赖赋形意识或足文意识作为局部动力，一步一步将行文过程进行到底。

因此，一旦文章试思行为中的“文章开笔”生成之后，文章的行文胚胎便产生了。这时，行文思维的首要工作就是产生强烈的足文意识、赋形意识，将文章开笔和文章主题渲染得十分到位，达到“辞达”的境界。

赋形意识、足文意识只是一种行文动力、力量，而赋形思维则是表达赋形意识、足文意识的思维操作技术、模型。这个思维操作模型就是“重复”与“对比”，或“渲染”与“反衬”。

所以，孔子说：“志有之，言以足志，文以足言。”他的意思是说，说话是用来渲染表达自己情志的，而文章则是渲染自己的语言的。所以，董仲舒说：“以诗为天下法矣，何谓不法哉？其辞直而重，有再叹之，欲人省其意也，而尚不省，何其忘哉。孔子曰：‘书之重，辞之复，呜呼，不可不察也，其中必有美者焉。’此之谓也。”所以，王充说：“谓文不足者，自成之徒也。……为言不溢，则美不足称，为文不渥者，则子不襄。”所以，行文、写作都是为了对自己的思想、情感的渲染、重复，所以古人将写作称为“修辞”，而“修”即修饰就是渲

染的意思。

在议论文中，行文就是对文章的主题、观点的渲染、重复，形成一种强大的说服力空间，使别人对你的观点信服；在抒情文中，行文就是对作者所要抒发的感情、感受进行渲染、重复，生成浓郁的抒情气氛，从而动人；在叙事文中，行文就是反诉地渲染人物的性格、精神面貌或事件的意义，从而感人；在说明文中，行文就是通过对事物特征的渲染、重复，从而给人对象特征的鲜明清晰印象，使人明白被说明对象的特征。

正面的渲染就是重复，反面的渲染就是对比、反衬。

因此，在行文中，赋形意识——渲染与反衬、重复与对比的意识——既是行文行为的出发点也是最终的写作理想、写作目的。因此，赋形思维——渲染与反衬或重复与对比——在写作行文的思维模型中处于最为基础、最为核心的地位，它既是一种行文的思维操作技术，也是一种行文展开的控制因素。

（一）按“重复”的思维模型进行思维操作

“重复”作为写作思维的第一机制，是当代写作学研究的一个重大发现，它的意义在于解决了行文过程中的材料吸附凝聚的思维操作模式。所谓重复是指“文章材料（以及结构单位之间）在性质、主题内容上具有相同、相近、相似的关系。”① 也就是说，重复即“渲染”，写作者在行文时选择与文章胚胎材料基因相同、相近或相似的材料，通过不断地渲染，以体现、突出并巩固文章的某个中心。

> 一双双脚，沾满了梧桐夜雨、池塘蛙声，从宽宽窄窄的村庄，平仄摇出。村庄、田园、山坡、沟谷，在脚下流动。几千几万的土家男女，像几千几万的笋子，一下子就从崇山峻岭密麻冒出，水灵灵的眼睛在花影间闪亮。含苞待放的女子，檀香浮动的女子，一潭秋水的女子，举案齐眉的女子，在这山花丛里穿行起落，踏花追歌。那些标致的、英武阳刚的男子，那些阳刚的、精气勃发的男子，那些勃发的、勇敢强悍的男子，那些强悍的春情滚动的男子，则都在另一山花丛花海里穿行起落、踏花追歌。“几千几万的人流，踏啊，涌啊，挤啊，摸啊，拧啊，掐啊，你推我揉，你追我赶，浑水摸鱼。……一坪坪的青草被练倒，一坡坡树叶被练落，偶尔也有一垄垄麦地被练平，花，一个包藏祸心的媒人，引诱湘西的男女恋爱，引诱湘西的男女萌动春情。”②

---

① 马正平：《DCC作文教学：原理与操作》，49页，中国文化写作学全文化写作委员会，1997。

② 彭学明：《踏花花》，见《祖先歌舞》，175～177页，武汉，长江文艺出版社，1998。

在这里的行文中，重复无处不在。彭学明以踏花这一湘西民俗盛举为契机，通过不停顿的重复—渲染，强有力地表现了湘西男女的活力与魅力，将山地民族的精神高张扬，将山地民族生活的诗意与激情尽情渲染具有一种妙不可言的感性魅力。同时还可看出，重复—渲染的确不仅是材料选择、篇章结构的思维操作模型，而且还是写作行文的句群生成、段落组织的思维操作模型。

按"重复"的思维框架进行行文的思维操作，就要理解"重复"的本质，掌握"重复"的目的，具体来看：

(1)"重复"不是一种绝对的、纯粹的、定量的、精确的重复，而是一种部分的、局部的不完全重复；不是一种感性形式结构的重复，而是一种指向系统的内容性质的重复，是一种基因重复或信息重复。譬如小说写作，作者重复的不是人物、事件、细节、现象、图景、场面等感性材料，而是这些材料内蕴的机质，一种在篇章各个层面、环节生生不息、徘徊不绝的超稳定性质，正是此种性质的存在，使得形式结构各不相同的生活材料得以凝聚，并最终形成一个完美的整体。

(2)"重复"作为行文吸材聚材的思维机制，其终极目标是建立一个底蕴相同的材料系统、话语系统，各种材料彼此关联，互相作用，形成一股合力或向心力，将文章开笔的情志基因加浓、加重、加厚，形成一种艺术氛围，强调一种生活气息，使观点或主题表达得更为执著、透彻、鲜明。

(3)"重复"存在两种形态，一种是静态重复，一种是动态重复。静态重复是指构成共时性关系的事物的重复。在《谁是最可爱的人》的行文中，魏巍为了表现中国人民志愿军的革命英雄主义精神和崇高的国际主义精神，重点选取了几个故事，形成一种典型的静态重复。在议论文写作中，证明观点的各个例证，亦构成静态重复。动态重复是指构成历时性关系的事物的重复。写议论文，除了例证法的运用，还必须综合运用其他方法，层层分析，步步推进，通过动态重复来深化，鲜明观点。

(二) 按"对比"的思维模型进行思维操作

"对比"作为一种古老的艺术法则，是艺术辩证法在文章写作中的具体贯彻，它不同于"重复"的渲染功能，而以互相衬托、互相强调——艺术"反衬"、去突出表现内容。作为思维聚材操作模式的对比，是指文章材料在性质、主题内容情调上具有相对相反的关系，写作者将多种性质截然相反或根本对立的材料组接在一起，从对立面去反面衬托主题、中心。在电影艺术中，苏联的提摩盛科曾举过一个典型的对比性结构例证：

①大腹便便的富豪用过丰盛的晚餐以后，坐在沙发上。

②在这个富豪开设的工厂里工作的一位工人因“罪”被关进监狱，坐在电椅上。

③富豪按一下开关，天花板上的枝形吊灯亮了。

④监狱里也按一下开关，电流通过那位工人的身体。

⑤富豪打了一个呵欠，躺在椅子上。

⑥工人躺在那里，已经死去。

这种对比材料的组接，异常鲜明地表现了一种阶级对比，它仿佛是在强迫观众把这两种情形加以比较，起到互相衬托、互相强调的作用，具有强大的艺术震撼力。

在小说写作中，老托尔斯泰的《安娜·卡列尼娜》的材料聚合，就是一种典型的对比式组接，幸福与不幸两种生活并行推进，在人物命运的鲜明对照中，表现了托尔斯泰的婚姻理想与生活理想。鲁迅先生的《故乡》，在行文中，一方面以大重复系统地渲染了现实生活的荒凉和百姓命运的悲苦，另一方面以大对比进一步深化了这种荒凉感和悲苦感：

①往日故乡的美丽佳处	今日故乡的悲凉萧瑟
②金黄明月下的小英雄闰土	被生活压得苍老的现实闰土
③小时与闰土的天真欢乐	现时与闰土的悲凉隔膜
④年轻涂粉的豆腐西施	圆规式的杨二嫂
⑤闰土的善良忠厚	杨二嫂的奸狡讨厌
⑥写童年为亮丽明快的艺术色调	写现实为沉郁灰暗的艺术色调

按“对比”的思维框架进行行文操作，要正确理解对比的本质，掌握对比的终极目的，具体来看：

(1) 写作行文中的对比不是一种感性形式结构的差异性对比，而是材料性质的差异、相反、对立，是行文材料传递的信息对比，这是一个方面。另一方面，行文材料的对比式组接，是在篇章这一特定整体中展开并为表现此一整体服务的，脱离篇章整体的对比毫无意义。“小桥流水人家”脱离了《天净沙·秋思》的整体情境，只是一幅日常生活的画面而已，但当它安置在“枯藤老树昏鸦”、“古道西风瘦马”的中间，在强烈的感觉的、气息的、形态的对照中，强力彰显出羁旅者对鲜活生命的渴慕和对诗意浓郁的寻常生活的向往。

(2) 对比是在写作者对文章中心宏观把握的基础上创造的一种更高真实，是写作者站在事物对立面高度而展开的一种极具艺术张力的思维审视。对比材料的运用，一方面是充分展现客观生活的动态进程，表现生活的丰富性、多样性、复杂性、迁变性。另一方面，动与静、冷与热、乐与悲、贫与富、强与弱、伟大与渺小、文明与野蛮这些对立因素最终共同创造一个统一、和谐的艺术整体。

(3) 从对比性行文材料的功能和表现目的上看，对比也是一种基因重复或信息重复。重复与对比只是方式与形态的差异，重复是“一唱三叹”，对比是“一波三折”。重复是在不同的材料中注入相同的基因，最终维系篇章内在结构的恒一性与超稳定性，对比是在对立性行文材料的组接中，以大反差去彰显重复的基因，使文章写作变得更沉雄、更劲健、更空阔、更辽远，或者说直抵“文足”境界。重复与对比，殊途而同归。

(三) 与“重复”、“对比”的赋形思维密切相关的是中国古代写作学中的“起、承、转、合”的章法理论

中国古代“起、承、转、合”的章法结构理论，实际上是将重复与对比的结构思维原理、模型与文章的文本的结构模型优化的产物。这样，“起、承、转、合”的方法模型，就是作为赋形思维的重复与对比与作为文本思维的渐进与平列的最优化组织。因为，在“起、承、转、合”的文本模型中，一方面具有文章的开头（“起”）——中间（“承”、“转”）——结尾（“合”）的渐进性过程的意思，另一方面，“起、承、转、合”的本质正是“重复”和“对比”：“起”是文章主题立意的初次呈示，“承”和“起”是“重复”，“转”和“承”(起、承) 是“对比”，“合”和“转”是“对比”，而和“起、承”则是间接“重复”。所以我们才说，“起、承、转、合”模式正是与“重复”、“对比”相耦合的最佳框架。我们还可以把它理解为文章的渐进式篇章结构：开头（“起”)、中间（“合”）和“结尾”(“承”、“转”)。这样，“起、承、转、合”就成了内在思维模型和外在文本秩序相结合的最优框架。这即是结构思维操作的“第四原理”。

需要说明的是，作为古代文章章法理论的“起、承、转、合”的结构模型，主要是一个文本结构的模型，而不是一种思维操作的模型，至少在它的表层上是如此。它的封闭性和唯一性，带来了结构僵化的可能性和现实性，所以，在 20 世纪初的新文学革命中，它受到人们的批判就是一个必然了。这种宿命性的悲剧，是无法避免的。但是，如果将“起、承、转、合”这种唯一性的文本结构模型，解构成完全的“起、承、转、合”和不完全的“起、承、转、合”两大类型，而在不完全的“起、承、转、合”文本模型中，又有几种可能性空间。再加上对“起”、“承”、“转”、“合”这几个环节的量的非平衡的随机变化，这样，广义的“起、承、转、合”文本模型，便出现了开放性的品格。于是，它就再也不存在导致思想和思维僵化的可能性了，“起、承、转、合”的古典章法理论便获得了勃勃生机。鲁迅的文章结构的创造性就是这样获得的。

鲁迅先生的《论费厄泼赖应该缓行》全文分8个部分。第一部分“解题”是个引子，虽在开头，并无所“起”。第二部分是讲“落水狗”有三种，大都在可打之列，这里通过对狗性的分析指出“倘是咬人之狗，我觉得都在可打之列，无论它在岸上或水中”这是这部分的论旨。这是全文议论的“起”。第三部分“论叭儿狗尤非打落水里，又从而打之不可”。承接第一部分论旨，又深入一步，这是“承”；此处“起”的议论与“承”的深入构成“重复”。第四部分从反面“论不‘打落水狗’是误人子弟的”，这是“转”；“转”与“起”、“承”构成“对比”。第五、六、七部分的总论旨都是必须痛打落水狗，这是“合”，其中，第五部分论述塌台人物并非真的落水，所以应该打，第六部分“论现在还不能一味‘费厄’”主张打。“合”又与“起”、“承”构成“重复”。末段是个尾声，全文的深层结构正是一个“起、承、转、合”的标准框架，只是“合”的部分内容多些而已，“重复”与“对比”也正是它的内在架构。

同一个作者的《藤野先生》一文，它的“起、承、转、合”比较隐晦。开头明写清朝留学生，实写自己，实写藤野先生。这是“起”；中间部分写藤野先生教学，科研认真，对学生很和蔼，这是“承”；“起”与“承”都是写藤野先生，构成“重复”。接着写“泄题事件”和“电影风波”以表示干事们的恶，这是“转”；“转”的恶与“起”、“承”的善构成“对比”。最后写藤野先生劝我学医，依依“惜别”和友谊，这是“合”，“合”的情感基调又和“起”、“承”构成“重复”。

二、路径意识与路径思维：分析与综合

赋形意识、足文意识（赋形思维、足文思维），在行文过程中是一种动力性、目标性、理想性、功能性的概念，是写作的艺术性概念。那么，从什么思维路径去实现足文、赋形的目标，达到足文赋形的写作功能呢？当代写作思维学表明，是通过路径思维的思维操作——分析与综合——来实现的。

因为，在行文动力和试思行为产生之后，就需要产生赋形、足文的思维路径意识。这其实就是过去讲的思路问题。路径意识讲的就是思路感的问题。路径意识、思路感是一种方向意识、进入意识、截入意识，因为人的思维操作只有产生方向感、进入感之后，才有可能真正运行起来。路径意识只是一种总体的方向感，而当这种方向感进一步具体化则形成了路径思维操作模型——分析与综合。

因此，写作行文中对主题、立意的赋形、足文意识或赋形、足文思维——重复与对比——的实现，就是通过“分析”和“综合”的思维操作模型、技术来实现的。

（一）借助因果思维分析的思维模型进行赋形思维

思维的本质是揭示既存事物存在的奥秘。因果思维即人对彼此联系的事物形成的历时性关系进行系统探究，从背景、原因、功能、环境等方面加以科学分析与阐释的思维。其实，从过程论角度看，人、事、物的发展就是一个因果关系的链条。因此，聚材思维运行必须借助因果思维分析生成文章材料。这里，重点提出三种思维模型。

1. 运用背景分析，从历史、条件和环境三个方面生成文章材料

客观事物的存在形式，尽管千差万别，但统统表现为一种“背景性”存在，总是与社会的、历史的、经济的、文化的、现实的等背景，发生着千丝万缕的联系，这就要求写作者将思维探入背景，多向度去获取材料。以新闻为例，任何新闻都是在一定的环境和历史条件下产生的，因此，新闻报道要正确地反映事物，就常常需要介绍它的背景，交代新闻人物、新闻事件的历史状况、地理环境和产生的多种条件，进而深化报道主题，提高宣传效果和社会效果。这一思维模型使得记者只要接触新闻事实，几乎是条件反射式地奔向“背景”，展开深度采访。

2. 运用原因分析，从现实、历史范畴和复杂的关系中生成材料

客观事物的产生或消亡，都有其内在必要性和必然性，其原因往往是多方面的。找出本质的、主要的原因，并对次要的、一般的原因做到心中有数，是原因分析写作思维必须完成的任务。以论证报告为例，写者对事物“必要性”的思索，就是采用直接的原因分析来聚积材料。某省某地要办一所高等职业技术学院，仅从硬件——办学经验、校园建设、师资队伍、教学设施、图书资料、实验仪器等方面展开论证，是远远不够的，首先得从国家大力发展高等职业技术教育的大气候，某省的高校布点、地方政府的态度、发展地方经济对人才的迫切需求、学生来源等原因要素入手，进行办学必要性的充分论证，来加强说服力。

3. 运用功能分析，从事物产生的意义、作用、利益、效果、影响等方面生成材料

功能分析反映在思维上，体现为一种目的性思维。这种朝向客观事物结果的思维探索，可以获得有关事物意义、作用、效益、影响等方面的第一手材料。

因果思维不是一种过程性思维，而是一种背景思维和功能思维。通过因果思维，可以构筑一个有关事物产生背景、原因和功能的庞大材料体系。以“99 上海《财富》全球论坛年会”为例，为什么大会将地点定在中国、定在上海，并以“中国未来五十年”作为话题呢？显然，这是一篇深度报道，要写好这篇报道，聚材线路只能是：

（1）从**背景层面**看，可以获取：a.《财富》全球论坛年会在世界经济发展中的地位、作用和影响等历史材料；b. 该年会以前主要放在世界哪些国度召开；c. 世界各国对举办该年会的重视程度；d. 左右世界经济的巨头展开了哪些对话。

（2）从**原因层面**看，可以获取：a. 中国经济改革的巨大成功使之成为全球经济圈中最为稳定、最有活力的地区；b. 中国经济发展持续保持高速增长；c. 中国已成为世界各国看好的巨大市场；d. 在处理地区性金融危机中，中国立场坚定，态度鲜明，以保持人民币不贬值来应付危机，显示稳健的、负责的、强有力的大国风范；e. 上海已成为带动中国经济发展的龙头。

（3）从**功能层面**看，可以获取：a. 敞开窗口，让世界进一步了解中国、认识中国、到中国来投资；b. 中国企业界参与世界经济领域的对话，在增进了解的同时，掌握世界经济发展趋势；c. 年会为迈向新世纪的中国经济腾飞提供了最佳契机。

在“奔向中国”这一主题（重复的基因）下，上述三个层面凝聚起大量的具体材料，从而为报道的采写奠定了坚实基础。由此可见，因果思维分析是生成文章材料的一种基本技术。

（二）借助相似思维分析的思维模型进行赋形思维操作

相似思维就是对彼此联系的事物形成的共时性关系进行系统探究，从中找寻事物关联的机质。事物之间的相似有两种形式，一种是“自相似”，一种是“他相似”。

所谓“自相似”，就是“一个事物的局部与整体，个别与一般在某种性质上的相似”[①]。在叙事性文章中，写者对某种情境、状态、氛围反复进行渲染，以强化某一整体效果，被用来渲染的事物与整体就具有“自相似”性质。在音乐作品中，写者为突出音乐主旋律而采用了众多乐段，其中每个乐段与主旋律都具有“自相似”性质。在议论性文章中，写者为证明中心论点采用了很多事实材料和理论材料，而它们与论点在性质上具有“自相似”性。由此可见，运用“自相似”性质分析，可以把相同、相近或相似的各种材料，组建为一个富有凝聚力的庞大材料群。

所谓“他相似”，是指“两种截然不同事物在某种性质、功能上的相似”[②]。西方“格式塔”学派的同构学说，实际上就是对事物这种相似性的一种理论抽象。在他们看来，客观事物都具有真正的表现力，杨柳可以表现悲情，白杨树可

① 马正平：《DCC作文教学：原理与操作》，75页。

② 同上。

以表现团结，“苍松、翠柏、乌云、野火、飞鹰、崇山、峻岭、奔马、狮虎、沙漠、狂风等等，总是与崇高、雄浑、强劲、粗犷、有力、男性等人类普遍情感活动中的力的式样相接近；而青天、白云、徐风、烟霞、幽竹、花草、垂柳、小溪、新月、孤帆、银河等等，则大体上同优美、安静、温柔、遐思、缠绵、女性等情感生活中的力的结构模式相类似”①。情感结构与物性结构的这种相似性，促使写作者到广阔的对象世界去获取知觉材料。一般来说，“他相似”思维分析生成的主要是象征材料。在中国文人的精神空间中，要表现冷傲的风骨、高洁的品行、虚怀若谷的情操，一朵梅花、一丛小竹、一棵兰草、一盆菊花就足够了。而要表现永恒的时空情绪，他们首先想到的是万里长空、千古江山。中国古代诗歌春秋意象体系，就是经由相似思维分析建构起来的，西方诗歌中的自然意象体系，也大多是通过相似思维分析而表现人类某种普遍情感的。

（三）借助文体思维分析的思维模型进行赋形思维操作

写作的物化形态总是一种文体存在，而文体是在漫长的写作实践中历史地形成的，一种文体的确立，意味着某种属性、特质、要求和具体规范，以一种文体文化的方式被普遍认可。这种围绕特定文体属性、特质、要求和规范而运作的写作思维就是文体思维。在写作聚材思维运动中，文体起着十分重要的作用，它像一个巨大的磁场，将合符文体属性、特质、要求、规范的材料紧紧吸附，不符合的则给予漠视。一般来说，新闻性体裁注重的大多是富有现场感的现实材料；叙述性体裁注重的是人物、事件、情节、环境、图景、场景等生活材料；抒情性体裁注重的则是人的心灵律动以及使之具象化的意象材料。这种明显的差异，使得写作运思总以特定文体的具体规定性为依据和背景而展开。以“小说”文体的材料复制为例。第一，小说是“具有一定长度的虚构的故事”（佛斯特：《小说面面观》），这就意味着它关注事物运动的过程，它在合乎生活逻辑与情感逻辑的基础上可以进行艺术虚构，它还注重情节的安排、设计，材料必须具有故事的情趣和魅力。第二，小说要写出典型环境中的典型人物，每个人物都有着各不相同生存状态、人生际遇、行为表现和情感表现，而且，人物都生活在特定社会、时代和最具体的生活环境之中，这就必须聚合大量关系性的、生活化的环境性材料。第三，小说具有特定的时空规定性。小说中的时间是指故事发生、发展、高潮、结局、尾声这一物理时间，写作聚材只能在作者预先限定的时间中展开。小说中的空间主要指故事发生地点、人物活动范围和艺术表现的地理中心，这种空间限定，可以构筑起极富时代特色、国别特色、民族特色和地域特色的材料群落。小

① 王春元：《文学原理——作品论》，116 页，北京，社会科学文献出版社，1989。

说聚材思维必需充分考虑这种文体的规定性，并通过文体思维分析实施材料的积聚与整合。推而广之，任意一种文体的质，对材料的吸附凝聚，都有着具体的指示功能，在聚材方向和焦点上作出了明确界定，写作者对文体的质掌握得越深透越准确越完善，就越能多快好省地生成材料，完成写作材料的吸附凝聚工作。

实际上，在行文思维的实践中，不同的文章类型所运用的思维操作模型的侧重和倾向是不同的。在共时性、静态性的行文（结构组织、材料生成、选择、句子生成）中，即在抒情性文章和证明性的议论文章的行文中，重复与对比的赋形写作思维操作模型是一种显性思维操作，而分析与综合的路径思维则是一种隐性思维操作。马致远的《天净沙·秋思》中的“枯藤老树昏鸦”最为典型。又如，“鸡声茅店月，人迹板桥霜”，“试问闲愁都几许，一川烟草，满城飞絮，梅子黄时雨”。朱自清的《春》、冰心《笑》也是如此。在这类文章中，重复与对比是对文章的主题、立意、情调方面的重复与对比，通过重复与对比来达到主题、立意的赋形。而这里的路径思维，则是通过对世界的空间性、构成性分析和综合来进行的。由于空间性、构成性分析与综合的路径性、方向感不是很强，因此，它在行文思维中的作用似乎就不太明显，而重复与对比的赋形写作思维操作则显得更加突出一些，因此，在实际的行文思维中，重复与对比的赋形写作思维操作模型，本身就可作为独立的行文思维的操作模型。

相反，在历时性的文章行文思维中，分析与综合的路径性写作思维则是显性行文思维，而重复与对比的赋形思维则是隐性行文思维。例如，在叙事性文章和思辨性的议论文章的行文过程中，赋形思维中的重复或对比、渲染与反衬就不是共时性的而是历时性的了。这种重复不是从空间而是从过程性、逻辑性的线索上来选择材料来重复与对比文章主题、立意。这种行文，其实就是对事件过程和逻辑链条的分析和综合而已。无论叙事性行文还是思辨性行文，其实都是一种因果分析而已，因为事件过程、情节发展本质上是一个因果关系的逻辑过程。因此，叙事性行文和思辨性行文就是一种因果逻辑的分析。在这里，逻辑分析是重复与对比的有效性、主题性的保障。在逻辑思辨性议论文行文中，这条规律是必然的。

但是，在叙事性行文中，并非人物活动的所有因果关系都可以进入行文之中，只有那些与文章的主题、立意、情调相同的材料，才能进入行文的话语生成之中。因此，叙事性行文虽然从显性上看是用事件的情节分析与综合来进行行文思维，但是在隐性上则必须用重复与对比的思维操作模型对分析与综合生成的行文材料进行把关、筛选。只有这样才能使行文思维生成的材料充分地表达主题、立意。例如，在鲁迅的小说《故乡》中，从还原的观点来看，“我”回故乡的整个过程，无疑是一个因果性的情节链条，发生的事情很多很多，但是，作者不可能把所有这些具有因果关系的情节都写出来，那样就不是小说了，而是“录像”式自然主义的描写。《故乡》之所以是一篇小说，就是因为这里对事件过程的选择、分析、综合，都是以是否与作品的主题、立意、情调、色彩构成重复与对比即渲染与反衬的关系来作为最后的有效判据的。

在这里，重复与对比的思维操作模型，虽然是隐性的深层的，却是本质的、关键的。不明白这一点，你便不能懂得行文的本质、奥秘，也不能懂得写作的本质与奥秘。

第 3 节　作为赋形思维最优模型的“起、承、转、合”

一、对“起、承、转、合”章法理论的重新解读

中国古代写作学关于写作原理的最高成就应该是关于文章章法的“起、承、转、合”的模型理论。“起、承、转、合”能够给学写文章的人提供一个从无话可说到有话可说的文本内容结构的思维操作模型。

“起、承、转、合”的思维模型，最先形成于汉语诗歌的韵脚格律中：第一、二、四句押韵，第三句不押韵。① 后来作为绝句写作的内容、情感的基本逻辑，第一、二、四句渲染某种基本情调、意思，第三句则宕开一笔，转向另外的情调、意思。这样，强化了渲染那种基础的情调、意思，而第三句则反衬了作品的基础情调、意思。例如李白的《早发白帝城》：

朝辞白帝彩云间，千里江陵一日还。
两岸猿声啼不住，轻舟已过万重山。

第一句的诗意是清新美丽欢快的，这是“起”；第二句便重复着这种明丽欢快的情调、意思、节奏，这是“承”；第三句则宕开一笔，转到愁怨凄厉的情调、意思和节奏上去，和一、二句的情调、意思形成强烈的反差、对比，这是“转”；最后一句又回到第一、二句清新明丽欢快的情调、意思、节奏上去，这便是“合”。文章通过“起、承、转、合”的过程，基本形成了一种文章主题、立意的感觉界域。

八股文、桐城古文的文章内容结构规范就是以这种思维模型为基础建立起

① 这种音韵结构规律在现代的音乐创作中，仍是一首曲子或一部音乐作品的基本的曲线结构原则。

来的。

“起、承、转、合”的章法结构思维模型，反映了文章写作思维的基本规律，因此，即使到了现代写作中，仍然为作家自觉或不自觉地作为规律来遵循。

在60年代，杨朔的散文《海市》是一个典型。这篇散文的开头是对“海市蜃楼”这种虚幻的“海市”美丽景色的描绘，其情调、色彩是欢快的，这是文章主题、立意、情调、色彩的“起”；第二部分，是对长岛新村的美丽景色（真正的海市）的描绘，其情调、色彩和第一部分相同，这是对文章基本主题、立意、情调、色彩的“承”；文章第三部分是对新中国成立前长岛渔民苦难生活的回忆，情调、色彩是悲凉心酸的，这是情调、色彩、意思上的“转”；最后，文章是放歌长山列岛的美好未来，情调、色彩、意思显然又回到了文章一、二部分的主题、意思基调上去了。这便是文章章法上的“合”。可见《海市》一文是一个符合“起、承、转、合”标准的章法框架。

在80年代，韩少华的散文《温馨的风》也是这样的典型。《温馨的风》的全文以作者在旅行中沿途所见为基本的文章素材和内容。文章共9个段落。第一、二段写的是在从青岛到上海的海轮上，见到一位陌生少年彬彬有礼的文明言行，他为此而动情。全文的基调、色彩是温馨美丽的，这是全文的主题、立意、基调、色彩的“起”。第三、四段，描写在西湖的飞来峰下，一场雨中，一位瘦小的女子撑伞为自己避雨，并热情护送自己的动人情景，自己因此而动情，感激不已。其意思、情调、色彩和一、二段一样，显然是全文的主题、立意、基调、色彩的“承”。第五、六段，描写在黄山旅游登山危险时，一位小青年立即把拐杖送给自己拄路，使得自己安全登上了山顶，感到难以名状的温暖。这是为了强化突出温馨的人情味的感受而再一次地“承”。第七、八段是回忆“文化大革命”浩劫中年轻人的无知野蛮、失去人性的丑恶行为，其情调是愤慨、悲悯。这是意思、情调、色彩上的“转”。最后，文章第九段则是用黄山莲花峰下的当空丽日、温煦芳馨的清风，来比喻这些年轻人的心灵和形象，又回到文章的开头基本主题、意思、情调、色彩上去了。这就是“合”。

虽然这篇散文“承”的部分的分量较大一些，但是，从全篇来看，仍然不失为一个标准的“起、承、转、合”的章法结构思维模型。

鲁迅曾引瞿秋白的话说，什么起承转合、文章气韵，都没有一定标准，难以捉摸。其实，“文章气韵”是一种文章的审美效果，它的确是“难以捉摸”的，但是，“起、承、转、合”作为实现“文章气韵”手段的章法结构的思维模型，是有“一定标准”，是容易“捉摸”的，它反映了汉语文章写作思维的一种规律。正是因为如此，所以鲁迅先生虽然反对“起承转合、文章气韵”，但是，在他的所有作品（杂文、小说、散文、诗歌等）中，我们分明看到了“起、承、转、合”章法结构思维模型是那么清晰，那么丰富，那么动人。在写作艺术方面，鲁迅之所以为鲁迅，在我们看来，就是他在掌握了“起、承、转、合”的章法结构思维模型之后，做了一定的调整、变幻、淡化、消解。

在杂文方面，《论费厄泼赖应当缓行》除去开头解题的引子以外，其余的内容是一个标准的“起、承、转、合”的章法结构思维模型：第二部分论述“落水狗”有三种，大都在可打之列，这是全文主题、立意的“起”；第三部分论述“叭儿狗非打落水里不可”，这是对文章主题、立意的阐述，这是“承”的部分；第四部分论述“如不打落水狗，便是误人子弟”，这是“转”；第五、六、七部分论述“现在不能一味‘费厄泼赖’”，还是主张打落水狗。显然主题、立意又回到文章开头的主题、立意的基调和意思上去了。这便是“合”。在这里，鲁迅采取了一种巧妙的伪装：其一，在“起、承、转、合”的章法结构思维模型前面加上一个“引子”，其二，加大了“合”这部分的分量，一反常态。但是，仍然掩盖不了文章主体部分那个“起、承、转、合”的章法结构思维模型。

小说《故乡》若除去结尾部分以后，前面的内容又是一个标准的“起、承、转、合”的章法结构思维模型。小说开头是对故乡荒凉萧索的景色的描绘，为小说的内容定下了一个荒凉萧索凄凉的情调、色彩、主题，这是全文在主题、情调、色彩上的“起”。第二天回到家中，但见“西风”、“枯草”和“凄凉”的母亲，这是对文章开头部分的情调、色彩、主题、立意的渲染，这是“承”的部分。然后，当母亲提到闰土的时候，便引起了大段大段的“美丽故乡”的种种美好回忆，其情调是欢快的，其人情关系是融洽的，其生活是充满乐趣的，其人物性格是血气方刚、充满生气的。显然这是为了和文章的感情基调、色彩、主题进行对比，反衬故乡的苦难，这是典型的“转”。见到闰土和杨二嫂之后，又对他们外在的丑陋形象和内在被扭曲的灵魂性格进行描绘，同样是故乡的凄凉萧索的具体体现，这显然是回到小说的主题基调色彩上去了，这便是“合”。而结尾与前面的所有内容形成强烈的对比、反差，这是一种“转”。

在《故乡》中，鲁迅先生淡化、消解、掩盖“起、承、转、合”的章法结构思维模型的手法有两个。第一，在小说主要部分的“起、承、转、合”的章法结构思维模型之后，加上一个“对比”的“光明”的尾巴，形成一个“起、承、转、合、转”的章法结构，以此冲淡前面的“起、承、转、合”的章法结构思维模型。第二个手法是，一反常态，加大“对比”部分内容的分量，反客为主。通过这样的淡化、消解的手法，似乎看不出小说中包含的“起、承、转、合”的章法结构思维模型。其实，这个“起、承、转、合”章法的精彩“内核”，是分析得出来、感受得出来的。

《藤野先生》消解、淡化的方法又有不同。在一般的情况下，“起”总是正面“起”，但是，鲁迅在《藤野先生》这篇散文中却是一种反“起”。因此，其“起、承、转、合”的章法结构思维模型比较隐晦。文章的主旨是对藤野先生的高贵品格的歌颂，但是，文章一开头却写清朝留学生的丑态。这是明写清朝留学生，实际是衬托自己和藤野先生辛勤治学的品格。这是反“起”。中间部分首先正面叙述藤野先生认真教学、科研的精神和对自己和蔼善良的态度，这是“承”；接着叙述“泄题事件”和“电影风波”中日本学生会的干事们的丑恶行径，这是“转”；最后，写藤野先生劝我学医、依依惜别的深情厚谊，从而讴歌了藤野先生的高尚精神。这便是“合”。上述以反“起”为特色的“起、承、转、合”的章法结构思维模型，是从文章的基本主题和基本立意的角度分析出来的。如果仅仅从表现手法上来看，全文是一个“起、转、转、转”的章法结构。但这样分析是不对的，因为，文章的主题和立意并非是清朝留学生和日本学生会干事的丑恶行为的揭露，文章的目的并非在此。这从文章标题和主体内容便可以看出来。因此，《藤野先生》一文仍然运用的是一个以反“起”为特色的奇特的“起、承、转、合”的章法结构思维模型，这样认识较为准确。

从这里可以看出，所谓艺术创作思维创新，其实就是对标准的“起、承、转、合”的章法结构思维模型的淡化、消解、变形、掩盖而已。这种淡化、消解、变形、掩盖的手段越高明、越复杂，作品的艺术性就越高。但是，作者的心目中依然存在一个“起、承、转、合”的章法结构思维模型，这是毫无疑义的。

其实，鲁迅的写作中处处包含着“起、承、转、合”的章法结构，也说明了这的确是文章写作的基本规律和原理，不管你自觉也罢，不自觉也罢，它总是一个真实的存在。据金克木先生研究，在《论语》中，已经有“起、承、转、合”的章法结构存在了，《论语·季氏》首章的内容就是如此。[①] 这说明，“起、承、转、合”的写作赋形思维的方式和习惯，人们很早就进行尝试和运用了，只是后

---

① 参见金克木：《“八股新论”之二：八股文“体”》，见启功、张中行、金克木：《说八股》，129页，北京，中华书局，1994。

来的写作理论家们把它概括成清晰完整的规范的模型罢了。

如果从人类写作和艺术思维的一般规律来看，似乎“起、承、转、合”的章法模型，还不一定是汉语写作和中国艺术的专利。例如，勃朗宁夫人的十四行诗，往往都有一个标准的“起、承、转、合”的章法结构的模型。而法国的现代散文家波德莱尔的名著《巴黎的忧郁》中的《疯子与维纳斯》一文也是如此。至于西方音乐曲式结构中的“起、承、转、合”章法更无须细说了。

二、“起、承、转、合”章法结构思维模型的终结

但是，如果今天我们心存一个“起、承、转、合”的章法结构去进行文章写作和艺术创作，还是有一种受约束的不自由的感觉。这是因为，“起、承、转、合”毕竟是关于文章的篇章结构的章法规定，这个规定便成了约束人们思维的框框，长此以往便会造成写作思维的僵化，从而缺乏文章结构方面的思维创造力。于是，“起、承、转、合”的方法成了一把“双刃剑”：一方面，给文章提供了结构的思维模型，使我们的文章结构有目标、模型、操作技术；另一方面，如果每篇文章的写作都遵循这样的文章章法，就会约束我们的写作思维，衰减我们的写作思维创造力。

那么是否有一种办法能走出这个写作思维的“怪圈”，既能掌握写作思维的基本操作模型、技术，又不会导致写作思维的僵化，反而更具创新性呢？我们认为这个办法是有的，就是对“起、承、转、合”的方法模型做深度阐释，解读出“起、承、转、合”的方法的真正的、深刻的内涵来。

在我们看来，实际上，“起、承、转、合”的章法原理的本质，是把“重复”和“对比”两种思维操作模型有机地结合在一起了。也就是说，“起、承、转、合”的本质就是“重复”和“对比”。因为，“起”是文章写作中首先推出的文章基本的主题、立意、情调。而“承”是沿着“起”的主题、立意、情调、色彩进行渲染、铺陈，这两个部分的构成运用了“重复”的赋形思维操作模型。“转”的内容是转到文章主题、立意、情调、色彩的对立方向去和“起”、“承”部分的内容构成强烈的反差、对比，这正是“对比”的赋形思维操作模型。而“合”的部分又回到了文章“起”、“承”的主题、立意、情调上去了，这是一种近程的“对比”的思维操作，又是一种远程的“重复”性赋形思维操作。原来“起、承、转、合”的思维基因就是“重复”和“对比”这两种思维操作模型、技术。

明白了这个本质，那么，我们在进行写作的时候，只要把握住“重复”和“对比”这两种思维操作模型、技术，就能应付所有文章写作思维技术了，而不必去管“起、承、转、合”的文本框架模式了。

这就是说，“起、承、转、合”是一种规定性的、僵化性的、非创造性的、封闭的文本内容的模仿性内容模式，而“重复”和“对比”则是两种自由组合的、开放性的、创造性的、生成式的思维操作模型。正是这两种思维操作模型的无穷的自由组合，产生了姿态万千的文章结构。于是，标准的规范的“起、承、转、合”便让位于“重复”与“对比”的思维操作模型的自由组合，“起、承、转、合”的严整规定被冲破了，写作思维进入既有规律、模型（“重复”和“对比”），又能组合、创造的新的理想境界！我们便第一次在写作思维上获得了真正的自由。

于是，在文章写作章法布置中，可以对主题、立意、情调进行不断的重复、渲染，像“鸡声茅店月，人迹板桥霜”那样，像欧阳修的《醉翁亭记》那样，像朱自清的《春》那样，像冰心的《笑》那样，也可以像范仲淹的《岳阳楼记》那样，像鲁迅的《故乡》、《藤野先生》那样。当然也可以将“重复”与“对比”的思维操作进行更加灵活的组合，不必死守“起、承、转、合”的教条，从而生长出更灵活多姿的文章结构形态来。

这就是为什么我们一定要大家真正理解，真正掌握、运用“重复”与“对比”这两种思维操作模型的深刻原因。

三、赋形思维操作模型的分析训练

（1）找一篇学术论文、应用文章或文学作品，分析一下作者是怎样在文章中运用“重复”与“对比”（或“起、承、转、合”）的赋形思维操作模型的思维技术的。

（2）教师针对某种事物或对象的历史演化或运动过程，运用“重复”与“对比”（或“起、承、转、合”）的赋形思维操作模式进行操作，写成文章，并将这个运用过程告诉学生。

（3）针对某种事物或对象的历史演化或运动过程，运用“重复”与“对比”（或“起、承、转、合”）的赋形思维操作模式进行操作，写出一篇文章来。

第4节　赋形思维的文体特征

现在我们已经明确了两点：第一，写作思维的第一原理是赋形思维，而赋形思维的思维操作模型是“重复”与“对比”；第二，“重复”与“对比”的是内涵，是主题、立意、功能、性质。

至此，我们已经解决了赋形思维的抽象的操作技术和文章内容、内涵（主题、立意、情调、色彩等）问题，但是还没有解决在具体的文章写作中，从哪些地方，用哪些形式去进行这种“重复”与“对比”的赋形思维具体操作，即思维路径的问题。所以，如果我们不解决赋形思维路径问题，即使我们明白“重复”与“对比”的赋形思维操作模型，也是不能最终解决赋形思维问题的。

赋形思维的思维路径——从抽象的赋形思维（重复对比）到具体的赋形思维（重复对比）的思维过程，包括三个方面：第一，赋形思维操作中主题内涵的文体意识问题；第二，赋形思维操作中材料范围的文体意识问题；第三，赋形思维操作中操作方法技术问题。第二、三两点表面是两个问题，其实是一个问题的两个方面，因为思维操作的方法运用的不同，所以生成的材料范围也就自然不同了，或者说，正因为材料范围的不同，因此，用的思维操作方法也就不同了。因此，本应把它放在一个问题里进行讨论，但为了更清晰地说明这个问题，我们还是分别进行阐述。

一、赋形思维操作中主题内涵的文体意识

在进行“重复”与“对比”赋形思维的时候，首先要明确的是每一类、每一种、每一篇文章的主题、立意。因为，“重复”与“对比”作为赋形思维，它的本质是一种性质思维、内涵思维，所以你所写的文章的性质是什么、主题的具体内涵是什么就必须明确。抒情性文体写作的主题内涵不同于记叙文的主题内涵，议论文的主题内涵又不同于说明文的主题内涵。

具体地说，在抒情性的文体中，写作所表达渲染的主题，主要是一种体验、一种情感、一种感觉、一种感受、一种意境、一种哲理。例如，余光中的名诗《乡愁》，就是通过三个意象反复渲染咏叹一种乡情，一种哲理。叙事性文体写作所表现、渲染的主题，主要是一种性格、一种精神、一种理念、一种形象、一种命运、一种人生的哲理。在说理性的文体写作中，主题的内涵主要是一种观点、一种思想、一种主张、一种理论。而在说明性文体的写作中，其主题较为复杂，因为它既不是情感，也不是性格，也不是思想，而是被说明事物、事理的性质、构造、过程、功能的特征，以及说明效果——清晰度、明白感。

明白了上述这些写作主题、立意的文体差异和特征，我们才知道进行赋形思维时应该“重复”与“对比”什么东西。

二、赋形思维操作中材料范围的文体意识和思维方法的特征

在进行赋形思维操作的时候，要明确每一种文体写作的材料范围的特征问

题。也就是说，要注意各类文体的选材和聚材的重点差异问题。显然这个问题又是和上面的问题联系在一起的。因为，主题的内涵不同，其表达主题的材料范围和重点也是在变化的。

（一）抒情性的文体

在抒情性的文体中，要传达、渲染体验性、情感性、感觉性、感受性、意境性、哲理性的主题，主要就是通过对作者的瞬间的心理体验、感觉、幻想、想象、联想、思考或者对景物、细节等进行描绘、渲染，才能形成诗的感觉和韵味、意境。这里还有古今诗歌写作文化的差异。在古代诗歌里，主要是通过情景交融的景物描绘，来含蓄地表达诗的情绪、意境。例如前面提到的马致远的《天净沙·秋思》就是如此。

而在当代，诗歌写作的材料范围已从情景交融的古典式写作转向十分丰富的领域。不仅主要是感觉的描绘，而且还可以是十分精彩的议论、推理、思辨，当然是感觉化、诗意化的议论、推理、思辨，这样便使诗歌具有一种现代的感觉。例如李小雨的《陶罐》就是这样。

陶　罐

——半坡之一

据说
第一只陶罐是女人做的
因此，
它塑一条浑圆，隆起的曲线
拙朴而安详地立于
万古苍凉之上
我披发的母亲
裹着兽皮的母亲啊
她指向
最纯洁的泥土、水和火焰
世界就是这样诞生
诞生成
一条有孕的曲线
一个婴儿在母腹内蠕动
一枚果实正在成熟
一轮太阳
一个人死去重又复生
一个星序的倒转轮回
一个四野与天穹的完美的璧合
一只陶罐
于是一切生命
便都有了密密麻麻的指纹
于是许多声音都在天地间
流浪着，喊着母亲
于是陶罐便拙朴而安详地立于
万古苍凉之上
以她的宽容
以她的淳厚
以她的丰盈
以她永世披风沐雨的牺牲

饮母亲低沉温存的心跳声
饮鼻音的摇篮曲
饮乳汁流成的滔滔黄河
饮一股细如丝线的声音
当赤脚的母亲站起身来
开始最初的第一次播种时
陶罐倾斜了
从里面涌流出无数
金色的小小种子
——人

这当然是突发奇想，精彩的联想、想象，这当然是对一种审美情感、人生哲理的反复渲染，所以，作品除第一诗节外，二、三、四节都是运用“重复”的赋形思维操作。这就是说这里突发奇想，都是以“重复”的赋形思维操作模型为动力的，全部联想、想象都是这种“重复”的赋形思维操作模型所致。没有这种“重复”性的赋形思维操作模型的运用，作品的浓烈的抒情氛围是不能形成的，作品深刻的人生哲理也是难以充分表达的。然而，在这首当代诗歌中，用来渲染、重复的材料不仅仅是景物、感受，而且包括一连串的象征之物，一连串的推理、假设、议论的“理语”，例如第二、三、五诗节。这样使现代诗歌具有一种科学和理性之美。这就是在现代诗中常常出现一些诸如“然而”、“于是”、“因此”、“所以”、“因为”、“当”这样一些表示推理关系的逻辑性的语词的原因所在。这就显出现代诗歌与古典诗歌在用来渲染、重复的赋形思维的材料方面的明显差异。

总之，诗歌、散文等抒情性的写作，在进行情感、诗意的渲染或反衬，意境、氛围的营造时，主要是通过这样几个途径来实现的：

（1）寓情于景的景物描写或象征描写；

（2）情感、感觉的细节描写；

（3）直抒胸臆的情感诉说；

（4）感觉化、情感化、片段化的因果“推理”。

又如，徐志摩：《再别康桥》。

再别康桥

——徐志摩

起：[情感：轻轻心态，折射真情—对无我之境之美的向往，为什么呢?]

轻轻的我走了，正如我轻轻的来；
我轻轻的招手，作别西天的云彩。

（节奏重复，细节重复、情感渲染，宁静的康河美丽景色，不舍，不忍，不能、惊扰，从而折射对景色的热爱。）

承/渲染 1：夕阳金柳，波光艳影

那河畔的**金柳**，是夕阳中的新娘；

波光里的艳影，在我的心头荡漾。——金柳像夕阳中的新娘一样美丽。

［渲染 1］青荇招摇，水草柔波

软泥上的青荇，油油的在水底招摇；

在康河的柔波里，我甘心做一条**水草**！——水草自由自在柔波荡漾。

［渲染 2］一潭清泉，藻间彩虹

那榆荫下的**一潭**，不是**清泉**，

是天上虹揉碎在浮藻间，沉淀着彩虹似的梦。——像梦一样的一潭清泉，像虹一样美丽。

［渲染 3］小舟漫溯，星辉放歌

寻梦（美、爱、自由）？撑一支长篙，向**青草**更青处**漫溯**——小舟漫溯的自由。

满载一船**星辉**，在星辉斑斓里**放歌**。——星辉中放歌的欢乐

——回忆：美丽、宁静、伤感

转/对比、反衬：哀怨笙箫，沉默**康桥**

但，我不能放歌，**悄悄**是别离的笙箫；

夏虫也为我**沉默**，沉默是今晚的康桥。——悲壮之情与有我之境

——沉默：真感情

合/重复、渲染悄悄心态，折射真情，

悄悄的我走了，正如我悄悄的来；

我挥一挥衣袖，不带走一片云彩。——宁静的康河美丽景色，不舍，不忍，不能、惊扰，“悄悄的”的细节，从而折射对景色的热爱。

——对无我之境［自然美景］的直观，对有我之境［悲壮情感］的折射。

（二）叙事性文体

叙事性文体写作在渲染、重复或反衬、对比某种性格、精神、命运或人生哲理时，主要是通过这样几个途径来实现的：

（1）通过人物的自我行为、细节、情节、活动、事迹或语言、心理、外貌的描写或叙述，进行某个人物形象的性格或精神的“重复”与“对比”。例如，一位退休老人，平时生活非常节俭，有时还去拣垃圾卖，甚至把垃圾中的一些东西也拿来用或吃，但是，突然有一天她却拿出 5 万元的存款，捐给希望工程，而且不愿意留下名字。所谓“性格组合论”，讲的就是这个意思。

（2）通过若干人物之间的性格或精神的所谓小说或戏剧中人物关系“重复”与“对比”，来渲染、重复某个人物的性格精神或时代精神。小说或戏剧、影视作品的写作，所谓人物关系的设计，讲的就是这个意思。

（3）通过环境或景物的情调色彩和寓意，来渲染或反衬人物的性格、精神、形象。所谓典型环境中的典型人物，说的就是这个意思。例如鲁迅小说《故乡》的开头的景物描写，所起的就是这个作用。

也许有人会说，这不就是过去我们在小说创作论讲的人物描写、景物描写、行为描写、细节心理描写、语言描写、环境描写吗？其实，在讲述上有很大的不同。过去讲这些东西，只是知道描写什么，但不明确描写的目的、功能，因此，可能导致漫无目的的自然主义的描写。而现在，我们把这些东西放入“重复”与“对比”的赋形思维操作模型之中去讲，学习者一下子就明白了自己的每一个描写或叙述的目的、功能何在，从而就能充分地表达作品的主题、形象、性格，而不至于离题。其实写作的主要意图也在这里。

（三）论理性文体

论理性的文章写作在进行一种观点、思想、主张、理论的渲染或反衬，重复或对比时，均是通过 3 个方面来实现的：

（1）用一系列事实证据或事理证据来证明和反衬自己的观点；

（2）用一系列逻辑因果分析来进行渲染或反衬自己的观点；

（3）用一系列构成分析来分析概念理论的内涵，渲染、说明自己的观点。

（四）说明性文体

说明性文体的文章写作，在对事物的性质、特征和清晰度的渲染时，主要是从 5 个方面进行的：

（1）对被说明事物的结构或类型的构成分析来渲染说明事物的空间秩序；

（2）对被说明事物的过程的环节关系的分析来渲染说明性事物的过程秩序；

（3）对被说明事物的事理的因果关系的分析来渲染说明事理的因果关系秩序；

（4）对多种不同的说明方法的有序化运用来进行说明性清晰性的渲染；

（5）对被说明事物的功能或性质的程度性秩序的有序化分析来说明。

（五）实用写作文体

在实用写作文体中则综合运用述各种文体写作的赋形思维操作途径，以完成自己的文章写作的赋形思维，实现自己的写作目的。

三、分析思维操作模型的建构训练

（一）思维分析

请找一篇学术论文、应用文章或文学作品，分析作者是怎样在文章中体现赋形思维“分析”与“综合”的文体意识，并进行赋形思维的思维技术的。

（二）教师思维演示

教师针对某种事物或对象的历史演化或运动过程，用赋形思维中的“分析”与“综合”的文体意识，指导自己进行赋形思维操作，并将“重复”与“对比”（或“起、承、转、合”）的赋形思维操作模型运用的过程告诉学生。

（三）赋形思维操作实践

学生针对某种事物或对象的历史演化或运动过程，用赋形思维中的“分析”与“综合”的文体意识，指导自己进行赋形思维操作，并根据“重复”与“对比”（或“起、承、转、合”）的赋形思维操作模型运用的过程，写出一篇文章来。

第5节　写作赋形思维的综合训练

一、赋形思维操作分析：演示、模仿与实践

（1）教师任意选择一篇文章，进行赋形思维（“重复”与“对比”，即渲染与反衬）的思维操作模型的分析。

（2）请模仿老师的策略性思维，分析一篇文章的策略性思维，并将分析结果写成一篇思维分析的文章。

二、赋形思维操作运用：演示与模仿

教师以自己的一篇文章为例，向学生演示这篇文章中写作赋形思维操作模型的运用情形。

三、写作实践尝试

选择一种现实或回忆中的生活现象，模仿上述赋形思维操作模型综合运用的思维操作，独立进行写作。进行赋形思维操作模型综合运用的思维尝试和实践，并写成一篇文章。

四、从修改中学习写作

（1）自改互评；

（2）教师抽评；

（3）改正清誉。

赋形思维评改细则

1. 文章部分与部分之间在意思、主体、含义上，是否具有严格“重复”或“对比”的关系。

2. 文章中段落与段落之间在意思、主题、含义上，是否具有严格“重复”或“对比”的关系。

3. 文章段落或句群中句子与句子之间在意思、主题、含义上，是否具有严格“重复”或“对比”的关系。

五、写作素质课后培养

（1）运用所学的赋形思维操作模型综合运用的思维知识分析两篇文章的立意，写成分析短文。

（2）根据观察到的人物、景物、事物、事件，运用本章所学的赋形思维操作模型综合运用的思维操作技术，进行文章赋形思维操作模型综合运用的思维综合练习。

（3）记下你最近产生的感悟、认识的思想火花。

（4）写一篇读书心得。

（5）写一则生活随笔。

【概念术语】

赋形思维　足文思维　重复与对比　渲染与反衬　足志　足言　言文　起承转合　不完全起承转合　复制　生长

【复习思考】

1. 赋形思维在写作中的功能是什么？

2. 在写作中，赋形思维的基本要求是什么？

3. 在写作中，进行重复思维操作时应注意哪些问题？

4. 重复（渲染）在写作中的功能是什么？

5. 在写作中，重复（渲染）思维的基本要求是什么？

6. 在写作中，进行重复思维操作时应注意哪些问题？

7. 对比（反衬）在写作中的功能是什么？

8. 在写作中，对比（反衬）思维的基本要求是什么？

9. 在写作中，进行对比（反衬）思维操作时应注意哪些问题？

10. “主题结构化”或“结构主题化”的含义是什么？

11. “形式消灭内容”的本质是什么？

12. 为什么说艺术具有“违反节约原则”？

13. “辞达而已矣”的本意是什么？

14. 用当代写作理论阐释“物一无文”和“物不一更无文”。

15. 简述“起、承、转、合”的双层含义，并阐释各自的本质。

16. 重复与对比（渲染与反衬）是通过怎样的思维操作模型来实现的？

17. 阐述各类文体——记叙文、抒情文、议论文、说明文、应用文在文章主旨上所重复的重点是什么？

第 5 章

虚实波澜　笔下生花

——文采美感生成的张力思维模型的建构

1. 教学要求：通过对张力思维一般操作模型、技术知识理论的学习与训练，建构对比性辩证思维的张力思维操作模型，从而让学生在写作的文字表达阶段进行节奏化行文。

2. 训练重点：理解并学会张力思维操作模型——对比的作用，从而生成写作行文的语言艺术技巧。

3. 训练难点：学会运用张力思维操作模型进行行文措辞的叙述，培养张力思维操作素养和能力。

先王之济五味，和五声也，以平其心，成其政也。声亦如味，一气，二体，三类，四物，五声，六律，七音，八风，九歌，以相成也。清浊，小大，短长，疾徐，哀乐，刚柔，迟速，高下，出入，周疏，以相济也。君子听之，以平其心。心平，德和。……若以水济水，谁能食之？若琴瑟之专一，谁能听之？同之不可也如是！

——《左传·昭公二十年》

史伯对郑桓公曰："夫和实生物，同则不继。以他平他谓之和……声一无听，物一无文，味一无果，物一无讲。"

——《国语·郑语》

文法不过虚实、顺逆、离合、伸缩，而以奇正用之入神，致使鬼神莫测。

——唐彪：《读书作文谱》

第1节 作为文采生成的技巧思维的张力思维

一、“张力思维”的概念和原理

写作行文的问题，不仅是一个对句子的基本语义展开、充分表达的问题，一个行文的用字措辞的问题，而且，行文过程还是一个使文章的写作语言产生文采美感的艺术思维、美学思维、技巧思维的问题。只有这两个方面统一才是最理想的完美的写作行文，才能写出富于表现力的文章。在本节中我们将主要来学习这个问题。

本书上一章里讲赋形思维的时候，我们对写作赋形思维的定义，主要是从对文章的主题（思想、情感、精神、意境、情调）的展开、赋形的角度进行了初步的解释。我们曾经指出，作为写作赋形思维操作模型的“重复”与“对比”就是中国古代写作理论中的所讲的“起、承、转、合”的文章章法理论的本质、思维基因而已。因为，赋形思维的实质就是对文章的写作主题的强化、厚化、鲜明化，从而产生主题信息的有机性、连贯性、融贯性。因此，所谓的赋形思维，本质上讲是文章章法、结构生成的思维操作原理；从另一角度来看，赋形思维的“重复”与“对比”的思维操作模型也是一个文章材料生成、选择的基本原理问题。这就是说，只要运用了写作赋形思维的“重复”与“对比”的思维操作模型进行文章选材，就是围绕文章主题选材，之后再把这些材料放进重复与对比的文章章法模型之中去，就能够使文章主题信息浓郁、鲜明，从而感人、服人、明人，这一点已经被多年来的写作教学实践检验和证明。

但是，在写作行文措辞的时候，对于这些文章内容、主题、思想、情感的重复或对比的行文过程，还必须让写作叙述技巧上有所变化，从而产生文章的文采、空间张力的审美感受——这是写作行文的语言艺术技巧的最高追求。显然这些产生文采的写作技巧是有思维规律、原理存在的，这其实仍然是写作赋形思维中的“对比”的思维操作模型。因此，我们可以说，文章写作的张力思维、技巧思维，本质上就是一种文采思维、空间思维，而“对比”这种赋形思维就是这种文采、张力、技巧产生的基本原理、基本规律。

作为写作行文措辞过程中的张力思维、技巧思维的“对比”、“反衬”与所对比、反衬的主要不是文章的主题、情感，而是关于语言表达的思维方式、载体对象、浓度、速度、长度、密度、角度、量度等技巧形式本身，这就是“文章”之“文”的本来含义。所谓“物相杂，故曰文”的“文”，所谓“物一无文”的

“文”，所谓“言之无文，行之不远”的“文”的含义就是这个意思。刘勰《文心雕龙·原道》中所谓：“道沿圣以垂文，圣因文以明道，旁通而无滞，日用而不匮。《易》曰：‘鼓天下之动者存乎辞。’辞之所以能鼓天下者，乃道之文也。”其中的“文”也是这个意思。刘勰在《文心雕龙·情采》中提出文章写作应该有“三文”——情文、声文、形文的写作美学概念。何谓“三文”？刘勰说：“一曰形文，五色是也；二曰声文，五音是也；三曰情文，五性是也。”刘勰所谓“情文”，即“五性”（仁义礼智信或喜怒哀乐），其实就是对文章主题、思想情感的重复与对比的赋形思维造成的变化；所谓“声文”就是语言声韵之美的变化，即平仄的变化、骈散的变化从而产生的节奏感，所谓“形文”就是缩写对象的色彩色调对比变化产生的美感。这里所谓“形文”和“声文”其实就是在文章表达的技巧方面所运用的张力思维产生的形式美感，而“情文”则是文章狭义的赋形思维产生的关于内容的美感。所以，唐彪《读书作文谱》才说：“文法不过虚实、顺逆、离合、伸缩，而以奇正用之入神，致使鬼神莫测。”这些讲的都是文采生成机制的原理问题，因为这种正反、虚实的行文措辞产生出来的是艺术感受力的张力、空间之美。所以在整个的重复的赋形思维过程中，为了让这种赋形思维的行文更加生动，产生艺术美感的张力，产生一种空间之美，都必须运用这种对比的、反衬性的张力思维。因此，我们可以说，这种反衬性、对比性的行文思维，也就是写作行为中的技巧思维、艺术思维、美学思维。

现在，我们可以为“张力思维”下一个基本的定义：

张力思维，是产生文章内容和文章形式的空间性感染力、美感的思维，也可以叫做写作艺术思维、技法思维或技巧思维。这样一来，张力思维可以分为狭义和广义两种理解。

狭义的“张力思维”是指在写作行文过程中，对表达对象载体、表达的思维方式、表达的量和表达的速度进行形式上的对比性、反衬性的赋形思维操作行为；而广义的“张力思维”则包括对文章内容主题的重复对比的强化性与鲜明化的赋形思维操作行为。对比与反衬产生张力，张力即空间感。所以，广义的张力思维产生的是关于文章内容的感受力、说服力的内容主体的空间性审美感染力、动人力，而狭义的张力思维产生的是文章表达艺术、语言艺术上的直接的审美感染力。而通常的“张力思维”是指狭义上的。

从这个定义来看，狭义的张力思维产生的是文章的艺术形式美，而广义的张力思维产生了我们对文章内容、主题、（思想、情感）的感染力、说服力。正因为我们获得了这种内容的感染力，我们才容易在文章表达的真和善的思想、情感中折射出主体性的思维时空、生命时空之美，这就是内容“美”本身。而文章的艺术形式之美，必须通过狭义的张力思维才能够直接产生。

文章写作的行文过程为何要追求、运用张力思维呢？这是因为文章内容的赋形思维追求的主体的重复性、强化性、鲜明性，这些都是追求的统一性，这种统一性、重复性产生的审美经验是一种节奏感、时间感，一种“天行健”的生命力。为了使这种生命之美表现得更加新鲜、鲜明，为了克服审美疲劳，在写作行文的语言形式上面，就必须追求一种表达形式的异质性、差异性、离散感。而张力思维追求的这种异质性、差异性、离散感，产生的是一种文章空间感，也是一种生命自由的象征。这种异质性、差异性、离散感越强、越鲜明，产生的空间美感就越强。于是，文章行文的内容之美的节奏感、时间美就和文章行文的形式之美、文采技巧之美产生的空间美实现了时空交融，理想的完美的文章美感就产生出来了，这是写作艺术的极致的境界。上面我们所讲的张力思维——对比，其实就是中国传统写作理论中的虚实技法思维，也是当代学者所谓对立、统一的艺术辩证法。何谓虚实？有者为实，无者为虚；客观为实，主观为虚；具体为实，抽象为虚；有据为实，假托为虚；显者为实，隐者为虚；当前为实，未来为虚；有行为实，徒言为虚；已知为实，未知为虚。[①]“虚实”的张力思维操作模型，是指写作过程中通过相反、相对、相悖的文学元素互相对照、互相映衬、互相诱发，使文章变化灵活，结构线索跌宕腾挪，容量丰富广阔，延宕了审美的时空，此种虚实结合的思维操作，就是所谓文采性赋形思维操作模型。

一件成熟的艺术品，“并不是将现存事物的多样性歪曲为千篇一律性，而是通过将各种不同的事物相互比较，使它们的差别性更加清晰地显示出来”[②]。事实上，无论是“对比”性或是“虚实”性写作张力思维技术，其目的都是通过文本中种种因素相互间的作用力与反作用力生成对立冲突与紧张关系，从而促成文本强烈的运动感、推动性、节奏感、新鲜性，进而拓展文本的审美空间。张力思维旨在将不和谐、繁杂相异的因素组合在一起，由两极的强化扩张形成差异性、对立性，这种矛盾性是张力思维展开的首要突出特征。高明的艺术家总是善于运用张力思维把两极化的差别整合为有机而和谐的艺术整体，使之相互对照，相互衬托，在对比与衬托中，文本的特定意蕴得到最鲜明、最充分的显现，营造生动感人的艺术效果。譬如，杜甫的诗句“朱门酒肉臭，路有冻死骨”，高适的诗句

---

① 参见陈佳君：《虚实章法析论》，台北，文津出版社，2002。在这里，“虚实”是实现张力、空间之美的技法，就像对比是实现张力、空间之美的技法一样。

② ［美］鲁道夫·阿恩海姆：《艺术与视知觉：视觉艺术心理学》，607～636页，北京，中国社会科学出版社，1984。

“战士军前半死生，美人帐下犹歌舞”，都是将迥然相异的两幅画面拼凑在一起，互相映衬顿增魅力。再如杜甫的诗作之五绝《绝句二首》之二：“江碧鸟逾白，山青花欲然，今春看又过，何日是归年。”首联具体描写浣花溪畔山水明丽的欢乐春景，次联笔锋一转，眼看春光明丽，转瞬将逝，却依然他乡留滞，北归无期，抒发了思归的哀伤情怀。诗人以乐景衬哀情，传递出内心渴望漂泊结束、内乱平息、返归故乡的思乡愁绪。

必须强调说明的是，张力思维的展开不仅仅是构建差异、矛盾与冲突，更是在相反的张力中寻求和谐，文本内部各要素之间与此同时也是彼此依存的，是互渗、互溶、互补的。它们各以对方为存在的前提和条件，整合于一个有机的统一体中，产生出比单一的元素更强烈的艺术效果。因此，张力思维的作用更是在一篇文学作品中将其所包含得极其丰富多彩的各种元素之间建立起一种特殊的平衡。作品的艺术魅力就是从不和谐中走出和谐之音，是差异、矛盾或冲突力量的包容、平衡和有机统一。有鉴于此，统一性、融合性或有机一体性，是文学张力的另一突出性质。反之，如果缺乏包容、失去平衡，差异即便再大，矛盾即便再强，冲突即便再激烈，也是无法产生张力的。下面以一首为世人所称道的梁代诗人王籍的《入若耶溪 》为例进行更深入的探讨：

艅艎何泛泛，空水共悠悠。
阴霞生远岫，阳景逐回流。
蝉噪林逾静，鸟鸣山更幽。
此地动归念，长年悲倦游。

假如周围是一片喧嚣，人们也就不会在意蝉虫、鸟儿的鸣叫，“蝉噪”愈显林之静，“鸟鸣”更见山之幽。“蝉噪林逾静，鸟鸣山更幽”，虽然矛盾，但总体上，静中有动，动中有静，动静结合，相得益彰，因而张力极强。相形之下，王安石的“茅檐相对坐终日，一鸟不鸣山更幽”，虽然符合逻辑，却遭到了后人的诟病：“一鸟不鸣山更幽，直是死句矣，学诗者宜善会之”[①]。因为取消了矛盾对立，只是单纯地以静写静，这非但未能“点铁成金”，反倒使艺术张力骤减。唐代诗人常建的《题破山寺后禅院》的最后两句“万籁此俱寂，但余钟磬音”也是这个道理。

通过比较可以发现，互相间的映衬、冲击、抗衡，即两极的强化扩张，促成审美空间的拓展；而互相间的整合，即两极的强化凝聚，则促成有机整体的融合。这样，在强化扩张之中又反扩张，在强化聚合中又反聚合，在远距化的同时又促成一体化，这种人为强化的辩证发展机制，正是张力思维的独特性之所在。

---

① 林东海：《诗法举隅》，139 页，上海，上海文艺出版社，2004。

由此观之，把握张力思维应该明确，这一思维方式不仅仅要求两极的强化扩张，它还必须仰仗于强化扩张中的反扩张力量，以促成两极的强化统一与聚合。就如同射箭一般，先是一手紧握弓身，往前推张弓，而另一手紧勾弓弦，朝后拉。前推力与后拉力导致了两极的强化扩张，而弓身与弓弦的一体相连，因而又促使两个不同方向的力量强化聚合。这样，在强化扩张之中，又存在着反扩张的强化聚合力量，这才生成了弯弓蓄势待发的强劲张力。如果弓弦或者弓身断裂，无法促使两极的聚合，那么，任两极的力量再大，也只是毫无联系的相反力量而已，也不再可能形成合力。

“两极既分，两仪立矣。”（邵雍《皇极经世·观物外篇》）“对比”性、“对照”性或是“虚实”性写作张力思维模型在文学创作中运用主要可以从表达对象、表达方式以及表达上量的变化来考察。

这里必须说明的是，虽然张力思维需要依赖于对比、反衬的赋形思维，但张力产生的思维操作并不仅仅是反衬、对比，还包括虚实之类的对比。赋形思维的对比与张力思维的对比之不同在于，前者是为了展开主题，而后者只是为了产生一种空间性美感，技巧性美感，所以这个意义上的张力思维又可叫做技巧思维。

二、张力思维的类型

从上面狭义的张力思维定义中，我们可以认为狭义的张力思维是通过对象载体、表达方式、表达数量和表达速度这四个方面进行的，实际上，这也是对张力思维类型的分类。

（一）表达对象上的变化产生文采张力

所谓写作行文过程中在表达对象中进行的张力思维，是指使表达对象上产生一种虚实变化的艺术张力、艺术时空、艺术节奏的艺术形式思维、技巧思维。

1. 古与今的时间变化

同样是对时间性的叙述，我们可以在故和今的实践性上进行变化从而产生一种时间的张力。例如马致远的《天净沙·秋思》：“枯藤老树昏鸦，小桥流水人家。古道西风瘦马。夕阳西下，断肠人在天涯。”作品对所要表达的内容——悲凉绝望的“秋思”运用了重复与对比的赋形思维，文章的章法结构就是运用赋形思维组织起来的，从而产生了强烈的感染力。在进行重复性内容的赋形思维之中，“枯藤老树昏鸦”、“夕阳西下，断肠人在天涯”，都是对现实生活图景的描绘，但是中间忽然笔锋一转来一句“古道西风瘦马”，便把我们的思绪引向了悠悠的古道，这样一来，我们对作品的秋思情绪产生了一种古今变化的艺术张力、一种空间差异。于是，这种赋形思维就产生一种生动性、节奏性，这也就是文采、美感。我们在一些文学作品中，常常看到的古今的时间交错也是这种张力思维的具体表现。再看王昌龄的《出塞》："秦时明月汉时关，万里长征人未还。但使龙城飞将在，不教胡马度阴山。"诗题为"出塞"，但诗人并没有从现在着笔，而是在写古人。前两句从秦汉时的边境战争写到唐代，既引起了人们对历史上无数次反侵略战争的回忆，又作为今天将士们驰骋边疆、浴血奋战的历史见证。三、四句是借用飞将军李广的典故，寄希望于有才能的将军能够使边境得以安宁。这是一种以古喻今的表达手法，这一独特的艺术构思，令此诗被誉为唐人七绝的压卷之作。

2. 中与外的空间地域变化

在行文过程中为了产生表达对象的变化性、差异性、新鲜感，常常变换所写的空间对象的地域范围，例如中与外、天与地、本地与外地的叙述描写的变化，也能产生对象张力文采感觉。

（二）表达/思维方式的变化产生文采张力

1. 描写的张力思维

首先是写实与虚构的结合。张籍《凉州词》（其一）："边城暮雨雁飞低，芦笋初生渐欲齐。无数铃声遥过碛，应驮白练到安西。"从整体上看，前两句实写，后两句虚写；铃声实写，驼队虚写；铃声驼队是虚，往昔商队是实，可谓虚实相间。而全诗的意象既有"暮雨边城"与眼前"芦笋"所构成的对比，又有"边城景色"与"大漠景色"及"铃声"与"大漠"所形成的对比，还有"暮雨边城"与"芦笋初生"的对比，远与近、高与低、动与静、抑与扬的对比有机和谐地糅合于一体，使诗歌形成了多角度的张力，充满了一种内涵饱满的立体感。又如，汉乐府民歌《陌上桑》一开头就是中关于罗敷美貌的描述："日出东南隅，照我秦氏楼。秦氏有好女，自名为罗敷。罗敷喜蚕桑，采桑城南隅。青丝为笼系，桂枝为笼钩。头上倭堕髻，耳中明月珠。缃绮为下裙，紫绮为上襦。"如果一直这样正面描写，那就太平庸了，为了产生审美感觉的张力、文采，作者这样对罗敷进行想象性虚构性间接描写："行者见罗敷，下担捋髭须。少年见罗敷，脱帽著绡头。耕者忘其犁，锄者忘其锄。来归相怨怒，但坐观罗敷。"既没有描写身高，也没有对五官的记述，更没有腰围，仅仅通过描写路人、少年、农夫见到罗敷时的各种不同反应：惊叹、赞赏、痴迷，从而引导读者的联想向外发散，化实为虚，以虚写实，罗敷的绝世美貌跃然纸上。"虚实"的张力思维操作模型充分地调动了读者自由联想，达到了含蓄蕴藉的艺术效果，留下极大的想象空间，每个读者都可以根据自己的直观经验和丰富的想象力塑造出不同的美的形象。

此外，在对表达对象的叙述或描写的赋形思维过程中，在进行一般性的描写或叙述的时候，可以加进特写这样的描写，使表达对象产生大与小、远与近的视觉感受，从而产生艺术张力、文采。

2. 抒情的张力思维

中国诗歌的写作艺术讲究的是“情景交融”，其根本的原因就在于产生虚实变化、直接间接的艺术表达效果。以白居易的《琵琶行》为例。《琵琶行》中三次写江中之月，都烘托了人物的情感。“别时茫茫江浸月”烘托出主客相对无言、黯然神伤的心情，是当时诗人及其友人悲凉心绪的写照；“东船西舫悄无言，唯见江心秋月白”，琵琶女高超的演奏技艺令江心的秋月都陶醉了，船上的听众更是如痴如醉了，给读者留下了回味的广阔空间；“绕船月明江水寒”渲染了琵琶女被商人抛弃后四处漂泊、孤独伤痛之心境。

此外，现代杂文写作，讲究的也是情感抒发与道德理论议论、思辨的结合，从而产生情理交融的审美效果，这样就产生了杂文这种现代问题。散文这种文体的产生本来就是追求张力思维而创造的，因为，散文写作正是通过表达方式的情景交融、情理交融、情事交融，写实与虚构（形散）和思想、情感的变化（神散）使文章产生强烈的空间自由感，即作品的审美张力，这就是写作的张力思维所致。因此，学习、锻炼张力思维、文采思维——即文章行文的技法思维，进行散文练笔是最好的实践方法。

3. 叙述的张力思维

叙述行文中的张力思维就是以虚和实的变化产生文采张力。例如，倒序与顺叙的变化，顺叙与插叙的变化，顺叙与补叙的变化，叙述与梦想的变化，叙述与愿望的变化，叙述与感受的变化，叙述与体验的变化，如此等等，都是产生文采、张力美感的基本途径、基本写作技法。原来所有的叙述方法的多样和差异都是为了文章张力的文采美感。

（三）表达的量的变化产生文采张力

表达的量的变化也能造成文采张力的生成。作品里的详与略、工与易、浓与淡、深与浅、大与小、抑与扬、远与近之间的变换就是文采张力的呈现。以孟浩然《过故人庄》为例。“绿树村边合，青山郭外斜”两句诗是近景远景相结合，将山村优美的田园风光呈现于读者眼前，表达了诗人对安逸的农家生活环境的向往。

（四）表达速度的虚实结合

（1）张与弛，宽与紧，即描写对象紧张与松弛，叙述节奏的慢与快。

(2) 长与短，即叙述节奏的慢与快。

三、张力思维操作模型的分析训练

(一) 思维分析实践

找一篇文学作品或学术论文、应用文章，分析一下作者是怎样在文章行文表达中运用“对比”的张力思维操作模型的思维技术的。

(二) 教师思维演示

教师运用“对比”的张力思维操作模型的思维技术进行张力思维操作演示，写成文章，并将“对比”的张力思维操作模型的运用过程告诉学生。

(三) 张力思维操作实践

运用“对比”的张力思维操作模型的思维技术进行张力思维操作，写出一篇文章来。

第 2 节　写作文体的张力思维特征

一、张力思维操作中的文体意识

我们已经知道，张力思维需要分化和扩张的力量，以促成审美空间的拓展；另一方面，又需要统一与聚合的力量，以促成有机整体的凝成。但是“对比”、“对照”与“虚实”性作为张力思维，它们的本质是一种技巧思维、操作思维。在运用“对比”、“对照”与“虚实”性张力思维的时候，首先要明确的是每一类、每一种、每一篇文章的艺术特点及其审美特征。那么，我们所写的文章的性质是什么，其审美特征的具体内含是什么就必须是明确的。抒情性文体写作的艺术特点，不同于叙事文的艺术特点，议论文又不同于说明文的艺术特点。

具体地说，在抒情性的文体中，或是写景抒情、情景交融，又或是托物咏志，以达到抒写个人独特生命体验或某种情感的目的。而叙事性文体要产生一种扣人心弦、引人入胜的艺术魅力，力争将故事讲得生动、新颖、刺激，使情节发展既出人意料又在情理之中，关注的是故事的生动性、曲折性、完整性。在说理性的文体写作中，通过剖析事物、论述事理从而树立或否定某种观点，强调论证透彻、具有说服力和感染力，对推理论证的方式尤为推崇。

只有当我们明白了这些文体在艺术特征上的差异后，我们才知道进行张力思维操作时，应该如何有的放矢。

二、文体的张力思维操作的方法特征

（一）抒情性文体写作的张力思维

古典诗歌创作中经常要运用到“虚实”张力思维模型。“实”指诗人描写的现实客观情景，是诗歌中展现的、我们所能感受到的实象、实事、实境。而“虚”则指诗人通过联想或想象而虚拟的情景，包括了已逝之景、未来之景、神仙鬼怪世界和梦境。譬如，杜甫的《月夜》。“今夜鄜州月，闺中只独看。遥怜小儿女，未解忆长安。香雾云鬟湿，清辉玉臂寒。何时倚虚幌，双照泪痕干？”这是诗人在天宝十五年（756）被困长安，望月思家而写下的千古名篇。本是自己思家，却偏写家人思己，想象妻子在月夜之中雾湿云鬟，月寒玉臂，担心丈夫的情形。诗人巧妙地运用了虚实对立的反照手法：心境凄凉夜不能眠是实事，却作虚写；妻子思己，本属虚拟，却作实写。从对方起笔生情，想象妻子思念漂流在外的丈夫的情景。全诗可谓虚实相生，妻子“独看”月亮而忆长安，与丈夫的“独看”长安之月而忆鄜州的思念之情得到双向交流，使得感情更加深沉，增强了作品的艺术感染力。再如，欧阳修的《踏莎行》：“候馆梅残，溪桥柳细，草薰风暖摇征辔。离愁渐远渐无穷，迢迢不断如春水。寸寸柔肠，盈盈粉泪，楼高莫近危阑倚。平芜尽处是春山，行人更在春山外。”上阕写实，景中含情，通过初春景象反衬“行人”的离愁别绪；下阕写虚，通过“行人”设想妻子凭栏远望，对远方丈夫的无限思念和期盼。以上两篇作品中，虚景和实景相映成趣，二者有时是相辅相成形成渲染烘托，有时则是相反相成构成强烈的对比，将离愁别绪抒发得淋漓尽致。《诗经》中的《周南·卷耳》、《魏风·陟岵》等篇目也都是都是运用此种方法来构思篇章的。明代谢榛《四溟诗话》中提出：“景乃诗之媒，情乃诗之胚，合而为诗。”抒情是诗歌最根本的文体特征，是诗人情感的显著表现方式。不过，无景情不显，无情景不活。作家借助张力思维不仅可以创造出具体可感的实景，而且可以以有限传达无限，以瞬间表现永恒，用极少的具体可感的艺术形象充分调动欣赏者的想象力，由实入虚，虚景与实景互相渗透、互相转化，铸造一种虚中有实、实中有虚、由虚悟实的境界，为读者留下了广阔的思维空间，引发其进入邈远无限的想象和情思，获得丰富的审美享受感。

对于当代诗歌来说，“诗的意义就是指它的张力”，即“我们在诗中所能发现的全部外延和内涵的有机整体”①。借助张力思维尤其是“对比”性张力思维，作家能为抒情性文体创造出多层次的空间结构。来看顾城的《一代人》。这是一

① ［美］艾伦·退特：《论诗的张力》，见赵毅衡编：《“新批评”文集》，130页，天津，百花文艺出版社，2001。

首非常简单的诗歌，全诗一共两句："黑夜给了我黑色的眼睛/我却用它寻找光明。"但是，在内部结构上，此诗在两极的强化扩张中促成两极的强化聚合，将矛盾的因素有机地统一在一起，具有强大的艺术张力。从"黑夜"到"黑色眼睛"，再从"黑色眼睛"到"光明"，是诗人在黑夜里追寻光明的探索历程。"黑夜"与"光明"形成暗色与亮色的鲜明反差，在黑与光的对立统一中，企求对过去一个时代的反思和对光明的期望。只有具有多层次的空间结构的诗歌，才是流动的，才是拥有生命的，才能内蕴丰富、耐人咀嚼、回味无穷。诗歌中的句子、章节、意象乃至情感和多层次意蕴，都依靠矛盾因素的冲击与抗衡来联结，从而形成艺术的整体感。又如华兹华斯的《睡意席卷了我的心神》。爱人死了，"他"却并没有感到一般人通常感到的恐惧，而认定她只是睡着了，并因此感到一种奇怪的睡意。"他"的情感从恐惧变换为宁静。但在诗歌第二段，因为"她那不自然的睡眠使他从睡眠中醒过来"，"他"知道她真的死去了。于是，懈怠、宁静又演变为恐惧和震惊。一对矛盾的情感力量——恐惧与宁静——就在"正—反—合"的变动逆转过程中有机地统一起来了，诗歌从而充满了起伏跌宕的张力。

同时，语词本身也存在着间离，利用语词中之间的悖立关系也能为诗歌创造出多重结构。像徐志摩的《偶然》，诗中"你"、"我"作为一对二项对立，营造出交错的、对立的情感。其中"你有你的，我有我的，方向"一句，两个截然不同的意向——"你有你的"和"我有我的"奇妙地并置、包孕在同一诗句里，并且最后又归结在同样的意向——"方向"上。

（二）叙事性文体写作的张力思维

叙事性文体的审美空间怎样拓展？其运动感、推动性、节奏感、新鲜性又是如何生成的呢？

第一，叙事性文体通过张力思维来控制叙述节奏的慢与快。叙述在时间和空间中展开，漫长的人生可以被作家一笔带过，而短暂的一天乃至几个小时也可以在作家的手中被演绎为一部长篇巨著。在进行创作的时候，手中占有的材料一股脑儿不分主次地均力采入，这就带来了叙述节奏的变化。对于那些表现非主要创作意旨或者非趣味点的事件情节，小说家一般会予以略写、缩写，这时的叙述节奏就较为快。对一些重要的、关乎事件发展、人物命运的关键时段，往往刻意地把它"拉长"、"放慢"，加以重点描写，这时的叙述节奏就较慢。小说的主次详略、轻重浓淡就是通过张力思维的控制来达到的。如莫泊桑的短篇小说《项链》。小说记述了罗瓦赛尔太太一生的命运，从少女时代到出嫁，再到受邀参加晚会遗失项链，最后努力工作还清欠账。在人物命运的关键时刻即出席晚会这一段，作家放慢了叙述速度，通过贴近生活的描写，让读者来感受命运弄人。而对于次要时段的叙述则相对简洁明了，只是一般性的过程交代。

第二，运用张力思维构建情节的冲突、发展与逆转。小说家在有意识地拉开两种行为、情感的矛盾错位和距离之后，扩大两者之间的冲突，然后借由冲突所构建的矛盾错位或距离来含括小说的主题，孕育小说的审美意味和审美价值。比如，《考察》里的刘部长以自己的工作细致认真、用人得当而自豪，退休后却发现自认为最理想的接班人一直都在弄虚作假。《立正》里被俘的原国民党连长一听到蒋介石三个字就马上立正，到腿被打断坐在轮椅里仍未改变。有时，小冲突、小矛盾导致了双方的误会，但这误会是可以逆转的，澄清误会后又可能出现危机，情节再次突变，如此往复循序渐进，经过多次冲突，终于爆发了最激烈的冲突，最终导致了不可逆转的局面。这种情况，在许多爱情故事中尤为常见。譬如，在《红楼梦》中，存在于宝黛钗的爱情故事里；在沈从文的《边城》中，存在于翠翠与傩送的爱情故事中；在雨果的《巴黎圣母院》中，体现于爱斯梅拉达与卡西莫多的情感纠葛中；在夏洛蒂·勃朗特的《简·爱》中，也可以在罗切斯特与简的故事里看见。由于多次冲突、矛盾和逆转，故事的审美空间便得到了最为充分的扩张和最大程度的拓展，而小说情节往往就发展到了最高潮而生发出无穷的审美意味，于是，整个故事情节闪展腾挪，跌宕多姿，引人入胜。值得注意的是，决定情节张力空间拓展的，并不是矛盾冲突与逆转的数量，而是冲突、矛盾程度的深浅和意义大小。这样，情节的“道路沿途都应是迂回曲折的，盘旋而上，愈困难愈好”①。

此外，打断故事发展的自然时序，将故事切割开来而加以重新组合，对情节顺序造成破坏，也是情节张力生成的重要手段。艾米莉·勃朗特的《呼啸山庄》的时间跨度为31年：从1771年希斯克利夫来到呼啸山庄到1802年小凯蒂与哈里顿结为夫妇，小说的叙述起点却设置为1801年11月房客洛克乌德来到山庄。这一奇特的叙述起点使得小说从一开始便将现在、过去、将来并置，先立于现在，再由现在退回过去，最后又由过去回到现在。整部小说在情节结构上呈曲线的摇摆状态，时而省略，时而停顿，时而概括，形成了小说抑扬顿挫的节奏，成就了小说不朽的艺术魅力。真正环环相扣遵循严格开端、发展、高潮与结局的叙述并不多见，对严格情节顺序的破坏和重组造就了小说情节张力充盈、极具魅力，叙述的节奏感、新鲜性由此产生，有效地实现了特定的叙述效果。

第三，通过张力思维来控制人物形象的塑造。比如，鲁迅笔下的阿Q。阿Q

① ［美］珀·卢伯克、爱·福斯特、爱·缪尔：《小说美学经典三种》，345页，上海，文艺出版社，1990。

这一人物形象能够带给读者无穷无尽的审美感受，原因就在于有限与无限的统一使人物蕴涵着丰富的审美含量。这一令人过目难忘又“哀其不幸，怒其不争”的人物形象具有十分复杂的性格特征：自尊自大而又懦弱卑怯；争强好胜而又自轻自贱；憎恶权势而又趋炎附势；质朴愚昧更蛮横霸道；任性率真也无耻圆滑；不满现状却又安于现状。在方鸿渐、高觉新、堂吉诃德、别里科夫、安娜等等成功的经典人物形象身上，都是多种矛盾因素有机地、和谐地统一于人物性格的内部，既富有独特个性，同时又体现时代精神、社会特征，使其成为具有丰富个性和多侧面的复杂结合体，有着非常丰富而深刻的含义。这便是张力思维在人物形象方面的操作。

可以说，要理解小说的艺术魅力及其生成，就必须要很好地掌握张力思维，“无论是塑造人物、安排时空还是编织情节都能合理地把握这一技巧，使小说拥有艺术的完美性”①。

（三）论理性文体写作的张力思维

在论理性的文体中，“虚”指说明道理、抒发情感，而“实”则指举实例、引依据。运用“虚实”性思维操作模型就是把抽象的哲理和人生体验与现实生活的具象（情节、人物、场景）有机地糅合于一体。“实”是基础，是理趣产生的根本，“虚”是提升，是凝旨，是揭示具象内含的本质。“在谋篇布局上要做到‘以虚统实，以实带虚’。”② 比如，写新闻评论就应当就实论虚，围绕着新闻事件来罗列事实，列举现实中存在的丰富多彩的现象，并上升到理论高度，得出符合逻辑的、富有哲理性的结论来，令读者看后心服口服。

理论性的文章的写作行文中，为了增强文章的表现力，有时可以运用很感性、很形象的描写、抒情的表达方式进行行文，这样也会产生强大的审美张力，十分感人。中国古代著名散文《与陈伯之书》，全文是一篇劝降书，前面三段全以议论行文，从各个方面规劝陈伯之降，而第四段笔锋一转，转向描写与抒情：

> 暮春三月，江南草长，杂花生树，群莺乱飞。见故国之旗鼓，感平生于畴日，抚弦登陴，岂不怆恨。所以廉公之思赵将，吴子之泣西河，人之情也；将军独无情哉！想早励良规，自求多福。

正是这种强大的张力，从而成就这一千古名篇。

中国传统的文章写作，讲求性张力性思维，因此中国古代许多文学作品其实

① 洪治纲：《叙述的张力：小说叙述技巧漫谈之三》，载《山花》，1992（7）。

② 陈南先：《诙谐幽默凭君意　嬉笑怒骂任我行——杂文构思漫谈》，载《阅读与写作》，2004（3）。

就是议论型的文章，但是由于在表达方式上运用了虚实相生的张力思维，议论中杂以抒情、描写、虚实，最后变成了文学名作。而西方的理论写作往往讲求绝对的议论性，最后读来枯燥无味，在笔法上令人生厌，最后影响了传播效果。从这里看出，在中国古代的议论文写作中，张力思维是一种表达策略、传播策略，更是一种写作智慧。从这一点来看，毛泽东的许多议论文应该是现代议论文的典范。例如，《别了，司徒雷登》、《湖南农民运动考察报告》、新闻稿《人民解放军占领南京》都是议论中杂以描写、叙述、抒情的笔法，张力无限，十分感人。又如，马正平的《论写作文化》一文第一节全是理论论述，第二节也是论述，但是这一节的开头却是这样写的：

> 我突然强烈感到"写作文化"这个东西活生生地存在着。她是那样金光灿灿、光华四射凸现在我眼前，她像一股潮水涌动在我心间。我越来越强烈地感到"写作文化"将是当代写作学研究中的一个十分重要的核心范畴，似乎觉得我寻找到了前面我在苦苦思寻的答案。
>
> 当《语文导报》以它宽绰的版面布局、粗犷的黑体标题美目于千万读者的时候，当《走向未来》等丛书以其开本、设计、篇幅、语言、插图吸引普天下学人，形成一股股"丛书热"的时候，我又强烈感受到了我们这个时代所追求创造的"写作文化"。这种写作文化，它存在于、表现于文章体裁、风格、文风、写作运动、文艺思潮、写作行为、技巧之中，但它并不是这些东西。

文章通过抒情，通过叙述，通过排比句的渲染等文采张力思维的笔法，把作者产生"写作文化"概念和思想的心理活动写得极为传神，与前边的议论形成强烈的反差、张力，这样就很容易打动读者，从而使读者信服"写作文化"的概念和理论。

三、张力思维操作模型的分析训练

（一）思维分析实践

找来一篇文学作品或学术论文、应用文章，分析一下作者是怎样在文章行文表达中运用"对比"的张力思维操作模型的思维技术的。

（二）教师思维演示

教师运用"对比"的张力思维操作模型的思维技术进行张力思维操作演示，写成文章，并将"对比"的张力思维操作模型的运用的过程告诉学生。

（三）张力思维操作实践

运用"对比"的张力思维操作模型的思维技术进行张力思维操作，写出一篇文章来。

第 3 节　张力思维的综合训练

一、张力思维操作分析：演示、模仿与实践

（1）教师任意选择一篇文章，进行张力思维操作模型的分析演示。

（2）模仿老师的张力思维分析演示，分析一篇文章行文的张力思维，并将分析结果写成一篇张力思维分析文章。

二、张力思维操作运用：演示、模仿、实践

教师以自己的一篇文章为例，向学生演示这篇文章写作行文的张力思维操作模型的运用情形。

三、写作实践尝试

选择一种现实或回忆中的生活现象，模仿上述张力思维操作模型，学生独立进行写作。进行张力思维操作模型思维尝试和实践，写成一篇文章。

四、从修改中学习写作

（1）自改互评；

（2）教师抽评；

（3）改正清誊。

“张力思维”评改细则

1. 作者在行文中对文章的主题进行重复性、渲染性的赋形思维时，是否运用了虚实结合的张力思维、文采思维的技法思维。

2. 文章行文时，是否运用了多种张力思维操作模型。

五、写作素质课后培养

（1）运用所学的张力思维操作模型知识分析两篇文章的文章行文的艺术技巧，并写成分析短文。

（2）根据观察的人物、景物、事物、事件，运用本章所学的张力思维操作模型，进行文章行文的张力思维操作综合练习。

（3）记下你最近产生的感悟、认识的思想火花。

（4）写一篇读书心得。

（5）写一则生活随笔。

【概念术语】

张力思维　技法思维　张力　虚实　对比

【复习思考】

1. 张力思维在写作中的功能是什么？
2. 在写作中，张力思维的基本含义是什么？
3. 张力思维的类型有哪些？
4. 张力思维与赋形思维的区别与联系是什么？

第 6 章

分合自如　思如泉涌

——分析性写作路径思维操作模型的建构

1. 教学要求： 通过对路径思维操作模型的学习与训练和建构，学会在写作过程中自由、灵活、深入地进行立意思维和行文（展开、表述）思维。

2. 训练重点： 将因果、构成、过程、程度“分析”与“综合”的思维原理转化为内在的写作思维模型。

3. 训练难点： 多角度、多时机地进行四种路径思维分析与综合思维操作，提高写作思维的品质和能力。

或因枝以振叶，或沿波而讨源……理扶直以立干，文垂条以结繁。

——陆机

观察事物之间差异和不同，叫做辨别、分析，或判断。有时候事物之间不同的地方不容易被人看出来，谁能看出来，人家就说他善于判断。……想象没有判断的帮助不是值得赞扬的品德，但是判断和察别无需想象的帮助，本身就值得赞扬。

——霍布斯

本书前面我们对写作的赋形思维的概念、原理进行了讲解，这为写作思维确定了一个基本的方向，那就是对主题、立意的赋形。但是，赋形思维所体现的是一个写作思维的最基本的起点或终极性的目标，它是一种空间性的写作思维的状态，而不是时间性、逻辑性、程序化的写作思维状态，所以它缺乏一种方向感、操作性。因此，要使赋形思维达到可操作的境界，还必须探讨赋形思维的具体操作模型，即通过什么途径进行写作的赋形思维。这个问题的实质就是建构一般的写作思维操作模型。当代写作思维学的研究表明：赋形思维的一般操作模型就是分析与综合。这就是写作赋形思维的路径思维。

思维的过程就是分析和综合的过程。思维的分析为文章立意和文章的行文思路的展开提供一种向导，从而形成文章写作思路，而思维综合则是文章篇章的立意生成、文章段意生成的操作工具。思维的分析和综合常常是联系在一起的，分析之后就要综合，而综合之时更要分析。写作思维的分析与综合本来应该结合在一起讨论，但为了把分析与综合的思维操作模型讲清晰，我们把写作分析与综合的思维操作模型分开来讲。

第1节　因果性分析思维

因果分析是因果思维中的分析性思维。所谓“因果思维”，是对事物进行逻辑性的分析与综合的整体性思维。这里先讲因果分析思维，下一章再讲因果综合。

一、什么是“因果分析”

因果分析是对某种现象之所以产生的原因、背景、功能的逻辑关系的分解、呈示，即解剖、追问事物与事物之间相互制约、相互生成、相互决定的内在逻辑联系的思维操作过程。

二、因果分析在写作中的功能、用途

无论是在写作之前的观察、阅读和思考阶段，还是在写作行为操作过程之中，因果分析都是最为基本的写作思维操作技术和艺术。在现实生活中，在观察积累阶段，写作者对自然、社会中所发生的现象、问题，要问一个“为什么”，其实就是因果分析的思维问题。在阅读中，某种思想、观点的产生，某种文学现象的产生，某种科学学说的产生，必然引起你的思考，这种思考往往主要集中在因果（原因、背景、功能）分析上面。

在写作行为、写作思维的过程中，所谓文章的写作，所谓“双重转化”，所

谓“知行递变”，其实就是对文章的主题、立意、形象性格的充分和深入的展开而已。或者说，是将朦胧的粗略的思想、立意、性格细节化。这个展开、细节化的过程，所运用的写作思维技术也主要就是因果（原因、背景、功能）分析的思维操作。所谓写作逻辑、文章逻辑主要指的就是这些东西。离开了因果分析的思维操作，这种展开、细节化就是一句空话了。

三、因果分析的基本操作模型

按事物存在的三种时间状态——过去时、现在时、未来时——因果分析可以分为三种最基本操作模型：原因分析、背景分析、功能分析。此外还包括由这三种因果分析产生的措施分析。

（一）原因分析

也称原因思维，就是对某种自然、社会事物、事件存在的现象（结果状态）产生的先在性、环节性的原因、前提所进行的追问、探究、追溯。

（二）背景分析

也称背景思维，是对某种自然或社会事物、事件存在的现象（结果状态）产生所依存的大背景、大趋势、主体性、意识性所进行的分析、探究和追问。背景分析其实仍然是对一种特殊的原因——共时性原因的分析，而上面所说的“原因分析”，则是一种现在性、环节性、过程性的原因分析。

从上面，我们可以看出，某种自然或社会事物、事件存在的现象（结果状态）之所以产生，有两种原因，一是过去时、先在性、前提性的原因，一是状态性、共时性、背景性的原因。因此，要对事物产生的“原因”进行分析，从而产生思想、观点，就必须从两个方向上去思考才能获得真知和深知。进行这两个方向的原因分析，就能发现规律，洞察本质，抓住本质和战略重点，获得深刻的认识，并且能找到解决这些问题的办法，开出科学的有效的行动决策的“处方”——战略和战术。

（三）功能分析

也称功能思维，就是对某种自然或社会事物、事件存在的现象（结果状态）将会产生的直接或间接的后果、作用、影响、意义所进行的推断、预见、前瞻。这是因为，任何事物的产生，必然地要对后继的事物的发展产生一定的影响，或正面，或反面，或侧面。具有这种思维习惯和思维操作模式的人，就能高瞻远瞩，高屋建瓴，就能抢占战略的“制高点”，就能未雨绸缪，防患于未然，变被动为主动。

因果分析的思维操作模型我们可以用下面图 6—1 的模型来表示：

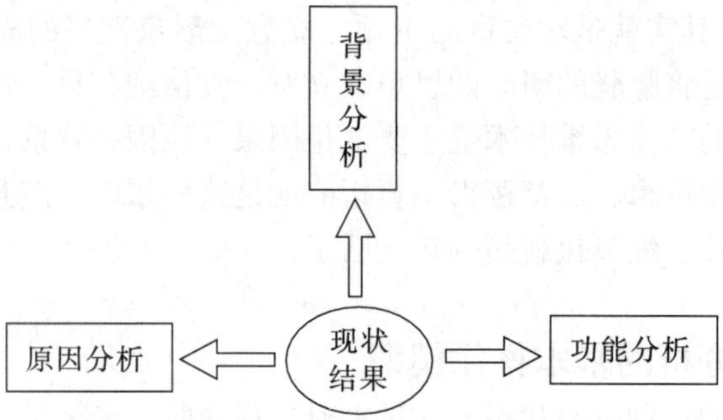

图 6—1 因果思维操作模型的三维思路图示

（四）措施分析

在医学中，对病人治病是通过药物和治疗方法的处方来实现的，而处方的形成则是通过对病人的病情、病因的诊断来获得的。从质上来讲，写作思维中的措施分析就相当于医疗中的“处方”，因此，措施分析的成果来源于对原因、背景、功能分析之后所采取的一种应对行为。即通过这种应对行为（措施分析）来遏制、消解负面因素（原因、背景、功能）所产生的负面作用，或者通过这种应对行为（措施分析）来催化、促成正面因素（原因、背景、功能）产生更好的正面作用。因此，措施分析的一个重要思维特征就是对因果分析成果的针对性，就是对负面的因素具有治疗性，而对正面的因素具有催化性。

从量上来讲，与因果分析的其他几种分析的思维模型一样，措施分析往往也要进行多角度、多维性、多层面、多时机的分析。因为，从原则上说，措施分析要做到对因果思维中分析出来的每一种原因、背景、功能都应该分析出一种应对（治疗或催化）措施来。

四、因果分析思维操作模型的建构训练

（1）找一篇文学作品或应用文章，分析一下作者是怎样在文章中运用因果分析和因果综合的 7 种思维操作的思维技术的。

（2）针对国内外新近发生的某重大社会、政治事件，运用因果分析和因果综合的 7 种思维操作模式进行原因分析、背景分析、功能分析；在分析时注意分析出充分性和深刻性。分析和综合之后，确立文章的立意，生成文章的材料，并写出一篇思想立意有深度、材料丰富、结构严谨的文章来。

第 2 节　构成性分析思维

一、什么是“构成分析”?

构成分析又称空间分析、共时分析、状态分析。如果说，因果分析是为了解决认识现象的“为什么”和“会怎样”问题的话，那么，构成分析则是为了解决认识对象内部结构“是什么”和“有什么”的问题。如果说因果分析是对事物与事物之间的逻辑关系的揭示的话，那么构成分析则是对事物本身的内部构造的展开、放大，其目的是深入细致地知道事物存在现象的全部内涵以及内部构成元素的特征，从而彻底认识这个对象的内容和形式。因此，所谓“构成分析”，就是对认识对象的内部构造的详细情形进行解剖、清理、描述。

二、构成分析在写作中的功能、用途

在写作中，构成性分析是不可或缺的思维方法和技术。尤其是在文章（也包括说明文、议论文、记叙文、抒情文、应用文等）中需要说明的时候，必须用到它。在说明文写作行文中，实物说明文对事物的结构、类型、层面说明时，使用的写作思维方法就是构成性分析。在议论文写作行文中，论证观点的时候，往往也要运用构成性分析来分析说明问题，进行文章思路的展开。在记叙文、抒情文写作中，对某种事物进行描写、介绍时，也要运用构成性分析的思维方法。在应用文写作的立意与行文中，对所传达信息的说明时，常常要运用构成性分析的思维方法，来阐明信息的内容。这里讲的构成性分析其实就是对对象的分解，这是静态性的构成性分析。动态性的构成分析，其实就是分析的灵活性问题，就是思维的发散性品格。这是所有的分析都是必须用到的基本思维素质与方法。

三、构成分析的基本操作模型

（一）类型分析

就是把整体事物按某种分类依据、标准分解为几种较小的类型来分别进行考察，从而观察各个小类事物的特征、规律。要研究某大类事物的特征时比较难于下手，因此必须将这个庞然大物分解成几种类型来分别进行考察，通过这种类型性的分别考察，我们才能发现这个整体事物的全部特征规律。否则，便是“老虎吃天，无从下口”。

类型分析所面对的思维对象是一种对象的“集合性”对象，而不是某个具体的“建筑性”的对象，由于分类标准的不同，人们可以把这个对象集合体分成若干不同的类型进行分析考察。人们面对那种具体的“建筑性”的思维对象（例如某个物质产品、某种自然物体、某个精神产品等）就不能运用类型分析和类型综合的思维方法，而必须运用结构分析的方法进行思维。

（二）结构分析

就是把整体事物分解为几个构成元素、因素、部分、子系统来分别考察（比较、判断）它们的特征。例如，我们要研究一篇文章写作的本质、原理、规律。我们可以将文章分解为主题、材料、结构、表达、语言等几个要素进行分析，看看每个因素中的写作规律是怎么回事，各自具有什么写作原理。

在这里，分析的质量是不同的。一种分析是分析文章元素的写作行为的表面规律，而进行结构综合的时候也是将这些表面的结构分析的成果进行表面的组装，于是获得了表面的写作原理的知识体系。这种写作知识体系，就是写作学界常常说的“八大块”写作学体系。而另一种则是进行深入的结构分析和结构综合。在这里，写作学研究者们同样是对文章进行结构分析，同样是对主题、材料、结构、表达、语言这些文章元素写作规律的结构分析，却超越现象思维层面，发现了各自的一些写作思维的规律原理，这是深度结构分析思维。最后，研究通过比较、推理、又发现了在主题、材料、结构、表达、语言这些文章元素写作规律中有着共同规律，这就是深度的结构综合。

在学习结构分析的思维操作时还要注意一个问题，结构分析并非只能对有形的、实体的实物的结构、元素进行分析，实际上还包括对某种事物的某种抽象的构成方面进行分析，例如，辩证思维中的辩证分析（二分法），就是这种情形。因此，辩证分析其实就是一种抽象性的构成分析。

四、构成分析思维操作模型的建构训练

（1）找一篇文学作品或应用文章，分析作者是怎样在文章中运用构成性分析和构成性综合的思维操作模型的思维技术的。

（2）针对某种有意义的事物或对象，运用构成性分析和构成性综合的思维操作模式进行构成性分析和构成性综合；在分析和综合时，请注意分析和综合的全面性和本质性。分析和综合之后，自拟题目，写出一篇说明性的文章来。

第3节　过程性分析思维

一、什么是“过程分析”?

所谓“过程分析”，就是对事物的历史发展、演变过程和运动环节进行解剖、分解，从而发现事物在各个历史发展、演变阶段和运动环节的特殊状态、特征、规律、原理。

二、过程分析在写作中的功能、用途

显然，凡是对事物发展、演化、演变的历史过程进行研究，凡是对某个事物的运动过程的内在规律进行研究，我们都必须运用过程性的分析。

在说明文写作中，叙述某种事物的历史发展，描述某种工艺的流程都必须运用过程分析和综合的思维方法；在记叙文写作中，对人物性格的历史演变、发展，对人物的行为活动过程的叙述也要运用过程分析和综合；在议论文（学术论文、文学批评）中，对事物历史发展变化的规律的剖析和概括，对行为过程原理的探索也都必须运用过程分析的思维操作技术。

三、过程分析的基本操作模型

(一) 历史分析

就是对某种事物作宏观的历史发展演变历史的阶段性考察，从而认识事物在这些演变过程的各个发展阶段上的表现状态的运动特征、规律。

(二) 环节分析

就是对某种事物的运动过程作微观环节的细节考察，从而揭示事物在运动过程中的各个细小阶段、环节上所表现出来的特殊现象、规律。和历史分析一样，环节分析的主要目的是对这个事物的运动状态的特殊现象、规律有更加细致的、完整的、全面的、充分的了解，从而彻底认识这个事物的运动，之后便是环节综合。

例如，我们在研究写作原理的时候，无法马上看清写作的基本原理，于是我们对写作行为进行过程分析，最先看到了写作行为的过程中立意与表达两个大的环节，我们继续对这两个写作行为环节进行细化分析，发现写作行为的全过程包括感思、立意、结构、聚材、试思、行文这些环节细节。

四、分析思维操作模型的建构训练

（1）找一篇学术论文、应用文章或文学作品，分析作者是怎样在文章中运用过程分析和综合的思维操作模型的思维技术的。

（2）针对某种事物或对象的历史演化或运动过程，运用过程分析和综合的思维操作模式进行过程性分析和综合；在分析和综合时，注意分析和综合全面性和本质性。进行全面分析和综合之后，自拟题目，写一篇议论性或说明性或记叙性的文章。

第4节　分析思维操作模型建构的综合训练

一、路径思维操作模型分析：演示、模仿与实践

（1）教师任意选择一篇文章，进行分析性写作路径思维操作模型的分析。

（2）学生模仿老师的分析性路径思维分析方法，分析一篇文章的逻辑性路径思维，并将分析结果写成一篇写作思维分析的文章。

二、路径思维操作运用：演示与模仿

（1）教师以自己的一篇文章为例，向学生演示这篇文章写作中分析性写作路径思维操作模型的运用情形。

（2）学生以自己的一篇文章为例，谈谈自己在这篇文章写作中分析性写作路径思维操作模型的运用情形。

三、写作实践尝试

学生模仿分析性路径思维操作模型进行思维文章的立意与行文展开的思维操作，独立进行写作。将进行路径思维操作模型综合的思维尝试和实践，写成一篇文章。

四、从修改中学习写作

（1）自改互评；

（2）教师抽评；

（3）改正清誊。

路径思维评改细则

1. 从生活现象中产生文章的主题、立意时，所运用的是哪种路径思维操作模型。

2. 文章部分与部分之间在意思、主体、含义上，是否具有严格分析或综合的关系。

3. 文章部分中段落与段落之间在意思、主体、含义上，是否具有严格分析或综合的关系。

4. 文章段落或句群中句子与句子之间在意思、主体、含义上，是否具有严格分析或综合的关系。

五、写作素质课后培养

(1) 运用所学的路径思维操作模型的写作思维知识分析两篇文章的立意，写成分析短文。

(2) 根据观察到的人物、景物、事物、事件，运用本章所学的路径思维操作模型技术，进行文章路径思维操作模型运用的综合练习。

(3) 记下你最近产生的感悟、认识的思想火花。

(4) 写一篇读书心得。

(5) 写一则生活随笔。

【概念术语】

路径思维　原因分析与综合　背景分析与综合　功能分析与综合　条件分析与综合　措施分析与综合　类型分析与综合　结构分析与综合　层面分析与综合　尺度分析与综合　历史分析与综合　环节分析与综合　程度思维　性质强度分析与综合　空间广度分析与综合

【复习思考】

1. 路径思维在写作思维中的功能是什么？

2. 在写作中，路径思维的基本要求是什么？

3. 在写作中进行路径思维操作时应注意什么问题?
4. 因果思维在写作中的功能是什么?
5. 构成思维在写作中的功能是什么?
6. 过程思维在写作中的功能是什么?
7. 在写作中，因果思维的基本要求是什么?
8. 在写作中，构成思维的基本要求是什么?
9. 在写作中，过程思维的基本要求是什么?
10. 在写作中，进行因果思维操作时应注意哪些问题?
11. 在写作中，进行构成思维操作时应注意哪些问题?
12. 在写作中，进行过程思维操作时应注意哪些问题?
13. 因果思维或因果分析与综合的本质是什么?
14. 因果思维或因果分析与综合的具体内容是什么?
15. 构成思维或构成分析与综合的本质是什么?
16. 构成思维或构成分析与综合包含哪些具体的思维操作模型?
17. 过程思维或过程分析与综合的本质是什么?
18. 过程思维或过程分析与综合包含哪些具体的思维操作模型?
19. 程度思维在写作中的功能是什么?
20. 在写作中，程度思维的基本要求是什么?
21. 深刻性思维品质在写作中的功能是什么?
22. 充分性思维品质在写作中的功能是什么?

第7章

直观概括　道明理真

——综合性写作路径思维操作模型的建构

1. 教学要求： 通过对相似思维操作模型各种思维操作技术的学习与训练，让学生在写作过程中运用相似思维技术自由灵活深入地进行立意思维和行文（展开、表述）思维。

2. 训练重点： 理解并学会相似分析的各种操作模型，并将其转化为内在的写作思维习惯。

3. 训练难点： 相似思维操作模型在立意和材料生成中的灵活运用。

甚至在修辞学里，能够在相对深远的事物当中找到相似、同类的东西，就是洞察力的标志。

——亚里士多德：《修辞学》

有时候，事物之间相似的地方是常人观察不到的，谁能观察到，人家就说他“聪明”。“聪明”在这里指“善于想象”。

——霍布斯：《利维坦》

思维的两翼，一是分析，二是综合。分析从综合的现象开始，产生了分析的成果，这样为综合做好了材料的准备。综合的目的是要从分析出来的细节、局部把握整体的规律、本质、重点，从而产生自己的观点、思想。由此可见思维综合就是思维分析的反向运动，思维分析是从整体到部分、局部、环节，而思维综合则是从部分到整体、全过程。根据思维综合的对象材料的不同，思维综合可以分为三种形态：集合式综合的排序思维、概括式综合的相似思维、模型化综合的直观思维。

实际上，任何思维分析之后都要进入思维综合，思维分析与思维综合应该是两个关系极为紧密的先后过程，应该放在一起来讲，我们这里为何要将其分开来讲呢？第一，思维综合中的前两种非逻辑思维的综合思维方法——集合式综合的排序思维、概括式综合的相似思维——是独立进行的思维综合类型，在进行这两种思维综合时并未进行分析的思维操作，而是直接进行特征综合，应该在这里单独讲述；第二，虽然模型化综合的直观思维是在逻辑性因果分析、构成分析、过程分析之后进行思维综合行为，但是，为了突出、强化思维综合的特征、规律、思维操作模型，从而形成更加清晰、系统的思维综合行为的基本原理和操作模型的体系，我们也要单独讲述。但是，我们应该明白：现实的思维活动中分析与综合是紧密相连无法分离的。

第1节　集合式综合的排序思维

一、“集合式综合”的概念

集合式综合，即排序综合，这是根据综合的方法路径特点而做的命名。如果从目的性的角度来看，又可称为战略性综合，就是在进行因果分析、构成分析、过程分析之后，在分析的成果的基础上，对这些分析成果——具体的原因、背景、功能、要素、环节的性质的总体性认识。集合式综合的目的在于，一方面，这是对若干事物性质深刻性、重要性、本质性、关键性、战略性、概括性的认识，另一方面，是把握决策、措施的主要矛盾、战略重点的先后顺序，从而指导实践的顺利进行。

二、集合式综合的思维操作模型：排序思维

集合综合的思维操作模型技术过程就是排序思维。所谓排序思维，就是在因果分析、构成分析、过程分析的基础上，把这些分析成果集合之后，对其性质的重要性急迫性程度按照“降幂排列”的方式排列出由强到弱的顺序来，以让人明确这些事物的主次详略、轻重缓急的秩序性。

三、集合式综合在写作中的功能与用途

集合综合的排序思维在写作行为中具有重要功能：主要是对事物现象产生的

原因、背景及功能在重要程度上有全面的了解，从而抓住本质矛盾、主流关键，确定策略与措施的轻重缓急，从而对事物现象产生的原因、背景、功能有本质性的、战略性理性认识，从而进行文章立意，或者在文章的写作过程中产生解决问题的办法。总之，集合式综合是把握主要矛盾、进行战略决策的基本的思维操作方法。

四、集合式综合的三种类型

集合式综合包括三种类型。

（一）因果综合：对因果分析成果的集合式综合的排序思维

我们在进行因果分析的时候，是对某种事物、现象产生的原因、背景及其后果、功能的多角度、多层次的分析，一旦把这些原因、背景、功能彻底分析出来以后，思维的任务就是要对这些原因、背景和功能、作用、意义的重要性程度进行比较，找出最重要的因素，从而深化我们的认识，并确立我们的战略和战术。这个过程就是因果分析之后的综合思维过程。因果性综合思维的思维操作模型是一种性质“程度综合”。程度综合的作用在于，对事物的所有性质的强弱程度进行整体的了解之后，对其性质程度总体比较认识，从而对事物性质有全面的、清晰的、重点的了解。

1. 原因分析的集合—排序思维

就是对导致某种存在现象的原因进行多层次、多角度的原因分析之后，对这些原因进行集合，对其性质、本质、重要性程度进行比较之后进行排序，从而得出对最本质、最主要、最关键的原因的概括性的认识。

2. 背景分析成果的集合—排序思维

就是对某种现象产生的背景、气候、趋势进行多层次、多角度的背景分析之后，对这些背景进行重要性程度的排序，从而得出整体概括性的认识，得出对最本质、最主要、最重要、最关键背景的认识。

3. 功能分析成果的集合—排序思维

就是对某种现象将会产生的直接或间接的作用、影响、意义的分析之后，对这些多层次、多方面的作用、功能、影响、意义的重要性程度进行整体排序，从而得出对最本质、最主要、最关键、最概括的功能、作用、意义的认识。

4. 措施分析成果的集合—排序思维

就是在各种原因、背景、功能的性质重要性程度综合的认识成果基础上，寻求对负面的原因、背景、功能进行消解、克服、治疗，以及对正面的积极的原因、背景、功能进行提升、完善、发扬的办法，这是措施分析。措施综合则是对应对措施进行急迫性、战略性、可行性重要程度的排序性认识，从而使人很快明白哪些措施是最重要的，哪些则稍次，这样更有利于指导实践。

（二）构成综合：对构成分析成果的集合式综合的排序思维

构成思维中的构成分析包括类型分析、元素分析、层面分析和尺度分析四种形态，而构成分析的集合—排序思维只是针对具体类型分析、元素分析而言，层面分析和尺度分析则不能进行性质重要性的集合—排序思维，这是因为层面分析中分析出来的不同层面和尺度分析中分析出来的不同尺度的地位是平等的，没有性质重要程度的可比性，它们的综合则要运用概括式综合的相似思维操作来进行。

1. 类型分析成果的集合—排序思维

就是在类型分析（逻辑分类）的分析成果——各种小类事物的呈现——的基础上，考察小类事物的性质的重要性程度，然后，进行重要性程度的降幂排列，从而生成这些小类的战略秩序来。例如，我们想了解当前的美学、写作学、写作教学、阅读学等理论的现状，看看哪些美学、写作学、写作教学、阅读学理论比较重要，值得关注，值得学习，值得研究，那么，我们就要对所有相关文章信息进行搜集，然后按特点进行分类，最后，分析每一学科的不同的理论类型，然后，对每一种理论的理论特点、思想深度、实践性能进行分析比较，我们就可以发现哪些理论比较具有深度、比较有效，就可以排列出一个重要性程度的降幂排列的秩序来。

2. 元素分析成果的集合—排序思维

就是在元素分析（结构分类）的分析成果——各种构成元素的呈现——的基础上，考察各种元素的性质的重要性程度，然后，对其性质重要性程度进行降幂排列，从而生成关于各种元素性质的重要性程度的秩序来。例如，通过对写作主体能力、心理结构的构成要素的分析，我们发现，写作心理能力包含多种因素——情感因素、意志因素、思维因素、策略因素、语言因素。但是，通过对每种因素的性质进行分析，我们发现其中最为重要的是思维因素，因为，思维是语言的本质，与语言同行。其次是语言因素，再次是策略因素，然后是情感因素，最后便是意志因素。这样关于写作心理能力的组成因素的轻重缓急的秩序就出现了，这有利于我对与写作学的研究、教学与学习。

（三）过程综合：对过程分析成果的集合式综合的排序思维

过程思维中的过程分析包括环节分析、历史分析两种形态，过程分析集合—排序思维只是针对环节分析而言，而历史分析的成果——历史阶段——没有性质重要性程度的排序问题，因而不能进行性质重要性的集合—排序，这是因为层面分析中分析出来的不同层面和尺度分析中分析出来的不同尺度地位是平等的，没有性质重要程度的可比性，它们的综合则要运用概括式综合的相似思维操作来进行。此外，环节分析的综合还可以运用联系性综合来概括其环节之间的内在机制、原理体系。

所谓环节分析的集合—排序思维，就是在行为过程的环节分析的成果——各个具体的过程环节——基础之上，考察哪些环节是最为重要的，哪些是次要的，生成重要程度的秩序，让我们明确关键性环节，从而明确我们工作的重点、战略的重点，把工作做好。例如，要研究写作行为过程，就要对写作行为过程进行环节分析，最后分析出“写作动机”——“写作立意”——“写作运思”——“写作行文”——“写作修改”——“写作编辑”——“写作发表”这样的局部环节，通过对每一个具体环节的难易、重要、缓急程度的考察，我们发现：在写作过程的各个环节序列中，写作动机是无意识地产生的，具有灵感性质，这是无法控制的，无法进行理性解决的；而写作立意、写作运思是最为重要的，是可以通过规律的发现进行解决的；写作行文措辞也是比较重要的，至于写作修改、写作编辑和写作发表性质就显得并不十分重要。于是我们就排列出写作行为过程环节的性质程度的秩序来：“写作立意”——“写作运思”——“写作行文”——“写作修改”——“写作编辑”——“写作发表”——“写作动机”。这样我们在研究、教学、学习写作的时候，重点、难点就应该放在写作立意、写作运思、写作行文上面，这样就容易把写作问题研究好，教好，学好。

五、集合式综合思维模型建构训练

1. 找一篇应用性、说明性文章、学术论文或文学作品，分析一下作者是怎样在文章写作中运用集合—排序思维操作模型的思维技术的。

2. 针对某种事物或对象，运用集合－排序思维操作模式进行程度综合；在综合时，注意分析和综合的全面性和条理性。分析和综合之后，自拟题目，写一篇说明性或记叙性的文章。

第 2 节　概括式综合的相似思维

一、“概括式综合”的概念

“概括式综合”又可称“归纳式综合”，它是对两个或两个以上的事物的相似特征、共同规律的概括、归纳。集合式综合的目的在于对若干事物性质深刻性、重要性、本质性、关键性、概括性的认识和解决问题的措施决策、战略重点的把握，而概括式综合思维目的在于对事物存在或运动的共同规律、相似特征的总体性认识、把握，这是一种本质认识的方法——形象思维方法，对本质认识的另一种思维方法在下面将要讲到。

二、概括式综合的思维操作模型：相似思维

概括式综合的思维操作就是相似思维，就是在事物的内容或形式上两个或几个具有差异性的事物中发现它们在内在性质上的相似性特征。其实，这就是老子对“道”的直接性认识的“万物并作，吾以观复”中“观复”的直观认识论，这是中国人的思维优势。

与因果思维的分析与综合不同的地方是，因果思维的分析思维与综合思维可以相对独立进行，分析思维和综合思维（集合思维）不一定紧密相连，而归纳性的相似思维则是一个分析与综合紧密相连的思维过程，相似思维最后总是体现为相似特征的综合。另外，因果思维的分析和综合总是一个有过程的行为，而相似思维则是在瞬间完成的直觉活动。因此，也可以说，相似思维就是相似综合。或者说，相似思维是一种综合出两个或几个事物相似性质特征的思维活动。

三、概括式综合在写作中的功能与用途

概括式综合思维的目的在于从纷繁的事物中看出特征、共性、规律。在写作中具有重要的意义，在观察、立意的过程中，运用概括式综合可以认识不同人物相似的人物性格，从而深知、真知这个“典型”的丰富特征、内涵，即黑格尔所说的“这一个”。

四、概括式综合的思维操作模型

概括式综合的思维操作模型有两种，一是逻辑化的概括性综合，如逻辑分类，另一种就是形象化的概括性综合。前者是哲学概括，后者是艺术概括，但是无论逻辑化概括或形象化概括，其共同运用的思维技术都是相似思维技术。亚里士多德说过：“找到比喻是相当难的事情，因为这是唯一无法向他人学习的本领。这是天才的标志之一，道理在于，要说很好的比喻，就要认识事物中同类和相似

的地方。”[①] 叔本华说：“真正理解事物归根结底在于把握理解事物之间的关联……一旦我们在两种不同的情形里也认识到这一种同一关联，那对这一关联的整个本质，就有一个概念性的认识，因此这种认识就更加深刻和更加完整。”[②]因为，产生比喻的思维方法——相似思维——是一种综合的思维操作模型。

相似思维可以分为“他相似思维”和“自相似思维”两大类型。

所谓“他相似思维”是指在两个独立的具有外在差异性的事物上面洞察到其内在性质的相似性的思维过程。其实，相似综合还可以运用到对某种认识对象内部特征的认识上。这种相似分析和相似综合，就是所谓“自相似分析和综合”。

所谓“自相似思维”是指从一个事物的局部特征洞察到这个事物的整体特征或者从一个个体事物身上洞察到这个个体事物所属的类的事物整体性质特征的思维过程。简言之，自相似思维综合就是从事物的局部洞察整体性质的相似性的思维过程。“他相似”即人们一般所说的此事物与他事物的性质相似，“自相似”则既指“全息思维”，又指混沌学的“分形思维”。[③] 应该说，自相似思维是一种更为高级的思维方法和艺术。

从次一级的层次上，这两种相似思维还可以分成各种具体的操作模型、思维方法。“他相似思维”可以分成“异类他相似”和“同类他相似”，“自相似思维”可以分成“空间性自相似”和“时间性自相似”。

五、逻辑化概括式综合

(一) 类型综合

在构成分析的类型分析中，我们可以将一个集合式事物分析成几个类型，明确这些类型的相似特征；而类型综合，就是将上述类型分析的成果——各个小类的特征、规律——进行整体的归纳、概括，从而抓住这个整体事物的特征、规律、本质。例如，我们要研究主题的本质，但是由于主题问题在不同的文章类型中是不同的，我们无法一下子看清主题的本质，我们无从下手。于是，我们将文章以表达目的（或称表达方式）为依据，把所有的文章分为记叙文、抒情文、议论文、说明文、传息文（告语文）5 类，然后我们便去分别考察这 5 类文章的主题内涵、特征，最后我们发现，5 类文章的主题内涵固然各

① ［古希腊］亚里士多德：《诗学》，北京，人民文学出版社，1961。

② ［德］叔本华：《论写作和文体》，上海，上海人民出版社，2009。

③ 马正平：《写作生长论》，见《写的智慧》，第 3 卷，1 099页。

有不同，但是所有各类文章的主题都是作者所希望要表达的对象、东西。这样我们就获得了文章主题的本质，获得了文章写作主题的规律的概括性、总体性认识，这就是类型综合。

实际上，我们在进行类型分析（即分类）时，我们的思维首先也是类型综合，因为，只有在对这个类型的每一个个体的相似特征进行归纳之后，这个类型的形态才能清晰地呈现，分类才有可能。从这里可以看出，构成思维中的类型分析虽然把一个众多事物的集合体的整体分解成几种类型，完成了分类，但是这个分类是建立在更小类型的特征概括式综合的基础之上的，类型分析完成之后，还要对这些类型的总体相似特征进行归纳综合，这样才能从整体上概括地把握这个集合体事物的本质特征，得到深刻的理性认识。在这里，类型综合所用的思维则是他相似的思维方式，由此看来，他相似本身就是一种归纳性的思维操作行为。

由此可以认为，类型综合是发现事物的本质特征的思维操作技术模型。

（二）尺度综合

尺度综合是在尺度分析的基础之上，对从大到小或从小到大的的各个尺度上的相似性质、形态、特征的归纳性、总体性、概括性认识。尺度综合也是人们从宏观、中观、微观各个角度进行立体的整体观照和概括抽象的思维过程，从而获得整体事物对象所有尺度层次上的共同规律、原理。20 世纪 90 年代以来，世界自然科学前沿的混沌学和分形论的思维方式就是这种尺度分析和尺度综合的典型。这种现象在那里被称为“尺度变换”或“自相似性”的贯通性整体思维。例如，我们对文章写作的每个结构层次、结构尺度的原理进行逐一分析，得出结论：在整篇、中间和语段的各个结构尺度上，语言、文本的结构规律都是“渐进”与“平列”，而在思维、修辞的结构尺度上其原理都是“重复”与“对比”。这是深层的尺度分析思维的成果。在此基础之上，我们再进行尺度综合，并发现无论在哪一个结构尺度、层次、枝丫上，表层结构的原理规律都是“渐进”与“平列”，深层结构的原理规律都是“重复”与“对比”。这里运用的就是尺度综合的思维方法。[①] 在混沌学和分形论里，就是发现不同尺度的性质相似性，即自相似性。繁复的尺度出现混沌，而这些尺度的自相似性则是秩序，它是混沌的克星，是“分形元”，是“奇怪吸引子”，是生命生长的胚胎。再进一步，我们对表层结构的原理、规律“渐进”与“平列”和深层结构的原理规律的“重复”与“对比”再度进行层面分析综合，因此认为，“渐进”与“平列”的本质是“渐进”，因为平列只是一种假象，最后必须

① 参见马正平：《写作生长论》，1 099页。

走向"渐进"；同样"重复"与"对比"的本质是"重复"，因为，"对比"只是一种手段而不是目的，最终是为了强化、清化、"重复"。这样，我们再进行层面和尺度的综合，认为无论在哪一个结构尺度、层次、枝丫上，表层结构的原理规律的本质都是"渐进"，深层结构的原理规律的本质都是"重复"。① 前者相当于索绪尔语法理论中的"组合"的概念，而后者则相当于"聚合"的概念。但是，索绪尔并未将"组合"和"聚合"的最终原理、规律、本质揭示出来。

仍以写作学研究为例，我们首先从宏观篇章的尺度层次，研究出文章写作的篇章整体的写作思维规律，即在时空美学控制下由赋形思维推动的路径思维的展开运动行为，这就是非构思的生长写作学理论。后来我们在段落的层次、句法层面上也发现了相同的写作思维原理规律，又在构词的尺度层次上，即词法学的尺度层次上发现了这一词法思维规律。在最新的研究中，我们又在文字创造的字法学的尺度层次上发现了这一写作基本原理。这样，我们在字法、词法、句法、段法、章法的所有尺度层次上发现了同一条写作思维规律，这样写作思维规律的基本原理得到了实证。

再如，"知行递变"的写作内在机制的产生也是如此。最先，我们是在行文表达方式的尺度层次上发现了表达方式是一种"表达目的"和"表达行为"的"知行递变"过程。后来，我们又发现，在写作表达行为过程中，"感受"——"立意"——"结构"——"表达"——"行文"——"措辞"的过程，同样是一个"知行递变"过程。再后来，我们又从写作美学的更宽尺度上发现，"心灵时空"——"题材选择"——"主题确立"的过程还是一种"知行递变"过程。于是，我们可以在微观、中观、宏观的不同尺度上发现其运行规律的自相似性，这就是尺度综合。

由此看出，尺度综合是发现事物的基本原理、运行机制的基本规律的思维操作技术模型。

（三）历史综合

所谓"历史综合"，就是对历史分析出来的成果——事物在这些演变过程的各个发展阶段上的表现状态的运动特征、规律——进行比较、组合、概括、抽象，从而认识事物发展演变的一般特征、规律、原理。马克思、恩格斯所讲的"历史唯物主义"和黑格尔所谓"历史方法与逻辑统一"的辩证思维方法，就运用了历史分析和历史综合的思维方法。

---

① 参见马正平：《写作生长论》，1003～1015页。

六、艺术性概括式综合

艺术概括本质就是一种概括式综合，所谓形象思维，从最终的思维产品上讲，也就是指的这个东西。不过文艺学、美学用的经验化概念叫做灵感、联想、想象。也就是说，灵感、联想、想象的思维本质就是相似思维——自相似思维与他相似思维。

（一）他相似综合

1. 异类他相似综合

就是从两种或两种以上类型事物身上发现相似性质，或者从两种或两种以上不同事物、认识对象中，洞察出、概括出相似的性质、性格、哲理、原理的思维过程。异类他相似思维有三种具体的情形：

第一，物性与人性的相似性质综合。例如，茅盾的《白杨礼赞》，作家从白杨和抗日军民身上看到相似、共通的精神、性格——齐心协力、团结向上、伟岸昂扬。电影中的寓意蒙太奇也是这种相似综合的思维模型。

第二，古代与当代的相似性质综合。历史小说、历史剧、历史影视和某些历史著作、故事的写作的立意用的就是这种异类他相似思维。

第三，此事与彼事的相似性质综合。某些讽刺性文章的写作的立意的产生就是如此。

2. 同类他相似综合

就是从两个或两个以上的事物个性特征中洞察出、概括出共同的性质、特征、规律。作家可以在不同的人物个体中发现这些人物甚至人类的共同性格、共同精神、共同理想，创造出典型性、概括性、象征性的人物形象、作品主题来。例如，《阿Q正传》的立意就是这样的相似思维。

（二）自相似综合

自相似综合，则又可分为空间性和时间性两大类型。

1. 空间性自相似综合

就是从事物局部与整体的相似结构、相似性质上，分析出局部和整体在相似中的不相似的个性特征。例如，从全息论的观点可以看出，苹果树的树冠的形状和苹果树的叶子形状以及苹果的形状是相似的。但是，在这三种相似的形状中，差异还是存在的：苹果树的树冠的形状是分形的，立体的，不规则的，而苹果树的叶子形状以及苹果的形状却是规则的、平滑的、近于几何形状的。这就是相似性中的个体特征的差异性、个性化。

所谓“空间性自相似综合”则是从事物的局部和整体中看到其一致性、相似性。也就是说，从一个事物的微观到宏观的层次、尺度上，看到其内在的一致性、相似性，从不同尺度的形式上看到内容、内在联系性质的一致性、共同性。俗话说的“牛儿看蹄爪，娃儿看从小”，就是一种空间自相似综合的思维方法。仍以苹果树为例子，用全息论的观点来看，事物的局部是和它的整体对应的。那么，我们就可以从苹果的形状中猜想到苹果树的叶子和树冠的形状。又如，从平面的整体观上来看，任何树冠和根系的形状都是异常复杂的、混沌的、盘根错节的。但是如果从分形论的立体贯通的整体观的角度来看，无论是树冠还是根系，在由大到小或由小到大的尺度、层次上的分岔的形状却是相似的。这样，我们便在混沌的复杂性的外观假象之中，看到了内在的秩序性、有机性的本质。这种秩序性、有机性的本质，就是通过空间自相似的综合的思维技术来获得的。在文学写作中，从一个人的一个行为细节中，作家可以洞察这个人物的全部内心世界，同样，从一个人的行为中可以看出一个民族，甚至整个人类的某些共同性格特征。这时作家所运用的也是空间自相似综合的思维模型和技术。

前面我们在讲尺度分析的时候提到我们对写作行为原理的研究，其实始终运用的也是空间性相似思维。因为，从文章的结构思维来讲，我们发现，句的结构规律和段的结构规律，段的结构规律和中间部分的结构规律，中间部分的结构规律和整篇的结构规律，在语言文本的表层上都是“渐进”与“平列”，在思维、修辞的深层上都是“重复”与“对比”的关系，这就是文章的空间的自相似分析。而当我们认定文章写作的基本结构原理就是从思维深层的“重复”与“对比”再到语言文本表层的“渐进”与“平列”的时候，这就运用的是空间性自相似综合的思维操作模型。尺度分析是一种分析形式，而空间自相似分析与综合则是分析的内容的问题。总之，空间自相似分析与综合的本质就是从细节的信息看出整体的信息，从而概括抽象出整体的原理规律和本质。

人物性格的空间性自相似综合。人物性格塑造是一种以细节描写为本质特征的语言艺术。我们从某个人物的动作、行为、心理、感觉、幻觉的细节中，可以洞察、感悟某个人物的精神世界、性格特征、思想境界。这是因为细节这个局部包含的性格和人物整体的性格是相似的，读者从局部细节感受到了整体精神。

2. 时间性自相似综合

所谓“时间性自相似综合”，就是从人物、事物的运动过程的初始环节上，看出这个运动过程的基本规律、原理、特点。这个运动过程的初始环节上的规律、原理 、特点和这整个运动过程的基本规律、原理、特点是相似的。从心理学的角度来看，科学家已经证明，一个儿童的心理发展过程是人类心理过程的全部发展史的重演。在生命科学研究中，科学家发现，一个受精卵、一个胚胎是整个个体生命过程和结构的浓缩形式。这里初始状态是全部过程的微缩，而生命过程是对一个受精卵、一个胚胎中所含生命信息的放大和重演。我们在写作分形论研究中已经发现：作为写作分形元的写作灵感、直觉，是对后来整个写作过程的思维活动的高度浓缩，而写作行为过程则是对写作灵感中所包含的浓缩式的写作思维信息的放大、重演、细化而已。这是典型的时间性、过程性自相似综合的现象。我们进行写作灵感本质研究的思维操作模型，也是时间性自相似综合的。总之，时间性自相似综合思维操作模型的本质，就是在瞬间中看出过程，从初始环节看到全过程的信息内容以及把瞬间和过程的信息整合成一个基本的原理、规律。

人物性格的时间自相似综合。如果文学创作中的细节描写是从人物的幼年、童年的行为中捕捉的，那么，这些细节所折射出来的性格特征一定是和人物一生的命运性格特征相似。我们从某个人物童年的动作、行为、心理、感觉、幻觉的细节描写中，可以洞察、感悟某个人物的整体的性格命运的精神世界、性格特征。

七、概括式综合思维操作模型建构训练

1. 找一篇学术论文、应用文章或文学作品，分析一下作者是怎样在文章运用概括式综合的相似思维操作模型技术的。

2. 针对某种事物或对象的历史演化或运动过程，运用概括式综合的相似思维操作模型技术进行综合；综合时，请注意综合全面性和本质性。分析之后，写出一篇文章来。

第3节　模型化综合的直观思维

上面我们讲了两种类型的综合：集合—排序综合是从分析结果的事物的性质的重要性程度这个量上进行综合，目的在于弄清这些原因、背景、功能和措施的性质和重要程度，从而分清主次、轻重，确定战略战术的工作过程的秩序；概括—相似综合是从两个或两个以上的具有外在差异性但又性质相似的事物上概括出特征、规律来，从而发现、把握事物运动的规律特征。除了这两种综合思维以外，还存第三综合思维——模型化综合，或者说模型化的直观思维、直觉思维。

一、“模型化综合”的概念

“模型化综合”又称“体系化综合”，它是在逻辑思维分析的因果分析、构成

分析、过程分析之后所进行的对思考对象的逻辑关系整体认识的一种思维方法，这是思维活动的目的、归宿。所谓模型化综合，就是对事物的结构、运动的基本原理、内在机制的知识体系、系统的基本模型的直观性观照、“看见”。在分析思维中，我们关注的是对事物的内部要素、过程环节、相关因素的具体化认知、理解，这样使我们更加了解这个事物构造的具体情形、细节，其思维特征是局部式、推进式的。但是，这样的分析思维对于事物的整体的动力性内在机制、关系模型的基本原理的知识体系无法适用。因此，在分析思维之后，我们需要对事物的动力性内在机制、关系模型的基本原理的知识体系进行整体把握，从而更加本质地认识事物，这就是体系认识、原理。

二、模型化综合在写作中的功能与用途

模型化综合思维的目的是为了发现事物的结构、运动发展的基本原理、内在机制、基本模型的知识体系、系统。本质上还是寻求这些构成要素、运动环节、关联因素的内在逻辑的思维图像、思维形象。

三、模型化综合的思维操作模型：直观性

与分析思维的“由果及因”的追溯性、推论性、局部性、环节性的细节化特征不同，模型化综合思维的特征是整体性、模型化、系统性，模型化综合的思维方式、思维模型就是直观性、观看性、统观性。但是，这种“观看”，这种“直观”又不像我们的眼睛对实体事物的空间形状、象形的观看那样是直接的、反映式的视觉直观，而是对一种“由因及果”的逻辑关系的概念、知识的整体系统、体系的组拼整合、直观统观，是一种光速般的理性“观看”，一种动力学系统的整体型的“观看”，一种对事物构成与运动的内在机制的模型性“观看”。这种光速般的理性的“观看”素养和能力是哲学家、科学家、艺术家的灵感产生的奥秘所在。

四、模型化综合的分类及其思维操作

（一）本体模型综合（因果）

如果我们要对某种事物的本质进行认识，就必须超越现象对其本质进行模型综合，从而直观本质或者本体，这种本体往往是一种精神本体。因此，在学术研究中，我们必须首先研究事物的本质、本体，之后才能方便地解释事物的现象。本体模型综合思维是对不同现象的共同原因的总体抽象，虽然对每一个事物现象的产生原因的理解是通过分析进行的，但是，对这类对象的所有现象的共同的（不是相似的）总体原因的抽象则是通过理性的直观来完成的。这种直观思维就

是本体模型综合的直观思维。

例如，在美学研究中，许多学者都在进行美的本质研究，柏拉图说美的本质是“理念”，康德说是“形式”，黑格尔说是“真理”，贝尔说是“有意味的形式”，朗格说是“生命性形式”……我们认为，美的本质是在对象上发现的“生命时空”。这就是说，每一个美的对象之所以美，就在于其对象的表象形式之中具有一种“生命时空”的形式特征。这个我们感受到的“生命时空”就是美之所以为美的本质、本体。这个“生命时空”是一种生命模型，即生命时间与生命空间二者的整合。审美对象的“生命时空”的本质是通过“直观”的方式获得的。所谓“直观”的方式就是精神之眼的直接“观看”，像老子所谓“大音希声”、“大象无形”那种时空感觉。但是对于不同的审美对象，或者一个审美对象的不同审美要素的“直观”是不同的。像形式化的审美对象那样，对其形式之美的生命时空的获得是通静观（狭义直观）来获得的。例如，一首乐曲，一幅书法，一幢建筑，一个园林……它们的美就是通过对审美对象的形式表象中的生命时空的直观、静观来产生的，这个直观到的生命时空就是对这个审美对象的本质。但是对一个现实中出现的英雄人物，对其精神人格的审美就只能通过他的英雄行为、英雄言论来看到折射出的高远无限的心灵境界、精神境界，这是本体意义上的终极审美对象。而对于一首诗歌，一部电影，一篇小说，一幅油画，一部悲剧，其审美就包括直观与折射这两种审美思维模型：对这些艺术作品的艺术形式要运用静观、直观的审美思维模型，直观到形式的生命时空；对这些艺术作品的真善、情感、思想等内容方面的审美，就必须运用折射的思维模型，从内容（真和善的精神、行为、言论等）中折射出艺术作品的主人公的心灵时空、生命时空，而这形式的和内容的生命时空、心灵时空也就是艺术家的生命时空、心灵时空。因此，审美活动就是审美主体与艺术作品的主人公、艺术家心灵时空、生命时空的交流对话的契合、满足、惬意。在这里，我们看出，对事物本质、本体的综合是通过“直观”的思维方式来获得的。又如，我们要探讨思维的本质，思维有反映性、认识性的功能，这里主要运用了因果分析思维，还有创构性、赋形性形象思维、艺术思维、发明思维，还有策略性、应对性、智慧性思维。而这三种类型的思维的本质都是对一种秩序、逻辑、关联性的认识，这种秩序就是一种理性的形式感、空间感，这种秩序、逻辑、关联性也只能通过直观的思维方式才能获得，而不是推论和思辨所能产生的。再如，人类不同时代的写作内容的主题、题材和文章的表达形式的技法、语言是在不断变化的，那么，这个变化的本质是什么呢？我们发现是由于不同时代的“写作文化”这个精神实体——时空情绪、价值取向、思维方式、写作规范——在变化，而对这“写作文化”的本质的认识则是通过对文章技法等写作行为、写作现象的直观来产生的。总之，事物的本质、本体是隐藏在事物运动变化的现象背后的空间性、精神性模型，这个空间性、精神性模型，我们只能通过直观的方式抽象地“观看”出来而不是推导出来的。这就是一种高级的模型化综合思维素养和能力所致。

（二）构成性模型综合

1. 结构模型综合（元素）

我们在注意事物的局部的时候，容易忽视事物整体的关联性，因此，需要对若干的局部事物进行整体性、框架性的模型认识，这种认识方法就是平面结构的综合思维，其综合思维的方法是一种组合性、组织性、结构化的思维方式、模型。西方当代哲学中的结构主义实际上运用的就是这种结构模型。例如，瑞士索绪尔最先把语言理解成为一个自主的、内在化的、自我满足的体系，它不与外界的实体事物发生关系，所以现代语言学强调对句子的结构成分进行分析。而法国人类学家列维-斯特劳斯在文化人类学中也创造性地运用了结构主义的平面结构综合的思维方式，他把人类亲属关系综合出了 4 种基本结构或基本单位类型——兄妹关系、夫妻关系、父子关系、舅甥关系，其他所有亲属系统都建立在此基础之上。又如，在文学研究中，艾布拉姆斯把文学活动看作一个系统，包括作品、艺术家、世界和读者这“文学四要素”，这个理论模型就是对这 4 种文学要素的整合而进行的体系化行为。中国当代有一些写作学研究者模仿这个文学系统的理论模型，把人类写作活动描述为写作主体、写作客体、写作载体、写作受体的“四体”论写作理论体系，运用的也是这种平面要素的结构模型综合的思维操作。

平面要素的结构模型综合的思维操作特征在于把事物的要素构成一个整体，同时强调其共时性、平面性的结构模型的整合建构。

2. 类型模型综合（类型）

所谓“类型模型综合”是对构成分析的思维成果——各个元素、因素特征、规律——的总体进行分类之后对其类型特征的概括性、综合性认识。从这个意义上讲，类型分析也是类型综合。类型分析强调的是对总体进行分解，产生类型，而类型综合强调的是这一过程中对划分类型的依据进行的性质特征的总体把握。从这里也可以看出，类型分析是建立在对小类性质特点的综合的基础之上的，类型综合是类型分析的前提，强调的是类型差异。这一点在学术研究中也是一种产生观点的常用方法。例如，前面我们讨论审美思维方法的时候，虽然说审美活动是一种直观的思维活动，但是针对不同的对象又有不同的审美思维方法，对于形式的审美是静观的综合思维，而对于艺术作品内容的审美则是一种折射的动观或曲观审美思维方法。所以，王国维在《人间词话》中把境界分为“无我之境”和

“有我之境”两种类型，而产生这两种境界的方法，“无我之境”是“静时得之”，而“有我之境”则“动之静时得之”，就是如此。又如，他把文学的创作方法分为“写境”与“造境”即“写实”与“虚构”这两种创作方法。再如，我们把赋形思维的方法分为“重复”与“对比”、“凝聚”与“张力”等对立统一的范畴，都是建立在小类的类型特征的直观综合的基础之上的。

除了上述的哲学范畴式的类型综合的类型之外，还有非对立统一式的类型综合，例如一般的类型分析也是建立在小类的性质类型特征的综合的基础上的。

3. 立体化系统模型综合（立体结构）

结构主义的结构模型的综合特征是共时性、平面化的，而系统模型的综合思维则强调立体性、交互性。当代自然科学哲学思想中的系统论、信息论、控制论等广义系统论思想都是一种系统模型化的综合思维，因此，立体的系统化综合其实就是一种科学方法论，一种准哲学的思维意识与方法。立体的系统化综合思维就是把事物看成一个系统模型来理解。“系统”的概念是：第一，系统由若干部分组成；第二，部分与部分之间具有一种交互作用而产生系统功能，因此，系统的各部分之和大于整体；第三，任何一个系统都处于更大的背景系统之中，都是这个系统的子系统，系统与背景系统之间通过能量信息的交换使系统趋于稳定；第四，系统具有整体性、有机性，即部分离开这个整体便没有意义，例如，人的手离开人的身体，就不再是手，即不再具有手的概念与功能。系统论为我们理解事物整体性有机质立体性开拓了一种基本的综合性认识模型，因此，所谓立体系统化综合的思维操作，实际上就是对系统的基本认识模型的平移运用的具体化解释而已。例如，我们说写作过程是一种行为活动系统，这个系统，从狭义的历时性、时间性上来讲，包括写作立意、写作行文、写作完善三个阶段性环节。三个环节之间具有一种因果关系，并进行交互作用：立意影响行文，行文也影响立意，甚至推倒立意，重新立意。而写作立意、写作行文、写作完善这三个子系统内又包含子系统，各个子系统之间也是相互作用，产生强大的写作行为的功能。从共时性、静态来讲，写作行为这个行为系统背后存在某种特定的时代地域的“写作文化”（时空情绪、价值取向、思维方式、写作规范），正是这个精神性的背景系统在影响着我们对文章的灵感、立意、动机、行文、措辞、修改、清誊；另一方面个体写作行为的活动产生出来的写作精神又影响着时代、地域的写作文化精神，推动其向前发展。更进一步说，时代、地域的写作文化背后又有时代社会的生活背景系统，正是这个时代的社会生活的大背景为这个时代的写作文化提供了原动力。从上述对写作行为系统的描述中，我们可以看出，通过这种立体系统的综合思维，我们认清了、信服了这样的道理：之所以过去写作理论、文艺学理论十分强调作家深入生活，原来就是为了作家从现实生活系统中感受“写作文化”的时代脉搏，这样才能使选材、立意、表达、行文、语言上具有生活气息，真正反映时代的文化精神。同时我们也因此明白，作家到工厂、农村、军营去深入生活，不是去走马观花，写一些皮毛，而是要到生活第一线去感受时代社会的时代节奏、空间追求、价值取向、思维方式等，这样才能真正提高写作的境界。

4. 层面模型综合

所谓“层面模型综合”实际上也是层面分析，因为各个层面之间具有紧密的因果关系，这个因果关系就是我们综合思维所要追求的目标。例如，我们研究文章结构的原理和规律时，把文章的结构分解成文本语言的表层层面和写作思维修辞的深层层面，分析各自的结构规律，发现文章表层结构的规律是“渐进”与“平列”，深层结构的规律是“重复”与“对比”。这时，我们发现深层结构的规律与表层结构的规律形成一种因果关系、动力关系：一方面，深层结构决定表层结构，深层结构具有动力学性质；另一方面，文章深层结构是从主题到文章表层结构的中介结构。因此，文章深层结构的基本、思维规律“重复”与“对比”是写作思维的最为重要的写作原理。①

5. 尺度模型综合

与层面模型综合思维一样，尺度模型综合思维也是一种尺度分析思维。尺度分析就是运用宏观、中观、微观等多种尺度来分析一个事物内部存在的尺度的丰富性，例如一棵树可以分为主干、一级分支、二级分支、三级分支等丰富的尺度系统。尺度模型综合则是发现这些由小到大或者由大到小的各种尺度上尺度性质特征的相似性，使这个事物所有尺度上的特征被综合起来，事物整体的本质、内在机制被揭示出来。尺度模型综合包括两个方面的内容，一方面是对尺度枝干系统的整体观照，另一方面又是对各个尺度上的特征的总体概括。早在 20 世纪 80 年代初，我们在进行文章结构的研究时运用的就是这种思维方法。例如，我们把文章结构分解成三个层次或三个结构尺度：1）整篇的层次（开头——中间——结尾的关系）；2）中间的层次（中间部分的段落与段落、部分与部分的关系）；3）段落、语段的层次（句子与句子的关系）。然后我们发现无论在哪一个层次、尺度上面，表层结构的思维规律都是“渐进”与“平列”，深层结构的思维规律都是“重复”与“对比”。这样我们就通过这种尺度模型的综合发现文章写作的各个尺度、层次上的共同规律：深层结构原理的“重复”与“对比”和表层结构的“渐进”与“平列”。这就是本书的写作思维基本原理——“赋形思维”和

① 参见马正平：《写作行为论》，见《写的智慧》，第 1 卷，251～272 页。

"文本思维"、"路径思维"概念的前身。现在我们发现，其实，哪怕在写作语言的短语、成语、词汇构成的层面上，其基本原理还是如此。甚至在汉字的造字思维层面上，同样适用这一原理。这样，写作赋形思维、路径思维、文本思维的基本原理就得到了证实。由于对各个尺度上的相似特征的发现是运用自相似思维的方法实现的，所以，尺度模型综合也是空间化自相似思维的思维操作技术。后来的写作生长论、写作分析论写作学就是这种尺度性模型综合出来的。

（三）过程模型性综合：知行递变、非构思、生长哲学

过程分析关注的是过程中的环节、阶段的丰富性、具体性、感性化的了解，而过程模型综合是要探索行为过程、历史阶段的整体运行规律、原理、内在机制。所谓"过程模型综合"，就是对事物在各个发展阶段和运动环节的特殊状态、特征、规律、原理的比较、归纳、整合、概括、抽象，从而得出对事物的一般原理和规律的认识。

例如，当黑格尔把事物运动发展的过程进行阶段分析之后，发现这些不同的阶段之中存在一种"正—反—合"的变化发展的基本规律、基本模型。这就是运用过程模型综合的思维方法。又如，我们可以把写作行为过程分析为写作动机（灵感）、立意、行文、措辞、修改、清誊的众多环节，然后有的学者将写作过程的基本原理综合概括成"双重转化"的过程：即"意化"（立意、构成）和"外化"（表达）的模型。但是我们认为，这里并未实现真正的过程环节的原理综合，而只是对环节的合并之后的重新命名，因此，无法揭示写作过程的基本原理、内在机制。而我们则运用过程综合的思维方法，把这个过程综合为"知行递变"的过程模型：即在写作过程中，当前一个写作目的被某种写作行为、方式实现之后，这个写作的半成品马上变为下一个写作环节的写作目的，然后又要用某种表达方式去进行表达……一直到文章清誊之后，才得以终止。这个"知行递变"模型就是关于写作行为过程的内在机制、基本原理。正是这个"知行递变"过程模型真正揭示了人类写作行为的内在机制，所以，后来我们才能够产生"写作生长论"、"非构思写作学"这些新的、更高层次的写作学基本理论。

第4节　综合思维操作模型建构的综合训练

一、路径思维操作模型分析：演示、模仿与实践

（1）教师任意选择一篇文章，对立意和行文进行综合性路径思维操作模型的分析。

（2）学生模仿老师的综合性路径思维分析方法，分析一篇文章立意和行文的综合性路径思维，并将分析结果写成一篇写作思维分析的文章。

二、路径思维操作运用：演示与模仿

（1）教师以自己的一篇文章为例，向学生演示这篇文章写作中，综合性路径思维操作模型的运用情形。

（2）学生以自己的一篇文章为例，谈谈自己在这篇文章写作中，综合性路径思维操作模型的运用情形。

三、写作实践尝试

学生模仿上述综合性写作路径思维几种操作模型进行思维文章的立意与行文综合性的写作思维操作，独立进行写作。进行综合性路径思维操作模型运用的思维尝试和实践，写成一篇文章。

四、从修改中学习写作

（1）自改互评；

（2）教师抽评；

（3）改正清誊。

路径思维评改细则：

1. 从生活现象中产生文章的主题、立意时，所运用的是何种综合性路径思维操作模型。

2. 文章的行文过程中是否在必要的时候运用了综合性路径思维技术。

3. 文章在结尾部分行文是否是运用了综合思维操作模型，运用了何种综合思维操作模型。

五、写作素质课后培养

（1）运用所学的综合思维操作模型的写作思维知识，分析两篇文章立意的综合思维，并写成分析短文。

（2）根据观察到的人物、事物、事件，运用本章所学的综合思维操作模型，进行文章的立意，产生文章的主题。

（3）记下你最近产生的感悟、认识的思想火花。
（4）写一篇读书心得。
（5）写一则生活随笔。

【概念术语】

综合思维　集合式综合　概括式综合　模型式综合　本体模型综合　类型模型综合　立体模型综合　层面模型综合　尺度模型综合　过程式模型综合　同类相似分析与综合　异类相似分析与综合　空间相似分析与综合　时间相似分析与综合

【复习思考】

1. 在写作中，综合思维的基本要求是什么？
2. 在写作中，进行集合式综合思维操作时应注意哪些问题？
3. 在写作中，进行概括式综合思维操作时应注意哪些问题？
4. 在写作中，进行模型式综合思维操作时应注意哪些问题？

第 8 章

深刻灵活　敏捷独创

——写作思维优秀品质与写作思维操作模型的建构

1. 教学要求： 通过对写作思维优秀品质与写作思维操作模型之间的内在联系的学习和训练，提高学生的写作思维品质。

2. 训练重点： 将写作思维优秀品质、联想和想象的直觉思维转换为路径思维种种操作模型技术的过程，从而提高写作思维品质和联想、想象的写作思维能力。

3. 训练难点： 写作思维操作模型（优秀品质和联想、想象能力）的感觉化实现。

玻尔所以有那么惊人的吸引力，在于他具有大胆和谨慎这两种品质的难得融合；很少有谁对隐秘的事物具有这样一种直觉的理解力，同时又兼有这样强有力的批判能力。他不但具有关于细节的全部知识，而且还始终坚定地注视着基本原理。

——爱因斯坦

想象力比知识更重要，因为知识是有限的，而想象力概括着世界上的一切，推动着进步，并且是知识进化的源泉。严格说，想象力是科学研究中的实在因素。

——爱因斯坦

第1节　写作思维品质与写作思维操作模型的训练

发展心理学认为，对思维的当代品质的要求是深刻性、灵活性、批判性、独创性、敏捷性。① 其实，这本来就是对分析与综合的品质要求。

但是对于写作思维来讲，分析与综合除了深刻性、敏捷性以外，我们认为还有“充分性”（或“广阔性”）的问题。因为，分析可以是深刻的，也可以是广阔的。充分的分析是全面的分析，却不一定是深刻的分析。这是因为，深刻性是从时间、逻辑的角度描述规定思维的理想品质的，而充分性则是从空间、程度的角度描述规定思维的理想品质的。所以我们认为，对于写作主体来讲，思维的品质应该是充分性、深刻性、灵活性、批判性、独创性、敏捷性。

前面讲的因果思维的3种操作模型，只是一种分析思维方法的原理示意，然而真正的现实的因果思维，却是更为复杂的艺术与技术。这种更为复杂的分析艺术主要体现在因果分析的充分性、深刻性、灵活性、批判性、独创性、敏捷性上面。其中，批判性是一种思维意识和动力；充分性、深刻性、灵活性是集中思维的过程、方法；独创性是一种思维结果，体现了思维的质量；而敏捷性则是一种思维速度，体现了思维的熟练程度。它们共同体现了当代思维的品质。于是寻求实现分析思维的充分性、深刻性、灵活性、批判性、独创性、敏捷性的思维操作模型便成了思维研究和训练中至关重要的问题。

这6种写作思维品质中，批判性的思维品质是一种独立思考的人文精神，一种个性化的探讨意识，是一种心态，因此没有什么思维操作模型技术可言。同样，独创性是思维成果的创新性质，它通过思维的充分性、深刻性、灵活性、批判性品质及其思维操作模型的过程而获得，因此，它本身也没有什么思维操作模型可描述。至于敏捷性只是对充分性、深刻性、灵活性的思维操作模型掌握训练使用的熟练化、高速化而已。以因果思维为例，因果分析和综合思维的敏捷性主要体现在能很快看出其中的因果（原因、背景、功能）关系，然而，要达到这种理想的分析状态，唯一的办法就是将种种分析和综合的思维操作模型、技术做到真正理解、反复训练、反复运用、最后学会。一旦到达这个境界，分析思维的敏捷性就自然而然地产生了。通过严格持久的思维训练，这个思维品质的目标是完全能够达到的，但是同样没有什么思维操作模型可概括。因此，本章知识是对充

① 参见汪圣安主编：《思维心理学》，286～289页，上海，华东师范大学出版社，1992。

分性、深刻性、灵活性思维模型的揭示和建构训练。

一、充分性思维操作模型：多维分析与多维综合

多维分析与多维综合是为了实现分析和综合的充分性所运用的思维操作模型、技术。所谓多维分析与多维综合，就是进行多次、多重、多种形式的分析与综合。

以因果分析与综合为例，分析的充分性，就是穷尽了所有原因、功能、背景的分析。只有充分性的分析思维才能保证思维是全面的而不是片面的，才能保证结论的可靠性。充分性分析主要是通过多维分析来实现的。所谓多维分析，就是对某种现象的多种原因、多种功能分析。这种多维分析就是我们常说的发散性思维，即从各个方向、角度进行分析。如图 8—1 所示。

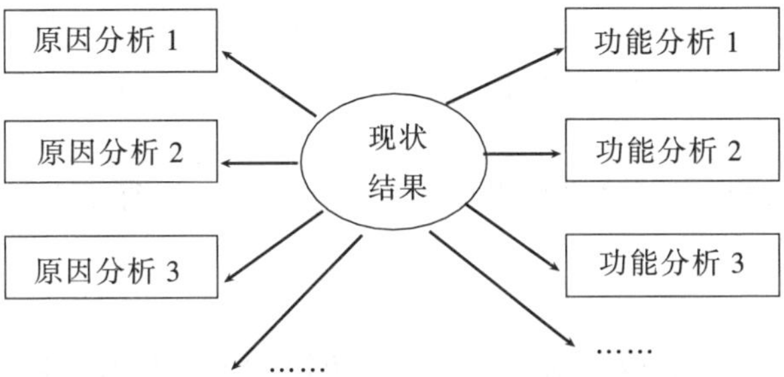

图 8—1　充分性分析的思维操作图示

在其他种类的分析与综合中，同样存在着分析的充分性问题，即多重分析和多重综合的问题。例如，在构成分析中，对元素、结构单位、层次的细节分析与综合越多，这种分析与综合就越充分。

二、深刻性思维操作模型：剥笋式分析与综合

在因果分析中，现象与本质的关系，可以理解为一种结果与原因的关系。所以，在因果思维（分析）中，如果只停留在一个层面的因果分析，很可能只能获得事物的表面原因或结果，即事物的现象。因此，为了获得本质性的认识，对原因、背景和功能的分析就不能停留在一个层面，而要进行层递式分析。所谓剥笋式的原因分析，就是对事物现象的原因、背景或功能、后果进行层递式的分析。如图 8—2 所示。

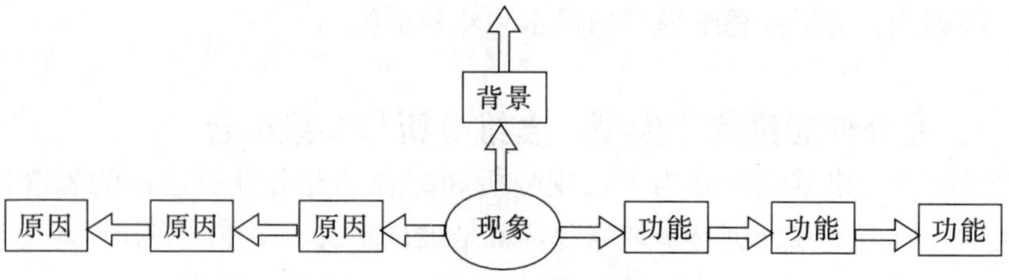

图 8—2 深刻性分析思维操作图示

所谓分析思维的灵活性就是进行灵活的分析，从而得出创新性的观点、思想。分析的灵活性，就是在进行因果分析时，打破常规的因果分析的方向、角度。人们常说的逆向思维、变换角度进行思维就是这种思维灵活性的具体体现。例如，某件坏事发生了，一般人对于坏事往往更多地从正面分析它带来的坏的影响、连锁反应。但何尝不可以从反面分析这件事会带给我们什么教训，对我们今后带来什么启示？这就是思维灵活性的体现。综合思维的灵活性则是综合角度的灵活性，例如从事物特征的独特角度进行与其他事物的相同性质的综合，最后得出一个新颖的认识。

灵活性思维品质的思维模型操作主要是角度分析与角度综合、时机分析与时机综合。

三、灵活性思维操作模型（1）：角度分析与角度综合

所谓“角度分析”，就是将认识主体的考察角度分化、变化，由整一变为散多，从而形成许多不同的分析侧面和分析距离，获得对对象特征、规律的不同认识。苏东坡所谓“横看成岭侧成峰，远近高低各不同”，就是这种角度分析的认识方法、思维方法。

所谓“角度综合”，就是对角度分析出来的思维成果，进行全面性、整体性、归纳性、抽象性的认识思考，从而获得认识对象的整体面貌、本质、规律、原理。

四、灵活性思维操作模型（2）：时机分析与时机综合

所谓“时机分析”就是用流动的变化的眼光去考察事物的本质、特征、规律，即选择不同的时间、不同的场合、不同的时刻来考察事物的特殊表现、特征、原理、规律。所谓“时机综合”，就是将时机分析中得出的认识结果进行总体上的归纳、比较、概括、抽象，从而获得对象特征、规律、原理整体的、全面的、本质的认识。

如果从更高的分析理论上来讲，其实，灵活性思维操作还是一种构成分析与构成综合、历时分析与历时综合。只是我们前面讲的构成思维和历时思维属于静态的分析与综合，思维目的着力于思维的全面性、完整性、系统性、结构性。而这里的角度思维和时机思维是一种动态的分析与综合。所谓静态分析与综合，就是对认识对象的构成与性质的分析与综合，而动态性分析与综合则是对思维观察点、立脚点的分析与综合。思维观察点、立脚点的变化自然带来了思维对象的构成性质的视阈的变化，自然得出了变化的思维结论。

第2节 联想与想象的思维操作技术模型训练

一、什么是“联想”与“想象”

在一些写作心理学的专著和写作学教材中，常常都有关于“想象”、“联想”的内容。但是对“联想”和“想象”的定义和解释，都是照搬心理学话语，只能从心理学的概念到心理学的概念，缺乏现实的操作性。例如，在心理学中，联想是指感知或回忆某一事物，连带想起其他事物的心理过程。为什么会产生联想？那是因为客观事物是相互联系着的，它们在反映中也是相互联系着的，形成神经中的暂时联系。联想就是暂时联系的复活，它反映了事物的相互联系。那么，这种暂时联系是怎样复活的呢？就是根据接近、类似、对比、关系的规律来进行的。至于对“想象”的解释就更“玄”了。心理学认为，想象是指人脑对原有表象进行加工改造而建立新形象的心理过程。想象又分“再造性想象”和“创造性想象”。

在许多心理学、思维学、写作学的著作中，对联想和想象的叙述和解释，给人的印象好像联想和想象纯粹是一种灵感式的心理状态或直觉的心理活动，而和一般思维过程原理和思维操作过程、技术没有什么联系，因此，联想和想象是很难培养的。结果，联想和想象思维能力无法得到真正的训练。

在我们看来，不应该过于强化联想与想象的直觉性、灵感性层面的表面特性，而应该强调联想与想象的思维操作、过程性的内在特性。因为，所有的联想、想象都是一种高速化操作性的意识过程（而所谓无意想象，其实就是一种类似联想）。凡是一个操作过程，都应该有某种思维操作的模型存在，就连类比联想和无意想象，也可以把它看成是一种思维过程的高度“缩微”，其中仍然存在高速瞬间的思维操作模型。所以，著名心理学家杨清先生认为：

（想象）就是我们的大脑的两半球在条件刺激物的影响下，以我们从知觉所得来而且记忆中所保留的回忆表象为材料，通过分析与综合的加工作用，创造出未曾知觉过的未曾存在的形象的过程。[1]

所以，在我们看来，作为心理活动过程的联想和想象并不是一种思维的技术（例如分析与综合），而是若干分析和综合的思维操作模型的具体运用、立体组合而已。换句话说，联想与想象都有思维操作模型的规律可循，是可以直接进行训练的。

二、联想与想象的思维操作模型

心理学把“联想”分为“简单性联想”和“复杂性联想”两大类。“简单性联想”，就是指无意的空间性的联想，因为只有空间的东西才能产生无意的联想。简单联想包括接近联想、类似联想、对比联想。“复杂性联想”就是时间的逻辑的有意的联想。因为，对时间的逻辑的分析就是有意联想的过程。复杂联想就是关系联想或意义联想，包括因果联想、整分联想、种属联想、效应联想等。通过我们的研究，其中每一种联想都是某种思维操作模型的运用和组合。

（一）简单联想的思维操作模型

1. 接近联想的思维操作模型

在心理学中，所谓接近联想，就是从某一事物想到与这一事物在空间或时间上接近的事物的心理过程。因为在空间或时间上接近的事物，在人们的经验上容易形成联系，因而容易从一事物想到另一事物。从思维操作模型技术的角度看，这种联想的过程，实际上就是一种空间性分析与综合或时间性分析与综合。因为，在空间上接近的两个或多个事物构成了一种更大空间场面。在空间上进行的接近联想，既可以把它理解为一种对这个空间场面的分解，相当于一种构成性分析，又可以把它理解为一种空间性的构成性综合。因为，在联想中，人们首先想到的是“空间”，这便是将空间上相接近的两个事物看成一个更大的整体空间了，这种思维模型当然是一种空间综合的思维模型。但是，接近联想最后又从空间的整体落到了局部——另一个事物上，因此，这时思维所运用的思维操作模型就是一种构成性分析了。

所以从这里可以看出，联想并不是仅仅对某一种思维操作模型的单独运用而是对两种思维操作模型的综合运用，而且是从综合开始到分析结束，即“综合—分析”整合式思维操作模型。似乎所有的联想都是如此。

---

① 杨清主编：《心理学概论》，291页，长春，吉林人民出版社，1981。

2. 类似联想的思维操作模型

所谓类似联想就是由一事物感知或回忆引起和它在性质上接近或相似的事物的心理过程。从思维操作模型的角度来看，类似联想实际上运用的是一种相似分析与综合的思维操作模型。因为，虽然类似联想会由一事物想到另一事物，但是，当类似联想由一事物的感知或回忆首先想到的是那种二者都相似的性质时，这明显是在运用相似性综合的思维操作模式在思维的。但是，类似联想并没有因为运用了相似性综合的思维模型就把思维定格于这种二者都相似的性质上，而是落到了具有这二者都相似的性质的另一个事物上。因此，这时的类似联想就是运用相似性分析的思维操作模型在思维了。

类似联想和接近联想、对比联想不同的是，它不仅要想到另一个事物，而且要想到二者相似的性质、意义。因此，如果目的在于前者，类似联想仅仅是一种从相似综合到相似分析的思维活动，如果目的在于后者，类似联想就是一种相似综合的思维操作了。

此外，类似联想还不仅仅指异类事物之间的联想，而且包含同类事物的个体之间的类似联想，例如从古代人的性格联想到当代人的类似性格，这时的类似联想就是在运用概括的、抽象的相似性综合的思维模型在思维了，因为，它并未落到具体古代人上面，而是落在共同的民族性格上面。

3. 对比联想的辩证思维模型

所谓对比联想就是由某一事物的感知或回忆引起和它基本观点相反的事物的心理思维过程。表面上看，对比联想是从一个极端走向另一个极端，但是，这只是思维结束时的现象。对比联想最后之所以能想到另一个极端的事物，是因为人们首先想到了相互对立两事物所属的类的概念、特征、性质。例如，由热想到冷，是因为首先想到了天气、气温的抽象概念、整体事物之后才想到了具体的个别的冷的天气。因此，对比联想主要运用的还是构成分析中的辩证分析的思维操作。因此，对比联想是对立统一、相反相成的辩证思维的体现，正如中国古代哲人所说的“物极必反”。

在上面所讲的简单联想的三种联想类型中，各自是有差别的。接近联想是关于空间或时间上相邻事物的联想，是关于事物存在形式、形象的联想、思维，而类似联想和对比联想则是关于事物的性质、特征、意思、意旨的联想、思维。而类似联想和对比联想都是人类最简单、最基本的两种形象思维、赋形思维、修辞思维、艺术思维的思维操作模型。从修辞性审美化的艺术行为、艺术思维的意义上讲，类似联想的思维操作模型、本质是“重复”，对比联想的思维操作模型、本质是“对比”——正如我们多年来强调的文章、写作结构的深层原理那样。如果用中国古代的艺术思维学的概念来讲，接近联想、对比联想、类似联想这些概念，大致相当于赋、比、兴。

（二）复杂联想的思维操作模型

1. 因果联想的思维操作模型

因果关系联想可以从结果开始联想到原因，也可以从原因开始联想到结果、后果。显然，这实际上就是前面讲的因果思维中的原因分析和功能分析的思维操作模型。但是，因果关系联想并不止于原因或结果，而是着眼于这种因果关系本身，所以，它运用的又是因果综合的思维模型。

2. 效应联想的思维操作模型

所谓效应联想，又称作用关系联想，其实效应联想所运用的思维操作模型，就是我们前面所讲的功能分析、作用分析、影响分析的思维操作模型，实质上仍然是一种因果关系的分析。效应联想虽然指向了作用、影响、效应，但是，并不止于此，它还要反馈到关系上并调整行为。因此，这种效应联想又具有调整功能。

3. 分整联想的思维操作模型

所谓分整关系联想，就是由整体想到部分，或由部分想到整体。对同类事物而言，分整联想就是从个别到一般的归纳性的思维操作，或由一般到个别的演绎性分析。对同一事物而言，分整关系联想就是自相似分析与综合的思维操作。而且，分整关系联想既有形而下的层面，落脚于事物、形象，也有形而上的层面，落脚于相似性质、特征。在形而下的层面，分整联想所运用的就是构成分析的思维操作。

4. 种属联想的思维操作模型

所谓种属关系的联想，即由种概念联想到属概念或由属概念联想到种概念的心理思维过程。其中，所运用的思维操作模型主要是构成性分析和综合中的类型分析与综合。

从上面对各种联想所用的思维操作模型的解剖来看，简单联想是一种空间性、共时性的联想，其思维操作模型的规律是从综合开始，到分析结束；复杂联想是一种历时性、逻辑性意义性的联想，其思维操作模型的规律是从分析开始到综合结束。简单联想之所以简单，是因为它最后落脚到局部、个体，而复杂联想之所以复杂是由于它最后落脚到整体的关系上。因此，前者的思维是直觉的、感悟的，后者的思维是思辨的、分析的。

（三）创造性想象的思维操作模型

“想象”的思维操作模型是较为复杂的。无意想象，相当于某种简单的联想，而有意想象和创造性想象则是一种生产性的思维操作过程，即形象思维。至于创造性想象则是一种回忆，一种表象记忆，这与思维没有多少关系了。因此，探讨想象的思维操作，重点是关于创造性想象的问题。创造性想象本质上是一种虚构，就是对表象与表象的组合、构成。这种组合与构成，是一种极为综合化的思维操作的系统行为。我们平常所说的形象思维，其本质就是一种“想象”活动。任何一部文学作品都是一个想象的世界，每个人物都是艺术想象的产物。例如，现实生活中，并没有一个叫“阿 Q”的农民。但是，在鲁迅笔下，阿 Q 却是栩栩如生的。这个阿 Q 形象塑造过程，即形象思维的过程是比较复杂的。从性格设计构思的角度看，其中既有阿 Q 内在性格关系的统一（重复、和谐、有机），又有对立、冲突，所谓“二重性格组合”。另一方面，从外在形象的生成上看，又有特征的拼凑、组合。而外在的形象特征又要与性格特征互相和谐、统一协调，这又要运用重复性的思维操作模型。此外，在情节生成上，既有人物活动、行为之间的因果逻辑关系，又要有时间、空间的构成关系，前者要运用因果思维的分析与综合，后者要运用历时性分析与综合、空间性分析与综合的思维操作模型。

在我们看来，所谓想象，所谓形象思维、艺术思维，就是以形象为语言、媒介进行作品主题、立意的虚构性赋形思维、路径思维的全部过程。这样，虚构化的赋形思维、路径思维就成了想象的操作模型和最后的思维原理、规律了。

因此，要进行想象能力的培养，光说要进行虚构能力的培养，是远远不够的，必须进行赋形思维和路径思维能力的培养，否则，就不知道虚构的思维操作路径的目标。

三、联想和想象的关系

表面上看，联想和想象是两种不同的心理过程，有各自的特征。但是，落实到具体的思维活动中去的时候，联想与想象就具有十分密切的联系。联想主要落到其他事物上面，而想象则落脚到形象整体上面。但想象与联想又密不可分。因为，联想为想象准备了思维材料，而想象是对联想材料的结合和组装。

从另一个层面上看，想象可以说是连续性联想的中介环节的中断。换句话说，将一系列连续性联想抽掉其中间环节的时候，那个终极性的联想成品就是想象的产品了。例如，在郭沫若《天上的街灯》中，从地上的电灯想到天上的星星，从天上的星星想到天上的街市。天上的街市是一个创造性的想象，而从地上的电灯想到天上的星星，就是一个类似联想。可见，想象是和联想密不可分的。从大体上讲，想象是目的，联想是手段。

四、联想与想象在写作中的功能

在写作中，联想的主要功能是生成材料，丰富的联想生成了大量的文章材料，其次是生成主题。类似联想在这方面的作用更大。而想象主要是对性格的构思，形象的创造、组合、虚构，情节的推演。因此，要在进行联想的训练基础之上进行想象的生成性训练。

第3节　写作思维操作模型建构的综合训练

一、路径思维操作模型分析：演示、模仿与实践

（1）教师任意选择一篇文章，对立意和行文进行写作思维路径思维操作模型分析，看作者的写作思维是否具有深刻性、充分性、灵活性、独创性、批判性。

（2）学生模仿老师的路径思维分析方法，分析一篇文章立意和行文写作思维品质，并将分析结果写成一篇文章。

二、路径思维操作运用：演示与模仿

（1）教师以自己的一篇文章为例，向学生演示这篇文章写作中，自己是怎样追求写作思维的深刻性、充分性、灵活性、独创性、批判性的。

（2）学生以自己的一篇文章为例，谈谈在这篇文章写作中，自己是怎样追求写作思维的深刻性、充分性、灵活性、独创性、批判性的。

三、写作实践尝试

学生按照写作思维品质的要求，运用所学的写作思维操作模型（包括联想、想象思维）进行思维文章的立意与行文展开的思维操作，独立进行写作。

四、写作素质课后培养

（1）运用所学的写作思维操作模型的写作思维知识分析两篇文章的立意，看作者的写作思维是否深刻，是否具有批判性。

（2）根据观察到的人物、景物、事物、事件，运用本章所学的联想、想象的形象思维，写成一篇文学作品。

（3）记下你最近产生的感悟、认识的思想火花。

（4）写一篇读书心得。

（5）写一则生活随笔。

【基本概念】

写作思维品质　深刻性　充分性　灵活性　敏捷性　批判性　剥笋式分析与综合　多维分析与综合　多角度分析与综合　多时机分析与综合　联想　类似联想　对比联想　接近联想　因果联想　效应联想　分整联想　种属联想　想象　无意想象　有意想象　再造性想象　创造性想象

【复习思考】

1. 灵活性思维品质在写作中的功能是什么？
2. 敏捷性写作思维品质的本质是什么？
3. 怎样提高敏捷性写作思维品质？
4. 批判性写作思维品质的本质是什么？
5. 怎样提高批判性写作思维品质？
6. 在写作中，深刻性思维的基本要求是什么？
7. 怎样提高深刻性写作思维品质？
8. 在写作中，充分性思维的基本要求是什么？
9. 怎样提高充分性写作思维品质？
10. 写作中，灵活性思维的基本要求是什么？
11. 怎样提高灵活性写作思维品质？
12. 联想、想象思维在写作中的功能是什么？
13. 在写作中，联想、想象思维的基本要求是什么？
14. 在写作中，进行联想、想象思维操作时应注意哪些问题？
15. 简述类似联想路径思维操作模型。
16. 简述对比联想路径思维操作模型。
17. 简述接近联想路径思维操作模型。
18. 简述因果联想路径思维操作模型。
19. 简述分整联想路径思维操作模型。
20. 简述种属联想路径思维操作模型。
21. 简述联想、想象的内在关系。

第9章

感悟趋势　引领新声

——写作主体文化精神的培养与训练

1. 教学要求： 培养学生对写作文化精神的把握，实施对写作立意、行文、文体、语言的有效控制。

2. 训练重点： 特定时空背景下的写作文化规范的自觉形成。

3. 训练难点： 从特定的时空背景的若干象征中感悟新的写作文化精神和规范。

文学……就其本性来说，它不能不是时代精神的表达者。……只有那些在强大而蓬勃的思想影响之下，能够满足时代的迫切要求的文学倾向，才能得到灿烂的发展。

——车尔尼雪夫斯基

每一个时代的理论思维，从而我们时代的理论思维，都是一种历史的产物，它在不同的时代具有完全不同的形式，同时具有完全不同的内容。

——恩格斯

新思想造成新的技巧，犹如流水造成河道一般。

——萧伯纳

第 1 节　写作文化的概念

一、“写作文化”问题的提出

受 20 世纪分析主义、结构主义观念和方法论的影响，1988 年以前的现代写作学研究，一般都是孤立式的研究。所谓“孤立式的研究”，就是把写作看成是个体的一种行为，因此，写作学研究便是对写作成品、写作过程、写作主体的构成进行内部元素的分析、解剖、描述。这种写作学把写作完全看成一个自律性的行为活动，无视人类和个体的写作行为受社会文化环境制约这一他律性规律。而造成这种孤立式、抽象式写作学研究更为深刻的原因是缺乏时间意识，没有考虑人类写作行为对时代人文精神的制约性和控制性。

这种共时性、孤立式的写作学研究的危害在于其研究成果的滞后性、无效性。在 20 世纪 80 年代末，中国写作学界的青年学者受当时的“主体性”和“文化热”学术思考的影响，将时代性、地域性等文化学观念引入写作学研究，提出了“写作文化”的概念，由此产生了写作文化学和文化写作学的研究。

写作文化学和文化写作学的研究在中国写作学界产生了很大的影响，许多学者认为这是当代写作学的一场划时代的革命。

二、什么是“写作文化”

当“写作文化”概念最先提出来的时候，我们认为：“写作文化是人类文化在写作活动中的具体表征，它是通过文章所反映出来的作者的写作活动行为(角度选择、立意、结构方式、节奏安排、视点运用、标题制作、文面表现等)中所透露出来的某一时代的社会心理状态(人生态度、价值观念、时空情绪、行为准则、思维方式等等)的总和。”[①]或者说：“写作文化就是人们在某一特定的社会历史时代的背景下的一种写作行为的时尚、规范以及在这之上和规范背后的社会（尤其是文人圈）普遍心理状态、思维方式、价值观念、人生态度等的精神整体。”[②] 这里的所谓“普遍心理状态”，就是作为生命感受和生命理想的“时空情绪”。

总之，写作文化就是关于写作行为的文化，制约人类写作的时代的人文精

① 马正平：《危机与革命：写作文化学与文化写作学的兴起》，载《中国写作》，1990（1）。另见马正平：《写的智慧》，第 2 卷，450 页。

② 马正平：《写作文化与写作哲学再探》，见《写的智慧》，第 2 卷，496 页。

神、时代精神。写作文化不是一个单一的实体，而是一个结构，一个过程，因此必须对写作文化和写作策略进行整体的理解。

三、写作文化的结构

从上面写作文化的原始定义中，我们可以看出，所谓“写作文化”是一个精神结构，它具有两个基本的层面：第一，某一特定时代社会写作主体关于写作行为和文章的时尚性写作规范、理想、图样；第二，产生这种时尚性写作规范、理想、图样的生命状态，即关于个体生命在这个时代理想性生存的时空情绪、思维方式、价值取向。前者是写作文化的表层解构，后者是写作文化的深层结构。如图 9—1 所示。

写作文化
- 表层结构：写作文化规范（写作行为和文体、题材、立意、结构、语言的时尚）
- 深层结构：写作文化心态（时空情绪、思维方式、价值取向）

图 9—1　写作文化结构图

四、写作文化：文体的、主体的和文本的

写作文化的总概念包含三个层面意义：文体的、主体的、文本的。

从上面对写作文化的解构、剖析中我们已经看出，所谓表层的写作文化，就是文体的写作文化。文体写作文化作为一种体裁写作的时代规范——写作题材、主题、立意、结构、行文、语言、表达方式的写作时尚——而存在的。它是主体写作文化在文体因素上的具体体现，因为主体写作文化是写作者的时代性心理状态、心灵状态——时空情绪、思维方式、价值取向。写作主体的写作文化产生了写作文体上的写作文化规范，这二者构成写作行为上的写作文化的概念。

而文本写作文化则是一个写作消费、写作批评的概念。文本写作文化指的是从文章文本上所散发、表现出来的一种时代的人文精神——时空情绪、思维方式、价值取向，即从文本上看到世事人心，看到人类的当下人文心态、生命状态。因此，文本写作文化虽然是从文本上获得的，但是最终它仍然是时代社会的“人心”——个体和类的自由生命生存的背景制约情绪、思维方式、价值取向，这样，便由具体的文本写作文化、主体写作文化上升到对时代社会的一般的人文精神的感悟与理解。

五、写作文化的体现

写作文化的体现有两个主要层面，一是内容的层面，一是形式的层面。就内容层面而言，写作文化主要是指写作主体关于写作题材、立意、材料的真善美的价值取向、判断和选择，即乐于选择那些能满足时代社会的人的生命自由生存价值的话题、立意和思想观念。就形式的层面而言，写作文化是指在文章的结构、表达方式、语言上体现出来的时空情绪、思维方式、价值取向，即在形式感上满足时代的新的人文精神。

虽然写作文化通过这两个层面体现出来，但是，从写作学的角度来看，最重要的是后者，因为前者更多是其他众多学科的研究课题，而只有在写作形式（文体）上的写作文化，才是写作学的专业之所在。因此，写作文化学研究的重点应该是文体上形式上的写作文化现象、规律。而写作学、写作文化学的目的就是要其他学科、专业的人们注意，你们在进行自己学科、专业的写作时要体现时代的写作文化精神，写出受时代读者欢迎的文章著作来，这就是写作学存在的理由之一。

六、写作文化在人类写作活动中的功能

（一）写作创造行为生成的动力、控制者

写作文化的全部功能是为特定时代社会写作主体的写作行为、写作技巧提供时代性社会性写作规范、写作审美理想。这样写作文化就不仅是写作行为、写作技巧的行为指南和依据、动力，而且更是创造新的时代社会、地域，新的写作时尚、写作规范、写作标准的依据和动力。因此，我们说，写作文化是人类写作技巧、写作行为、写作活动的“大技巧”①。

其所以如此，是因为特定时代、特定社会中人的生命生存的情绪产生特定的写作行为、写作技术的思维方式，而这特定写作思维方式落实到具体的写作行为过程的每个环节——灵感、立意、行文、措辞——时，就产生新的价值标准和价值取向，于是形成了关于这些写作行为和写作对象的种种时尚规范，最后按照这些规范产生了新的题材选择、主题选择、行文和措辞选择，这样，具有强烈时代感社会写作文化精神的文章就写成了。

（二）写作文风、写作思潮、写作流派、写作运动生成的动力、控制者

“写作文化”的概念和过去写作学中的“风格”和“文风”的概念有密切关系。因为，“写作文化”的概念是我们在 20 世纪 80 年代中期提出的“时代文风”

---

① 参见马正平：《写的智慧》，第 2 卷，466 页。

的基础上升华出的一个当代写作学概念。[1]

“文风”可以分为“基本文风”（超时代文风）和“时代文风”，前者即所谓准确、鲜明、生动，后者即特定时代的写作文风，例如简洁、明快就是当代的时代文风。但是，“写作文风”和“写作文化”这两个概念仍然是有层次区别的。“写作文风”是一定时代的文章上所显示出来的一种时代整体风格的特征群，“写作文化”是导致这种时代文风产生的人文性心灵现实、心态、感觉。因此，写作文化是写作文风生成的最底层的结构、内在机制。1942年延安整风的主要任务之一就是整顿文风。当时要反对的是“党八股”、“本本主义”那种“无实事求是之意，有哗众取宠之心”的恶劣文风，要树立的是一种清新、活泼、务实的革命文风。这实际上是一次写作文化运动，这次整顿文风的运动在解放区的背景制约下产生了一种新的时空情绪——清新明快、生动活泼。

同“写作文风”与“写作文化”的关系一样，写作思潮、写作流派、写作运动与写作文化的关系也是一种表层与深层、现象与本质的关系。因为，写作思潮、写作流派、写作运动是一种写作行为、写作现象——一种理性的现象，而写作文化则是生成这种理性的写作行为、写作思想、写作思潮的时代性、生命感性情绪、审美感觉——人们的某种心理状态、价值观念、行为准则、思维方式、智慧水平的总和。它是写作思潮、写作流派、写作运动所以产生的内在动力。

例如，第二次世界大战前后，日本的“生活作文运动”就是一种写作思潮，而这种写作思潮、写作运动背后则是一场写作文化的变革。当时一批中小学作文教师反对学生作文只能按日本天皇规定的宣扬孔孟之道的《教育勒语》来写，而极力主张学生作文应该写生活中的事，写自己所感受到的事物和生活事件。这次“生活作文运动”是一次地道的写作文化革命。后来竟由此波及整个日本，成为一场前后经历50年的伟大的思想文化解放运动。

由此可以看出，写作文化理论不仅对个体的写作行为、写作技巧，而且对时代社会的写作活动都具有机制性、原理性、动力性的解释功能。

也因为这个原因，写作文化便具有一切科学理论所具有的预见、预测功能。有了这一写作规律、原理，我们便可以根据特定时代特定社会的人类生命感受、生存处境——时空情绪、思维方式、价值取向，创造新时代新社会的写作行为、技巧、文体的新时尚、新规范、新语言，产生符合这个时代写作文化精神的理想的文章。

---

① 参见上海、天津、武汉、广州等全国11所教育学院编：《写作与作文教学》，昆明，云南教育出版社，1986。

第2节 写作文化精神的感悟与掌握

从上面的阐述中，我们看到，对时代写作文化的获得，对某种写作时尚的模仿，只是一个浅层次的获得，写作文化的中层次获得就是对写作行为的思维方式的获得，而对写作文化和写作策略的深层次获得应该是对特定时代的写作主体的心灵状态、生命状态——时空情绪的获得。这种获得，不是靠理性的分析，而是从主体的整个心灵世界的感觉、情感上去感悟、体验、把握。这样感悟到这种特定时代的时空情绪，才能产生写作主体写作行为的特殊的思维方式，才能最后生成、创造特定时代的写作行为的价值取向——新的文章图样的时尚、规范和潮流。一般说来，写作文化这种感性的把握可以从以下几个方面着手。

一、感受特定时代社会的时空情绪

（一）在新的生存困境中寻索生命自由：对时代社会人类新的生存态度的感受

当由于种种原因致使社会的人性受到扭曲，人的尊严、自由、生命受到某种严重威胁，个体和人类的生命生存不能获得自由的理想的环境的时候，整个时代社会的成员都会感到一种生命的压力。这时，时代的社会成员会自然生成一种时代性生命情绪，这种生命情绪就是一种向往自由的心灵空间的情绪，这种空间情绪就是一种哲学的情绪，就是一种人文精神的情绪。作为写作者就应该敏锐地感到这种时代社会的空间情绪，开放、开阔自己的心灵空间、生命空间，从而产生新的写作行为的思维方式和价值取向。这种空间情绪主要体现在题材的选择、主题的确立、文章结构的安排上面。

这种空间情绪也可以是对新世界先进的人文精神的时空情绪的感悟，采取一种引进的方法，作为当下社会时代的理想的生存状态而产生写作文化心态。

（二）在新的时代的社会节奏中把握时代时间情绪

由于社会的科学、技术的发展，机器、机构的运转速度加快，导致事物运动的节奏加快；由于社会变得复杂，人的生存竞争也异常加快，这样导致人生活、工作的压力加重，导致人的生活和工作节奏加快，使整个社会呈现出一种快节奏的时代的社会和心理的特征。这种崇尚速度、时间、节奏的社会心理导致了人们对艺术和文化的产品的形式的节奏感、时间感的渴求，这样便从时间感、节奏感的角度萌生新的写作文化。因此，写作主体要能够在一个敏锐的感觉区把握一种生命生存的关于速度的节奏感觉，即敏锐地感觉这个时代社会的特殊的时间情绪，从而引起文章写作中表达方式、写作技巧、手法的变革，进而创造出新的时间、节奏感觉的文体、形式。

二、在其他文化形式中感悟、理解时代写作文化精神

（一）在新的哲学精神中感悟写作文化

每个时代社会都有某种时代特征、地域特征的哲学思想、科学思想等，这些思想甚至会成为整个时代的时尚和潮流，这个时候，写作主体就要以敏锐的写作感觉去理解这些思想潮流、精神时尚、先锋思潮中所体现的时空情绪、思维方式、价值取向，从而生成对这个时代社会的写作文化精神的理解、感受，看这种思想潮流、精神时尚中所包含的写作文化精神在写作的题材立意、结构语言、形式表达方面的具体体现。

（二）在先锋艺术中感悟写作文化

和哲学一样，艺术是时代人文精神的晴雨表，只是它以感性的方式做出反应，艺术的内容和形式都是如此。这样，各种具有高度创新性的艺术形式都体现了时代社会的新的文化精神。因此，我们可以从那些先锋艺术形式、体裁的创造中感悟时代精神，从而在写作行为中体现这种时代人文精神，生成时代的写作文化。

在这方面，西方写作史上将巴洛克风格艺术文化转变成巴洛克风格的写作文化是一个十分典型的例子。本来，“巴洛克”是对 18 世纪后期到 19 世纪初期一种建筑风格的指称，意即装饰性的、巧妙自由的、有奇异意味的新概念建筑。18 世纪末，巴洛克风格和审美观念被先锋音乐家所接受，创造了一种巴洛克音乐，即混乱的和谐和有缺陷的音乐。到 19 世纪末，德国学者沃尔夫林将巴洛克艺术风格和艺术文化的观念引进文学批评，重新阐述 17—18 世纪文学写作中的巴洛克现象。后来巴洛克风格被引进了哲学、心理学、物理学，这样巴洛克成了一种总体文化史的概念。[①] 从写作学的角度来看，这时的巴洛克已经是一种写作文化现象了。从写作文化的意义上讲，巴洛克是感性的、自由的、复杂的时空情绪所产生的思维方式和价值取向，一种时代的“精神气候”[②]。

所以，今天我们也可以从流行音乐的节奏中去直接感受这个时代的节奏形态，我们从先锋的绘画、建筑等造型艺术上去感受时代的空间情绪，从而将这种

---

① 参见［美］韦勒克：《文学思潮和文学运动的概念》，5 页，北京，中国社会科学出版社，1989。

② ［美］韦勒克：《文学思潮和文学运动的概念》，25 页。

当代艺术的时空情绪感悟、体验转化为在写作中的表现形式，这是写作文化精神的感悟和创造的一种便捷形式。

第 3 节　写作行为思维方式与价值取向

在一篇或一系列文章（包括书刊）中，写作文化主要是通过角度、立意、结构、视点、节奏、语言、文面等方面的写作行为、技巧进行表征的。其中每一种因素能透露出某种写作文化，这若干因素又共同地表现一个整体性写作文化。

一、立意的写作文化（应该/ 不应该）

（一）写作文化精神（思维方式）控制下的写作题材的价值取向

这就是说，我们在对写作题材、写作内容这些写作对象进行抉择时，要考虑它是否具有时代的写作文化精神特征。换言之，写作者要以时代的生命时空情绪、写作思维方式为依据去选择符合这种价值取向的题材、内容，这样的文章才能引起当代读者的强烈共鸣。例如，在当代文学写作方面，自 80 年代以来出现了伤痕、反思、文化寻根、改革开放、生命意识这样一些小说写作的思潮、流派，这就是时代写作文化对写作题材的制约的生动体现。

（二）写作文化精神（思维方式）控制下的写作立意的价值取向

写作文化对文章立意的影响、制约有两方面。一方面是对文章立意中的思想观点、情感、褒贬态度所体现出来的时代写作文化精神的时空情绪、价值取向，即这些文章的立意、感情的时代精神的问题。例如文章的主题立意是对人性、民主、法治、生态、环保、和平等话题的关注，就体现了鲜明的时代写作文化精神。

另一方面是指文章主题立意产生的形式感所获得的时空情绪和所显示的立意的思维方式等。例如，立意角度体现为一种视野、智慧。每篇文章（包括文学作品或一般文章）可以选择一种角度进行写作，也可以选择多种角度进行写作，这是显示生命力的写作文化。相反，一个作者的每篇文章或若干作者的文章都只用一种角度进行写作，这就是一种僵化的、趋于死亡的写作文化，就是写作文化的枯萎。立意的价值标准是高远、深刻和新颖，而这三者都是对写作主体精神而言的。“高远”是文章立意对物质功利的超越而对精神的追求，是由自我奔向人类、宇宙，表示主体心灵逐级超越升华。“深刻”是指对形式、现象最终原因、本质的探寻，从而显示出一种眼光和智慧。新颖的立意表示出作者思维方式的灵活性。于是，我们从文章立意中窥见了人类高尚的心灵、智慧的眼光、灵活的思维方式这些写作文化。

二、写作行文的写作文化（应该/不应该）

（一）用写作文化控制文章开笔行文基调的选择

文章的行文是在文章的基本内容的大体酝酿之后对文章的语言表述行为。文章的行文是以文章开笔作为胚胎的。开笔的关键不是文章内容的选择，而是文章的节奏和空间感觉的确定。因此，怎样在文章基调上体现时代的写作文化——时空情绪的空间感和节奏感，是文章开笔的重要任务。

文章开笔的写作文化一般体现在两个方面：一是句子的速度感、节奏感的决定；二是开笔行文的视点、叙述者、人称的选择而造成行文言说的空间感生成。视点、叙述者、人称这三种东西互相联系又互相区别，它们也能表现一定的写作文化。视点、叙述者、人称的频繁变化不但可以增强一种空间感、速度感、多维感，而且可以表现出真实感、人情味。西方现当代小说由过去的第三人称的全知角度转向现当代的第一人称的角度就是如此。至于现代小说中运用第二人称的手法来写小说，这表明当今人类需要人与人之间直接的心灵沟通和对话的独特心态。

（二）用写作文化精神控制文章结构的生成

结构方式是表现写作文化精神（时空情绪、思维方式）最直观的体现因素。因为，结构作为一种共时态空间性的东西，它可作为心理空间的对应物，它能表现出作者的心理空间（心灵空间、思维空间、智力空间）。我们可从三篇著名的报告文学《包身工》、《为了六十一个阶级兄弟》、《世界大串联》结构模式的变化中看出 20 世纪 30 年代、60 年代、80 年代写作文化思维空间的拓展历程。我们可以从曹禺剧本《雷雨》和高行健的剧本《野人》的结构变化——由单线结构到多线结构——中看到变化着的戏剧结构写作文化。

在当代小说创作中，作品开阔性、开放性、空间感的形成是当代文学写作文化的一个非常重要的标志。例如，文学叙述中的时空交错以及现实与理想、神话、历史的交错，时空折叠，碎片化、无序性，是现代小说和后现代小说的一些重要形式特征。

当代诗歌创作中甚至产生了所谓“空间诗”的创作诗学思潮。这种“空间诗”就鲜明地体现着当代诗歌的新的写作文化精神。什么是“空间诗”呢？就是所谓的“混乱的时空意识在现代诗中则明显地体现为诗人常常以空间取代时间，即时间因素下降到最低限度，而空间因素几乎解构了整个诗的框架”①。例如，海子的《亚洲铜》就是典型。这里的空间性是由四重层次来组合的，形成一种渲染式的空间感，但是每个层次比较清晰，因此还不是最极端的现代诗歌的空间感追求。因为，当代的诗歌写作文化不是希望静态地进行空间取景，而是通过思维方式上的立体化、多维化地进行空间观照而进行诗歌意象的组织。正如台湾当代诗人黄永武所说的那样，应该是“以远观、近观、仰观、俯观、前瞻和后顾六个角度摄取事物”②。从而产生强烈的空间感觉、空间意识。正如当代诗歌理论家陈仲义先生所说，这种时空设计“上升为一种更强烈更自觉的思维意识，即形成多层次多角度，左右贯通，内外交混，上下渗透的思维共振场，这是一种立体动态的思维空间”③。这里所谓的“思维意识”，就是指写作文化中关于文章结构的“思维方式”。

在新闻写作中，我们同样可从逻辑严密的倒金字塔结构到自由活泼的散文式的新闻结构变化中看出新闻写作文化的变化。另外，对新闻写作内容的纵深感、空间感的思维空间拓展的追求，也是时代写作文化——时空情绪和思维方式——的一种直接体现。正是当代新闻写作文化精神的这种渴望，使得深度报道、新闻调查等文体受到当代读者的欢迎。

在当代学术论文写作中，在对文章的主题、论点进行论证阐述时，从多角度、多学科去寻求证明的解构思维方式，以及重视从国际学术潮流、观念方法论背景去进行求证的思维方式，同样是在追求一种高远的开放的、开阔的立体的思维空间感的写作文化和写作精神的体现。

以上这些都生动地体现着写作文化的变化。

（三）用写作文化精神控制句子的节奏

如果说结构表现的是写作文化中心理的空间感的话，那么，心理的时间感则是由节奏来显示的。节奏同样是一个敏感而重要的东西。新诗从一产生到现在都有人说太散文化，没有“诗的格律”。但奇怪的是近一个世纪过去了，虽然有许多好事者设计出现代格律诗的节奏，但自由体新诗却依然故我，不理睬这些闲言碎语。自由诗正是以它的口语节奏表现了这个时代快速流动的心理节奏。文言文、近体诗、现代格律诗因其语言节奏的呆板、缓慢、悠闲，与时代的心理节奏不能合拍，所以不受人们的青睐。文章节奏不仅表现在语言这个“形式”上，而

① 陈仲义：《现代诗创作探微》，321 页，福州，海峡文艺出版社，1991。

② 黄永武：《诗的时空设计》，转引自上书，322 页。

③ 同上书，322 页。

且也表现在文章内容的高信息化上。例如现代诗歌中意象叠加、复叠，给人以“川流不息”的信息流动感，这就是节奏感。节奏感是人对社会事物运动变化的速度感的内心体认、领悟、感受。一个人体认、感悟到一定社会的节奏感、速度感，他就预感到了这个社会的新的文化。事实上，时间和空间是统一的，所以在文章中节奏感、速度感加强，就会拓展一种空间感，同样空间感的拓展又会呈现出一种快速的节奏感来。

再如创造新的语汇问题，中国人历来主张宗经尊圣，言出有据，所以对一些人使用创新的语言很是反感，动不动就斥之为“生造”。实际上，合乎使用规范的语言创新是思维、心灵的拓展，是对陈旧的写作文化的直接批判和抗议，是一种生命力的体现。

（四）用写作文化精神制约文章标题形式的生成

如果说，上面这些写作行为、写作方法是表征写作文化的主要“情节”的话，那么，即使在一些“细节”也能十分传神地表露出某种写作文化精神来。

例如标题，过去的文章标题只有一个单独的标题，后来又产生主标题和副标题，近年来的文章（尤其是论文）往往把那种正、副标题中的破折号去掉，在正标题后面加冒号，合成一个标题，这样从标题上就产生一种快节奏的感觉。

同样是“××××：×××××……”式的标题格式，另一些作者在构思标题内容时前后不是一种正、副标题的模式，而是一种对象、主题与阐释、评价的关系，这样给人一种多维视野的立体印象。这显然是一种新的写作文化的表征。

又如文章中的小标题。过去的小标题总是很简单、概括，往往是这段、这部分的一个主题句，段落内容必须对段落标题进行论证、阐述、展开。但近年来一些文章的小标题不再是一个简单的主题句，有时是段落和内容提要，有时是段落中的精彩部分，有时甚至对下面段落起着一个烘托、渲染的作用。总之，这些标题打破了陈旧的清规戒律，使文章中涌动着一种生命气息。这正是一种新的写作文化精神。

（五）用写作文化精神制约文面形式的生成

文面形式也能准确地表现出一定的写作文化。从文章标题页布白安排的不同，可以看到两种不同的写作文化心态。或者显出作者心地狭隘、封闭，或者显出作者心灵的空阔高远、开放灵活。同样在字体的选择上，也能透出时代的时空情绪和审美取向，例如古典情绪、现代情绪或后现代情绪。

三、文体的创生演变

文章体裁是某类文章在内容和形式上的共同特征、写作规范，而写作文化则是导致文章体裁生成的主体性精神、心理状态和美学追求。对一个特定时代的写作者来说，文体是写作者表达内容的形式。作者希望文体的形式能尽量满足读者对它的审美要求，能尽量表达自己所感悟到的时代写作文化，因此，写作文化就成了文体改造、创新的直接动力和内在机制。

（一）写作文化导致文体的局部调整、改造

所谓“写作文化导致文体的局部调整、改造”就是对某种文体中不适合新的写作文化的时空情绪、思维方式、价值趋向的某些文体因素（题材、结构、表达方式、语言等）进行调整、改造，使之与当代写作文化精神合拍。例如在尼采以前，哲学著作的文体都是以理性思辨为写作规范，现象学哲学产生以后，人们重视当下性经验的体验，因此，从尼采开始，许多哲学家改变了哲学文本写作的游戏规则：文章的表达方式一改纯粹理性的、思辨的写法，而加入了相当的描写、叙述甚至抒情的成分，使哲学文体一下子变得直观、感性。就像小说写作中从传统小说的以第三人称的叙述为主转向了现代小说的以第一人称叙述为主那样。尼采、叔本华、海德格尔都是新的哲学文体的崇尚者和推进者。

又如，传统小说十分注重描写，这些作品对景物环境和人物的外貌、心理的描写十分精细，但是这样造成了传统小说节奏缓慢的阅读感受，这种时空情绪不适应当代人对小说的新的写作文化文体规范的渴求。为了改变这种现象，当代作家在小说写作中对描写的技法进行改造，改变了描写的节奏，描写变得概括、简洁，更多地使用了叙述的表达方式。这样加快了当代小说的速度感、节奏感，使当代小说受到了当代读者的欢迎。新闻文体由传统的金字塔结构转向散文化结构，同样是对传统新闻文体的调整、改造。而这一切都是当代写作文化精神的催促使然。

（二）写作文化对新文体的尝试、探索、创造

当一种新的整体的写作意向、阅读兴趣无法通过对传统文体的局部因素的调整、改造来表达、传播时，人们就要根据这种新的整体的写作意向、趣味去尝试创造一种新的文体，来满足自己的写作意向和兴趣，来满足时代社会的阅读需要。

在当代文秘写作实践中，“意见”这种文体的出现就是这类典型。在计划经济时代，经济活动、社会活动主要是通过国家的计划和领导指令进行管理的，因此，那个时候创造了“指示”这种公文文体。从文章的题材、内容方面看，“指示”这种公文文体重视的是国家机关的各级领导人对经济、社会活动的指令。这样，“指示”常常体现着国家机关领导人个人意志，并且具有权威性、依据性、强制性。但是，市场经济到来的时候，竞争、协商、民主成为这个时代的“关键词”，政府、国家各级机关的领导人对经济活动的干预变得越来越少，行政领导人对许多问题的管理多以民主协商的心态进行对话、商量。在这个时代，显然“指示”这种公文文体显得不合时宜，于是，公文写作界创造了一种崭新的公文文体——“意见”。“意见”与作为下行文指令性的“指示”不同，“意见”既可是下行文，也可是上行文，还可是平行文。这样，“意见”这种新的公文文体的诞生就符合当代这个讲求协商、对话、横向的民主化人文精神的时空背景，生动地体现了当代公文写作文化的重大变革。

在近年来的文秘写作考试中，还出现了一种类似于古代的“策问”和“八股文”的考试文体——“申论”。其产生也有十分重要的社会文化和公文写作文化背景。

此外，新闻写作中，最早的“深度报道”、“报告文学”，电视新闻文本写作中的“新闻调查”、“电视政论”，文学写作中30年代的“杂文”、70年代诗歌写作中的“诗报告”、80年代小说写作中的“报告小说”的产生都是如此。

但是，文体作为一种新的写作文化的表征，不是凭空而来的，往往都是在过去已有的几种文章体裁中的有关文体因素基础上组合、杂交而成，因为按照一定功能、目的、意图进行对有关因素的重组就是创造。这从上面这些新创造的文体名称中就可以看出来。

第4节　写作文化意识与思维的培养训练

一、文章写作文化意识与思维分析：演示、模仿与实践

(1) 教师选择一篇文章，分析文章中作者的写作文化意识与思维对文章的主题、立意、材料、结构、语言、节奏、技巧的控制，并将分析结果写成文章。

(2) 学生选择一篇文章，分析文章中作者的写作文化意识与思维对文章的主题、立意、材料、结构、语言、节奏、技巧的控制，并将分析结果写成一篇写作文化批评文章。

二、写作思维中写作文化控制：演示与模仿

(1) 教师以自己的一篇文章为例，向学生演示这篇文章写作中写作文化对文章写作的控制的经验和教训。

(2) 学生以自己的一篇文章为例，谈谈自己在这篇文章写作中写作文化对文章写作的控制的经验和教训。

三、写作实践尝试

学生模仿上述写作文化分析和演示，独立写成一篇文章。注意独立写作中进行写作文化对写作行为、技巧、语言的控制。

四、写作素质课后培养

（1）对各类文章（文学作品和应用写作）进行写作文化的分析。

（2）根据观察到的人物、景物、事物、事件，运用本章所学的写作文化意识和思维，进行文章立意和行文的写作文化控制的综合练习。

（3）对此时、此地的写作文化精神的感悟与把握，获得自己所体验到的写作文化精神。

（4）记下你最近产生的感悟、认识的思想火花。

（5）写一篇读书心得。

（6）写一则生活随笔。

【概念术语】

写作文化　大技巧　时空情绪　价值取向　思维方式　写作规范　文体写作文化、文体写作文化　文本写作文化

【复习思考】

1. 写作文化的基本含义是什么？
2. 为什么要注重写作文化素养的培养？
3. 写作文化在写作中的功能是什么？
4. 为什么说“写作文化”是写作行为中的“大技巧”？
5. 简述并图示写作文化的层次结构。
6. 在文章写作过程中，“写作文化”是通过哪些文章因素来表现的？
7. 写作文化是怎样对文章的标题制作产生影响的？
8. 写作文化是怎样对文章的主题、立意产生影响的？
9. 写作文化是怎样对文章行文中的材料取舍产生影响的？
10. 写作文化是怎样对文章行文中的结构方式生成产生影响的？
11. 写作文化是怎样对文章行文中的语言生成产生影响的？

12. 写作文化是怎样对文章行文中的写作节奏产生影响的？
13. 写作文化是怎样对文章行文中的写作境界和文章境界产生影响的？
14. 写作文化是怎样对文体风格产生影响的？
15. 怎样感悟一个时代、地域的写作文化精神？
16. 怎样才能具有感悟写作文化精神的素质和能力？

第 10 章

明察禁忌　消解阻碍
——“协调”与“对抗”的写作策略思维模型的建构

1. 教学要求： 培养学生较强的写作策略思维的素质与能力，提高写作的能力。

2. 训练重点： 协调与对抗的写作策略的思维操作模型的建构。

3. 训练难点： 对写作当下状态中的写作禁忌敏感。寻求消解写作禁忌的写作策略。

细玩其以死马为喻，亦自知无补于君，但借此以倾动天下之士，即其大有补处也。

——林云铭：《古文析义》

第 1 节　写作策略思维操作模型

一、什么是“策略思维”

前面讲解、训练的写作行为的赋形思维和路径思维都是一般的写作思维操作技术。这里的“一般”具有两层意思：一是指相对于各种具体主题、文体的现实写作思维而言的一般的无主题、无文体、无目的抽象的写作思维行为；二是相对具体时代、具体地域背景而言的无时代、无地域背景控制的抽象的写作思维技术。因此，这种写作思维操作是一种没有具体目的（主题、功能、文体），没有具体时空背景制约的形式性思维、技术性思维。

显然，这种抽象的写作思维是不存在的，它只是我们对写作思维操作模型、技术的科学抽象。人们在写作思维的时候，并不是在这种真空状态下的抽象思维操作，而是在具体的写作目的指引下，在具体的时间、空间的背景下，针对具体的思维对象的具体化思维。

正是这种制约因素，才形成了每次写作行为、写作思维，每篇文章写作思维既定的“表达空间”。[①] 因此，对自己某次写作思维“表达空间”的下意识把握，是写作行为成熟、老练的标志。

写作思维技术一旦进入现实的写作思维环境，写作思维活动就变得异常复杂起来。在这种具体时空环境、具体目的、具体功能条件下的写作思维，其中一个重要特征就是根据写作目的和时空背景对写作思维技术所生成的写作材料、文章成果进行“反思”，即“对思维的思维”，从而实现对思维结果的反馈和控制。通过这种反思产生一定的应对方案，这种应对方案就是一种写作策略，这种产生写作策略的思维就是策略性思维。策略性思维就是所谓“智能”或思维的智能。

写作策略性思维的本质就是体现思维辩证性的具体性、现实性、情景性规律和可行性规律的问题。

写作策略性思维的研究，实际上是将静态的、抽象的思维研究转向具体时空中的现实的思维的研究的问题，是在抽象性、形式性写作思维研究中加入时间这一维的研究。甚至可以说，对写作思维策略的研究，实际上也是对“写作思维文化学”进行研究。

二、写作策略生成的内在机制

在写作策略思维的操作模型中，首要的因素就是“写作目标”。写作目标是对整个行为、思维进行控制的最高“统帅”。所谓写作思维目标、思维目的，就是个体的行为、思维所要实现的功能。即你的行为、思维到底要干什么。这个“什么”就是思维的功能、目标、目的。例如，我们要进行某单位的人事制度改革，以调动人们的工作积极性。改革人事制度，调动单位员工的工作积极性，就是思维目标。它在整个思维过程中伴随始终，指导着、控制着、反馈着人们的思维和行为。

其次是“写作思维背景”。写作思维背景就是思维活动所处的时间、空间、社会环境。这其中包括三个因素。第一是思维对象，就是个体思维、行为所面对

① 参见周森龙：《现代写作论稿》，31页，天津，天津人民出版社，2005。

的对象。例如，你在进行单位人事制度改革的时候，思维对象就是这个单位的全体成员。第二是思维时间因素、时代因素、时机因素。例如，你的改革是在什么时机下进行的：今年不同于去年，今年不同于明年。第三是空间的因素或者说地域的因素：北京不同于深圳，成都不同于上海。然而，无论空间背景和时间背景都主要是人文背景、社会背景。因此，思维背景实际上就是社会和个体共同形成的思维环境。人的思维就是在这个思维环境下思维的，不可能不考虑思维环境和思维内容的内在关系。

最后才产生了写作策略的思维活动。写作思维的本质是一种二重性的意识活动。这“二重性思维”，就是我们所说的“反思”。一方面，个体在写作思维目标的指挥下，按照一系列的思维操作模型进行形形色色的分析与综合，这时，个体的思维更多地考虑对思维目标的实现问题，而不大考虑这些思维成果与思维背景冲突还是和谐的问题。另一方面，思维个体的思维活动还要考虑这些形形色色的分析与综合的思维材料、成果、结论与思维的背景是协调和谐还是冲突对立的问题。个体思维活动的最佳状态、理想境界就是实现思维目标的分析和综合所产生的成果与现实的思维背景（时空背景和对象背景）的状态、规范的协调、统一、和谐。否则，个体的思维成果就得不到认可和通行、支持，甚至会被扼杀。

三、写作策略的范畴

当思维个体发现自己的思维成果与思维背景发生了冲突、矛盾、对抗的时候，有三种思维应对策略和智能有助于催化实现思维目标。

1. “协调”策略

当思维个体发现自己的思维成果与思维背景发生了冲突、矛盾、对抗的时候，一方面是尽量挖掘思维背景诸因素中有利于实现自己的思维目标的信息和思维材料，让思维背景的信息为自己的思维目标和思维功能服务，即所谓“把政策用够”。也可以让自己的思维材料、成果、结论在提法、操作上尽量和思维背景中的重要信息保持协调。另一方面是消解思维背景信息中的不利于实现自己的思维目标的信息和思维材料——“禁忌因素”——来实现自己的思维目标，包括对思维背景的信息做出有利于自己的解释，即所谓“打擦边球”，变不利为有利，化腐朽为神奇。

2. “对抗”策略

当协调的结果不足以达到自己的思维目标时，当自己的力量达到一定程度时，便可以选择对抗的策略。所谓“当自己的力量达到一定程度”，一般是指自己实现思维目标的理由十分正确、充分，能反映某种规律、逻辑和历史必然性。

3. “戏仿”策略

在某种现实的处境下，既不便“冲突”，又不便“协调”，在表述自己的思维成果左右为难的时候，你在形式上、语义上表示协调或冲突，而在真实的立场上则表示冲突与协调的策略，别人去听你的画外音、潜台词、话中话。

思维策略的生成机制，或者说策略性思维的一般操作原理，可以用图 10—1 表示。

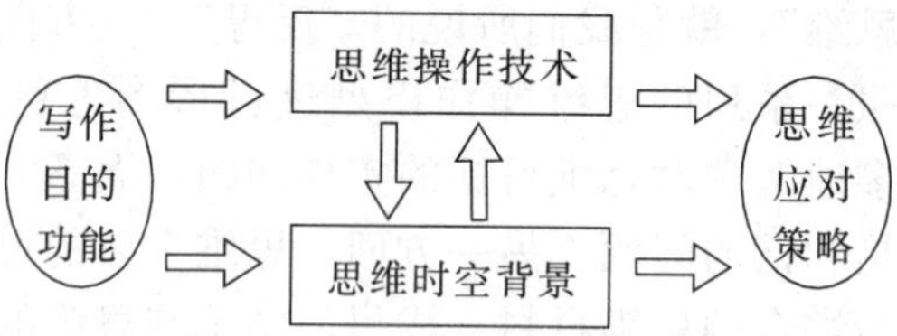

图 10—1 思维策略的生成机制示意图

思维策略在这里体现为一种应对方法。具体体现为一种角度的变换、说法的调整、口气的改变、措施的调整，甚至目标、观点的修订、证据的调整，等等。

四、写作策略或策略性思维的功能

思维策略或策略性思维的功能主要是克服思维主观性，反映思维的现实性、时空背景性，使自己的思维活动、思维成果更加能实现自己的思维目标。

如果说思维的分析和综合的种种思维操作模型是思维技术和战术的话，思维策略、策略性思维就是思维的战略。它是一种思维的“大技巧”。

第 2 节　策略思维操作模型建构训练

一、写作思维中的写作策略分析：演示、模仿与实践

（1）教师任意选择一篇文章，对作者的写作策略进行写作思维分析。

（2）学生模仿老师的策略思维分析方法，分析一篇文章的策略思维（协调与对抗），并将分析结果写成一篇写作策略分析文章。

二、写作路径思维操作运用：演示与模仿

（1）教师以自己的一篇文章为例，向学生演示这篇文章写作中写作策略思维（协调与对抗）操作模型运用的经验和教训。

（2）学生以自己的一篇文章为例，谈谈自己在这篇文章写作中写作策略思维（协调与对抗）操作模型运用的经验与教训。

三、写作实践尝试

学生模仿上述写作策略思维操作模型，进行写作策略思维操作模型综合运用的思维尝试和实践，独立写成一篇文章。

四、从修改中学习写作

（1）自改互评；

（2）教师抽评；

（3）改正清誊。

写作策略评改细则

1. 生活现象中产生、确立文章的主题、立意、观点时所运用的写作策略思维（协调或对抗）是否合适、得体。

2. 文章的行文语气是否选择了合适的写作策略思维。

3. 文章的行文材料的生成是否选择了合适的写作策略思维。

4. 文章的行文观点、提法是否选择了合适的写作策略思维。

5. 文章的行文文体风格上是否选择了合适的写作策略思维。

五、写作素质课后培养

（1）运用所学的策略思维操作模型的写作思维知识分析两篇文章的立意、行文的写作策略思维，并把分析结果写成分析短文。

（2）根据观察到人物、景物、事物、事件，运用本章所学的写作策略思维操作模型技术，进行文章写作策略思维操作模型运用的综合练习，写成一篇文章，以显示你的精彩的写作策略的思维智慧。

（3）记下你最近产生的感悟、认识的思想火花。

（4）写一篇读书心得。

（5）写一则生活随笔。

【概念术语】

策略思维　功能目标　时空背景　写作禁忌　应对策略　协调　对抗　戏仿

【复习思考】

1. 为什么写作中存在写作禁忌的问题?
2. 写作行为为什么要讲究写作策略?
3. 写作策略思维的意义是什么?
4. 简述写作策略思维的思维模型。
5. 简述写作禁忌的类型。
6. 谈谈怎样消解写作禁忌。
7. 谈谈协调与对抗的转换关系。
8. 只有在哪种情况下才能运用戏仿的写作策略?
9. 怎样提高写作策略的智慧水平?
10. 在写作中，写作策略思维的要求是什么?
11. 怎样提高协调性写作策略的智慧水平?
12. 怎样提高对抗性写作策略的智慧水平?
13. 在写作中进行协调性写作策略思维时应注意哪些问题?
14. 在写作中进行对抗性写作策略思维时应注意哪些问题?
15. 在写作中进行戏仿性写作策略思维时应注意哪些问题?

第 11 章

成也萧何　败也萧何

——数字化时代写作主体的处境与对策

1. 教学要求：培养数字化时代学生数字化写作时应有的写作思维素质。
2. 训练重点：培养数字化写作对写作主体性的负面影响。
3. 训练难点：怎样消解数字化时代数字化写作对写作思维的负面影响。

科技作为一种包罗万象的体系，作为技艺或者技术理性的主宰……已使我们的想象力……萎缩到了何种程度。

——加里·查普曼

由于计算机及网络的诱惑实在太大了，我甚至有点担心，数码时代的人文学者，可能面临记忆力衰退、历史感淡薄、独立性减少等诸多陷阱。

——陈平原

何谓“数字化”？这里的“数字”是说在信息的流通过程中，信号要以数字的形式来传送，而“化”的意思是向某种性质或方向的转变趋势。“数字化时代”是指一个信息存在方式越来越趋向于数字形式、人们的生存越来越依赖于以数字技术为运作规则的“计算机”的时代。数字化写作可定义为是在互联网背景下利用计算机技术所进行的一般文章写作和网络文体写作。

即使是在数字化时代，人类的大脑思维也不能以冷冰冰的数字化方式运行，它生机勃勃，不停奔涌着激情，而写作是作为人的思想感受得以发于外的重要途径，“数字化”仍难以替代“写作”。那么，数字化时代的写作在传统的“写作”与日新月异的“数字化”之间，如何从尴尬中解脱？

第1节　数字化时代一般文章的电脑写作

写作借助于数字化，是从两个层面开始的。在大众层面，由于互联网在城市的极速膨胀，网际传播中人们的写作欲望空前高涨；在知识分子层面，虽然上网也日趋时尚，但他们仍对网络文化持保留态度或不认同感，但这并不等于逃离了“数字化”。形象的说法是大多数的知识层人士的写作已经完成了“换笔”的程序，尽管在换笔之初也有相当多的学者、作家对此表示了忧虑甚或进行了个体的抵制，但近年来电脑的迅速普及已经使任何人都无回天之力，最终人们不得不适应这个数字化的时代。

高科技、数字化是能使人着迷的，通过程序设计出来的3D动画极为清晰，还可以瞬息间千变万化；计算机作曲，音色节奏准确，可在程序设计完成后播出无人演奏的大型交响乐。在文字写作方面，计算机同样能给写作者带来数字化的乐趣。有了计算机和电话线，上网就轻而易举了。网上是信息的汪洋大海，通过超链接，从理论上讲所有的信息都完全向上网者敞开。因为信息量的极大丰富，数字化时代的写作要比传统写作拥有更多可利用的资源。传统写作的清苦，那种书堆中深埋着一副眼镜的漫画式图像在数字化的时代似乎正在渐渐远去。

现在的搜索可以是双重主题词或三重主题词的搜索，这已使搜索的范围更加精确，但一个大型的搜索引擎的搜索结果仍可能会达到数百条。更实质的问题是搜索引擎是否真的能把网上所有信息搜罗殆尽，而写作者是否必须花费如此多的时间分析、理解所有的信息后才有落笔成文的资格？如果答案是否定的，那么追求搜索引擎的超强搜索功能是否必要？答案似乎仍是否定的。当然这种资源的浪费在一个数字化信息时空里不值一提，况且对高技术追求的无限制性也已是数字化时代公认的特征。

除收集资料之外，计算机还会在写作过程中为写作者带来全新的写作状态。由软笔到硬笔再到键盘输入和屏幕上的写字板编辑器，书写工具的替换并不仅仅是书写方式的转变。很明显，对于传统写作思维来说，它注入了许多鲜活的因素。当我们用笔书写时，我们是把头脑中字的形象按笔顺“画”于纸上，在思维上，它是直观的、形象的。特别是中国特有的书写工具——毛笔，由于它特有的柔韧质地使得书写带有很强的审美思维。在计算机上的书写形象思维就差得多了，手指在键盘上有节奏地敲击，我们感受到的是科技的快感，却再也无法体验古人笔尖沾满墨香，运气凝神、挥洒自如的雅韵与高妙的生命境界。

古人作文讲究意韵贯通、一气呵成，有了计算机之后则不然，因为文章结构的调整极为容易，用鼠标稍一拖拽就可完成，传统的线性思维被完全打破，起、承、转、合不一定按顺序写，思维可以天马行空、放松悠闲，再也不必像传统写作时代那样，“文章千古事”，岂来得半点含糊，必须正襟危坐、一丝不苟。

在数字化的写作行为中，以计算机为代表的书写工具为我们的存在添加了高科技的思维方式，这种高科技思维与古典思维以及现代思维之间的差异是毋庸置疑的，数字化写作比起传统写作多了点什么，又缺了点什么，多的是高科技思维的直白、流畅、简单，缺的是传统写作思维的曲径通幽、深沉厚朴和审美情怀。如果我们把写作看做是写作主体的生命留痕，则这种写作思维的得失带来的生命境界的差距毕竟有些令人担忧。在《数码时代的写作和阅读》中，陈平原这样写道：

> 人文学不同于自然科学和社会科学之处，在于其对学者个人的意志、慧心、悟性、情感以及想象力有较大的依赖。……先进的技术手段，对于人文学者来说，永远只能是辅助工具，而非起死回生的灵丹妙药。反过来，由于计算机及网络的诱惑实在太大了，我甚至有点担心，数码时代的人文学者，可能面临记忆力衰退、历史感淡薄、独立性减少等诸多陷阱。……过去，当我们谈及某位老学者博闻强记，经史子集脱口而出时，敬佩之情溢于言表。而随着计算机的普及以及软件业的迅速发展，总有一天，每个现代人身上都可装备功能强大的数据库，要什么给什么。以前引以为傲的博学，如今只需“举手之劳”，在我，真的是喜忧参半。最大的担心，莫过于“坚实的过程”被“虚拟的结果”所取代。如果有一天，人文学者撰写论文的工作程序变成：一设定主题，二搜索，三浏览，四下载，五剪裁，六粘贴，七复制，八打印，你的感想如何？如此八步连环，一气呵成，写作与编辑的界限将变得十分模糊。如果真的走到这一步，对人文学来说，将是致命的打击。不要说凝聚精神、发扬传统、增长知识的功能难以实现，说刻薄点，连评判论文优劣以及是否抄袭，都将成为一个十分棘手的难题——谁能保证这篇论文不是从网上下载并拼接而成？……“信息”不等于“知识”，更不等于“人生智能”以及“生命境界”。前者属于公共资源，确实可以金钱购买；后者包含个人体验，别人实际上帮不了多少忙。除了资料的抄录、搜寻、归类、整理等，真正有价值的人文研究（从命题到主旨，从论证到精神），我不相信“万能的计算机”能够代劳。即便有一天，人工智能化达到这样的地步：只需给出一个命题，计算机就能自动工作，并生成一篇逻辑严密、文采斐然的

文章。我也不觉得“亲自读书”是多余的。因为，读书除了获得知识，还有养成君子的功能。“快速浏览”造成“虚拟的博学”，同时割裂了原先合而为一的获取知识与养成人格。其结果很可能是：“博雅”（先不问真假）易得，而“君子”（暂别断高低）难求。缺了“涵养性情”这关键性的一环，读书降为谋生手段，人文研究成了纯粹的课题制作，对于许多“别有幽怀”的人文学者来说，将是致命的打击。①

阅读是前写作阶段，只有在阅读中将自己培养为一个“涵养性情”的“博雅君子”，才可能有焕发生命光彩的写作，而这是不可能通过数字化时代的便捷与超量信息得到的。

概括而言，数字化对一般文章写作的影响如下所列：

1. 益处

（1）速度快于书写，从而使劳累感减轻；

（2）资料来源的广阔性、方便性；

（3）文面的庄重性、美观性；

（4）传播的广阔性、快捷性；

（5）文章社会反馈的及时性；

（6）各种“电脑辅助写作系统”的提示性、人—机对话性，从而有利于提高文章的档次和思维视野、境界、语域范围、思维空间。

2. 电脑写作对写作主体思维习惯、思维方式带来的变革

正面变革：

（1）写作能力的全能性（写作、编辑、传播、反馈收集）；

（2）思维空间的开阔性；

（3）思维节奏的高速性；

（4）对社会问题的参与性、对话性；

（5）写作行文过程的非线性（也可以先写结尾，或者先写中间，但最终走向文章内部秩序）。

负面影响：

（1）计算机高速运动将人的深思、沉思推入了快速的思维运动节奏之中，使思维匆忙化、浅表化；

（2）对网上信息的过度依赖，使文章成为二手材料的拼凑，疏于对原始问题的独立思考，降低了思维深度和原创性；

---

① 陈平原：《数码时代的写作和阅读》，载《南方周来》，2000-07-07。

(3) 对复制技术的过度运用，写作者的写作不仅容易抄袭别人，而且也容易抄袭自己的文章。这种“抄袭”主要表现在将自己过去写的文章东拼西凑地复制、粘贴，使文章内部气脉不通、缺乏文章有机性；

(4) 人一上机，就被推入机器高速运动的机械流，无法对已成文本进行字斟句酌的文章修改。要真正认真进行文章修改，必须将文章输出来，进入静态的、深思的修改状态；

(5) 电脑写作的绝对终态性、非过程性，无法（不变）保留文章的初稿、数次修改稿的稿本，这样就无法保留写作的阶段性思维水平和状态，无法对几个稿本进行比较、选择，影响精品的产生。

第 2 节　数字化时代的互联网

数字化写作不仅是书写工具的变革，它更创造了一个文本传播的新渠道，那就是互联网。要把握网络写作，首先要清楚网络媒介的性质。在传播学中，传媒的变革被视为人类文明进程的重要标志，人类从刻本传播到书写传播到印刷传播，再到工业革命后传播强度与技术不断升级的大众传播，公共媒体承担着越来越重要的社会角色，对公众舆论、社会意志、生存方式都起到了非常大的引导作用。如果所有的大众传媒都在一个权威的掌握之下，它对于公众的影响必然更为强烈，从而成为思想意识的强制与灌输工具。但与此同时我们不能忽视人际传播对大众传播的消解与抵制的巨大作用，而且作用与反作用的关系往往成正比，尤其在当今的数字化时代，网络更是一个自由言说、抵抗权威话语的新生力量。

给网络这一媒介定性并不容易，虽然网络是完全开放的，它的受众人数不可预计，但是由于网络媒介的开放不仅是对信息接收者的开放，更是对信息发送者的开放，失去了大众传媒中传播信息的“把关人”。网络媒介借助网上论坛、网上聊天和个人主页以及 E-mail，使传受双方的信息交流与反馈非常迅速，这符合人际传播的特点。可是由于网络交流双方见面的困难，使得这种传播又具有与人际传播很不同的虚拟性特质。网络不是人际传媒，也不是大众传媒，或许对网络根本就不能用“传媒”来为其定性，因为它存在的样态极为复杂，简直是一个由信息构成的另一重社会，另一重时空！

网络有自己的独特属性，比如它的开放性、虚拟性、时限性、大众性、交互性，这些特性对于网络写作都产生着极大的影响。

开放性　前面已说到国际互联网对于传播者和接受者是完全打开的，再加上互联网上信息的超链接方式，已经为上网者提供了最大的浏览与创作空间。整个世界似乎都已铺展在上网者的面前，现实中一个很难获取的信息，在网络上则是唾手可得。超链接使网络中信息的排列呈错综化而层级式的展开方式。A网站连着B网站，由B网站又可以去C网站……一直点击下去，永无止境，这也就是令网民们着迷的“网上漫游”。传统阅读由前至后的单向性已被打破，网上浏览随心所欲，跳跃式地选择阅读内容，而漫游时这种放松、闲散、无根基的心态，又会对网络写作者的创作思维、风格与作品结构带来影响。

虚拟性　最流行的说法是：在网上没人知道你是一条狗。只要狗会用键盘输入，就可以与对方平起平坐地在网上聊天。网上写作是只见其文、不闻其声，更不见其人，网上聊天有许多键盘符号组成的表情脸谱，如：

:-)	最普通的基本笑脸，表示开玩笑或者微笑。
:-D	非常高兴地张嘴大笑。
8-)	眼睛大大的笑脸。
;-)	抛媚眼，含有别意！
:-0	哇！
:-＜	表示难过。
8 :-)	把眼镜推到头顶上，或是个头上打蝴蝶结的漂亮女生。
-(	哼！不看我，受不了的痛苦……
,-)	嘘！这是我们之间的秘密，千万不要跟别人说。
…_…	SOS求助。
:-!	撇撇嘴，带着一脸不屑的笑容。
:-#	抱歉，这是秘密，答应人家不说的，我嘴巴被贴上封条了。
:-(	悲伤或者生气的脸。
^_^	不必转头就可以看的笑脸。
=^_^=	脸红啦。
:-$	我生病了。
:-P	吐舌头。
＞ :-＜	眉毛都竖起来了，气得快发狂、要气炸了。

这些丰富脸谱的诞生，原因即在于网络的这种虚拟性，脸谱的生动形象弥补了满篇文字的枯涩感，并为网络写作创造了全新的属于自己的书写符号。在网络上，一切现实社会包在人身上的社会性的外衣都没有实际意义，地位、身份、职业、性别全部都可以重新安排。现实生活中体面的上层人士可以在网上很粗俗，而现实中被鄙视的顽劣俗人在网上却可能是个多情多义的君子。有人说，去除掉

外在的规范与束缚，虚拟的空间使人更真实，但网络是否真让人刚脱下现实的枷锁又被新的套子禁锢了精神，这将是本文后面要探讨的问题。

时限性与交互性　除了诸多的表情符号而外，网络写作还有更多的压缩到极致的行话。比如：

GG/MM/DD/JJ：　哥哥/妹妹/弟弟/姐姐

7456/687/886：　气死我了/对不起/拜拜啦

利用汉字拼音字头或数字谐音表意的很多表述方法已经约定俗成，从而创造了许多网上的新"词汇"，当然还有很多用拼音字头表示的骂人的话，这些话的产生有一个很大的原因就是为了适应网络的时限性与交互性。在论坛或聊天室，谈论时常气氛热烈，但键盘输入毕竟不如直接的语言表达，在速度上难以满足写作者倾诉的欲望，为了尽快地表达意图，并不被其他的网上写作者抢"言"在先，就必然追求一个"快"字。对网上论坛有管理权的版主，在网上则被称做"斑竹"，这个名字非常文雅但稍显古怪，来历是用微软拼音输入汉字时，打"版"与"主"，首先跳出来的是"斑"和"竹"。网上写作经常出现同音别字，大多也是为了追求速度所致。初期计算机屏幕的相对狭小，上网的高收费等限制因素也对网上的信息传递提出短、快、冲击力强的要求，四平八稳毕竟不是网上风格。

大众性　网络的数字化已完全打破了传播的时空障碍，以往那种因传媒的限制而使社会性传播的传播权仅囿于少数有一定文化素养者手中的状况也被改变，不必资格审定，也无须权威认同，网上写作者唯一要具有的能力是对网络技术的掌握。因此网络写作必然与传统的精英文化、权威话语不同，它所具有的是一种大众性写作文化。

第 3 节　数字化背景下的网络写作

在阐述网下计算机写作与网上计算机写作的基本特征后，本节将进而对数字化写作的文本进行文化层面的分析。鉴于网上写作的数字化时代特点更为鲜明，本节将对网上论坛、网上聊天室、网络文学几种有代表性的文学样式进行分析。

网上聊天室　先看例文：

网上联诗会友

每逢周末，朋友们就会去泡"网吧"。起初，我对此嗤之以鼻。后来，终于经不住他们怂恿，上起网来。谁知，这虚拟的网络世界，竟真是“不上不知道，一上哇哇叫”！聊一聊，谈一谈，在网络中，果然可以结识许多知己！

那一日我进入“OICQ”，登录后进入某聊天室，开始寻找朋友。翻页中，我见到“南唐李煜”，注册声明他是男性，四川人，爱读李后主的诗。志趣相投，我大喜，遂向他发出一条信息：“雕栏玉砌在，只是朱颜改，网上聊天真不赖，有你我开怀。”

几秒钟过后，屏幕上现出他的回音：“小楼昨夜又东风，蓦然回首，小翠已然聊天室中！”（小翠是我网上注册的名字。）

这个李煜，还挺有趣。我又发了一条：“问君能有几多愁，小翠可否解君忧？”

南唐李煜还未回话，即交友栏角落里的喇叭一闪一闪，我知道，这是有人将我加为好友了，细查其资料，又是一男性，名为“饮鸩”，唐山人。回眼屏幕，果见他留话一句：“林花谢了春红，太匆匆！能否让我加盟，我在等！”

此乃李后主的《相见欢》，又是一个战友，我喜出望外，忙打出一条：“朝来寒雨晚来风，随时欢迎加盟。”

南唐李煜也笑眯眯道：“胭脂泪，相留醉，几时重，饮鸩鸣，欲同行，请入瓮！”

饮鸩打字速度很快，马上回条一首：“梦里不知身是客，李煜小翠当中坐，相识容易相逢难，愿与二位共悲欢！”

好个饮鸩，我和李煜不禁喝彩！正欣赏别人的回答，突见屏幕上一条消息插入我们的对话：“好诗岂止百家，光说李煜干啥？斗胆插几句话，别人的诗行吗？”说话人叫“小轩”，北京人。

我们三人忙回话，意见一致。我道：“网络深深深几许，诗词歌赋，谁人皆可露。”

南唐李煜道：“李煜长江头，小轩长江尾，莫论何人诗，皆饮长江水！”

饮鸩道：“我走走走，游游游，捡到一个小皮球，左拍拍，右丢丢，谁再捡到谁就留！”

“嗯？这是什么意思？”我们不解，问饮鸩。

饮鸩答：“昨夜星辰昨夜风，今日对诗直发蒙。东拼西凑发一句，未想大家都不懂！”

我们哗然而笑，小轩边笑边道：“江山如画，一时多少豪杰。网络像家，平添无限喜悦。人间似梦，把酒与尔同谢!”

可不，我颇有感触地想着：真的要谢谢这个网络世界，否则，要去哪里识得这许多机智幽默、善解人意的好友呢?

又有许多人纷纷加入。每个人都像有个不成文的规定：先吟句古诗，再加上自己的编撰。形式不限，话题不限，山南海北，由地到天!

直到天色将曙，归期已近，我向好友们依依不舍地发去告别信息：“他日见，他日见，人生得意须尽欢。愿你们幸福、快乐，永远，永远!”

（原载《城市晚报》，2000－08－15）

聊天室写作分析：聊天室的写作应当说是介于口语聊天与文本写作之间，往往文化阶层较高的聊天者才会在这种快速的“笔侃”中才华横溢、妙语连珠，就像《网上联诗会友》的例子，这种“聊天”是完全与日常聊天不同的，使用的是非日常用语，因此我们将其认定为写作。而相当大部分的网上聊天基本形同于日常聊天，我们将其排除在网络写作的范围之外。

网上论坛 例文：

跟　贴

跟贴在网上一直非常流行。最开始，它只是一种应和性的文本，但随着网络快速发展，“跟帖”已逐渐成为一种独立文本样式。

[跟帖样本]

原帖：走自己的路，让别人说去吧!

跟帖一：走别人的路，让自己说去吧!

跟帖二：码自己的字，让别人去做CEO吧!

跟帖三：说别人的话，让自己流行吧!

顺口溜

与“跟帖”文本不同，顺口溜作为一种日益流行的网络文本，更像是一种自言自语的独白——只是这个“自言自语”押韵合辙，通俗白话，朗朗上口，富于韵律和节奏，因而极便于传播，其感染力也在普通“跟帖”之上。

[顺口溜样本]

主题：一个网络依存症患者的独白

上网一二月，认识三四人，说五六句话，被骗七八成。再过九十日，戒网回家门！

短　句

“短句”文本指的是那种个性化风格的独立句。这类“短句”可能出现在一段“灌水”的废话中部，也可能出现在一段义正词严檄文响亮的“豹尾”尖上。

[短句样本]

样本一：鸭子太嚣张，兔子太多嘴，我是猪，我很乖。

样本二：女人的事再大也是小事，弟兄的事再小也是大事。

样本三：我不会眼睁睁地看着你往火坑里跳，我会闭上眼睛的。

格　言

网络上的“格言”，也是最受欢迎最流行的文本之一。网络“格言”文本与“短句”文本非常近似，算是近邻。与网络“短句”不一样的是，网络“格言”更富于警醒意味和哲学空间，更具夸张意味。

[格言样本]

样本一：如果有钱也是一种错，那我情愿一错再错。

样本二：先下手遭殃，后下手更遭殃。

样本三：偷一个人的主意是剽窃，偷很多人的主意是研究。

签名档

签名文件是最具网络特色的一种文本样式，也很流行。其主要蔓延领域多在各种主题的论坛之中。它是一种介乎“短句”或“格言”之间的个人化语言符号。

[签名文件样本]

网虫（小猪哼哼）：

我有花在眼前，酒在喉间，想的是你的笑颜。

信天游

“信天游”是典型的地域文化样式，历史悠久。在网络上制造如此文本，先需要具备的是信天游的相关常识，而其在网络写作中大受欢迎的原因，则在于它那种淳朴的言说方式和土里土气的腔调在与网络传输方式拼贴后生成的那种怪异感受。

[信天游样本]

主题：我来了！

前晌里死下了后晌里埋，唱信天游的哥哥俺又来……

一搭里收来一搭里扬，俺是一搭里看文章一搭里唱

一搭里唱来一搭里想，今天咋没啥好文章？

驴娃子套的铃铛不走不响，啥时候信天游能得上个诺贝尔奖？鸡娃子不叫狗娃子不咬，今天的沙龙咋不热闹？

小　说

小说因为其体裁的特殊性，被模仿的概率相对较低。

[小说样本]

原本：《狂人日记》

模拟：《狂人日记（2000版）》（作者：野麦子）

今天上午，没有很好的日光。

我不见我自己，已经六十多年了：今天见了，精神分外爽快，才知道以前的六十多年，全是发昏。

…………

（原载《清算——网络流行文化大盘点》，见博库文化网）

由范例可发现论坛中的语句比起聊天室要更完整，也更有品位，所以对于网络写作的文本分析就更具有代表性。在论坛上发言为两种情况，即所谓“灌水”和“加砖”之分。灌水多是跟帖，有打个边鼓、凑个热闹之意，往往文风俏皮灵动，消解着论坛唇枪舌剑的气氛；加砖则是有实货的，写作意图以立论为主，不过虽然在文风上有所端正，仍不失网上调侃、反讽的味道。

无论是聊天室写作还是论坛写作，它的主体定位、写作思维、文本结构都与传统写作截然不同。传统写作中，因为作品被固态化而具有相当广的传播时间与

空间，所以主体要为自己的作品负责，要为作品的社会影响审核负责。特别在大众传播时代，作品要想见诸社会，更要经过重重审核。所以网络之外的写作者都只能是社会成员中的一小部分，他们是熟练掌握语言、思想深刻、文化素质优秀的精英分子。但因为网络存在的一个基本理念就是赋予人言论自由，而对网络写作者没有任何限制，在汪洋般的论坛与聊天室中，个人的言论甭想造成什么轰动的社会效应，它溶入所有类似的言词之中如空气粒子般在数字化时空中跳动、飘浮，随着自动滚屏，所有看过它的人会瞬间将其遗忘。所以网络上的写作者不必像在传统媒体写作的写作者那样有那么沉重的责任感，正如网络作家黑可可所说，网络写作如同“在自家后墙涂鸦”，又好像“传统作家”兼“网虫”的上海作家陈村比喻的，网络写作是“网络上的卡拉 OK”，随随便便，不管涂得多拙劣，唱得多走调，依然是自得其乐。如果进入网站 http：//www. leeao. com. tw 就可能看见台湾怪杰李敖给他这份网络报纸做的一个短“序”：

> 我觉得电子报对我最大的功用，就是对一个已经写过一千五百万字的大作家来说，我可以考虑不用手写，而用能干的助理小姐，经过我口述，而能变成文字。从此以后，我就不用再坐在那里一个字一个字手写了。我还觉得可以满足过去我在当兵作预备军官的时候，看到很多在厕所墙上或门板上的“厕所文学”。计算机对我而言，就是“电子化的厕所文学”……

用“厕所文学”比喻“网络文学”，虽有些不雅，却中要害。与大众媒介不同，网络向全体公众敞开，只要懂得汉语拼音，即可用微软拼音输入法在网上“写作”，写什么有时已不太重要，重要的是“我”在言说，“写”的欲望得到了满足。而“写”或者说“存在”于数字化，“存在”于网络，才是很多人迷恋网上写作的原因所在。

主体的写作状态决定了网络写作的思维呈散漫、自由、不论章法、信马由缰的态势，写作时情绪不必受理智的约束，时阴时晴，时冷时暖，变化于瞬息之间。语感或俏皮，或华美，或时髦，或聪慧，反正别一本正经。分析网络文本，趣大于意是其最明显的特征。数字化网络天生就是消解意义的，因为网络时空是一个虚拟性的存在，名不正则言不顺，连写下这些字的人都不知道是谁，凭什么听他讲些大道理？不是有的影视明星在聊天室说出真实身份后被人奚落成“骗子”吗？在网上你可以称自己是“思想者”，你可以叫“追梦人”，你可以叫“忧郁”，你可以叫“拯救者”，你也可以叫“华盛顿”或“佐罗”，但当这些名字和“小妖精”、“三脚猫”、“阿憨”、“鬼脸嘟嘟”在一个屏幕上出现时，所有的名字都变得一样的滑稽。网络写作是游戏，它让人沉迷，让人忘记现实中的隐痛，忘记游戏结束后将要面对的空茫。

如果说“游戏”是网络写作的一个主题，那么还有一个主题就是“爱情”，在“私人聊天室”中可看到这一主题的通俗版，而“网络文学”则是高雅版。对网络文学的一个模糊的界定是在网络上发表的文学作品或题材与网络有关就是网络文学，同时网络文学也可以印成铅字发表，在文本形式上网络文学至今并未体现出多少“数字化”的特点。文学评论家白烨设想：真正将网络当做创作媒介的网络文学是含有非平面印刷成分，并以数字元方式发表的新型文学，又称为“超文本文学”。读者可以自由点击进入不同的章节，而作者利用文字、影像、图案与屏幕无限宽广的特质，创造出一种新的阅读形式。预计白烨设想的这种“超文本文学”的出现不会太迟，那时“网络文学”的名字才变得名副其实。

网络文学的题材中以“网恋”居多，著名的网上作家如安妮宝贝、痞子蔡、宁财神、李寻欢等，都是深谙网上爱情故事的老手。在他们的作品中，主人公对现实是一种无所谓、不自信、孤独及看穿后的心态，精神依托是网络，又由网络转向网线另一端的恋人，由不被对方知晓的倾心到切切实实的四目相对，这一过程因为时幻时真及对幸福的不奢求而复杂缠绵、曲折动人。这样的故事风格几乎成了网络文学的一个套路。这种风格与写作者队伍的社会阶层、知识阶层有关，网络作家这个群体的年龄集中在青年，他们栖居于大都市，看尽繁华落寞，宁愿在网络中找到真我与真爱。所以无论结局是亲密接触还是随风而逝，爱与哀愁总是纠缠在一起，成为当代都市人生存状态的写照。

这里还要再提到 2001 年度流行的网络文学作品《悟空传》。这确是一部才华横溢的小说，后现代的笔法背后是一颗情深似海的心灵。妙语连珠，思辨精湛，存在主义式的哀伤紧紧地萦绕著作者与读者的灵魂。爱情虽然是小说的主题之一，而且是重要主题，但与已成模式的网络文学不同：第一，它的主题已经超越了爱情，直逼人之命运，有相当痛苦深切的哲学思考；第二，它的爱情虽然绝望，但绝对执著而不能割舍，所以《悟空传》里的爱情乃是地道的经典爱情故事。从语言上模仿周星驰《大话西游》的调侃风格，到骨子里为苍生命运而生的感伤，一个在经典现代主义与数字化后现代主义中挣扎的作者形象是如此的清晰，而小说的流行也正说明了时代的某些特征。同时也代表了网络文学正在走出自己的狭窄空间，小说的印制成书又在预示着传统文学方式与网络文学风格的必然融合。

第4节　数字化背景下写作的文化观

数字化写作太纷繁，笔者这里只能进行一番不彻底的釐清。因为作文与作者的这种互动性，本节想探讨数字化写作对于写作者的反作用。

数字化的应用在思维上对人类的影响前面已多有阐述，这里再稍加补充。在古典时代，人类头脑的中科技含量远远少于现当代，人类的思维更注重审美化、直觉化、哲理化，而科技思维在人类大脑中的加入绝非仅仅是量的添加，正如西方学者加里·查普曼在《征服计算机》一文中所说："科技作为一种包罗万象的体系，作为技艺或者技术理性的主宰"，已使"我们的想象力……萎缩到了何种程度"！在数字化写作中，文本的语言章法越来越缺少空灵的意象、雍容的气度、文雅的素质，不能不说技术化的思维对此有相当的责任。

更严重的是，这种思维的变化不仅影响到写作，更作用于人的存在维度。在人类的历史进程中，人的欲望的开放与科技的发达正是同步消长的，而"给予人完全的精神自由"正是迅速发展的科技的最具蛊惑力的目标与口号。在无束缚的同时，人类也渐渐地失去了安身立命的依赖，在不断高涨的追求人性自由的浪潮中，自由其实并不一定比在道德伦理的束缚之下更多。如果说以前是行为规范束缚了人的自由，而今规范打破后，规范曾防预的麻烦则变成了事实，在麻烦的夹缝中人们还自以为自由。

落实到数字化写作问题上，网络写作是否真的给每个人提供了施展个性的空间？也未尽然。有一个成功的网络写作者这样评价了自己的失落：

> 我不大说话，因为我承受不了别人不接受我言语时的尴尬。我上了网，满心欢喜地自以为找到了自己说话的阳台——聊天室。
>
> 聊天室的空气时而和平，时而嘈杂，时而安静，时而龌龊。没有人在乎你说什么，即使你说了，自动滚屏也会冷漠地让你的一切重新成为空白，所有的言语，所有的思想，就都这么被平静地冲刷掉，不着痕迹，就像什么都没发生过一样。也许有人会腾出工夫，斜眼看看你；也许有人会在某个城市的角落，狠狠地点点头；也许有人直接用手指告诉你：你是神经病。
>
> 我忽然发现聊天室在我的理解中被异化了。我居然在这个充斥着对话的地方，又一次地放弃了交流的权利。我沉溺于站在自己旁边，看着自己。因为这时的自己，不是那个穿衣镜前的自己，也不是那个同事唾沫中的自己。但是——哦，也许我还是在交流着，只不过是在和自己交流着，是把自己拉

到一个很虚幻的地方，然后站在原地张望着那个远方的自己，笑着那个糟糕的自己。

其实我只是一个可怜的阿 Q。我不想让人们知道我是谁，但我想让人们看到我。我看看我的邮箱，里面空空荡荡。其实压根儿就没人看到我，原来我只是感到自己存在于网上，原来我已陷入了自喃的境地，原来这同样是一份尴尬。我目送着“自己”得意地走进了网络的沼泽里，被永远地吞噬了。

慢慢地，我开始张贴自己，我开始乞讨着别人的搭理。我终于融入了主流交流。我终于在窗口里登上了人见人爱的搞笑小丑的宝座。我终于受到了进入聊天室便可以被热情洋溢的“你好”包围的优待。我终于被认同了。我终于让大家都知道我在这儿了。我终于对于他们是一种存在了。

而就在我真正有“资格”得意了的时候，我却感到了更大的恐慌。我来这儿是干什么的？是来求得认同的吗？我空虚到需要到处乞讨唾液、到处张贴自己、到处兜售自己的地步了吗？我不愿相信，但我已然是这样了。我想我是来找我自己的，可我在认为可以找到自己的地方，竟弄丢了找自己的我。我就这样表演着一出荒唐。

我用我拙劣的清高，加重了自己的孤独；我又被自己恶化的孤独吓得六神无主；在六神无主中，我沦为了言语的乞丐；而乞丐乞讨回来的冲天腐臭终于又熏醒了我自己。原来在这里我只做了一次荒唐的轮回。原来网络对于我来说，并不是一个消解尴尬的天国。原来我应该点击退出了。

最后我决定穿上我最干净的衣服，回到街上，和大伙一起去乘凉。

（原载《城市晚报》，2000－08－24）

网络写作是有自己的一套套路的，那是一个后现代的平面的世界，不按这个套路说话就会被人晒在一边，而这一套却并不一定每个人都吃得消。“弄丢自己”这一提法准确地描摹了人们面对网络人格出现分裂的生存状态。在网络专用语中有个词叫“见光死”，意思就是无论在网上聊得多开心，一旦见了面，从此双方就会彼此再不搭理，也难再在网上聊天了。原因很简单，现实角色与网络角色往往有很大差距，网上那个“我”其实并不能在现实中显露。这样的角色错位必须要调和，方向不是现实的模式整合网络模式，而是相反，网络上的流行词汇正在向传统写作中渗透，那种随心所欲的调侃心态正在社会上无声地蔓延。

日本作家村上春树认为，“书写体”与“打字体”存在着本质的区别，即“意识的集约、集中是‘书写体’语言的本质；而意识的分断、扩散则是‘打字体’语言的本质”[①]。评论家川本三郎对村上春树这句话的理解是“我相信村上春树一定认为，个人在逐渐解体成片断的现代都市生活里，只有以‘意识的分断、扩散’为本质的‘打字体’语言，才能具体掌握现代（或现代的气氛）”[②]。

关于这点，我们也有同感。时代造就了人的意识，意识反映并影响着时代；欲求创造着现实，现实又育孵出人类层出不穷的欲求。人类在不知不觉中被情、物、欲驱役，在不断异化着的同时走到了数字化的今天。一个重实效轻玄想、喧嚣掩盖着喧嚣的时代，数字化科技正在帮助所有的人融入其中，尤其是“网络”，它的虚幻、它的无根的流浪感正是对当代都市最恰当的隐喻。有的网络作家直言对网络的依恋：“我通常是在夜里上网，听着爵士，一边喝红酒，一边写文字，更糟糕的是，只有在线的时候，我才有写字的欲望。这就意味着，网费和电话费的高低与我的字数成正比，我的网费和电话费每月常常在3 000元上下徘徊。”虚幻中才感到真实，流浪时才有所归依，网络写作在这里确实已不仅是一个中性的技术工具，它已赋予了人以新的生存意义，它力图将人从现实中拖出，甚至与现实相抗衡，而让人担心的是，这种努力的结果似乎是对人类的异化状态又加重了一重。

本章不仅是单纯地研究数字化写作，而且是把数字化写作看作数字化时代生存状态的重要表征，从而再一次对人类在数字化时代的境遇提出生存层面的担忧。科技的发达推动了物欲的膨胀与道德观念的丧失，由古至今的贤士哲人对此都有深刻的忧虑。然而解决的途径在哪里，顺随天道的理想在物欲的大潮下越来越没有可操作性，从而越来越像一个空洞的口号。如果说还有可行的办法，那也许正是“写作”。

这里说的写作，不是作为工具，也不是作为技艺，而是作为生命的留痕，它透射着人性的光辉，记录着人性的希冀与迷惘。这样的写作是不该消失的，更不能够消失。因为真正创造性的人性化的写作是永远不能被数字化所局囿的，只有通过这样的写作才能有一天使人认识到数字只是工具，要超越它才会回到生命的源头。

---

① ［日］川本三郎：《村上春树的世界》，载《书城》，1999（2）。

② ［日］川本三郎：《新阅读——我们的新爱与旧欢》，载《中国图书商报》，2001-01-09。

第 5 节　数字化时代的写作思维素质训练

一、班级“大专辩论会”

正方：数字化写作时代给写作思维素质带来了极大的正面影响

反方：数字化写作时代给写作思维素质带来了极大的负面影响

学生各自选择论辩方，撰写辩论稿，写成一篇辩论词。选优秀者参加年级辩论会。

二、在数字化写作时代加强写作主体的人文精神和思维素质

（1）教师以自己的一篇文章为例，向学生讲述进行电脑写作和数字化写作的经验和教训。

（2）学生以自己的一篇文章为例，讲述进行电脑写作和数字化写作的经验和教训。

三、写作实践尝试

学生写一篇关于“数字化写作”方面的文章。

四、写作素质课后培养

（1）从各种媒体（网络）上收集关于数字化写作时代写作主体思维处境和对策的文章，进行学习。

（2）根据观察到的人物、景物、事物、事件，运用本章所学的写作知识，利用电脑写一篇文章，体验数字化写作的写作感受，并说明优点与不足。

（3）记下你最近产生的感悟、认识的思想火花。

（4）写一篇读书心得。

（5）写一则生活随笔。

【概念术语】

数字化时代　电脑写作　网络写作　数字化写作的文化观

【复习思考】

1. 数字化时代给人类写作带来了哪些变化？

2. 网络的特点是什么？

3. 网络的特点给人类写作带来哪些好处及正面影响？

4. 网络的特点给人类写作带来哪些问题及负面影响？

5. 数字化时代带给人类写作的人格和思维困境是什么？

6. 什么是数字化时代的“个人化空间”？它给我们带来的后果是什么？

7. 什么是数字化时代的“人格分裂”？怎样克服这种人格分裂？

8. 怎样走出数字化时代带给人类写作的人格思维困境？

9. 什么是网络论坛？怎样在网络上加盟网络论坛？

10. 什么是网络文学？网络文学的主题是什么？

11. 数字化写作的两个基本主题是什么？

12. 一般文章的写作和网络文体的写作有什么相同和不同？

13. 数字化时代的文化观是什么？

14. 为什么有人把“网络文学”称做“厕所文学”，这种说法要表达的主要意思是什么？

15. 怎样克服网络文学的中的“厕所文学”现象？

下编

写作过程思维素养与能力建构训练

第 12 章

天人之际　仰观俯察

——写作观察/写作信息动力的激发与培养(上)

1. 教学要求： 培养学生通过观察获得广博的写作信息材料，提高写作原动力。

2. 训练重点： 学生的观察、阅历和写作习惯素质与能力的形成。

3. 训练难点： 对观察、阅历的主动性和方法论的培养。

在一个由我们的心灵的勤勉选择而加以个别化的对象世界内，所谓我们的“经验”几乎完全是决定于我们的注意的习惯的。一件事物可能在一个人的面前出现一百次，如果他执意不注意它，那么它就不能称为进入了他的经验……在另一方面，一生只碰过一次的一件事物却会在记忆中留下难以磨灭的经验。

——詹姆斯

写作是一种艺术创造活动。作为一种艺术创造活动，它并不是突然产生的，也不是仅靠“灵感”或“顿悟”就能实现的。在写作行为产生之前，首先必须做好有关于“写”的准备工作。这一准备工作的中心任务就是对写作信息库的建立。写作信息库的建立是构成写作行为的必要前提。因为任何具体的写作行为，都需要以外部输入的信息作为具体的材料和表达的基本内容。列夫·托尔斯泰就曾经把写作信息库的建立称之为“深耕我们要在上面撒种的那块土地的预备工作”。在他的创作活动中，收集和建立写作信息库的准备工作占据着很重要的地位。他在写《战争与和平》时所用的材料，用他自己的话来说，可以建立一个完整的图书馆。

对任何一个写作者来讲，获得和建立丰富而完整的写作材料信息库的渠道只有两个 ：生活观察与广泛阅读。换句话讲，建立写作信息库的基本途径是观察与阅读。

第1节 为写作而观察

一、写作观察的概念

（一）什么叫“观察”

所谓“观察”就是指在有目的、有辨析地看的同时，调动其他感觉器官，去感知、认识对象事物，以获得所需要的生活材料的一种方法。

观察首先表现为一种“看”，但这种“看”不是随意的，而是有特定目的的，因而观察具有“看”的特定目的性，没有明确的目的的看不是观察。

观察作为一种有特定目的的看，并不只是单纯地运用眼睛去看，而是还要运用其他感觉——如听觉、嗅觉、味觉、触觉——综合性的“看”。因而，观察是调动人体各种感觉器官去感知对象的一种综合性活动。

观察作为一种综合性的感觉活动，并不只单纯地表现为对对象事物的一种生物性的感知，而且是一种由外而内、由表及里、由浅至深的感知活动。正是由于这一特性，观察获得了思维性。即观察的行为过程本身就是对对象事物的认识过程：观察，是一种“思维的知觉”活动。恩格斯曾经说过，鹰比人看得远得多，可是人识别的东西却远胜于鹰。人在识别对象事物时的能力之所以比其他任何动物要强得多，原因就在于人有主体性的思维能力和认识能力，人的观察融进了他的这种独特的思维与认知能力。所以，观察才是一种思维着的知觉活动，或者说是思考性的知觉活动，此即美国科学哲学家汉森的著名观点：“观察渗透理论”。

（二）什么叫“写作观察”

写作观察是观察的一种，它是指写作者为了写作这一特定目的，而放开五官去感受生活和事物的特征，去获得写作的材料，去开发和丰富写作的新信息（包括写作思维信息、写作思想信息、写作情感信息、写作动机信息等）的一种前写作行为。写作观察是为写作而进行的观察，这一明确的目的使写作观察必须自始至终围绕写作而展开、进行。

写作观察作为一种行为又是一种写作行为，这种写作行为是一种前写作行为，即动笔构思之前的写作准备行为。由于它是写作的准备行为，因而又可以把它看成是对写作的广义构思行为。

写作观察当然也是一种“看”，但它所凭借的主要不是生物性的眼睛，而是心灵的眼睛。因而，写作观察不仅仅是综合运用五官的一种“思维的知觉”活动，更是一种“心灵的知觉”活动。也就是说，写作观察比其他观察活动更具有意志性和情感、情绪的倾向性。

写作观察所努力追求的当然是要放开五官来把握所观察的生活或事物的外部特征与内在规律，但这不是写作观察的全部，它还有一个更重要的任务，那就是通过对生活和事物的观察而激活写作心灵，激发写作情绪（兴趣），升腾写作情感，开阔写作视野，强化写作思维，提升写作思想，弘扬写作精神，捕捉写作感觉、动机，获得写作细节、题材。这就是为什么说写作观察是一种前写作行为，以及为什么说写作观察是一种广义写作构思活动的根本理由。

二、观察主体的形成与成熟：写作观察品格训练

（一）把握对象特征能力的训练

写作观察是为写作而进行的观察，这一特定的目的要求写作观察必须尽可能地把握所观察的对象的特征。要做到在观察中准确地把握对象的特征，需要从以下几个方面进行训练：

1. 有意识地培养广泛的信息需要意识和深度的兴趣激情

这是激励写作观察的主体性动力，也是形成对写作观察特征的准确把握的内在情感导向。写作是对生活的思考与表达，而对生活的思考和表达的深度与广度，从根本上来源于写作者对生活和事物的了解和把握的广度和深度。因而，为了更好地写作，为了写作的激情时常燃烧，就必须在写作生活中时时不忘拓展和深化对生活与事物的感受、了解和认识，要达到这一点，就必须自我培养和强化日益广泛的生活信息需要意识和对写作的深度兴趣激情。

2. 有意识地培养、提升和强化写作注意力

从一般心理学角度讲，人对生活和事物的注意力是对兴趣的留驻和对需要的固守。从人的心理发生机制看，由于人有需要，才产生了与之相适应的兴趣，而对生活和事物的兴趣又孕育了特定的注意力。因此，如果一个人对某一特定的生活内容或事物产生了需要，实现的最好方式是有意识地把它变成兴趣，并通过对这一生活内容或事物予以强烈的注意来保持对它的兴趣感受，强化实现它的欲望与激情。否则，需要的情绪将一闪而过，兴趣也就难以培植，即使产生了兴趣，也将很快消逝而最终归于心灵、认知、情感上的空无。

注意是感受外部世界的起步，是认识事物的开端，是获得信息的开始。没有

注意和不愿注意，你所面对的生活和世界就什么也不是，什么也没有，你的大脑和心灵自然也就是一片空白。

俄国教育家乌申斯基说，注意是一座门，凡是外界进入心灵的东西都要通过它。他对人的“注意”所做的形象比喻是很具有启发性的。从这个比喻中，我们不难发现：写作注意力的有无，是能不能顺利进入观察的关键。在观察与写作者之间还客观地存在着一座主观心智上的“门”，这座心智的“门”就是写作注意。具有了自觉的写作力，就可以随时打开“写作注意”这座心智的“门”，一旦生活或事物唤醒了广泛的信息需要意识和深度表达的兴趣激情，那么，写作注意力就会自觉地打开写作注意这座潜在的“门”，而直接进入观察领域，写作的“看”就能顺利地进入生活和事物，或者说生活和事物就能进入写作者的心灵化、情感化、思维化的“看”中，从而使写作者获得所需要的材料与信息。

因而，一个写作者有意识地培养和强化自己的写作注意力，不仅是顺利进入生活的外部世界，有效进行写作观察的重要心理、情感、认知基础，而且还是在观察中迅速捕捉生活与事物特征的重要主体条件。

3. 有意识地培养综合调动自我感官、占有生活与事物表象的能力

现代心理学研究表明：人的感觉所反映的仅仅是事物的个别属性，知觉才能反映生活和事物的整体性。而形成人的知觉的前提条件恰恰是综合调动不同感官而指向同一对象事物的能力。换句话讲，只有综合不同感官的感觉，才能形成对事物的观察知觉。因此，只有当我们有意识地培养综合感觉的能力时，我们在为写作而观察的过程中，才能真正张开五官，产生多种感觉的心理、情感、认知、心灵效应，才能让生活与事物的众多表象进入我们的大脑，形成完整的印象。我们只有获得了生活和事物的完整表象，才能方向性地感受和把握住生活与事物的内外特征。

（二）写作观察的个性化能力训练

詹姆斯在谈到感觉对象事物的个体性差异时说：“假设有四个人在欧洲进行一次旅行，一个人只会带回一些生动的印象——服装和颜色，公园和风景以及建筑工程、图画和雕像。对于另一个人来说，所有这一切都不存在：他认为存在的仍然是距离和物价，人口和排水设备，门窗的插销，以及其他有用的统计数字。第三个则会详细地记叙剧院、饭店和公用大厅，此外则一无所有。而第四个人也许会如此地沉溺于主观思索，以致仅能说出少数他所经过的地方和名称。每一个人都从所显现的同一对象事物内，只选择了那些属于他的私人兴趣的东西，并由此形成了他的经验。”

詹姆斯所举的这个典型的例子，恰好揭示了人感知对象世界和事物时，总是呈现出一种个体化和个性化的倾向。原因是什么呢？因为每个人都是个体性的。由于人的个体性，也就自然形成了人的个性化。而人的个体性和个性化决定了每个人在感知对象与事物时，都自发地融进了他作为生活个体的个性倾向特征。写作活动是一种审美创造活动，这一活动的根本性质决定了他在写作准备阶段的信息收集活动必须是高度个性化的。

这里所说的“高度个性化”是相对人的日常生活感觉的个性化而言的。也就是说，写作观察的个性化，首先体现为它是一种有明确目的的自由行为；其次，写作观察的个性化还体现为它是一种创造性的行为和审美化的行为：自觉性、自由性、创造性和审美化，此四者构成了写作观察的个性化的整体内涵。

因此，对写作观察的个性化能力的培养与训练，必须首先注意对写作的自觉意识的强化性训练，即注重在观察中或在日常生活、工作或写作中，时时训练和培养“为写作而观察”和“观察为了写作”的意识、思想与情感。当你立足于“为写作而观察”时，你对生活也就时时保持一种敏感性，你观察生活和事物就有了自动力，观察生活和事物也就变成了你的日常生活内容。当你具备了“观察为了写作”的心理品质与心灵、情感、认知能力时，你的观察行为不仅获得了目标性，而且还获得了观察视野的广阔性和把握对象与事物的深度感。这个意义上的写作者才是真正的写作主体，因为他获得了写作的主体性。

任何一个观察者，他的大脑，他的心灵，他的情感世界，都不是一片空白的，而是预先积淀起了丰富的内容。这些丰富的心灵、情感、认知内容也就构成了他观察对象、感知事物的特定心理定势。观察要卓有成效，就得积极发挥自我心理定势的优势自由地去感受、去知觉、去思维所看到的对象与事物，以求获得一种“以合我心”、“以合我意”、“以合我情”的信息资源。另一方面，人的心理定势，既使人在感知对象时获得一种属于自己的自由感，又同时对人的感知行为设定一种主观心理、情感、认知与心灵视野上的局限。因此，要使写作观察行为获得更加广阔的自由度、空间感和历史意识，还要求写作者有意识地训练和培养超越自我写作心理定势、拓展自我写作心理定势的能力与品格。只有这样，你在“为写作而观察”和“观察为了写作”的过程中，才能真正进入更加自由与自觉的境界！

写作观察不同于日常生活感知与科学观察的地方，就在于它是“登山则情满于山，观海则意溢于海”的创造性和审美化活动，或者说是一种具有强烈的审美创造特性与倾向的观察活动。因此，有意识地培养和训练自我的审美创造能力、精神与品格，是一个写作者走向自由、自觉、成熟、凝重、奥远、深广的写作观察之境的根本保证。

（三）写作观察的整体性能力训练

近人王国维在《人间词话》中说："诗人对宇宙人生，须入乎其内，又须出乎其外。入乎其内，故能写之。出乎其外，故能视之。入乎其内，故有生气。出乎其外，故有高致。"

王国维在这里所说的"入乎其内"与"出乎其外"的有机统一的辩证关系，讲的是人的审美态度的两种形态——一往情深与心灵超越；或者说是讲审美过程的两个前后相续的心理环节、阶段，两种心灵境界。但如果从写作观察的角度看（事实上，真正意义上的写作观察始终是审美化的），写作观察行为也客观地存在着一个"入乎其内"与"出乎其外"的问题，即写作观察的整体性问题。所谓"入乎其内"，说的是写作者在观察对象与事物时，要深入对象和事物，只有这样，才能真正感受、认识、体验和把握对象与事物的表面现象和内部特征，这是观察的基本功夫，唯有具备这一基本功夫，才有东西可写，才可能写出生动的、能够打动人的心灵与情感的文章。所谓"出乎其外"，就是指在深入对象与事物之中，感受、体验、认识、把握对象与事物的外部现象与内部特征的基础上，超越对象与事物本身，站在更高的层面上和更广阔的视野中来重新反观对象和事物，以求把握对象和事物的运动规律与生成本质、演变的趋势与方向。只有这样，才能在写作中获得对对象与事物的整体把握（即"视之"），才可能使文章呈现出广阔的生存视野、深广的历史意识和凝重舒卷的人性内容。

写作观察的整体性特征要求写作者必须具备整体性的观察能力。整体性的观察能力就是写作者在观察生活与事物时，既要有"入乎其内"的能力，同时又要有"出乎其外"的能力。整体性的写作观察能力就是"入乎其内"的能力与"出乎其外"的能力的辩证统一。

培养和训练整体性的写作观察能力的基本方法是多看、多感受、多体验、在看中多思考、在感受中多反省、在体验中多领悟。

（四）写作观察细腻性品格的培养与训练

写作观察绝不能"走马观花"，更不能"日行千里"。"走马观花"式的观察，容易养成随便的习惯，往往停留于生活与事物的表面现象而不能深入本质；"日行千里"式的观察连表面现象也难以观察到，更找不到现象与现象之间、事物与事物之间的内在联系，达不到深化情感体验、提升认识与思考的目的。因此，写作观察一定要求细腻。

写作观察的细腻性，主要体现在观察时，一要细致、深入观察对象的内部，二要发现观察对象与对象之间的差异或同一观察对象在不同的观察情境中的差异。

所谓观察要细致、深入，是指既要细致入微地观察对象与事物，又要透过现象去认识对象或事物的特征、规律、本质。这就需要写作者在观察时不能满足于一知半解，要从不同的侧面、不同的层次、不同的角度去由表及里、由此及彼、由浅入深地观察。另一个方面，还要求写作者在观察对象与事物时，一定要注意对对象与事物的细节反复深入地感受、体验、认知与思考。因为生活的本质往往蕴涵在细节中，人的人性品格与生活的理想与追求往往最容易从小事上表现出来。因此，注重生活中的小事和对象中的细节，是观察把握对象与事物的本质的有效途径。

世界上没有完全相同或不同的事物，哪怕是同一个对象在不同的观察情境中出现，也不会呈现出完全不相同的状态，因而，观察需力求发现其哪怕是细微的差异性，即通过严肃认真的观察而在同中求异或在异中求同。法国作家福楼拜在指导莫泊桑进行比较观察时，以眼前经过的一辆马车为题，要求莫泊桑写出 7 篇不同的散文来。当莫泊桑感到为难时，福楼拜就启发他说：拉车的牛，早上和晚上的神态不一样；牛饿着肚子上山冈和饱着肚子走平路有明显的不同。这些细节举不胜举，如对这些细节仔细地观察，就是写一百篇散文也不困难。

（五）写作观察能力的顽强性品格培养与训练

对于一个真正的写作者来讲，写作准备工作是一个写作的人生过程，在这个过程中，没有丝毫的松懈和偷懒。因而，写作的人生就是一个观察对象与事物的人生。要学会观察，要具有“入乎其内”和“出乎其外”的写作观察能力，要使自己“入乎其内”与“出乎其外”的写作观察能力得到永无止境的提升，还必须有意识地自我培养起事事留心、处处感受、时时体验与思考的观察性格与品质。

陀思妥耶夫斯基说：“当我写什么东西的时候，在吃饭、睡觉以及与别人谈话时，我都想着它。”

马雅可夫斯基表达得更加形象和生动：“诗歌就是镭的发掘，采一克就得劳动一年。”

写作创造的艰辛，主要的还不是构思与表达的艰辛，而首先体现在观察的艰辛上。这里似乎可以用列夫·托尔斯泰的一句话来概括：“常识多筛多洗，才能得到黄金。”

福楼拜当年在收莫泊桑为学生时，告诉他的第一句话是：“坚持不懈就是才气。”此话用来形容写作观察的顽强性，也许再恰当不过了。

三、观察渗透理论：观察目的训练

（一）科学观察与艺术观察

法国作家福楼拜曾经这样说过："越往前走，艺术越要科学化，同时科学也要艺术化。两者从山麓分手，回头又在山顶汇合。"科学与艺术是人类精神探索与建构的两翼形式，它的动机与目标都具有同构性。正是基于此，科学观察和艺术观察既具有本质的相通之处，又具有对象领域上特殊性和方式、方法上的差异性。

就其前者而言，两者的观察都是为了孜孜不倦地探索对象与事物的本质与规律，发现真理；都必须通过观察来获得深刻洞察现实和表达现实的力量；都必须首先使自己成为一个高度个性化的观察主体，并在观察中充分表现自己的观察个性。无论是科学观察还是艺术观察，都既具有必然的一面，又具有自由的一面。而就后者来看，二者的区别主要体现在：

1. 观察领域的不同

科学观察的对象主要局限在自然领域，探索宇宙自然的规律成为科学观察的终极目标；而艺术观察的对象则主要集中在人性领域，探索人性的美德与罪恶构成了艺术观察的兴趣焦点。

2. 标准、价值取向的不同

科学观察力求最大程度的客观性，即尽可能地把因个人的主观因素所造成的影响缩小到最低限度，以期获得一个唯一的、可以重复验证的正确（客观）解释。虽然这一要求对科学观察来讲并不那么容易，但它毕竟构成了科学观察的主观努力与最高的目标追求。而艺术观察则要求观察者主观情志的积极投入，因而，在艺术观察中自始至终渗透着观察者的主观情感色彩。刘勰"登山则情满于山，观海则意溢于海，我才之多少，将与风雨而并驱矣"的阐述，最为形象地展示了艺术观察的主观情感倾向。

严格的科学观察，是不能受观察的时间、地点、环境条件和观察主体的影响的，它要求对同一对象的观察在特定的参照构架内只能得出基本一致的结果，否则，其观察就一定在某一环节上出现了差错；而艺术观察则刚好相反，它要求观察必须从自己的观察个性和审美个性出发去深入对象与事物，获得高度个性化的感受、体验、认知与思考，如果艺术观察所获得的感受、体验、认知和思考是千人一面、千篇一律的话，那一定是整个时代、社会心理机制在什么地方出了毛病。

科学观察严格地追求观察对象的本来意义，而艺术观察则往往可以把对象或事物本身所不具有的东西主观地注入进去。正是由于此，科学观察才是本来意义上的观察，而艺术观察则是观察者对对象真实的一种有倾向性的创造性把握。

3. 思维方式的不同

科学观察和艺术观察都要借助想象与联想，但科学观察中的想象与联想，是纯粹的逻辑空间意义上的，而艺术观察中的想象与联想，则往往是情感空间意义的。

写作观察有时是艺术观察（文学写作、某些新闻写作等），有时是科学观察（学术写作、应用写作等），究竟使用哪种观察，要依写作对象、内容、性质而定。有时，艺术观察中含有科学观察的成分，科学观察中也含有艺术观察的成分。运用之妙，存乎一心。

（二）外向观察与内向观察

观察对于我们来讲是错综复杂的，如果仅就观察所涉及的基本对象而论，科学观察更多地属于向外式观察形式，因为科学观察的对象是宇宙自然；而艺术观察既是一种向外观察，又属于一种向内观察，理由是艺术观察的对象既是艺术家自身之外的对象世界（如自然、生活、时代、社会），又是艺术家的内在自我。由于此种规定性，写作观察获得了观察对象的双重性。

1. 外向观察的心理特征

写作观察的外向化，是指“观察为了写作”而向外部世界进行观察，并通过观察来收集写作所必需的材料、信息。写作观察的内向性，是指“写作为了观察”而向内在的自我进行观察，并通过观察来理清思维，纯化情绪，凝重情感，提升认识，深邃思想，升华审美品味与格调，畅达思路，推进表达。

写作观察的外向化是写作观察的基础，是获得第一手材料的来源，如果没有对外部世界的观察，或者不具备外向观察的基本能力与品质，那么，也就没有东西可写。因此，外向观察是解决“能感之”与“写而有内容”的问题的正确途径。写作观察的外向化是写作观察的深入与升华，它是对所感受到的表象世界灌注进深厚的人性内容、时代精神、历史意识和美学理想的必然方式。因此，外向观察是侧重于着手解决临案时“能省察之”（即透过现象抓住本质）、“能写之”和“写而有生气”、“有高致”、“有高格”的问题。

外向观察是一种知觉性观察，它需要观察者对五官的积极性综合调动，并互相协调与配合，方能达到知觉对象与事物的良好效果。由于外向性观察具有知觉性，这就决定了外向性观察主要是感受——在感受中获得对象意识，在感受中占有对象表象，在感受中判断与分析，在感受中鉴别材料与收集信息，并在感受中刷新思维，改变认识，提升辨别对象事物的能力。

外向性观察的基本观察对象是外部世界的人、事、景、物。因而，外向观察包括了人物观察、环境观察、场面观察、自然观察以及活动的过程观察等。

由于外向性观察是立足于客观对象的观察，所以外向性观察具有向外的扩张性特点。丰富的写作材料信息库的建构，就是建立在外向性观察的扩张性基础上的。因此，外向性观察的扩张能力越强，写作材料信息库也就越丰富。正是基于这一点，培养和训练外向性的扩张性观察能力，不断地开阔对外部世界的感知与认识，是写作观察的基本功，也是写作材料的不竭源泉。

2. 内向观察的心理特征

内向性观察是一种心灵性观察，它需要综合调动心灵、情绪、情感、思想、审美理想和历史意识的积极配合与协调运动，才能使观察获得应有的效果。由于内向性观察的心灵性，内向性观察的主要方式是体验——在体验中鉴别已经获得的第一手材料与信息，在体验中创新知觉表象，在体验中进行审美判断与分析，在体验中发现内在的自我，感悟人性的美德与弱点，在体验中开阔视野，刷新精神，升腾理想。

内向性观察的主要对象是知觉表象以及蕴涵在这知觉表象之中的人性内容，以及写作者自我人格、人类精神、时代风尚、文化历史价值取向等。因而，内向性观察主要包括人性体验，自我人格及其追求体验，时代风尚与精神走向体验，社会文化历史价值取向体验，人类精神与自然精神体验，审美理想和写作哲学精神追求体验等。

由于内向性观察主要立足于主观对象而进行，因而，内向性观察具有穿透性与内聚性的特点。写作者的审美理想格调、哲学追求意识的强弱、历史意识的深浅、时代性的文化价值取向的健康与否、自我写作人格的完美与否、写作所表现出来的生存视野的博窄、理想化的生存境界的高低等，都取决于内向性观察的深广性。因此，培养和训练内向性观察的体验穿透力与内聚力，是写作观察的升腾力之所在，也是写作者的写作心灵解构力时时创新的生命源泉。

但值得注意的是，在写作观察中，外向观察和内向观察并不是截然分离的，在许多时候，外向性观察也同时融进了内向性观察，而许多时候，内向性观察也要伴随着外向性观察才能深入。这就说明，对向外部世界的扩张性知觉能力和内向性穿透体验能力的综合性培养与训练，才能真正形成完整的写作观察能力。

（三）证实观察与证伪观察

对于实用性写作和理论性写作来讲，证实观察和证伪观察是特别重要的。这两者的主要观察对象都是生活现象或自然规律。因而，这两种观察都要求尽可能客观，即要求尽可能在观察中把观察者的主观因素降低到最低限度，以求获得一种唯一正确的说明与解释。

1. 证实观察的心理特征

证实观察是一种顺向性观察，这种观察往往是对已经存在的合理性或科学性的一种证明，或者是对某种已有现象的未知规律的一种确立。因此，证实观察特别强调“证实性”，即对事物的“证明性”。基于这样一种特定的要求，证实观察需要观察的广泛性，即观察的普及性，对某一有待证明的事物，要尽可能穷尽该事物及其所表现出来的一切现象，这样才能求得最大的客观性，其证明或解释才能立得起来。

证实观察的基本方法是生活观察法，其特殊的观察方法是调查法和采访法。证实观察在取舍事物、判别材料、处理信息时所运用的具体方法是归纳概括法。

2. 证伪观察的心理特征

证伪观察是一种逆向观察。这种观察往往是对已经存在的合理性和科学性的一种怀疑性和否定性证明，其目的是为了否定现实的某种存在。证伪观察就是为了发现现有的某种存在的错误性或荒谬性而寻找依据。因而，证伪观察特别强调证伪性，即事物存在的虚假性和非科学性、非合理性。证伪观察与证实观察相反的是：证伪观察不一定要求观察的普遍性，而特别要求观察的深刻性。可以这样讲，证伪观察是一种深度观察。但它与文学性写作观察中的深度观察有所不同，后者主要指心灵体察的深广性，而证伪观察则主要指通过观察去发现事物与事物之间、对象与对象之间的内在的逻辑矛盾性、非自恰性与非完备性。

基于这样一种特殊的要求，证伪观察特别要求观察者具有很强的逻辑思辨能力，理性思维的敏锐直觉能力、发现能力和特别深邃的思想能力与反省事物与问题的独特能力。

(四) 社会观察与科学观察

1. 社会观察的心理特征

社会观察属于生活观察。社会观察的一个最大的特点是以日常生活经验为前提、为指导，社会观察的另一个含义是对社会生活内容及其现象、趋势、演变发展规律的观察。

社会观察的重要性在于通过对社会现象及其变化、发展的观察，获得对社会的整体把握，为写作奠定更加广阔的生活背景、舞台。因此，任何一个写作者，都应该有意识地培养和训练高超的社会观察能力。

2. 科学观察的心理特征

科学观察是一种以严谨的科学理论、知识为前提的观察活动。科学观察要求以特定的科学方法为指导来进行观察。科学观察的目的是探索问题，认识规律，发现真理，更新知识。科学观察并不局限于对科学现象的观察，同时也指对生活现象、人性现象的观察。所谓科学观察就是自觉地运用科学知识、理论、方法为武器、为指引来对对象与事物进行严谨的有约束的观察。正是基于这一点，每一个写作者都应该有意识地培养和训练自己的科学观察能力。

培养和训练科学观察能力，首先是要求写作者具有一定的科学文化、知识、方法素养，这就要求写作者随时了解现代科学发展的基本状况及最新前沿信息。

（五）初始观察与深度观察

在写作观察中，客观地存在着初始观察与深度观察之分。

1. 初始观察的心理特征

从大的方面来看，初始观察属于外向性观察的范畴。初始观察是写作者的“观察为了写作”的习惯性观察，其观察目的就是“为了写作”这一总体人生目标，因此，初始观察具有范围的规定性，却没有明确的写作目的的针对性。虽然如此，初始观察却是深度观察的前提，也是写作的内容、材料的来源。鲁迅先生的写作经验就很能说明这一点。他说：“（我）所写的事迹，大抵有一点见过或听到过的缘由，但绝不全用这事实，只是采取一端，加以改造，或生发开去，到足以几乎完全发表我的意见为止。人物的模特儿也一样，没有专用过的人，往往嘴在浙江，脸在北京，衣服在山西，是一个拼凑起来的脚色。”[①]

初始观察对于写作是很有意义的，那么要做好初始观察，对观察者有些什么要求呢?

第一，初始观察需要观察者有意识地培养随时感受外部环境变化的能力。初始观察虽然没有明确的写作目的，但它却有聚集材料、收集信息、丰富写作材料信息库、寻求写作动机的明确目的。因而，初始观察首先特别要求观察者有意识地训练五官，以达到随时放开五官，自由地感受生活、感受外部环境的任何微小变化。

第二，初始观察还要求观察者有意识地训练和培养自己的角度把握与变换能力。一件平淡无奇，甚至是司空见惯的生活小事，如果以一种习惯的方式去看待，是不能在人的心里留下任何痕迹的，但如果能变换一下角度，则可能发现以前从来没有发现的东西。

第三，初始观察要卓有成效，还需要有意识地培养和训练起一种敏锐的发现品格和能力，即要培养和训练在日常的生活中、在司空见惯的生活现象面前去敏

---

① 转引自武汉大学中文系文艺理论教研室、资料室合编：《中国现代作家谈创作经验》，12页，武汉，武汉大学中文系，1978。

感到从来没有过的新东西、新信息，去发现新的事物、新的感受、新的理解的这样一种品格与能力。艺术大师罗丹说，“不是缺少美，而是缺少发现”，因为在他看来，“所谓大师，就是这样的人，他们用自己的眼睛去看别人见过的东西，在别人司空见惯的东西上能够发现出美来”。

第四，初始观察还特别需要敏锐的捕捉信息的能力。在观察中，一旦有了新的角度，获得了新发现，如果没有敏锐的捕捉能力，那么你所发现的东西也很快就会在自己的手掌中消失掉。敏锐的捕捉能力既是对事物的一种独特的敏感能力，又是对感受、知觉过的事物的一种积极的记忆能力。

2. 深度观察的心理特征

深度观察是属于内向观察的范畴。深度观察是“观察为了写作”的特定性、针对性观察。一般来讲，深度观察是在初始观察的基础上，为了具体的写作目的而展开的观察活动。深度观察问题在观察中至为重要，下面将重点专门阐述。

四、写作的深度观察方法

（一）捕捉特征的观察方法

1. 捕捉特征的观察方法的特征与基本要求

捕捉特征的观察方法是写作观察最常用的一种方法，它通常适用于外向性观察，也可以在许多情况下适用于内向性观察。

捕捉特征的观察方法是指在对对象或事物进行观察时有意识地去敏感和捕捉对象或事物的自身特殊性、独特性、个性化方面的内容或信息。捕捉特征的观察方法，包括在观察中捕捉事物的存在特征、形态特征，场面、环境的构成特征、布局特征、生态特征，自然的生态特征、风貌特征，人的性格特征、气质特征、行为特征，人性的善恶特征，时代、社会生活的文化特征、伦理价值取向特征，历史演变的趋向特征、发展特征等。

对捕捉特征的观察方法的运用的总体要求是：

（1）要立足于整体。只有在对所要观察的对象或事物获得一种整体感受的基础上，才有可能捕捉到对象或事物的特征；

（2）要认真细致。即在整体感受所观察的对象或事物的基础上，对观察对象或事物的个体差异性、独特性方面的东西要予以细致深入的观察，只有这样，才能对对象或事物的特征予以敏锐的捕捉与整体的把握。

（3）要准确到位。在捕捉对象或事物的特征时要力求准确，这就需要写作者具备敏锐的捕捉对象或事物的特征的能力。

2. 捕捉特征的观察方法的基本形式

捕捉特征的观察方法主要有三种形式：观察角度、时机变换、特征比较。

（1）通过变换观察角度去捕捉对象或事物的特征。一般来讲，观察者观察对象或事物时总是自觉或不自觉地形成一种相对固定的观察视角，并且，观察的地点与方位也相对固定，这就叫做定点、定位观察法。但定点、定位观察法在运用时由于受到“定”的限制，许多时候不容易对对象或事物予以全面的观察，很难获得观察的整体感受，这样，要准确地捕捉或把握观察对象的特征就往往变得很困难。因此，在观察中变换观察角度也就显得非常重要与必要。

变换观察角度可以从两个方面入手。一是通过有意识地改变观察的情感态度、观察的思维方法、观察的认知结构或观察的目的等，达到对观察的角度的改变。比如在观察中将观察的“证实性”目的改变为“证伪性”目的，观察对象的角度也就自然获得了改变。二是通过改变观察对象的方位，即在观察中从不同的侧面、不同的层次来对对象进行观察，观察的角度也自然得到了改变。“横看成岭侧成峰，远近高低各不同，不识庐山真面目，只缘身在此山中”的诗句，就非常形象地表明了观察时变换角度的重要性，也揭示了应如何在观察中变换角度。

（2）变换时机去捕捉观察对象的特征。一般讲，写作观察并不是绝对自由的，它往往要受诸多主客观条件的限制。从客观方面看，写作观察要受所观察的对象环境条件的限制；从主观方面看，写作观察又要受观察者的自身主体因素的制约。要在观察中准确地捕捉对象的特征，需要主客观条件完全具备。这就是许多时候我们有意识、有目的地去观察特定的对象，却一无所获的原因。变换时机去捕捉观察对象的特征，是指当我们在观察某个特定的对象而感到无法捕捉和把握对象的特征时，有可能是观察的主客观条件还不成熟，或者还存在欠缺。这时应该暂时停下来，找到其条件欠缺的原因。如果是属于客观方面的因素所致，那就等待时机成熟再行观察；如果是主体方面的因素，比如说情绪不到位或者思维、认知准备不足，那就积极创造条件，获得再行观察的好时机，以敏锐、准确地捕捉到对象的特征。

（3）通过与他事物的比较去捕捉观察对象特征。世上没有两片完全相同的叶子，生活中也没有完全相同的两个人、两件事、两种行为。之所以如此，就在于每一件事物、每一个人、每一种东西，都有标志自身独立存在的独特性，即个体差异性。但任何东西的这种个体差异性都是在“群”与“众”中才显示出来的。没有“群”与“众”作为参照背景，是不可能有个体的独特性的。这就是比较的效应。这种比较是事物的自然本性使然。而写作观察要捕捉和把握对象本身存在的独特性，就得自觉地运用比较的自然方法。

通过将对象与他事物进行比较来捕捉对象自身的特征，这种方法的运用又体现出如下几种具体的操作方式：第一种操作方式是将观察对象与同类事物进行比较，此种方法主要适合于对观察对象的特征予以全面、整体、深入的捕捉与把握。第二种操作方式是将观察对象与另一相近似或相类似的对象进行共时性的比较，通过比较抓住事物的特征。第三种操作方式是将观察对象置于运动过程中来进行前后不同阶段的动态特征。第四种操作方式是对观察对象本身进行局部与整体之间的比较观察，以把握对象的局部个性与整体特征。第五种操作方式是将观察对象与异类事物进行比较，这种操作方法适合于对对象的本质特征的捕捉与把握。

（二）深度观察的方法

1. 深度观察的基本要求

（1）特定的目标性。深度观察是“观察为了写作”的观察，它是在初始观察的基础上，针对某种特定的写作动机，并为实现这一特定的写作目标而产生的观察。因此，观察的目标性构成了深度观察的首要要求。

（2）观察的思考性。由于深度观察是具有特定的写作目标的观察，再加上深度观察是在初始观察的基础上展开的观察，因此，以具体的写作目标为依据，对所观察的对象进行有意识的思考，构成了深度观察的又一基本要求。

（3）观察的自我反省性。深度观察就其本质而言，是一种内省（向内）性观察，哪怕是对初始观察过的对象进行再观察也是如此。由于这特征，深度观察必须具备自我（心灵、精神、情感、人格）反省的要求性。从这个意义上讲，深度观察是一种自我反省观察。

2. 深度观察的基本方法

（1）深度回忆的方法。就实际的观察行为对写作的作用与功能来讲，深度观察是一个写作材料生成、生长和对写作材料的主题性构思的过程。因而，深度观察更多地具有文章写作的主题生成和内容生成的性质。由于这样一种内在性质的规定性，回忆的方法也就构成了一种最好的深度观察方式。因为，就其本质而言，回忆就是对往事的新生。

（2）想象与联想的方法。深度观察是力求把握世界、人、心灵的本质及其相互生存关系特征的方法，为了达到这种效果，借助于想象和联想是不可避免的。正是从这个意义上讲，想象和联想现实地构成了深度观察的又一方法。这正如法国作家雨果所说，艺术家是以两只眼睛进行观察的，“他的前一只眼睛叫做观察，他的后一只眼睛称作想象”。而想象就是深度，没有一种精神机能比想象更能自我深化，更能深入对象，这是伟大的潜水者。

（3）审美移情的方法。深度观察是一种具有极强穿透力和内聚力的体验性观察，这种观察往往需要观察者对自我情感的移植或将对象情感向自我心灵的移植，才能达到对所体验的对象的穿透性和内聚性把握，否则，在深度体验中就不能达到“感时花溅泪，恨别鸟惊心”的观察效果。而审美移情的方法恰恰是深度观察达到这一特殊效果的最佳方法。

（4）心灵的顿悟与直觉方法。深度观察是离不开直觉的帮助的。直觉是深度观察获得顿悟力的推动力，也是写作灵感的启动器。因此深度观察还要求观察者必须有意识地培养和训练自觉体验、感悟和直觉事物与对象的方法与能力。

第2节 写作观察能力的建构训练

一、写作信息动力背景培养训练

（1）教师约请本校（或校外）写作名人（作家、学者）作有关写作成才中写作信息积累意义的报告。

（2）学生听了报告后，写一篇关于培养写作信息获得能力的感想性文章。

二、写作思维中写作信息的控制性、动力性问题的演示

（1）教师以自己的一篇文章为例，向学生演示在这篇文章写作中，写作观察方面的经验和教训。

（2）学生以自己的一篇文章为例，谈谈自己在这篇文章写作中写作观察积累方面的经验和教训。

三、写作实践尝试

学生写一篇关于培养自己写作观察动力的文章。

四、写作素质课后培养

（1）成立班级读书社，定期进行读书报告会。

（2）坚持进行专题化的写作观察、阅读、思考活动，并坚持写观察笔记。

（3）坚持开拓胸襟、视野，培养写作信息动力。

（4）记下你最近产生的感悟、认识的思想火花。

（5）写一则生活随笔。

【概念术语】

写作信息动力　写作信息心灵空间　写作观察　观察品格　观察渗透理论　科学观察　艺术观察　新闻观察　生活观察　外向观察　内向观察　初始观察　深度观察　证实观察　证伪观察　社会观察　学术观察

【复习思考】

1. 为什么要注重写作信息动力与信息心灵空间的培养？
2. 写作主体信息动力与信息心灵空间建构成熟的标志是什么？
3. 写作信息动力与写作信息心灵空间的关系是怎样的？
4. 写作信息动力与写作行为的关系是怎样的？
5. 什么是“观察渗透理论”？
6. 写作观察中，科学观察的品格是什么？
7. 简述写作观察个性化的要求。
8. 简述写作观察的深度方法。

第 13 章

源头活水　得意忘言

——写作阅读/写作信息动力的激发与培养(下)

1. **教学要求**：培养学生通过阅读获得广博的写作信息视野材料空间，提高写作原动力。
2. **训练重点**：学生的阅读写作习惯素质与能力的形成。
3. **训练难点**：写作阅读的主动性和方法论的培养。

文学家要多读古今中外属于文学的作品。这就是造成文学家的第一步了，他有了偏于文学的嗜好，也必须多读属于文学的作品。读得越多，格局越精熟，材料越方便，思想越活泼。久而久之，必能独辟蹊径，自成一家。

——冰心

阅读一本不适合于自己的书，比不阅读更坏。我们必须学会这样一种本领：选择最有价值、最适合自己需要的读物。

——别林斯基

第 1 节　阅读的策略：阅读为了写作，写作创新阅读

一、阅读的策略即是选择的策略

大作家林语堂认为，人生就如同一首诗。在人生这首诗中，写作和阅读构成

了最美好的语言与节奏。对于一个写作者来讲，为了写作而阅读，通过写作而创新阅读，自然会谱写出壮丽的人生诗篇。

然而，诗永远是独创性的，写作人生这首壮丽的诗篇同样是独创的。独创即意味着选择，不仅写作需要选择，而且阅读也需要选择。选择的艺术构成了独特的写作人生：因为写作而选择阅读，由于阅读又丰富写作。可以说，没有选择就没有写作的产生，没有选择更没有真正意义上的阅读。不同的阅读选择基于不同的动机与目的，写作阅读选择的全部动机与目的就是为了写作。为写作而阅读的战略选择主要体现在两个方面。

（一）对阅读书籍的选择

对阅读书籍的选择需要注意 3 个方面。

1. 应选择自己所需要阅读的书籍

具有时代前沿性知识、信息方面的书籍和具有密集性的历史知识、信息的书籍是我们所需要的。尤其是我们身处“信息过剩”、“信息污染”的当代信息社会，每个人都被丰富的信息资源环境所包围着，在这种环境里，要能够做到有效阅读，就必须具有高度的选择性，必须根据自己的需要和社会性生活的需要而“有所不为，然后有所为”。

2. 应选择具有方法论的书籍阅读

这里说的“方法论”方面的书籍，首先是指作为世界观的哲学、美学和作为方法论的心理学、逻辑学、思维科学、现代自然科学理论，如老三论、新三论、新新三论等准哲学方面的书籍；同时也包括对写作、学习、阅读具有指引性（如古今中外的文学名著），对人生、生活具有认识、思想、智慧的启迪性的书籍。因为，阅读行为本身就包含着自我训练的因素，即我们一旦阅读，所获得的已经不单纯是新的知识、思想或者情感、信息，与此同时也包含了对读书技能的训练与基本知识的获得。

之所以要强调在阅读选择时注重方法论方面的书籍，就在于任何形式的写作都是从一个特定的视点、角度出发，以一个特定的视角去感受对象、去观照世界、去思考和认识所需要思考和认识的一切的；就在于每一次新的生活体验与写作，都在自觉不自觉地寻求、探测和表现着新的思维视点、认知视角、思想视野。而方法论就是我们探索事物、认识对象的特定思维视点、认知视角、思想视野的总称。因此，阅读方法论方面的书籍，就因为它们能够时时帮助我们更新思维、拓展视野、创新视角，提升我们感受和认识对象、事物的思维层次和思想境界。

3. 应选择著名学者的书籍阅读

书籍就是作者的记忆和时代社会以及人类的记忆的综合体现。这正如哲学大师罗素所说的那样："科学知识的目的在于去掉个人的因素，说出人类集体智慧的发现。"而阅读就是使公共的一般知识与智慧、情感变为个人的知识、智慧与情感，使之具有个人独创性和广泛的社会意义。而著名学者的书籍既是人类、社会、时代信息的集中体现，又是个人独创信息的强烈反映。

（二）对阅读方法的选择

别林斯基说："阅读一本不适合于自己的书，比不阅读更坏。我们必须学会这样一种本领：选择最有价值、最适合自己需要的读物。"[①] 曾国藩说，读书与看书截然不同，"看者如攻城拓池，读者如守土防隘，二者截然两事，不可关，也不可混"。曾国藩还说，读书强记无益，一时记不起，丢了十天八天再读，自然易记。曾国藩与别林斯基的经验之谈恰好分别从不同方面说明了方法的正确选择对阅读的特别重要性。

二、为写作而阅读即是为问题而阅读

就本质看，人生就是问题。人生的学习与思考、创造与追求，都是为了解决一个又一个人生问题的。写作是写作者的人生课题，这个课题本身就是问题的代名词：写作就是痛苦地思考问题（构思）、严肃地解决问题（表达）、有意识地发现问题（生活、观察、感受、体验），以求更新或更深地思考与解决的无限过程。而写作者的阅读却无一例外地贯穿着写作的所有问题的始终，构成了写作者最强劲的（潜在的或直接的）阅读动力。

正是基于这一本质的规定性，阅读的战略又是"以问题为导向"的战略。[②]

实施"以问题为导向"的阅读战略，就是把阅读与写作联系起来，就是具体实践"阅读为了写作"、"写作创新阅读"。问题导向战略表明，对于写作者来讲，写作才是阅读的动机、动力，才是阅读的目的，而阅读仅是写作实现自我和展开自我的手段、方法。

写作所表现出来的全部问题，概括起来有两个方面：一是写作中的人生问题，二是人生中的写作问题。前一类问题随着写作的频频展开而不断涌现，后一类问题在人生的艰难过程中从不间断。这两类问题的互相交错，就构成了（人类、时代、社会）人生中的写作历史和写作中（写作者个体）的人生历史。写作

① 转引自柯夫、倩青：《读书方法二十谈》，59 页，太原，山西人民出版社，1984。

② 参见顾晓明：《阅读的战略》，64 页，上海，上海人民出版社，1987。

阅读者的任务就是不断发现和思考写作中的人生问题和人生中的写作问题——并以之来创造性地选择阅读和指导自己的阅读。而阅读就是将书籍中作者个体的独创性信息（知识、智慧、方法）和人类集体的创造性智慧吸收转化为自己的新认识、新方法、新思想、新智慧，来现实地并且力求创造性地解决写作中的人生问题和人生中的写作问题。

由此可以看出，以问题为导向进行阅读，围绕问题而阅读，既有时间的要求性，也有写作人生阶段的规定性，更有时代、社会发展进程的制约性，同时还有具体的写作动机、目标、任务、对象、环境、条件的要求性。因此，“以问题为导向”的阅读战略又可以理解为围绕特定的写作动机、目标、任务、对象、环境、条件的要求阅读。“以问题为导向”的阅读同时也是围绕不同的写作人生阶段以及时代、社会发展和人类文明进程对写作所提出的更新问题、要求阅读。这样，“以问题为导向”的阅读，实际上包含了两点基本精神，即阅读的时间维度精神和阅读的领域维度精神，前者属于阅读的历史意识问题，后者属于阅读的空间意识问题。“以问题为导向”的阅读，就是要求阅读者根据自己的写作实践和人生生活对写作的要求性，从而很恰当地把握好历史的演变和空间变化问题。

实际上“以问题为导向”的阅读战略，就是“学习通过写作”的中国式阐释。因为，写作不仅是感受对象和事物、体验生活与人生的活动，也不仅是审美与创造、个性发现与自由表达的行为，这些对于写作者来讲都是特别重要的，但写作却首先是在感受对象和事物、体验生活与人生中发现问题、感受问题、探索问题，最后走向对问题求取解决的活动过程。在这一过程中，审美与创造得到了实现，个性迎来了新发现，自由表达进入了更高水平的新境界！因此，当我们顺应时代的拍节而倡导“学习通过写作”，实际上是在倡导“学习通过问题的发现、探索与求解决”——即积极地感受事物和对象、体验生活与人生，主动地在感受和体验中发现问题、探索问题、解决问题，并以此作为阅读、学习、求新知的内在动力。

三、培养和拓展“问题兴趣”即是强化阅读的动力

林语堂在谈到读书的艺术时指出：“世上无人人必读的书，只有在某时某地、某种环境，和生命的某个时期必读的书。”[①] 林语堂所讲的恰恰是关于阅读的兴趣范围的形成和兴趣焦点的产生问题。

阅读要以兴趣为直接的推动力。没有阅读的兴趣，是难以有阅读活动的。即

① 林语堂：《人生的归宿》，424 页，海口，海南出版社，1997。

使对某一本书有了要阅读的兴趣，如果阅读兴趣不浓，阅读的推动力也不强，阅读也就最终难以以一种良好的心态维持下去。因而，要实现有效阅读，获得强劲的阅读兴趣是至关重要的。

阅读的兴趣实际上包含着两层含义：一是阅读的兴趣，二是维持和强化阅读行为良好地持续下去的兴趣。对于前者，许多情境性的因素都可以激发起来，而对于后者，却是心灵的激活。

林语堂说："读书本是一种心灵活动，向来算为清高。"对写作者而言，读书恰恰是一种求解心灵困惑的活动，应该说向来是极其严肃的。因此，求解心灵的困惑才构成了阅读的顽强和持久性兴趣。要真正激发起广泛阅读兴趣和强化阅读行为持续展开的兴趣，就得有意识、有目的地培养不断拓展写作中的人生问题和人生中的写作问题的兴趣。只有培养不断拓展写作中的人生问题和人生中的写作问题的浓厚兴趣，才可能真正铸造心灵的持续困惑，才能激活写作者决心求解心灵困惑的不竭冲动、激情、兴趣。这种彻底求解心灵困惑的不竭冲动、激情、兴趣，才是写作者广泛阅读的最大动力。

四、阅读的起点：根底之学与入门之书

思考是写作的应有之义，表达才是写作至为关键、至为根本、至为久远的问题。因此，对于初学写作者而言，阅读选择应侧重于根底之学与入门之书。

什么是写作者的"根底之学"?

古今中外的文学名著就是文学写作者的根底之学。初学文学写作者在阅读时应侧重于文学名著。冰心在《文学家的造就》中指出："文学家要多读古今中外属于文学的作品。这就是造成文学家的第一步了，他有了偏于文学的嗜好，也必须多读属于文学的作品。读得越多，格局越精熟，材料越方便，思想越活泼。久而久之，必能独辟蹊径，自成一家。"

古今中外的文学名著之所以成为每个初学写作者的根底之学，就在于这些文学名著不仅蕴涵了人类的伟大情感和对人性严肃思考与询问，也不仅仅是这些名著包含了人类的伟大精神和创造了人间的永恒的美，还在于这些文学名著是人类语言创造的光辉典范。阅读、品味它们，可以从中获得终身的写作源泉。

理论性写作者的根底之学除了哲学和心理学之外，还应该阅读一些经典的方法论书籍和著名学者们关于治学方面的书籍。因为只有具备扎实的哲学功底，才能站得高看得远，有思维的睿智；只有具备深厚的心理学功底，才能看得深，思想才有人性深度；只有具备应有的方法论知识，认识事物、看待问题才显得空阔，才少走或不走弯路。

当我们确立了这样一个阅读起点，紧接着就出现了一个亟待解决的问题：面对浩如烟海的人类文化典籍，怎样开辟阅读的入口？戏剧文学大师曹禺阅读的经验，倒是给了初学者很好的启发。他说：

> 古今中外大师们沥尽心血写下文章，真是学习的好范本。……我喜欢艾斯吉勒斯他那雄伟、雄浑的感情；从优立辟谛斯，我企图学习他那观察现实的本领以及他的写实主义的表现方法，我很喜欢他的《美狄亚》。中学时，我有一个老师出国去，他留给我一部英文的《易卜生全集》。那时，我很喜欢读剧本，就慢慢把它读完了。对莎士比亚，我接近的较晚，到大学才开始读。……我喜欢反复读剧本，遇到好的地方就反复想几遍。……再后，就接触了契诃夫。契诃夫给我打开了一扇大门。我发现，原来在戏剧的世界中，还有另外一个天地。①

曹禺在这里谈到了三点：第一，对初学写作的人，阅读的入门一定遵循自己的本来兴趣，不可强为之。因为只有兴趣才能唤醒阅读，也只有兴趣才能激励、活跃阅读。第二，在跨向入门之读的第一步的基础上，要不断地扩大自己的阅读范围，只有这样，你的阅读才可能真正入门。第三，对入门之书要反复地读，反复地想，反复地品味，这样，才能读有所获，并且获益的本身就是扩展阅读兴趣的动力。

文学性写作的入门阅读应该如此，但理论性写作者的入门阅读，除了兴趣之外，还应该考虑自己起步时的接受能力，因此，理论性写作者的入门阅读最好是选择感兴趣的领域里的学科教材以及精要评述性著作，这样由面及点、由浅而深。比如要学习西方哲学，最好入门应该是读罗素的《西方哲学史》，要了解中国古典哲学，最好的入门书应该是冯友兰的《中国哲学简史》，又如心理学的入门书应该是美国心理学史家杜·舒尔茨的《现代心理学史》，了解西方的美学最好阅读朱光潜的《西方美学史》和李斯托威尔的《近代美学述评》。

五、“约”与“博”：阅读中的互补策略

阅读的战略还包括了阅读的约与博的战略。总的来讲，一个写作者的文化知识越广博越好。但这并不等于阅读的范围广泛，知识的积累就丰富渊博。阅读的博与约，既是一个有关阅读的人生阶段性选择的问题，又关系着对不同阅读对象的态度与价值的选择问题。就前者而言，在初学写作的人生阶段，阅读战略的选择最好以“约”、“精”为主。扎扎实实地读几本专业书籍和经典文学

---

① 曹禺：《曹禺论创作》，上海，上海文艺出版社，1986。

名著，不仅能使自己尽早具备专业眼光，而且也为今后的广泛阅读、快读以及跳跃式阅读打下良好的心理基础和方法基础。在具备了一定的阅读经验和一定写作基础的前提下，可以逐渐地扩大阅读的范围，进行广泛的阅读，这就是“博览”。

阅读的“约”追求少而“精”，因此阅读时宜在“思”字上做文章。自古有“书读百遍，其义自见”之说，实际上讲的就是一个“思”。“思”者，一要细致，二要深刻，三要反复品味与体悟。而“博”则追求一个“广”字。真正的写作者，阅读切不可囿于自己所从事的行业，或自己所喜爱的学科领域。在一定基础上，阅读应该跨专业、跨行业、跨学科。文学写作者，不能只对阅读文学作品感兴趣，这样是写不出像样的东西的，文学写作者也要阅读哲学、美学、史学、心理学、教育学、宗教神学以及其他社会科学方面的书籍，这样才能获得思想甘露的源泉，具备心灵的空阔境界。而理论写作者，也应该尽可能地大量阅读古今中外的文学名著，从中吸收心灵的力量和升腾情感的活力。

六、从“执言无意”向“得意忘言”

两千多年前，中国的圣人老子就说过：“道可道，非常道；名可名，非常名。”老子大概应该是“书不尽言”、“言不尽意”现象的最早发现者。写作，就其本质讲，就是对自然和生活的语言破译活动，因为这一破译活动需要借助于语言，因而，不管写作怎样精于表达，都不可能尽达其意；而阅读则是对写作者的表达成果——书籍的阅读，阅读的第一道关口就是语言，因而，阅读同样是对文字、语言的破译活动，在这破译活动中，无论你怎样执著于对语言的理解，最终都不能获得理解上的尽其意。这一现象无疑给阅读提出了一个方法战略上的挑战，即有效的阅读方法、理想的阅读境界就是要从“执言失意”转向“得意忘言”。哲学大师冯友兰先生对此有一段十分精彩的论述，似可作为写作者的阅读方法：“所以在读书的时候，即使书中的字都认得了，话全懂了，还未必能知道做书的人的意识。从前人说，读书要注意字里行间，读诗要得其‘弦外音，味外味’。这都是说要在文字以外体会它的精神实质。这就是知其意。司马迁说过：‘好学深思之士，心知其意’。意是离不开语言文字的，但有些是语言文字所不能完全表达出来的。如果仅局限于语言文字，死抓住语言文字不放，那就成为死读书了。死读书的人就是书呆子。语言文字是帮助了解书的意思的拐棍。既然知道了这个意思以后，最好扔了拐棍。这就是古人所说的‘得意忘言’……在读书中就是过河拆桥。”

第 2 节　阅读方法的类型、目的及其训练

阅读对于写作者而言，始终存在着一个“类别”的问题。不同的“阅读类别”，其阅读的目的与训练的方式有所不同。概括起来，主要有如下几种。

一、陶冶性阅读训练

阅读除了可以获得知识、增进智慧、积淀文章规范意识与能力以外，还有一个基本的功能就是培养审美情趣，陶冶性灵，纯化和凝重人性情感。陶冶性阅读训练的主要任务就是为了实现后者。

（一）应以“博览”为主

古人“读书破万卷，下笔如有神”的阅读训练方法，其精妙之处就在于：一旦你广泛阅读，你就可以从不同的书中、不同的作者那里获得不同的感受、体验、悟性，久而久之，就可以达及情感纯朴、性灵空阔、“情游八方，思接万载”的审美境界，一旦动笔，自然会“郁郁乎文哉”！

（二）应以鉴赏的、审美的方式

鉴赏式的、审美式的阅读训练要求阅读时不要拘泥于文章或书籍的字面意义，而是跳出语言的设定格局，去感受、体验和领悟语言之外的意味，即去努力体悟和捕捉写书人的那些隐藏在语言文字和文章结构背后的东西。一句话，鉴赏式的、审美式的阅读训练要求阅读者以一种超越生活现实、超越书籍或文章现实的态度来阅读。

（三）应综合运用情感体验的方法和领悟的方法

应对所阅读的东西进行情感体验式阅读和心灵领悟式阅读。交替运用这两种训练方法进行阅读训练时，既不必要一一地精读，也不应该一味地泛读，它应该是精读与泛读的综合运用。能够激发情感、激活心灵的地方，就细心的读，反复地品味和体会、领悟；平平淡淡的地方，就可以泛泛而读，甚至可以跳过。

（四）应是想象性阅读或联想性阅读

要运用想象的方法和联想的方法来训练、引导、开进阅读。在阅读中，要启动心灵，激活思绪，浏亮情感，领悟人性的魅力和美的韵味，这没有想象和联想的帮助，是无法实现的。

二、积淀性阅读训练

从总体来看，阅读的过程始终是一个自我文化知识修养的积淀过程。但对写作者的阅读而言，其修养的积淀，除了思维、认识、思想、情感的积淀之外，一项非常重要的，也是最基本的积淀恰恰是对审美感觉（美感）、文章感觉（文章图样）、文体感觉（文体意向）、语言感觉（语感）等的积累、沉淀、生长、生成。古人所说的“熟读唐诗三百首，不会作诗也会吟”非常形象地总结了写作阅读对审美感、文章感、文体意向、语言流动的生命感、语言敏感意向、语义的结构性生成，以及其语言的语义的场态化隐含感与扩张感等无意识积淀性对写作能力的生成构建的绝对重要性。

阅读性积淀之于不同的写作者和写作者的不同人生阶段是有所不同的。对于处于不同人生阶段的不同写作者来讲，其积淀性阅读训练在其阅读中所处的地位、作用和功能是有所不同的。以积淀写作文化知识修养以及情感、心灵的丰厚性为主要任务的阅读训练，主要体现在根底之学阶段。

在这一阶段，积淀性阅读训练主要是为夯实基础，为自如写作创造主体条件。因此，积淀性阅读训练的重心有二：一是通过阅读，广泛积累知识、信息，从而获得独立思考、敏锐捕捉信息和准确判断事物的能力，与此同时提升自己的认识水平，丰富自己的思想厚度，激活自己的智慧能量。二是通过大量的阅读提升自己的感受和体验能力，升腾自己对不同的文体风格、文本风格，不同的语体风格，不同的语言意味、语言结构、语言的表达方法、风格，不同作者以及同一作者的不同文章的美学追求的悟性，从而实现对文章图样意识的深厚积淀。

（一）应以熟读为主

自古有“熟读唐诗三百首，不会作诗也会吟”之语，讲的就是精读对文章图样意向、文体规范意向、语体敏感意向、文本结构意向、对语言敏锐感、惊奇感、诧异感等积淀的重要性和必要性。

（二）应在阅读对象方面慎加选择

一般地讲，积淀性阅读应该选择最为经典的或第一流的书籍来读。因为这一类书籍不仅内容博大、思想深邃、信息量密集，而且语言的创造张力和意义张力特别强，文本具有典范性。精读一批这样的书籍或文章，可以触类旁通，扩大视野，获得事半功倍的知识和文章图样、文本图样和文体模型与文章规范意向的积淀效果。古人云：“取法乎下，得乎下下；取法乎中，得乎其下；取法乎上，得乎其中；取法乎上上，得乎其上。”这应该成为积淀性阅读的指导原则。

（三）积淀性阅读的主要任务是打基础，它具有知识准备的性质

积淀性阅读应该将“由浅至深”、“由易入难”的训练方法和“由深及浅”、

“由难而易”的训练方法的交替运用。前一种阅读训练方法是一种适应性（让书籍适应自我）训练方法，在没有什么知识基础的情况下采用这种方法最合适不过，一旦具备了一定的知识基础后，这种单一的阅读训练方法就有压抑阅读兴趣、泯灭阅读激情的负面效果。因而可以根据不同的书籍与文章，或者针对同一本书籍或文章，交替采用两种不同的阅读训练方法，这样可以达到意想不到的阅读效果。因为“由深及浅”、“由难而易”的阅读方法是一种集大成的、厚度性阅读训练方法——即高难度的阅读训练比低难度或者没有难度的阅读训练所获得的积淀内容丰厚、深广得多。

三、理解性阅读训练

理解性阅读的基本任务是激活思维，开阔视野，提升认识，形成思想，创新方法，增长智慧。因此，理解性阅读训练往往适合精读书籍与文章。

理解性阅读训练的首要方法是研究性方法，即以研究问题的方法来训练阅读。研究式阅读往往需要采用比较的方法，因而又可以称为“比较性的阅读训练方法”。研究式阅读训练并不拘泥于某一本书、某一篇文章，或者某一个问题、某一个领域，而是可以根据需要而同时对同一类型或不同类型的书籍、文章进行比较阅读，从中发现问题或获得多角度的思维训练、思想认知。也就是说，研究式阅读训练既可以采取横向比较的阅读训练方式，也可以采取纵向阅读训练的方式。研究式阅读训练，既可以是先获得了特定的问题针对性，然后才做比较性阅读，如为理清某一个问题或某一个课题的思维而阅读，也可以是预先没有特定的针对性，而在阅读的过程中获得了某一问题或思维的针对性，然后才进行比较性阅读。这两种情况在理论写作阅读中是经常出现的。

理解性阅读训练要综合运用意义挖掘的方法和意义发现的方法。文本的自身意义，既具有表面的、明确的既定性，又具有深层次的、隐含的不定性。在理解性阅读训练中，最重要的任务不是把握文本表面的、明确的既定性内容与意义，而是对隐含在文本中的深层次的不确定性内容与意义的领悟和把握，以达到提升自己的认识，升华自己的思想，开拓自己的思维视野，增长自己的人生睿智的目的。这就需要在阅读中进行发现与挖掘。

理解性阅读训练还可以采用评价的训练方法。即在阅读训练中，有意识地对所阅读的书籍或文章进行思想、意义、作用、价值以及问题、缺陷、方法、资料来源等方面的评价。要使评价基本符合文本的实际情况，这就需要在评价训练时进行相关的比较阅读理解，这样才能找到客观的评价参照系。

四、模仿性阅读训练

模仿性阅读训练的主要目的是通过阅读学习范文规范，习得写作技巧与方法，然后形成自己的创造性表达能力。

模仿性阅读的本质、功能就是进行文章格局、文体模型、写作的临案思维意向、操作策略的感觉、领悟、体认性迁移、习得，从而获得如何写才像、才好、才美的写的图样、方法和动力。在模仿性阅读中，被模仿的对象（某一具体的作品或某一个作家的作品）本身就是写作模仿者（阅读者）最好的、活的写的图样，当这一活的写的图样通过模仿性阅读即对此产生形象生动的感觉，获得一种生命化的领悟与体认时，一种关于如何写和怎样写好、写美的方法、技巧、策略，也就自觉不自觉地积淀成了阅读者的感性的写的能力，这样，依照这个“样子”（格式、格局、格调）去写、去写好、去写美的动力也就自然形成了，获得了，或者说提升了。因此，模仿性阅读之于写作者来讲，不仅具有方法论作用，而且更具有动力学功能。这种作用不仅对于初学者来讲是巨大的，而且对于写作大家、高手也是不可忽视的。郭沫若先生在写几个剧本时，就是一边写作一边进行模仿性阅读来完成自己的创作的。所以，模仿性阅读对于写作者来讲，是非常重要的，尤其是对于初学写作的人。

从另一个方面看，模仿性阅读训练实际上是一种精读训练。只是这种精读训练的目的是明确地落实在形成、获得和提高文体写作规范、策略、技艺、方法、叙述角度、传意口气、语体感的习得，以及洞察与领悟对象事物的视角的更新、思维视野的开拓、心灵空间的开阔等方面上的。因此，在阅读中进行模仿性训练的首要步骤是通过阅读而弄清所读的书籍或文章的独特视角、视野、生活（或知识）背景；其次是通过再阅读感受作者在书中或文章中力图要表达什么并实际上表达了什么。在此基础上进一步阅读，力图弄清楚这本书或这篇文章是怎样表达他所想要表达的东西的。这实际上涉及 3 个方面的问题。

（一）作者表达的基本思路是怎样的

他为什么要采用这样一种表达思路？可不可以采取另外一种思路或另外几种思路？如果可以，那么，哪一种表达思路是最能表达这一内容的方式？针对此一内容，采用其他的表达思路、方式、策略（即视点、角度、内容、材料的空间化组织与时间化安排的方式、叙述人称、基调、口气、语体方式等）将可能体现哪些思维与审美方面的特色或不足？

（二）弄清楚凝聚作者这一表达思路的基本结构图样是怎样的

对这一问题，在阅读中要弄清楚两个层次上的结构图样，这是任何一本书或一篇文章都存在的东西。第一个层次上的结构图样，就是我们通常所说的文章

（包括书）的表层结构，表层结构一般来讲就是文章（或书籍）的材料结构或者说语言叙述的篇章结构。针对文章的表层结构而进行阅读时，可以围绕这样两方面的问题思考：第一，作者为什么要这样来组织材料、配置材料、安排材料？可不可以对现有的材料结构进行一些必要的调动？调动以后的文章效果如何？第二，作者所选择的这种语言叙述篇章结构安排有无特色？如果没有特色，可不可以进行必要的变换或改动，使它具有特色？如果具有很明显的表达特色，那么这些表达特色主要体现在哪些方面？

然后在此基础上再进行阅读，通过阅读弄清楚文章的第二个层次上的结构图样——即文章的深层结构图样。文章（或书籍）的深层结构图样，就是文章的如下问题：内在逻辑结构，又可以称作文章（或书籍）的思想结构（在文学性的作品中，其深层结构即是作品的人物性格结构，或者说作品的人性结构或人性化的历史结构）。对文章的深层结构的清理，主要把握如下问题：内在逻辑结构的基本框架是怎样的？这一内在的逻辑结构的基本框架的构架方式是怎样的？作者为什么要采取这样一种构架方式来构架文章（或书籍）的内在逻辑框架？文章的这一内在逻辑框架有无思想、情感的内聚力和外向扩张力？没有，为什么？怎样来弥补以求获得一种思想和情感的内聚力和外向扩张力？有的话，其强度如何？

（三）弄清楚作者围绕文章（或书籍）主题运用了哪些具体的表达方法、技巧

这些特定的表达技巧和方法是怎样运用的？作者为什么要选择这些表达技巧和方法而不选择其他？作者选择了这些表达技巧和方法之后，为什么要这样运用而不是那样运用？如果在表达技巧与方法的选择上做些变动，或者采取另一种方式来组合运用，那么，其表达效果又将是怎样的？

总之，模仿性阅读训练，在强调感受、体会的基础上，非常强调在阅读中进行理性思考，强调对文章（或书籍）的假设性比较分析与推论，强调对文章内容、结构、方法、技巧的换位性审视，这是通过阅读训练而获得范文规范和表达技巧与方法的重要的、也是最基本的环节。

只有在这一基础上，模仿性阅读训练才可能正式进入第三个步骤，即依照所阅读的文章的样式（包括主题结构样式、表达主题的基本思路框架样式、材料结构样式和语言叙述结构样式、内在逻辑结构样式）和表达方法、技巧，来尝试性地模仿练笔。在模仿性练笔中，要使你的训练获得成功，还得进一步深入细致地重新阅读和反复阅读。当你在练笔中再阅读时，此番阅读的效果与收获是与以前大不一样的，你将获得更新、更多、更好甚至更美的审美感受、体验与领悟。从根本上讲，模仿性阅读的全过程就是“模仿性阅读⟶模仿性练笔⟶模仿性再阅读─→模仿性练笔……”所以，模仿性阅读就是实现“阅读为了写作”和“写作创新阅读”：模仿性阅读的过程就是实现写作的过程和实现对阅读创新的过程！

五、读书方法训练

阅读的方法很多，并且，阅读方法不仅具有普遍性，还具有很强的个性色彩。所以，对阅读方法的讨论只能择其要而介绍两种，即精读法和快读法。

（一）精读法

精读的方法，是一种研究式的阅读方法。精读的目的是充分理解。精读重在阅读的质量，而不是阅读的数量。精读的主要任务是对读物内容在深刻理解的基础上有所发现，有新的发现和思考。因此，精读要求在阅读时要对读物进行逐字逐句逐章逐节的钻研，并通过深入、细致、反复的阅读、分析、咀嚼、品味、品评，理解整体内容及各部分之间的内在联系，然后在此基础上再度阅读，以达到对读物的深度理解和扩张性认识、思考。

精读既是一种奠基性阅读，又是一种提高性阅读。在奠基性阅读阶段，精读意在积累知识、信息，积淀对文章的文体、文本的感受、意识能力和审美鉴赏能力。而在提高阶段，精读主要在于模仿性写作和研究、评价、发现和提升思想、认识，增进睿智。

精读法的运用，除了上面所陆续介绍的阅读方法以外，还应该在精读前和精读的过程中，对作者有所了解，以及对读物所展示的领域的状况、趋势、前景、历史等有所了解，这是精读要达到应有的效果所不可忽视的一个重要步骤。精读的方法，可以根据不同的起点要求和阶段而采取不同的方法。比如，如果是奠基性的精读，最好采取由浅而深、由易至难的阅读步骤；如果是提高性的，或者是研究性的精读，就应该采取由深及浅、由难入易的阅读步骤。

（二）快读法

快读是一种速度阅读法，它讲求的不是读的质量，而是读的速度。一般地讲，精读重在对读物的理解的广度和深度，而快读却重在对读物信息感受的密集程度。因此，精读的方法追求阅读效果的理性化，而快读的方法追求阅读效果的感性化。快读有三种基本方式：

泛读——即对读物进行泛泛的求观其大意的阅读方法。泛读通常在泛泛的扫读中对读物的基本思想有大体的感受，对整体内容和各部分的主要内容有一个大概的了解，不需要进行深入的钻研，仔细的评品、分析与理解。

泛读适合于开阔知识视野、了解信息、丰富知识的涉猎性阅读，或工作之余的消遣性阅读。在这个意义上，泛读性的读物往往具有大众性、评介性或资料性、信息性，还有就是有一定的鉴赏价值或学术价值，但却往往不具有一流性、独创性。

泛读的方法也适用于精读的读物。这主要是在阅读某些需要精读的读物时，为了解知识背景、前沿状况，以及为了在精读中进行纵、横向的比较而涉及的读物，则可进行泛读。因此，泛读又可作为精读的准备性阅读或精读中的比较性阅读。

浏览——即随意性地看读物的方法。泛读虽然只求阅读了解其大概，但它毕竟具有阅读的明确目的性。而浏览却没有阅读的明确目的，它具有很强的随意性，并不追求特定的感受与体会，更不求甚解，只是大概了解一下读物就行了。

浏览的主要方式有两种：一种扫描式阅读，即一目十行地迅速翻阅全文或全书。第二种是书目式阅读，即随便翻阅一下书名、目录、标题、插图。浏览往往适于对那些不甚了解或根本不了解的读物的一种尝试性了解。因此，浏览往往是泛读或精读的前奏性环节，是对读物的一种选择性了解。

跳读——跳读是对泛读和精读的一种综合性阅读方法，是一种既求质量，又求速度的阅读方法。跳读是追求在尽可能短的时间内最快、最大限度把握对自己有用的知识信息。因此，在跳读中，往往是对信息密集程度不大或者对自己无用的知识信息一扫而过，或者根本不看，一跳而过，然后集中在对自己有用的或感兴趣的语句、段落、章节上来认真阅读，细致品味，研究、思考、分析、理解。

跳读的主要方式有四种。

第一种是以文章的标题、重点语句、语段和图表为主要对象的跳读。通过这种形式的跳读，可以把读物的基本内容和重点内容联系起来，形成一个整体印象和感受。

第二种是以读物的首尾句为主要对象的跳读方式。这种跳读方式往往适合于对一般性的理论读物的浓缩性阅读。因为一般来讲，以说明或推论为主的科学、理论著述，每段的首句往往是提纲挈领的一句，末句通常是承上启下的一句，因而，运用这种阅读方式，可以以最少的时间，迅速地把握读物的整体思路。

第三种是以中心词为主要对象的跳读方式，即只读与自己需要有关的和同特定主题有关的词语。这种跳读方式往往适合于查找资料性的阅读，即在学术研究中有时为了查找某个主题词或检索有关内容而进行的最典型的浏览式“快读”，它是真正的“一目十行”，甚至“一目一页”。

第四种是随意地跳读，即完全根据自己的主观兴趣和思维方向去寻找阅读的注意点。这种方式普遍适用于消遣性阅读，同时也适用于查找资料性的阅读。

第3节 思维之场：写作阅历的培养

一、“阅历”为何

“阅历”从字面上讲，就是一个人的“经历”。陈果安先生在《现代写作原理》中谈到阅历问题时说：

> “阅历”这个词，含有两种意思：一个是“历”，一个“阅”。前者指作者的亲身经历，后者指对社会人生的观察。

一方面，阅历是经历，但阅历又不仅仅是经历，许多人有经历，但没有阅历，这是因为，阅历还包含了对经历的观察、阅读、理解、感悟、反思，是一种对人生、社会的思考的积累。阅历体现着一种人生经验、人生智慧的厚度。这是写作者与日常生活者不同的地方。

另一方面，阅历还包含了阅读，这是写作者与日常生活者的又一点区别。“历”者，经历也；“阅”者，“看”也。而“读”也是一种“看”，所不同的是，在广义的“阅历”中的“阅”所“看”的是活生生的对象事物和生动的心像轨迹；而在狭义的“阅历”中的“看”所看的是历史事物。因此，简单地说，“阅历”就是对“经历”的阅读——观察、分析、反思的历史化过程。阅历不仅是经历的，阅历还是对经历的阅读与反思，阅历更是从对经历的阅读、反思到内容的历史性积淀。由于阅历的经历性、阅读性、反思性和积淀性，使阅历又获得了认知、经验、思想、智慧的生成性与自我提升性。

从这个角度看，“阅历”一词具有行为学含义——看、阅读。就行为学的角度讲，正是因为这“看”、这“阅读”，和这不断的“看”与不断的“阅读”，使阅历获得了空间的扩张性——包括视觉意义上生活空间的拓宽和心像意义上思维空间的扩张，这就是人的阅历越丰富，视野越宽广、心胸越开阔的原因。

阅历不仅具有行为学含义，还具有过程论含义——阅历就是生活的过程与人生的经历。正是阅历的人生经历性和生活的过程化，产生了阅历的历史意识：阅历越丰富的人，其历史意识也就越深厚、醇郁。我们常用“饱经风霜”来形容大阅历者，讲的就是具有深厚的历史意识的人，往往就是经历了沧桑变故的丰富阅历者。

不仅如此，阅历还具有认知论含义——阅历就是经验、反思与积淀。由于阅历的经验性、反思化和对经验、反思到的生活内容的积淀性，所以阅历又获得了时间的纵深感——包括心理意义、情感意义和思维意义上的纵深时间感。

阅历的行为性、过程化和认知倾向性，整合生成了阅历的自生长学含义——认知的提升、经验的纯化与完善、思想的深厚与纯正、智慧的博大与深广。因为阅历就是生活的行为，就是人生的运作过程，在这一过程中，生活视野的不断开阔更新，人生历史的绵绵延展，铸造着阅历者的时空情绪、时空意识、时空观念潜移默化的嬗变和向广度和深度方向拓展——对事物、世界的认识由此得到提升，自我经验由此得到修正、完善、丰富，对自我与人生、社会与历史、时代与人类的思考、反省由此得到纯正、深化、凝重，生命的智慧和生存的智慧由此无限奥远、沧桑与博大。因此，对写作者而言，其阅历不仅是指写作人生生命的丰富经历，也指写作人生精神成长的历程。阅历是指写作人生的生命经历和写作精神成长历程的整体表述。

二、"阅历"的内涵构成及其形成特征

阅历是人生的基本构成，它贯穿于人的生命与精神活动的始终，因此，阅历是人生化的、生命化的和过程性的。由于阅历的这一本质规定性，形成了它的第二个特征，即生命运动的开放性和在走向过程中的自我扩张性。对于写作者而言，这一方面的阅历特征更为明显与突出。古人有意识地追求"行万里路，读万卷书"，并且主张"读书破万卷，下笔如有神"，都是在强调写作人生阅历的开放性和过程的自我扩张性。对一个写作者而言，越是有意识地追求自我阅历的开放性和过程的自我扩张性，他的写作生命力就越旺盛，他的创作灵感之花就开放得越频繁、鲜艳。

阅历之所以现实地构成了写作者的思维、情感、认识、思想与智慧的磁场，就在于它具有对外部信息、知识的吸纳性和自组织化的内聚性，以及对自我人格、精神、形象、风度的再创造性。正是由于这一构成特征与品质，阅历才构成了写作者的不竭写作源泉，才构成了写作者写作人生的内在基础。

阅历是一个过程化的、开放性的、具有人格力量的自组织与自创造功能生命系统，或者说是写作者的个性化的写作生存体系。这个自生长、自创建的生存化体系，主要由生命阅历和精神阅历两大部分内容构成。

（一）生命阅历的构成

1. 人生经历

构成人的生命阅历的第一个因素就是人生经历。人生经历是构成阅历的第一个要素，也是阅历的主干要素。人生经历是一个人的人生生活史。人生经历平顺、丰富的写作者，他的写作视野较广阔，写出来的东西更具生活的气息，并且往往充满乐观、旷达的情趣；而人生经历丰富却艰难曲折的写作者，其写作则更

具有生存的凝重感、悲怆情绪和透露出某种生存奋争的倔犟精神。其原因在于人生经历是一个人的人生生活史。人生生活中的每一次经历都浓缩了该经历的时代生存环境和个体的具体生存处境，并无意识地积淀于个体的心灵底部，形成了个体人格、心灵的永不磨灭的底色，构成了人的心理生活空间浓郁背景，感受外部世界、体察人生变故、人情冷暖的深层心理定势，构成了人生命意志和生存意志的基础和取向。而对于写作者来讲，人生经历的自我无意识积淀，还无形地构成了他为何写作和如何写作的个性化心灵—思维—情感磁场，而构成这个感性生动的心灵—思维—情感磁场的基本生存语义，恰恰是他对自我人生经历，尤其是对自我早年的人生经历的无意识倾向与激情。

2. 生活经历

构成人的生命阅历的第二个主要因素就是生活经历。生活经历同样是阅历构成的一个重要内容。生活经历即是人的日常生活经历。它与人生经历的区别在于：人生经历是构成人生走向的阶段性经历，如这个人早年父母双亡，曾经当过上山下乡的“知青”，当了几年农民，当了几年兵，在地方上做过几年行政干部，后来下海经商，其间经历了婚变等；而生活经历是指人的具体生活经历。比如有这样两个人，同班同学，毕业分到同一个单位，一个工作能力强，有创造性，喜学习、爱钻研，但缺乏应有的社会交往兴趣和能力；另一个则与其相反，工作能力虽差，但人际关系学问却很大，八面玲珑，四方取风，上司赏识，同事羡慕，社会酒肉朋友遍天下。虽然他们在同一个环境，享有同一种人生经历，但他们各自的生活经历却有很大的不同：前者的生活经历所偏向的主要是工作阅历和知识阅历，而后者的生活经历偏向则主要是社会阅历和工作阅历。

人生经历是人的人生生活史的骨架、经络与血液，而生活经历则是人的人生生活史的细胞与肌肉，是怎样生活的过程。它是个体与他人、时代、社会相联系、相交流、相融汇的活生生的媒介，是写作者为了写作而进行与获得包容性体验与感悟的个性化舞台，是形成人生心灵—思维—情感之场的语义倾向与激情得到弱化或强化的现实消解剂或催化剂。

3. 学历

构成生命阅历的第三个因素是学习经历——学历，它是指一个人接受学校教育的经历。这是形成一个人的人生生活史的血液的质地和组织细胞的代谢功能的强弱的关键性因素。对写作者来讲，这是形成他的知识水平高低的基本标志，是决定他的写作底气的强弱的外在标志。

4. 游历

构成人的生命阅历的第四个重要因素是游历，游历是人的人生生活史的额外营养。但对写作者来讲，则有如健康的生活需要早餐加上一杯鲜牛奶一样重要。对一个写作者来说，只有当你游历千山万水，方可领略世间风情，才可能涌出人间佳言。

游历对写作者的重要，就在于游历是促使写作者走进自然，走进人类文化的活动历史，走进人性传统，觉悟宇宙世界的浩渺与苍茫，体验大自然的神奇与奥妙，感受人类文化的伟大与辉煌，感悟人性传统铮铮威严与昂然的基本途径。所以，从一定程度上讲，没有丰富游历的写作者是难以有自觉的宇宙自然意识和历史的悲壮感的。

（二）精神阅历的构成

1. 阅读

人的精神阅历的基本形式是阅读。阅读是人立足于现世生活而对人类的历史生活和宇宙自然的历史生活进行无声的经历的一个广阔而漫长的生命过程。从一定程度上讲，阅读是一个人有意识地延长自己的生命经历，使自己的生命与宇宙自然的源头相通，与人类生命的历史同步，与成千上万的写作大家、人类的精神创造者的人生生活阅历交流的一种具体形式。

阅读是人生的第二生命经历，它构成了人的精神生活史。对写作者而言，阅读坚固着人体的骨架，畅通着人体的经络，启搏着人的心脏，源源不断地为（写作）人体输送着新鲜纯质的血液。从根本上讲，只有丰富的生命阅历而没有深广的阅读经历的写作者，他所表达的思想、情感、智慧、人性的美德与罪恶意识、激情，始终是表面的、肤浅的、媚俗的；深广而开放的阅读经历，才是铸造博大无限、苍茫雄浑的写作睿智与情感的源泉。

2. 观察

人的精神阅历的另一基本形式是观察。一方面，观察是指导个人的生活经历纳入人生精神生活史内容的具体方式。人的生活经历是人生生活史的构成细胞与肌肉，细胞要健康和自我活化，促进机体的正常代谢，需要观察的介入；肌肉要强劲有力而不成为多余的脂肪造成人体的负担，同样需要观察来予以消化转移，使之变成有益的营养。这就是观察对写作者的重要性之体现。

另一方面，观察是对人生活经历的精神个性化和精神生活的细腻化的基本方式，同时又是使个体的生活经历获得既定方向的顽强性或自我校正性的有力方式。

个人的生活经历总要融进他人、时代、社会的生活经历之中，或者更为准确地讲，他人、时代、社会的生活经历，总是需要融进个人的生活经历之中，这样才能获得一种生活的整体感、历史感、群体感，而实现这一目的的正确的方式有二：一是感受性和认知性的观察，二是领悟性的生存体验。从这个角度看，观察又是人的精神生活史走向包容感悟的重要途径。

3. 生存体验

构成人的精神阅历的另一个重要因素是生存体验。写作需要包容性感悟。包容性感悟是把写作者的写作人生阅历的各个方面的构成要素联系起来，形成一个相互融化、互为贯通的存在整体的行为方式和动力力量。就本质上讲，包容性感悟是写作者的写作人生阅历的独特构成，是写作者的生命历程和心路历程的积极成果，是心灵对人生经历、生活经历、学历、游历、观察经历、阅读经历等进行融通觉悟的综合感应的结晶，它具有某种终极领悟的哲学性质、美学性质和宗教特征。包容性感悟是把阅历的全部构成内容联系为一个舒卷流动的整体，它的产生与形成，是阅历内涵量不断递增到一定水平后发生升华作用的结果，是人的写作人生性质、内涵由量变累积而成的质变的真实展示。

形成包容性感悟的正确方式有两种，一是以感受性和认知性为特征的观察，这是实现包容性感悟的外部途径；二是领悟性的生存体验，这是实现包容性感悟的内在方法。

在人的精神阅历构成中，生存体验不仅需要包容性感悟，更需要反思性感悟。反思性感悟是写作者把自我、人生经历、写作的历史、他人的生活、时代社会的处境、人类生存的状况、人类的各种精神成果纳入一个生命化的和生存化的整体，以它为对象，反观它，省视它，批判它，并从反观中感悟世界的真谛，从省视中感受人类的幸福与磨难、雄心与自卑、征服与灾难，从批判中感悟人间的美丽与丑陋、善良与邪恶、真实与虚假。

三、阅历的功能：写作人生的思维磁场

中外文学史上往往有这样的现象：许多大家往往不仅仅是“破万卷书”者，而且还是“行万里路”者。中外写作史更有这样一种现象：一些生活经历曲折坎坷，或生活阅历丰富曲折的人，在以后的人生中往往成了作家，他们从事写作的时候，过去的那些难忘的生活情景和深刻的印象感受，激发起他们强烈的感情，焕发为闪光的灵感，激励着他们写出优秀的作品。

这些现象说明什么呢？我们常常讲生活是写作的源泉，是孕育写作的灵感之花的丰沃土壤，但我们在谈论生活与写作的关系时，更多地是在谈如何进入社会生活、时代生活的问题，因而，时代、社会生活构成了写作的源泉与土壤。这从大的方面讲，并没有错。但问题是，时代、社会生活要变成为写作者的写作源泉，还必须得经过写作者的心灵化积淀与转换。而一旦经过写作者自我的心灵

化积淀与转换的时代、社会生活内容，也就不再是外在于写作者的那些东西了，而是写作者自己的生活内容和生命内容了。因而，正确的说法似乎应该是：写作者的自身阅历是写作的源泉，是孕育写作灵感之花的丰沃土壤。钱超英认为：

阅历，就是一个作家多方面、长时期观察结果的融通合成，是一种包括自我的、他人的、直接的、间接的观察结果在内的知识总汇。在这一总汇中，自我的、直接的观察积累（经验、体验）构成阅历的基础，而间接的、他人的观察积累则扩展阅历的范围与规模。写作过程的本质乃是一种表现——传达活动，在这一过程中，观察与阅历就是一个必不可少的起点与动因。对一个作者来说，它是决定其写作活动成败高低的一个必要条件，虽然并非充分条件。……（因此）任何时候，对任何作者来说，离开了观察与阅历，写作便成了无源之水、无本之木。①

这番论述无疑表达了一种最现实，也是最成问题、最值得关注、最需要解决的写作主体人格建构态度、方法问题。概括地讲，阅历对写作者的写作之如此重要，就在于阅历现实地、最隐秘地构成了写作者写作的思维磁场、情感磁场、人性磁场、认识磁场、思想磁场、智慧磁场。这个磁场，既是写作者的写作思维、情感、思想源泉，也是写作者写作的人生基础和写作者写作生存的精神土壤！

四、阅历的训练

阅历本来是一个自发的人生过程。但对写作者来讲，阅历应该成为一个自觉的“前写作行为”。如何使具有自发性的人生阅历变成一种自觉性的“前写作行为”呢？这就是有意识地训练。写作人生阅历训练的基本途径有二，即广度训练和深度训练。

（一）写作人生阅历的广度训练

对自我写作人生阅历进行广度训练的具体方式、方法是多种多样的，归纳起来可以从如下几个方面着手：

一份职业就是一份人生的阅历，一种职业环境，就是一种阅历格局。因此，要尽可能创造条件更换现有职业，改变现有环境。从一定程度上讲，职业决定了特定时期的生活空间环境和人文环境，更换职业不仅是有意识地更新生存能力，还在于更新生活的空间环境和人文环境。这就是“树挪死，人挪活”的道理所

① 钱超英：《作为写作主体建构的观察与阅历》，见马正平等：《中国写作学的当代进展》，440页，香港，新世纪出版社，1991。

在：“挪”就是在训练阅历，“挪”本身就在丰富着阅历。

学会以爱心和关心去走进人群，与不同处境、不同阶层、不同职业、不同身份、不同水准与修养的人交往和交流，这是有意识地训练和丰富自我阅历的又一基本方式。

自觉强化自我学习的能力，不断提高自己的学力和学历，这又是丰富和训练阅历的另一形式。

努力创造条件和机会，走进自然，走进活动的人文历史，观览名山大川、风景名胜、人文景观，了解风俗民情。这是阅历广度训练的最佳方法。

（二）写作人生阅历深度训练

写作人生阅历深度训练的基本方法有：

在各种各样的人生阅历过程中，不断加强自我教育，通过自我教育获得一种自我反思能力与品格，学会凡事反思。自我反思和生存反思，是进行写作人生阅历训练的基本方式。

强化生存体验，学会在生存体验中感悟，在感悟中激扬起更新的生存体验。如此坚持不懈，其写作人生阅历必然日益深厚凝重。一个真正的写作者，应该把生存体验融进生活、工作、阅读、观察、思考、反思之中，融进写作人生的每一个环节之中。

有意识地训练自己的自然领悟力。领悟宇宙的空阔、苍茫、奥远，领悟自然的神奇奥秘与无穷的变化魅力，领悟时空的流变与神幻气韵，领悟人在宇宙自然中的伟大与渺小、壮丽与悲凉，你将会获得更为深远无限的阅历智慧。

强化对自我人生生活经历、他人的生活处境、时代、社会、历史生活的联想性感受和想象性回忆与创新，这同样是进行写作人生阅历深度训练的有效方法。

第4节　写作信息动力背景的建构训练

一、写作信息动力背景培养训练

（1）教师约请本校（或校外）写作名人（作家、学者）作有关写作成才中阅读性信息积累意义的经验报告。

（2）学生听了报告后，写一篇关于写作主体信息动力培养的感想性文章。

二、写作思维中写作信息的控制性、动力性问题的演示

（1）教师以自己的一篇文章为例，向学生演示这篇文章写作中阅读性信息积

累方面的经验和教训。

（2）学生以自己的一篇文章为例，谈谈自己在这篇文章写作中写作阅读性信息积累方面的经验和教训。

三、写作实践尝试

学生写一篇关于培养自己写作阅读信息动力背景的文章，并订出自己的阅读计划。

四、写作素质课后培养

（1）成立班级读书社，定期进行读书报告会。

（2）坚持进行专题化的写作观察、阅读、思考活动，并坚持写观察笔记。

（3）坚持“走万里路”来开拓胸襟、视野，培养写作信息动力背景。

（4）记下你最近产生的感悟、认识的思想火花。

（5）写一篇读书心得。

【概念术语】

阅读策略　问题兴趣　根底之学　入门之学　陶冶性阅读　积淀性阅读　理解性阅读　模仿性阅读　研究性阅读　精读　快读　跳读　搜索式阅读

【复习思考】

1. 为什么说“阅读为了写作”？
2. 为什么说“写作创新阅读”？
3. 怎样设计自己的阅读计划？
4. 怎样理解阅读的“约”与“博”？
5. 加强阅历的途径是什么？

第 14 章

瞬间洞察　全息贯通

——写作感思/立意思维操作技术训练（上）

1. 教学要求： 学习写作感思的基本理论知识和写作文化、写作美学，通过训练，将这些写作知识转化为各类文体感思的素养与操作能力。

2. 训练重点： 写作意识及作者对客体世界的精神关注及潜意识警觉。

3. 训练难点： 写作感思中的写作文化、写作智慧和写作美学。

海涅首先是一个艺术家。他具备任何艺术家所有的三个基本特征。第一个特征：对于周围环境的特殊敏感，特殊强烈的感受性……

——卢那察尔斯基

第 1 节　写作感思概述

一、写作感思的概念

（一）写作感思的基本含义

写作行为实际上是写作主体通过写作思维及写作语言的操作活动完成的。这个过程和其他活动一样，有起点，有中间环节，也有终点。写作感思探讨的是写作初始阶段主体的写作思维状态以及写作操作的基本规律。

什么是写作感思呢？我们认为，生成写作念头和写作动机的瞬间思维活动就是写作感思。写作行为可以分为广义和狭义两种理解。广义的写作泛指写作主体一切有关写作的感知、阅读、积累、思考、练习、表达。从这个意义上讲，写作活动可以说是包罗万象、纷繁复杂的。有的学者甚至认为这样的写作研究很可能会造成研究对象的迷失。这样，写作行为究竟从何处开始就成了一个值得研究的问题了。那么，有没有写作行为真正开始的标志呢？回答是肯定的。我们认为这个标志就是写作者拿起笔把写作思维付诸文字。这是可以看到的写作行为的起点。这个起点也就是我们所理解的狭义写作行为的起点。是什么力量使写作者拿起笔来的呢？我们认为这个力量就是写作念头和写作动机。"个人行为的成就取决于本人是否发挥个体的积极性和主动性，而积极性与主动性乃是个人动机力量的具体表现。其作用不亚于个人能力与知识经验。"① 写作念头和写作动机又是来自何处呢？我们认为来自写作者的写作感思。可以认为，写作感思是写作行为中非常重要的思维和精神的活动，对写作行为的成败有着极其深刻的影响。写作感思在整个写作行为过程中处于相当重要的地位，必须引起我们足够的重视。

（二）写作感思与几个相关概念的关系

1. 写作感思与写作感知觉

感觉、知觉都是心理学的概念。感觉指人脑对直接作用于人的感觉器官的客观事物的个别属性的反映，知觉指人脑综合感觉后对事物整体的反映。感觉和知觉都是人脑对事物表面现象的感性认识。

每一个健康的人都有自己的感知觉，但并不是每一个人都写作。这里就有感知觉的不同。写作者有写作的感知觉。作家丁玲在《创作与生活》中曾经说过："在生活中，即使在极平凡的生活中，作家一定要看见旁人能见到的东西，还要看见旁人看不见的东西。""看见旁人看不见的东西"就是指写作感知觉。我们说，写作感知觉就是在作者写作观念的支配下，通过感觉器官直接为写作活动摄取、提供语词化了的客体信息资料的感知行为。由于写作行为是从写作者感到生活有意味之时开始的，写作感思就是为了求得这个"意味"，所以，写作感知觉与写作感思存在着千丝万缕的联系。但实际上这是两个概念。从现象上看，只有感受了生活才能表达生活，因此，许多写作学研究者都把写作感知觉等同于写作念头和写作动机。其实这是一种误会。其一，写作感知觉的任务是为整个写作操笔行为提供语词化的客体信息，这些客体信息可能有一部分进入了作者的写作感思，但绝大多数信息只对写作的操作过程有用，与写作行为的源头没有关系。其二，写作感知觉的主要任务是对客体信息的语词化，而不是价值评估和判断。那么，二者的关系如何呢？一般说来，写作感知觉为写作者提供语词化的客体信息，为写作感思进行价值的评估和意义的判断。

---

① 时蓉华：《社会心理学》，77 页，上海，上海人民出版社，1986。

2. 写作感思与写作灵感

“灵感”是心理学上的一个概念，指人们在文艺、科学等活动中因思想高度集中、情绪极度高涨而突然产生出来的新颖的想法或创造能力。灵感在写作活动中常表现为两种形式：关于写作的新颖创意和关于语言的操作巧思。我们常常听有些作家讲，他什么时候突发灵感，写出了一部什么作品。所以，许多初学写作的人把写作灵感误认为是写作操作的源泉和灵丹妙药，甚至是不二法门，似乎有了写作灵感就有了一切。他们不惜费尽心机求之，但往往事与愿违。原因何在呢？原来，写作活动是一项相当复杂的心力操作过程，写作源头只是这个过程中的一个小小的环节。另外，写作动力源的获得并不仅仅靠写作灵感，而且，写作灵感也并不是决定写作价值高低的唯一关键所在。写作灵感是一个争议颇多的话题，我们的基本看法是：写作灵感是写作者潜意识深处的写作意识突现于意识的一种思维形式，它源自写作感知觉的沉淀和某种媒介物的瞬间唤醒。我们以为，写作灵感对于写作感思和写作语词操作都是十分重要的，但同时又是可遇而不可求的。写作感思才是产生写作原动力的基本思维技术。

3. 写作感思与写作动机

动机也是心理学上的一个概念，指激励人们实施某种行动的主观原因，常以愿望、兴趣、理想等形式表现出来。动机是个体行动和维持其某种行动的一种心理状态。写作动机通常指促使写作者拿起笔付诸写作行动的愿望和心灵力量。马正平先生进一步从两方面研究写作动机，即主体性动机和客体性动机。“所谓客体性动机是指外在的客体刺激物诱因（如景、物、事、境等）以及作为写作目标的未来文章意象（文章图样与主题情景的结合体）；所谓主体性动机是指客体动机刺激下产生那种写作冲动、激情、欲望。”① 既然写作动机已经可以使写作者拿起笔来，是不是就没有必要研究写作感思了呢？不是的，我们说，写作动机是写作操作行为的真正源头，但这个源头却并不能凭空产生，它是写作者意识活动的结果。或者说，写作动机产生的机理就是写作感思研究的任务。他们之间的关系是源与流的关系。

二、写作感思的功能

（一）一次具体写作行为的起始

我们把写作行为过程分为显写作状态和隐写作状态。一个写作者的阅读、观察、搜集材料等都可以理解为写作行为过程中的环节。而实际上，此时的写作者

① 马正平：《写的智慧》，第1卷，188页。

并没有动笔去写。我们把这种情况叫做隐写作状态。这一方面是因为他只是在为写作行为做准备，另一方面，就是因为写作者还没有一个具体的操作使命，或者说，他还没有找到一次具体的操笔行为的起始点。写作感思的功能之一，就是找到一次具体的操笔行为的起始点。

1. 价值定位

一次具体的操笔行为，必然有其特定的反映对象以及通过这些对象所反映的写作者的感觉、感受、感情或认识。这些生活现象和作者对这些生活现象的感觉、感受、感情或认识之所以会成为写作者的写作冲动甚至写作动力，其全部原因就在于写作者感到值得如此去做，或者说，他觉得可以从这次具体的语词劳作中得到自己希望的东西。这就是写作感思的价值定位。有了这个价值定位，一次具体的写作操笔行为就有了起始点。这个问题我们将在第三节展开讨论。

2. 演化方向

我们知道，写作的思维和语词操作都体现为一个过程。既然是一个过程，就必然有过程的起始、过程的中间和过程的结尾，就必然有过程的演化方向。写作感思的意义，不仅在于它找到了一次具体操笔行为的起始点，还在于这个起始点规定了整个写作操作过程的基本方向和基本路线。当然，在写作的具体操作过程中，这个方向和路线会有所改变，但事实证明，这种改变都是细节的调整而不是基本方向和路线的背离或放弃。苏联作家格拉宁在《总该有人迎着雷电》一文中说："我一开始就知道自己作品的情节如何结尾，虽然在写作过程中会有所改变。"当老托尔斯泰决定写安娜时，安娜的悲剧性方向就决定了。尽管作家在后来的写作中结局有所改变（安娜由不死变为死），但她的悲剧性方向却并未改变。

（二）文章胚胎的生成

从形式上看，文章只是书面语言的线性排列，但从分子、细胞学的意义上来研究，这种线性排列是严格地遵循事物的生长规律的。我们知道，写作是表达人们对客体世界的感觉、感受和理解的。怎样表达这种感觉、感受和理解呢？我们认为，其基本原理就是模拟或者说是仿生客体世界。"写作就是一种仿生行为，用语言仿制客体存在。""这种仿制包括空间的仿真。"① 而客体生长的本质就是细胞裂变，或者说是一种简单结构形式的复演。也就是说，无论一次多么复杂的写作操作行为，都是一个简单的胚胎的裂变、发育和复演的过程。写作感思的功

---

① 张传真：《写作操作技巧》，4 页，北京，军事谊文出版社，2000。

能之一，就是生成这个文章的胚胎。

（三）写作行为的动力

对于写作者来说，他之所以愿意暂时放弃其他方面的享乐，拿起笔来，投身到痛苦多于快乐的写作操作行为中去，毫无疑问，是有某种动力在支撑着他。他觉得辛苦的笔耕会带给他想望的东西，或者说他从写作操作中会得到某些方面的满足。总之，他必须觉得值得如此，才可能做到“衣带渐宽终不悔，为伊消得人憔悴”。写作感思的任务，就是为写作操作行为提供这种动力。

三、写作感思的思维环节

（一）写作主体的精神预期

首先，写作者必须有自己的精神追求和精神预期。这些精神追求和精神预期既有一切精神活动的共性，比如对周围世界强烈的探索的愿望，求真、求美、求善的心灵渴求，以及对人类生存的大悲悯意识等。其次，写作者还要有自我的一些精神个性。这种个性包括写作者独特的心理结构带来的对某一生活空间的独特的兴趣以及独特的关注方式。前者使其写作感思具有共性的意义，后者使其写作感思具有个人的价值。

（二）相应的触发信息

写作者有了自己的精神追求或者精神预期，还不能自然产生写作感思。也就是说，感思既要有所“思”，又要有“思”的对象或者说“思”的信息点。这个信息点可以是人，可以是事，可以是景，也可以是物，甚至可以是一个语词。苏叔阳说：“触发我写作冲动的往往是基本的一些生活现象：一个场面、一个人、一个非常具体的事件。”有时“激动我创作欲望的是一个画面、一个人、甚至是一种诗情、一种情绪”。刘心武也说：“最初的创造冲动好比一个胚芽，这‘胚芽’可能是一个人物，或者一个生活场面，或者一个细节，或者一件引起丰富联想的物品。”这些信息点，有的来自写作者的现实感知，有的来自回忆，有的来自阅读，有的还可能来自某种幻觉或压力。这些信息以单一的形式或者综合的形式通过写作者的感知觉系统作用于写作者的精神，写作感思就具备了主、客观的条件。

（三）写作感思的机理：写作者的精神预期与触发信息同构

在写作实践中，经常发生的情况是，两个人同时面对同一个信息源，一位有感思，一位却没有感思；或者两个人都有感思，但价值评估却大相径庭。这种现象怎么解释呢？这涉及了写作感思的另外一个重要的环节或者说是写作感思的机理：写作者的精神预期与触发信息同构。

每一位写作者都有自己的精神预期，由于人的生活环境、教育环境以及人生目标的差别，这种精神预期既有层次的不同，也有内容的差异。有时候这种差异近乎天壤。这就使得人的精神有如花草一样，总是期待着属于自己的环境氛围。这是一方面。另一方面，客体世界纷繁复杂，丰富多变，无论其内容还是形式都是多样性的。这就使得作者的精神预期具备了与客体世界的某部分发生同构的可能。当写作者个人精神的某部分在某一个特殊的时空与客体世界的某一部分信息发生同构，写作感思就会产生。雨果说，比大地辽阔的是大海，比大海辽阔的是星空，比星空还辽阔的是人的心灵。我们不必担心没有写的东西，写作者与历史同在。作为写作者，只要你的精神世界是积极向上的，是独具特色的，客体世界就一定是丰富多彩的，是风格各具的。

第 2 节　信息刺激：文章形态的胚胎性生成

任何“意”的东西都需要一定的形式。写作的立意和主旨需要一个完美的形式，这个形式就是文体审美规范。具体的文体审美规范是一种结构缩微体演化生长的结果。这种文体结构缩微体就是文章胚胎。本节探讨文章胚胎生成的一些技术问题。

一、文章胚胎的生成途径

文章胚胎是写作感思的核心。我们知道，文章写作实际上是一种胚胎的发育生长。我们所说的写作操作的起始和写作操作的动力，实际上都是附着在文章胚胎之上的。这个文章的胚胎，寄托着写作者的价值理想和美学向往，既是操作的动力源，又是写作操笔行为的起始点。没有文章的胚胎，写作操作行为无法落笔。那么，文章胚胎的生成途径有哪些呢?

(一) 抓住突然刺激物或感受

文章胚胎最原始、最常见的源头来自客体世界某种信息对写作者的刺激以及由此带来的写作者的感觉和感受升华。所以，抓住突然而来的客体世界的刺激物，就成为文章胚胎的重要生成途径之一。

我们先来看一看周立波写作《暴风骤雨》的经历。周立波在周家岗搞土改的时候，曾经发生了这样一件事：一位入党不久的贫农，出差到外地途中，被敌人用枪打死了。烈士名叫温凤山。农会把温凤山烈士的灵柩运回周家岗，停在一块敞坪上，在那里举行了追悼会，全屯的男女老少都参加了。烈士爱人和孩子的痛哭声响彻天地之间。村干部用悲咽的声音读着悼词，广场上一片啜泣声。作家被这个场面深深地打动了。经验告诉作家，这个场面里有文章。他紧紧抓住最初的感觉，联系长期土改工作的感受，感到温凤山的死是阶级敌人对革命者的报复，乡亲们痛悼烈士，实际上表现了对敌人的仇恨和同敌人斗争到底的决心。他感到周家岗发生的事情，是那个特定时空里中华大地的一个缩影。作为一位革命的作家，他有责任把这些反映出来。由于充斥他的感知觉的净是人物和故事，作者又不善于其他文体，小说就成了他的唯一选择。

在客体刺激物突然出现的时候，客体信息的性质和写作者主观精神的特征共同决定文章胚胎的种类。一般说来，刺激物主要是人和事的，而作者又是偏重于理性思考的，大多产生叙事性文章胚胎；刺激物主要是某一单一形象，写作者又是偏重于情感活动的，大多产生抒情性文章胚胎；刺激信息主要是矛盾和问题的，如果写作者偏重于逻辑思维，则大多产生论说性文章胚胎。当然这不可一概而论。写作者偏重于情感活动，即使刺激物是人和事，也会产生抒情性文章胚胎。比如，雷抒雁惊悉张志新烈士被“四人帮”杀害的消息，他写的就是诗而不是小说。当然小说也要情感，但小说里的情感因素是不会像诗那样占主导地位的。

（二）有意去发现

由客体生活中的某一刺激物的突然触发而产生写作动机，继而生发为某种文章胚胎，这在初学写作者和有经验的作家的写作行为中都极为常见。这是文章胚胎生成的重要的和基本的途径，可以说很多名著名作都得益于此。但这并不是文章胚胎生成的唯一的途径。写作实际上是写作者的主观精神和表达客体的矛盾统一运动。“写作的基本规律，就是作者的认识与表达的矛盾统一运动的规律。其中，写作主体与表达客体是写作行为中的一对主要的矛盾，它们相互作用最终达成统一是写作行为的必要前提条件。”① 所谓矛盾统一，就是说客体可以作用于写作者的主观，写作者的主观也可以作用于客体世界。主动到客体世界中去发现，是文章胚胎生产的重要途径之一。

所谓有意去发现，就是说，写作者不是守株待兔，坐等刺激物的出现，而是深入生活之中，动员自己的全部感知觉，去寻找那些既新鲜有意味，又具有某种文体雏形，或者说可以生成某种具体文体审美规范的文章胚胎。

我们来看一看一篇散文胚胎的生成过程。一位作者接受了一个写作任务，描写一棵树。在此之前，她见过很多树，但都没有深刻印象，此时要写树了。由于

① 张传真：《写作操作技巧》，24页。

对此毫无准备，她竟拿不定主意写什么树，提起笔来很长时间无从写起，也就是说她没有文章的胚胎。她想请爸爸帮忙。爸爸说，别在屋里坐着，我们房子周围有许多种树，你出去认真看一棵，看看它上面有哪些别的树没有的东西，你再试着把这些特点升华为某种品质，看能不能找到一些值得写的东西。小作者出去了。她认真观察了窗外的一棵夹竹桃。她发现夹竹桃好像没有主干，几个树干伴生而且都不很直，仔细观察，她发现有很多树枝是直接从树根部长出来的。她忽然明白了，夹竹桃的树干实际上是树枝长成的 。她继续仔细观察，又发现夹竹桃的“树干”上也生长枝条，不过枝条都不围绕树干生长，而是向四面八方伸展，有的枝条都伸到别的树上去了，一棵树几乎占据了整个窗外的空间。小作者想起两年前的一场大雪，这棵夹竹桃曾经被压倒，堵住了门口，她好不容易才从树缝间爬出去上学。那时候，她曾想，这棵夹竹桃肯定没救了。没想到雪一化，夹竹桃竟然又轰轰烈烈地生长起来。是呵，开拓、坚强和柔韧，是别的树所没有的，这不就是夹竹桃的品格么？小作者为自己的发现激动得跳了起来。由于她主要在一个形象上发现，没有人物和故事，由于这个形象还有一些时空跨越的特点，又由于当时的作者的主观精神主要是感受，她又不会写诗，多种合力使她只能产生散文的胚胎。①

（三）压力的促成

以上两种文章胚胎的产生途径，可以说都是作者有意为之。我们称之为文章胚胎的主动式生成。在写作操作实践中，有时候，写作者生成文章胚胎是被动的，或者说是出于某种无奈。我们称之为压力式生成。

在写作史上，成为作家的基本上有两种人。第一种人是一开始就喜欢写作，又有天分，又勤奋，又刻苦，最后成为了作家；另一种人是一开始压根儿就不想写作，故他平时也不去做生产文章胚胎方面的努力。只是生活的突然变故，使他脱离了原先的生活轨道，举目四望，他或者觉得自己不想走别的路，或者觉得别无他途。最后，于无奈、无助与不平中选择了写作。此时，他就会由被动转为主动，反思自己熟悉的生活，或检点自己熟悉的某方面的客体信息，结合自己的情感特征以及认识特征，生成文章胚胎，创作千古美文。如曹雪芹写作《红楼梦》、司马迁写作《史记》就属于这种情况。所以，灾难出才子，压力出美文也是写作的一条规律。

当然，压力是不会必然地促成文章胚胎的产生的。一个人格的懦夫和精神的乞丐，你就是给他压上一座山，也只能压出污血。曹雪芹、司马迁之所以能成为

① 参见张弩：《我爱我的夹竹桃》，载《语文报·初中版》，2000-01-31。

作家，归根到底是因为他们的精神深处有属于写作的东西，只是由于多方面的原因，使得他们未能很好地加以开发。这突然的变故以及变故所带来的压力，只是把他们的写作潜能唤醒了而已。

（四）指令性提供

文章胚胎的生成并不都是“踏破铁鞋无觅处”。有时候，文章胚胎可能不是来自写作者的寻找，而是出自某种提供或要求。如领导要求下属写一个总结，长辈希望晚辈写一封书信，等等。我们称这样的写作胚胎生成为指令性提供。不要以为这样的写作是可以省力的差使。其一，胚胎提供者的表达意图往往不是十分清楚甚至不是十分有价值的，但是因为关系特殊，作者反而不能提出太多的意见，有时，自己正确的意见往往不能被采纳。其二，胚胎提供者的所谓文章胚胎，绝大多数是残缺不全的，基本上没有操作的价值。其三，胚胎提供者大多是写作的外行，经常对作者的操作指东道西，指手画脚。所以，要完成这样的写作，达到皆大欢喜，也是相当不容易的。但是，既然是一位写作者，就应该能够应付各种各样的情况。而且，在有些时候，写这类文章甚至是不能推辞的。因此，研究文章胚胎指令性提供的操作规律，也有其特殊的意义。

一般说来，写作者遇到提供指令性文章胚胎的时候，其一要与胚胎提供者进行情感的沟通，重要的是弄清楚提供者的意图；其二是引导提供者提供足够的材料；其三是根据提供者的意图和有关材料，按照写作操作的规律，确定意图的制高点和相关文体；其四，确定可供语词操作的具体文章胚胎。

二、胚胎生成中的写作文化意识训练

（一）生存态度与胚胎生成

1. 生存态度影响文章胚胎的生成

文章胚胎实际上是写作者对写作感知觉的价值评估和形式审美。文章的价值体现在作者所表现的感觉的新颖、感情的真挚以及认识的深刻、高远和精妙上，而这些东西在文章胚胎阶段就奠定了。决定文章胚胎性质的重要条件之一，就是写作者的生存态度。“一个人的态度，一个人的品德，或者说一个人的精神存在层次，对于他认识宇宙万物来说，有极为深刻的影响。人生价值定得太低，不仅会影响他的认识过程和观察方法，限制智力的发挥，严重的会反作用于客观世界，他的观点也可能得到某种错误的证明。”① 写作者生存态度的差异，是造成文章胚胎价值高低的重要因素。

---

① ［美］斯图尔特·B·利特瓦克：《开发您智慧的潜力》，72页，武汉，湖北科技出版社，1989。

2. 较高的精神追求是生成较高价值文章胚胎的重要条件

“人为什么活着”的问题是一个非常复杂的问题，每一个人都可以有自己不同的回答。但如果我们把人分为主要为物质利益而活和主要为精神追求而活的两部分，我们就会发现前一部分人中写作者比较少见，而在后一部分人中，其中一些人如果不是一个以事写作以外的艺术的艺术家，往往就是一个写作者。我们这样做当然不是为了去求证什么人才有价值。我们只是说明精神追求与写作的关系。我们认为，一个人精神的高尚或低劣实际上是由这个人关注世界范围的大小和远近所决定的。一个消极颓废、整日疲于奔命的人，只会关注自己，不会过多地关注身边的世界。即使关注，最多也不过是眼前利益和物质之需，自然也就不会生成文章胚胎。而一个有精神追求的人，由于他关注的范围的广阔和深远，在纷繁复杂的生活现象中，他经常会感到他眼中的世界与别人了解的世界不一样，经常敏感到生活的某部分充满意味，他经常就会想把这种意味告诉别人，最终，他会把这种意味转化为文章胚胎。

（二）价值取向与胚胎生成

我们知道生存态度影响着文章胚胎的生成和文章胚胎的质量。那么，怎么解释两个作家在同一种环境中生活，却生成了不同的文章胚胎这一写作现象呢？我们说这是因为不同的写作者具有不同的价值取向。

所谓价值取向，指的是不同的写作者的精神追求具有不同的侧重或不同的特征，这种侧重或特征使得他感受生活时，总是期待符合自己精神特征的生活现象，其所生成的文章胚胎，一定是便于表达自己的精神特征的。人的精神追求是各种各样的，我们很难做穷尽性的分类研究。但就其最主要的方面，可以分为理性的和感性两大类。对于侧重于理性概括的写作者来说，多数情况下不会生成感性的文章胚胎，反之，侧重于感性的写作者，则多数情况下不会生成理性的文章胚胎。但这也不是绝对的。写作者的精神侧重不是永远不变的，天才的写作者自然不会总用一种模式关注生活。一个写作者在不同的时空环境下，往往会有不同的精神侧重。这就是毛泽东既写出《实践论》，又写出《沁园春·雪》的道理。

（三）思维方式与胚胎生成

思维即人。人与人的最大不同不是来自肉体而是来自思维方式。造成思维方式差异的原因是相当复杂的。但其主要的原因不外乎先天智能结构、生活环境、教育环境以及民族无意识的差异。写作者之间的不同也是来自其思维方式。另外，不同的文体，其实也是不同思维方式的一种语言模型。也就是说，如果在思维方式上没有自己的独特之处，任何文体样式都是不可能取得独立地位的。朱光潜先生认为："做诗的人应该真正感觉到自己所感所想非诗的方式决不能表现。如果用诗的方式表现的用散文也还可以表现，甚至于表现得可以更好，那么，就失去了它的生产理由了。"朱光潜先生为我们揭示了不同文体（主要是诗）与写作者思维方式的关系。我们还是不能做形而上学的理解。事实上，写作者思维方式的不同，表现在对文章胚胎生成的影响，除了上面提到的原因外，还与写作者对某种文体审美规范的谙熟有关。朱自清的散文《绿》、《荷塘月色》等，表达的感觉完全是诗的感觉，朱自清先生之所以没有生成诗的胚胎，只不过是朱自清先生更善于驾驭散文的审美规范罢了。

（四）时空情绪与胚胎生成

时空情绪指一定生活环境中，某一时代、某一时期的价值理想和流行时尚。时空情绪的产生，既有政治的、经济的、社会的原因，也有人文的甚至民族无意识的等诸多方面的原因。正因为如此，时空情绪是很难进行逻辑的归纳和分析的，甚至是不以人的意志为转移的。时空情绪对文章胚胎生成的影响，既有积极的也有消极的，须要写作者辩证对待。"文化大革命"中，批判、斗争、打倒、推翻成为那个时代的时空情绪，那时候，大部分写作者全力寻找的，都是大字报的胚胎。"梁效"的文章就成了那个时代的样板。十年"文化大革命"结束以后，思想解放的春风吹遍神州大地，拨乱反正，尊重知识、尊重人才成为当时的时空情绪。作家徐迟从陈景润身上感受到了这种情绪。由于陈景润这个真实的人物缺少激烈的矛盾纠葛，按照传统小说虚构的办法去生发故事比较困难，而且还缺乏感染力，作家敏锐的写作意识使他生发了一个当时在中国文坛上相当新鲜的文体胚胎——报告文学，并写出划时代美文《哥德巴赫猜想》，创立了一代文体时尚。直到今天，《哥德巴赫猜想》的影响，仍然没有从我们的文学里彻底消失。

值得注意的是，时空情绪对写作胚胎生成的正面的或负面的影响，在当时往往不能看得很分明，有时候必须在那个时代过去以后才能做出评估。因此，一个写作者就不能盲目地一味去追风。曾几何时，我们的某些散文家，受"大跃进"浮夸风的影响，为了追逐所谓的时代精神，不惜违背生活的真实，精心炮制多篇歌功颂德、歌舞升平的散文"精品"，这些"精品"被收入大中小学的教科书，成为我们散文写作的范本，可谓红极一时。可是现在如何呢？还有几个人提起这些"精品"呢？由此看来，写作者不能鼠目寸光，不能急功近利，也不能人云亦云。写作者需要清醒，需要有一点脱俗的是非感，需要一点高瞻远瞩的目光。这也许是比语词技巧更重要的东西。

第 3 节　价值评估：立意思维的胚胎

我们说，写作操作是某种文章胚胎的发育生长，这个胚胎来自写作者对客体世界的精神感应与价值评估。由于客体世界的多样性和写作者精神世界的独特性，这种价值评估是多样化的。本节探讨立意胚胎价值评估的有关技术问题。

一、“真”的价值评估

“真”的价值评估及对于事物的真伪性质的判断而产生的写作价值形态，这里既包括科学（学术）的判断又包括性情的真。当你发现一条科学定理，哲学命题或感受到一种非虚伪的感情时，你都发现的是“真”的写作价值。

（一）科学研究和创作中“真”的价值评估

有的写作者因为受的教育、阅读习惯等因素的影响，把人生的目的定在了科学创造和理论研究上，因而，发现客观事物的运动规律，就成为他精神追求的主要特征。对于立意胚胎的评估，往往侧重于“真”的价值。

爱因斯坦是 20 世纪最享盛名的自然科学家，伟大的物理学家，是“一个其思想对世界的变化做出超过以往任何其他人的贡献的科学先驱者”（海森堡语）。他创立的相对论，以其深邃的思想和严密的逻辑论证，犹如划破夜空的闪电，猛烈地冲击了经典物理学体系，迎来了物理学划时代的革命，为人类进入原子时代奠定了基础。《论物体的电动力学》、《广义相对论的基础》这两部科学巨著，就是起源于他的物理学基本原理的重新价值评估。

19 世纪末，经典物理学日臻完善，达到了系统和成熟的阶段。许多物理学家认为，物理学的大厦已基本建成，今后的任务就是进一步进行修正和补充，使之更加完善。与此同时，物理学的诸多领域也有一些新发现。1895 年 1 月，伦琴发现了 X 射线；1899 年，卢瑟福发现了 α 射线和 β 射线；1902 年，德国的勒纳发现光电效应的经验规则波动说不能解释……这些新发现向长期被封为“绝对真理”的牛顿力学及经典理论提出了严峻的挑战，强烈地吸引了富于好奇心的爱因斯坦。科学家的责任感、探索真理的愿望以及对物理学领域的直觉和远见，使他意识到物理世界的秩序可能需要重新解释。1905 年，经过长时间的积累和思考，爱因斯坦在连续写了 4 篇论文的基础上，形成了狭义相对论的思想。作为一位科学家，他只有选择科学论著这种写作胚胎。于是，《论物体的电动力学》出世了。当物理学界还没有完全理解和承认狭义相对论的时候，爱因斯坦已经看到了它的应用范围只限于匀速直线运动，还不能解释加速运动和引力场的问题。于是，在1915年，他提出了广义相对论的设想。但是直到1916年，他才写出了《广义相对论的基础》，确立了广义相对论。

（二）艺术创作中的“真”的价值评估

王国维在《人间词话》中说：“能写真景物、真感情者谓之有境界，否则谓之无境界。”这里的“真”是一种感情思想的真切、诚挚，是一种超然，是一种境界。

例如，在《诗经》中，诗人在“思君不得，辗转反侧”中发现了情感的真实、诚挚；在《古诗十九首》里，诗人在“生年不满百，长怀千岁忧，昼短苦夜长，何不秉烛游”的心情里发现了生命忧思的感情之“真”。在宋词里，词人在“金宵胜把银缸照，只恐相逢在梦中”的心理细节中发现了爱情的真实、诚挚。在文学创作中，感情是永恒的题材，作家、诗人的任务就是要在生活中，在人生体验中发现能证明、显示那种感情的生动细节，从而证明这种思想感情的真实、诚挚，诗歌乃至一切文学的奥秘如此而已。只有写出真景物、真感情，使人感到“不隔”，感到“有境界”，才是“最上”的艺术作品。这里，作家功力的关键是进行这种“真”的价值的评估和确定。

二、“善”的价值评估

“善”的价值评估是指在写作活动中对于社会存在的人的道德行为的品质善与恶的评价而产生的写作价值形态，善的本质是人的行为符合调剂和和谐人与人、人和集体、人和社会之间的关系。也可以说，善的价值评估指的是写作者对某部分客体生活所显示的意义是否有利于人们的道德提升所做的评估。

道德评估是立意胚胎的重要源头之一。人的道德提升是人类文明的重要的目的，也是人类文明的重要任务。人类文明的进程同时也应该是人的道德提升的进程。道德提升之所以是人类文明的重要的任务，是因为，道德提升不会像植物那样自然地生长，而必须由人类自己刻苦地磨炼，顽强地坚守，精心地培养。稍不留神，就会发生滑落。事实表明，在人类文明的征途上，人类真正的无奈不是来自自然的灾难，也不是来自智能的不足，而是来自爱心的丧失。一位17岁的少男，品学兼优，当生活的鲜花正在开放时，病魔悄悄地向他伸出了罪恶的双手。医生发现，他得了白血病。令人欣慰的是，他遇到了一位骨髓捐献志愿者，并且配型成功。愿意为他提供骨髓的是一位正在上大学的女孩子。本来这是一则感天动地的爱心故事，结局却变得惨不忍睹。当这位女孩子躺在手术台上，准备捐献自己的骨髓时，她的母亲闯了进来，不由分说，拖着自己的女儿就走。她不同意女儿做这样的“蠢事”。虽经多方劝说，都不能使这位母亲有丝毫的动摇。于是，一朵即将绽放的生命之花，就这样无助地枯萎了。[①] 人类道德提升的任务之艰巨，我们是不可以等闲视之的。写作是人类文明的重要组成部分，对于人类道德的提升，写作责无旁贷。

写作行为对于人类道德的提升，在初始阶段体现为立意胚胎的道德价值评估。所谓道德价值评估，是说作者面对丰富多彩的客体生活信息，首先，要感受信息本身的道德价值，是积极向上的还是颓废没落的。其次，要对这个道德价值可能在受众中产生的影响做出评估，或者通过积极的道德价值的张扬，或者通过对消极的道德价值的鞭笞，能在多大范围、多大程度上提升受众的道德水平。

但是，用发展的观点来看，道德观念是随历史发展而更新的。所以在感受评估中既可对那些传统道德行为规范的美德进行肯定性评价，也应对新的社会生活方式，新出现的道德观念、行为、事实进行肯定性评价来产生写作动机。

三、“美”的价值评估

其实，真善美始终是统一在一起的：“真”能产生美，“善”也能产生美。在这里，美是某种结构（例如真、善）的功能。那么，作为“结构”的美的本质又是什么呢？这是一个较为复杂的问题。我们认为，美是一种超功利、超物欲的超然无我的心态，是一种使个体生命感到自由澄明的那种事物的特质——高远无限的空间感，绵延运动的时间感。[②] 正像古人所企慕的那样：高山、流水。

因此，凡是在现实世界中，在心里的感觉中发现这种时空感、自由感、生命感的地方，那里就蕴藏着美，那里就存在着美的价值。

此外，“美”的价值评估，也指写作者感到某一客观事物或现象可以写、需要写的依据不是事物或现象本身的一些属性或价值，而是作者对该事物或现象感觉的新颖度、独特性和其情感的震撼程度，以及由此可能给读者带来的情感的震撼程度的评估。祖国的大西北有一条河叫渭河。渭河是黄河的一个重要分支，在中华民族的文明史上占有重要的一页（武王伐纣就发生在渭水之畔）。有一位女作者叫陈丽萍，她的家乡就在渭河附近。只是由于特殊的原因，她从小就和父母生活在外地。渭河那清冽的流水，跳跃的鱼虾，她只能从父母的童谣里去感觉。2000 年寒假，作者回到了故乡，回到了魂萦梦绕的渭河。可是，眼前的渭河是什么样子呀！几近干枯的河水乌黑发臭，河床被掏挖，河岸上到处乱搭乱盖，垃

① 参见《17 岁生命为何绝望：千呼万唤骨髓捐献终成空》，载《知音》，1999（11）。

② 参见马正平：《生命的空间：〈人间词话〉的当代解读·自序》，4 页。

圾遍地，真是惨不忍睹。忽然，渭河在她眼前幻化为一位沧桑老人，正摇摇晃晃地向自己走来，似乎已经精疲力竭。女作者的心口一阵阵疼痛，她觉得她的感受是属于许多人的，她必须把这种感觉吐出来才会好受些。于是，一节诗像泉水一样涌出来：

岐山已远
五千年风雨
写满你的皱纹
什么时候
你的笑声不再亮丽你的步履
蹒跚
…………

从“皱纹”、“笑声”、“步履”这些语词，我们很容易感受得到，作者写的不是实在的渭河，而是她对渭河的感觉和情感。由此看来，写作的美的价值评估，就是写作者对客体的感觉的新颖度、独特性、情感的震撼度的评估。

四、“利”的价值评估

“利”的价值评估是指对功利、利益的评价与估计。它既包括事物和自己的利益关系，也是指经济上的功利，还包括写作完成后对自己的利害（荣誉）及经济利益等。总之，指的是对物质利益的得失（包括得与失的大小）评估以及对人们工作、学习的影响（包括影响的大小）的评估。

我们处在一个中国历史上前所未有的时代，这个时代就是社会主义商品经济时代。既然是商品经济，就不能回避一些语词——金钱和物质利益。中华民族经历了漫长的封建社会，虽然也有过汉唐的强盛，但是随着近代工业社会的到来，生产力不发达，社会制度落后于时代潮流，终致国力衰微，一落千丈。以中华人民共和国的诞生为标志，中国的无产阶级和劳动人民在政治上终于得到了解放。也许我们在政治上失落的太多，失落的时间太长，我们太在意政治上的得失了。因此，在一个较长的历史时期里，我们曾经把政治上的翻身当做了革命的唯一目的。那时，贫穷＋革命就是社会主义的全部内容。实际上，任何革命的目的都是为了追求进步和幸福的。而进步和幸福从来都是包含精神和物质的。正是从这个意义上，我们把改革开放也叫做革命和解放。也正因为如此，在过去的 100 多年里，中国改革开放的 30 年的进步超过了前 80 年。历史表明，只要不是为了挥霍和堕落，物质追求也是人类进步的需要。写作是人类文明进步的重要手段，写作者对客体生活做出利的价值评估，不但是应该的，而且是必须的。为社会主义商品经济服务是新时代赋予写作者的光荣的历史使命。

但是由于多方面的原因，我们还有一些人的观念仍停留在过去的时代里，视金钱为异物，以追求物质利益为可耻。而另一些人则把金钱当做人生的唯一目的，见钱眼开，见利忘义，甚至不惜贪污受贿，谋财害命。对于利的价值评估，我们既反对“君子不言利”的观点，更反对“一切为了利”的做法。写作需要的利的价值评估，主要看客体生活中的事物对国家、民族、集体以及大多数群众是否有利以及利益的大小。

利的价值评估还指实用的价值评估。真的价值评估主要着眼于事物的运动规律，其结果往往要推动人们对某一事物的认识，其基本原理在相当一段时空范围里普遍起作用。实用的价值评估往往着眼于某一个事物，而且着眼于事物的结构和功能，其目的是为人们的工作、生活提供便利和帮助。所谓实用的价值评估，是说写作者在感知客观生活时，判断某物可写或不可写的重要依据就是此物对他的读者有什么样的功用，有什么知识的、实用的帮助。

青蛙的眼睛

青蛙最喜欢吃昆虫。苍蝇、蚊子、白蛉、蚱蜢……它都爱吃。它鼓着一双大眼睛，蹲在池塘边上，只要有虫子飞过，它噌地跳起来，舌头一伸，就把虫子卷进嘴里去了。

有人把青蛙养在笼子里，拿许多死苍蝇放在笼子里来喂它。可是奇怪，青蛙一只也不吃，竟活活饿死了。是不是因为苍蝇是死的，青蛙不爱吃呢？不是。只要把死苍蝇拴在线上，在青蛙眼前掠过，青蛙跳起来就把它吃了，跟吃活的苍蝇一样。

青蛙的眼睛非常特殊，看动的东西很敏锐，看静的东西却很迟钝。只要虫子在飞，飞得多快，往哪个方向飞，它都能分辨清楚，还能判断什么时候跳起来准能把虫子逮住。可是虫子如果停住不飞，它就看不见了。

人们研究了青蛙的眼睛，制成了“电子蛙眼”，主要用它来监视飞机。机场上的指挥员凭着“电子蛙眼”的帮助，就能立刻判断出飞机在哪个方向，飞得多高，飞得多快，正向哪个方向飞。有了“电子蛙眼”，人们就能更加准确地指挥飞机的飞行或降落。

我们选了一篇短小的科普文章。本文中，没有一个废字，一看就知道是写作高手之所为。这篇文章的立意，显然来自写作者对青蛙眼睛的价值评估：青蛙眼睛的原理可以帮助人们制造“电子蛙眼”，帮助指挥飞机正确地飞行或降落。

在进行写作感思的价值评估时还要注意，写作的感受评估中，常常几种价值先后或同时涌现，形成一种整体价值。我们这里只是对其作分析而已，但是有时，这几种价值又往往有错位的情形。在苏联小说《第四十一个》和《幼儿园》中，政治价值、伦理、审美价值就是不统一的。

第4节 文体酌定：形式审美规范与写作胚胎同步

写作行为的胚胎形成阶段，实际上凝结了写作行为两个层级的运动规律。即写作主体与表达客体的矛盾运动规律，以及写作内容与文体规范的矛盾统一运动规律。也就是说，写作主体感受到了客体的"意味"，还不能成为语词操作的直接对象。写作操作都是具体文体的操作，而不同的文体是有不同的审美规范的。所以，写作胚胎的生成必须与文体的酌定同步。本节探讨写作胚胎的有关形式审美规范问题。

一、据文章胚胎的特征来酌定

所谓写作，从直接的叙写对象来看，就是写客体信息。客体信息有哪些呢？无非就是人、事、物、象、景诸类；这些内容，一方面是写作胚胎生成的信息源，另一方面也影响着写作操作阶段的具体文体规范的酌定。人们在写作实践中发现，这些不同的客体内容需要不同的形式来表现。其次，人们通过人、事、物、景等的叙写要表达的主观内容也有较大的差异，有的以情感体验为主，有的以理性思考为主，有的以实用目的为主，这些不同的主观内容也对文章的形式提出了不同的要求。为了适应不同的写作内容，人们创造了具有不同特点的文体形式。孙绍振在研究文学形式的形成规律时曾经指出，具体的文学样式是为表现、强化、艺术化人生经历而被创造出来的。"文学史上一些形式在被更新，一些形式在崛起，在繁荣，归根到底其原因都为再现生活和表现作家个性的需要所推动。""文学形式越是分化为各种成熟的样式就越是不能适应表现生活和自我的一切方面，只能表现生活和自我的有限方面。它只能在把生活改造为某一种特殊的形态时，发挥它的特异功能。……它只能容纳与它的特性相通的那一部分人生体验。"① 因此，各种文体形式特点各异，历代作家对其做过精要的辨析。曹丕在《典论·论文》中说："奏议宜雅，书论宜理，铭诔尚实，诗赋欲丽。"陆机在

① 孙绍振：《文学创作论》，330、333页，沈阳，春风文艺出版社，1987。

《文赋》中也指出："诗缘情而绮靡，赋体物而浏亮，碑披文以相质，诔缠绵而凄怆，铭博约而温润，箴顿挫而清壮，颂优游以彬蔚，论精微而朗畅，奏平彻以闲雅，说炜晔以谲狂。"随着社会的发展，文体规范虽然也有变化，但各种文体还是保持着各自独立的特点。抽象的文章是不存在的，你只能写出符合某种审美特征的文章。这些，在文章的胚胎阶段，必须给以前瞻性的酌定。这种酌定是语词操作阶段生成特定文体模型的基础。

一般说来，文章胚胎是侧重于人物和事件的，比较便于生成时空类文体形式，其中，根据人物性格的鲜明度，以及事件中矛盾纠葛的复杂度的不同，还会有小说和散文的差别；根据客体信息的新鲜度的不同还会有纪实类文体和艺术类文体的差别。如果文章胚胎是偏重于形象和对形象的感觉、感受的，就比较适宜于生成抒情类的文体，比如诗歌。如果文章胚胎是偏重于对客体信息的本质理解或功能理解的，则大多生成理论文体或实用文体。

二、根据作者的才情禀赋来酌定

我们已经指出过，写作内容与文体形式审美规范是一对矛盾，它们通过运动达到相对的统一是写作操笔行为的必要前提。一方面，文章胚胎的性质对文体审美规范有影响，另一方面，写作者的才情也制约着一次具体操作的文体酌定。

在形式与内容的矛盾运动中，写作者以内部语言为特征的写作思维和文体形式感对于形式与内容的相对统一起着至关重要的作用。由于形式审美规范无法遗传甚至无法进行全部的理论说明，又由于写作者的智力水平往往不可能均衡地发展，对多种文体审美规范都精通的写作者是很少见的。伟大的作者往往只能在对某一种文体形式的驾驭中显得伟大。因此，"天才作家终其一生往往只能驾驭一种文学形式"，因此，"在作家的自我训练中，很大一部分是驾驭形式的审美规范"。有了这种形式感，写作者就可以带着现成的规范去期待与之适应的客体生活内容，去审视文章写作内容，去改造文章（写作）内容。"没有形式的预期，作家审视生活就和非作家没有什么区别。"① 这是一方面。另一方面，写作者由于比较谙熟某种文体的审美规范，他也可以用形式改造客体，使客体符合自己期望的那种文体审美规范。从这个意义上讲，"作家"这个称呼并不恰当。他应该或者是小说家，或者是散文家，或者是诗人。

我们用诗人的才情与文体的酌定的关系来说明一下这个问题。

由于诗人的才情主要表现在感觉、感受、感情、哲理与精美、精致的语词形

① 孙绍振：《文学创作论》，335 页。

象的契合，所以，诗人在生活中对一些人、事、物有了感触之后，他通常不是寻找人物和故事来表达这种感受，而是寻找精致、精美的语词形象来表达这种感受，这就是诗人与小说家的最大不同。这既是诗的审美特性决定的，也是诗人对这种审美特性的把握决定的。因此，诗人不以反映生活的广阔和纵深见长，也不是以反映生活的精细或人物性格的丰富见长，而是以用生活的一点（一个片断，更多的是一个形象或一组形象）突出诗人的独特感受见长。当然，诗人也写人，也写故事，不过，诗人写人和写故事的主要目的，不是人物的性格塑造或情节的复杂多变，而是作为作者感情或感受的寄托物。如杜甫的《石壕吏》，他不想刻画那个老翁，他只是反映他对生活的感触。也就是说，《石壕吏》的题材给了柳宗元，他也许会写一篇记事散文，但在杜甫手下，只能被处理成诗歌。这就是作者的才情对文体酌定的影响。

三、根据读者的需要来酌定

无论何种形式的写作，都是为了给人看的，既然要给人看，那么写作之前、写作之中都要充分考虑读者的需要。从这个意义上理解，写作又似乎是一种服务。那种不看对象闭门造车的写作行为我们是不提倡的。也就是说，写作是受读者需求制约的。这种需求的制约就表现为在文章的胚胎阶段的写作必须充分考虑读者的文体兴趣。

时尚及其形成的原因是一个相当复杂的问题。对此，写作者虽然没有必要弄得十分清楚，但也不能等闲视之。因为时尚不是人的意志所能控制的，但时尚影响着某次写作操作的成败。写作的文体是一个时代重要的时尚之一，常常成为读者的文体选择的重要依据。对此，写作者在写作胚胎产生阶段，是不能不对此加以考虑的。

每一个时代有一个时代的文体时尚，这种时尚有的是进步的和有益的，如唐代的诗，宋代的词，元代的曲，还有改革开放初期的报告文学，当代的纪实文学等；有的需要做一些分析，比如“文化大革命”时期的大批判文体，就没有产生多少有益的价值。

同时，我们还要注意到，读者也是有不同的层次的，读者的精神境界也是存在着高、中、低层次的差异的，读者的需求也有高级与低级的不同。写作如果一味迎合低级趣味，反而不能给社会带来积极的影响，彻底背离写作行为的宗旨，这是我们不能提倡的。

由此看来，读者的需求对于文体酌定的制约是相对的。一位有责任感的作者，既要充分考虑广大读者的需求，又要承担引导读者的责任。只有不断用高层次的思想观念去引导读者，写作的操作活动才是有意义的。从这个意义上讲，写作活动又好像是人类的启蒙与教育活动。这是在写作的文体酌定阶段必须考虑的问题。写作实践表明，一些很出色的作家的一些文章和著作，在发表的初期并不太被广大民众理解和接受，如哥白尼的《天体运行论》，爱因斯坦的《广义与狭义相对论浅说》。但随着历史的推移，随着人们认识的进步，这些文章和著作越来越放射出智慧的光辉，越来越被大多数人理解和接受。如果一味地追逐时髦，恐怕人类的写作行为在人类理性发展史上就不会处于如此重要的地位，人类的理性也不会像今天这样进步。当然我们并不满足今天的现实，为了使人类的精神文明进步到更高的层次，写作还要更多地承担起引领读者的责任！

科学和进步是人类的共同需要，尊重读者的本质就是尊重真理。

总之，写作感思是写作念头生成的瞬间思维活动，其内在机理是写作者的精神世界与客体世界存在着同构。作者积极向上的精神状态使其对客体信息做出适宜的价值评估，其独特的才情和思维方式与时空情绪决定了文体审美规范的酌定。这就是写作感思的基本情形。

写作感思是写作行为过程中的一个初始环节，也是一个极其重要的环节，必须引起我们的高度重视。我们把写作的行为过程理解为一种“意”在不同层面、不同尺度上不断循环、不断展开和不断完善的过程。立意是对感思的展开，聚材是对感思、立意的展开。也就是说，没有写作感思，整个写作操作行为过程就无法启动。如果把写作行为过程比作一次滚雪球，写作感思就是那最初的一团雪；如果把写作行为过程比作不断地画一个同心圆，写作感思就是这个同心圆的圆心。需要特别指出的是，写作感思的成果绝不是一劳永逸的。在后面的一些环节中，随着操作过程对生活感受、认识的更深入，这个成果会得到更理想的调整。

第 5 节　写作感思操作训练设计

一、写作感思演示与模仿实践

（一）教师写作感思分析演示

青年作家汤吉夫写作《母亲》的感思分析（《母亲》原载《长城》1983 年第 2 期正文请参见网站 www.crup.cn/rw）。

【写作背景】　青年作家汤吉夫一家曾因父亲的右派问题，在“十年动乱”中，全家被遣返到农村。当时，他在外地工作，从弟妹们的来信中，得知年迈的母亲四处上访，受尽了人间的冷漠，作家心里十分难过。只要一闭上眼睛，母亲那憔悴、疲惫的面容，冤屈而期待的目光便浮现在眼前，令作者难以平静。这种感情经常折磨着作家，使他总想找到某种方式一吐为快。有次他出差到北京，在一家小饭馆里吃饭。一位白发老大娘问他："大哥，你能给我五角钱吗?"作者问她干啥用，她说："来北京上访，回家的路费不够了。"汤吉夫立刻想到自己的母亲："她会不会也这样在车站伸手向人乞讨呢?"心里顿时涌起一股难言的痛楚。作者二话没说，拿出五元钱塞给那位大娘。谁知，那位大娘出去了一会儿就转回来了，她把一把零钱放在作者面前说："大哥，钱换开了，我还你四块五!"这位大娘的遭遇和执著使作者热泪盈眶。突然，他意识到，自己母亲的那种执著以及自己对母亲的情感好像都不是属于一个人的，而是属于一个时代，一个民族。于是作者感到有把这种感受告诉他人的必要。小说《母亲》的写作胚胎就这样产生了。

（二）写作感思分析

首先，作者紧紧抓住了客体的刺激信息和自己对这种刺激的瞬间感受。一位陌生大娘因缺五角钱的路费而向作者乞讨，由于这位大娘跟作者的母亲年龄相仿，命运相似，作者自然联想到自己家庭的遭遇。写作感思的同构机理使作者感到了自己母亲遭遇的"意味"。也就是说，在车站经历之前，作者已经长时间地对母亲的遭遇牵肠挂肚了，但那时，作者更多地觉得那只是自己一家的遭遇，车站这位大娘的信息，使得作家从个人的圈子之外去重新感受、思考那段生活，"意味"在这瞬间出现了。

其次，作者的写作文化意识促成了写作胚胎的生成。作者的生活态度是积极向上的，他对真善美的追求和对假恶丑的憎恶，他对于弱者的强烈的同情心，使他关注了那位老大娘（如果是一个冷漠的人，他也许会把她赶出门外）。另外，作者也比较好地利用了时空情绪。我们知道，"文化大革命"期间，一大批刚正不阿、学有专长的同志蒙受不白之冤。"文化大革命"后，纠正这些冤假错案，让一大批德才兼备的好同志复出工作，是那个时代的民心所向。

再次，作者对客体信息的"意味"进行了准确的价值评估。他抓住了人物的美学价值。在文坛上，还没有过"上访的母亲"这一艺术形象。另外，作者还兼用了"真"的价值评估和"道"的价值评估标准，事件既能客观地反映那一段生活的真实，又能启发教育人们，追求崇高的人格，追求真正的人生。

最后，作者尊重客体信息的特点，权衡自己的才情，酌定了恰当的文体形式审美规范——小说。

（三）学生写作感思分析实践

模仿老师的写作感思分析方法，分析下面的材料，感思写作胚胎。

一位女作者叫康亚丽。她第一次到青海去，沿途看到许多前往塔尔寺拜佛还愿的人，一步一叩头。她感到十分惊讶和迷惑。在塔尔寺，她又见到了这些虔诚的拜佛人，仍然感到迷惑不解，不知道他们为什么会这样。在参观塔尔寺的过程中，作者了解了一些塔尔寺的知识。她知道了寺名的由来。藏传佛教格鲁派创始人宗喀巴在外修行，他母亲因思念他而得了重病。他思念母亲又不想放弃修行，就托人转告母亲，让母亲在家乡的一株菩提树外修一座塔，使母亲见到塔就像见到自己一般。后来，信徒们又依塔建了一座寺院。这就是今天的塔尔寺。作者知道了在塔里还有一棵菩提树，虽然见不到阳光，可仍然活着。她知道了酥油花制作的艰苦。艺人必须在冬天最冷的时节，将双手浸于冰水中才能完成。原来酥油花是创作者毅力与艺术灵气的完美结合。作者学会了一句佛教的祈福语——唵嘛呢叭吽（圣洁的白莲花）。作者还碰见了一位在高原工作 30 多年的老军人，老军人告诉她，自己从来不信佛，但非常敬仰宗喀巴……

作者回到驻地，这一切所见所闻像电影一样在她眼前闪动。她一会儿想到宗喀巴修行的执著，一会看到拜佛的人的虔诚，一会儿想起塔里的菩提树，一会儿又看到喇嘛们在冰水中制作酥油花，一会儿耳边又响起老军人的话语……她总觉得这些人和事似乎有某种精神的相通之处。忽然，作者灵光一现，一篇作品的写作胚胎产生了……

假如让你写这篇文章，你从以上的材料里可以感受到什么精神的东西，这个东西会给人哪些方面的启迪？

请你运用写作感思技巧，生成写作胚胎。

二、写作感思操作技术：演示、模仿与实践

为了上升

张传真

双休日无事可干，忽然想起登山来。遂约朋友筹划。吃的，喝的，用的，塞满了整整一大包。朋友见了笑我，你这是要去登山呢，还是要去吃山呢？我说，还是多带点儿吧，万一在山上遇到困难，求谁去呢？

朋友在前边走，我在后面跟。脚下的路越来越陡，身上的负担越来越重。眼看离山顶只有 100 多米了，我却一步也挪不动了，瘫在包上大口大口地喘粗气。朋友返回来告诉我，这最后 100 多米要难于已经过去的 1000 多米。因此，我只有两个选择。或者就地吃饱了回去，一辈子在山下仰视山和

峰；或者扔掉包包往上爬，把山峰踩在脚下。

想起出发前的山盟海誓，我狠狠心扔掉了包包，在朋友的搀扶下，终于胜利登极。看白云在眼前婀娜，听泉水在耳畔叮咚，任春风在衣边摩挲，皮肉之苦立刻烟消云散，精神似乎也在陡然间升腾起来。

忽然想那个包。在很多时候，我们没有上升，原来是因为我们沉重。

我们的精神不也是如此吗？总患自己地位不尊，总怕自己名气不大，总嫌自己兜儿里的银子不多，整日被这些沉重的东西压迫着，我们的灵魂如何还能飞翔！

为了上升，让我们变得轻盈。

【写作背景】 一次偶然的机会，作者在《知音精品屋》读到一篇文章，题目是《另一种地狱》。写的是一个抢劫杀人犯死后，灵魂在去地狱的路上遇见一座金碧辉煌的宫殿。宫殿主人请他留下来，答应给他最好的待遇。这个人住下以后，要什么有什么，而且不让他做任何的事情。开始一段日子，他感到十分快活。心想，在人间历尽千难万险追求不到的东西，在这里不费吹灰之力就得到了。早知如此，还不如早些被枪毙。可是时间一长，他开始感到寂寞和空虚，想找点儿事做。宫殿主人摇着头说，在这里，你要什么都有，就是没有事儿。又过了一段时间，这个人实在忍不住了，找到宫殿主人抗议说，这种日子我实在受不了了，你再不给我找点儿活儿干，我宁愿下地狱。没想到宫殿主人轻蔑地笑了：你以为这里是天堂吗？这里本来就是地狱啊！这篇文章的立意是不难解读的：只有索取没有奉献的生活也是一种地狱的生活。它能渐渐地毁灭人的理想，腐蚀人的心灵，甚至让你变成一具行尸走肉。

按道理，到此为止，文章的阅读行为已经结束了。奇怪的是，作者被文中所理解的地狱的生活刺激得兴奋起来。是啊，享乐和攫取实际上也是一种罪恶。但由于这些都是最原始的人性的东西，摆脱这些往往十分困难。在我们的周围，以这种地狱的方式生活的人真是太多了。原来很多人都生活在地狱的门槛前呀！我们可以从下地狱的容易联想到了上天堂的困难。我们在很多时候高尚不起来，不正是因为我们对地狱里的东西留恋太多吗？忽然，灵光闪现：要上升，就要抛弃那些使我们下落的东西，也就是说，为了上升，我们必须变得轻盈。直觉告诉我们，人的精神怎样升华这个问题是有写作价值的。

（一）写作感思操作演示

1. 信息刺激

此次写作胚胎的生成，直接源于一次偶然的阅读。但并不仅限于阅读。最根本的源头来自阅读所引发的对生活经验的联想和反思。重的东西往下沉，轻的东西往上升。这就是笔者最初的感受。

2. 写作文化

我们不敢妄谈崇高，但精神追求还是有的。积极向上的生存态度使我们的价值取向追求真、善、美，而追求的方式之一，就是鞭笞假、恶、丑。这实在是有助于产生有价值的写作念头的。同时，时空情绪和思维方式也对此次写作感思起到了积极的作用。当今社会的时空情绪究竟是什么，笔者不敢妄下结论。但有相当一部分有良知的人对物欲横流是忧心忡忡的。而且，人性的崇高应该是人类文明的终极目标之一，无论哪个时代，正义都不会泯灭。最后，此次写作胚胎的生成，也得益于从反面想一想的思维方式。

3. 价值评估

此次写作感思对立意胚胎的价值评估，主要是善的价值评估。这些年，人们的生活水平提高了，而道德水平的提高却相对迟缓。原因就是，我们崇尚富裕，而不管求富的方式和手段。认识到物质利益并非人生的唯一目的，可能会有助于人们道德水平的提升。

4. 文体酌定

此次的写作念头只是一种认识和评价，胚胎的性质适宜于用议论性文体表述。又由于随笔在当今的文化界是一种文体时尚，读者乐于接受。据此，作者对此次文体酌定为随笔。

(二) 写作感思实践尝试

武汉地区有一种树叫水杉，这种树的外形酷似松树，只是冬天要落叶，俗名叫落叶松。你认真观察，就会发现，落叶松的落叶方式是与别的树不同的。刚经初霜时，它的叶子会由浓绿变得微红并逐渐加深，一两天之内就会完全变成赭红色，像一把把明亮的火炬一样燃烧在天地之间。令人惊异的是，红色的落叶松的叶子并不马上落下来，如果天气好的话，这种景色会持续一周以上。秋天来临的时候，由于气候不再适应落叶植物的生长，大多数植物都会接受生命暂时中止的现实，在很短的时间里脱去绿装。而落叶松似乎不太认命。绿色是植物生命的一种重要的标志。红色的落叶松已经暂时没有生命了，它的顽强坚守是不是蕴涵某种“意味”呢？

结合本节所学知识，运用有关写作感思技术，进行写作感思的操作训练。

三、评改检测

自测互评，教师抽评。

四、写作素质课后培养

（1）运用所学的写作感思知识，分析两篇文章的写作感思，写出分析短文。

（2）到生活中认真观察某一个人物、景物、事物或事件，运用本章所学的写作感思的操作技术，进行写作感思操作练习。

（3）写下你最近产生的感悟、认识的思想火花。

【概念术语】

写作感思　写作感知觉　写作灵感　写作动机　精神预期　价值评估　文体酌定

【复习思考】

1. 写作感思的基本含义是什么？
2. 写作感思与写作感知觉、写作灵感、写作动机的关系是怎样的？
3. 写作感思的主要功能是什么？
4. 写作感思有哪几个基本的思维环节？
5. 文章胚胎与写作感思是什么样的关系？
6. 文章胚胎的生成途径有哪些？
7. 影响文章胚胎的主要因素有哪些？
8. 举例说明价值评估的含义及类型。
9. 文体意识在写作感思阶段的意义是什么？
10. 怎样进行文体酌定？

第 15 章

立意之本　攀越极限

——写作炼意/立意思维操作技术训练（下）

1. 教学要求： 学习立意思维操作的基本知识和写作文化、写作智慧、写作美学规范，并将这些写作知识转化为各类体裁立意思维的素质与能力。

2. 训练重点： 建立新颖性立意的 10 种立意思维的操作模型，并将其转换为立意思维的技术。

3. 训练难点： 对立意思维中的写作文化、写作智慧和写作美学境界的把握。

凡为文以意为主，以气辅之，以词采章句为之兵卫……苟以不先立，止以文采词句绕前捧后，是言愈多而理愈乱，如入圜圚，纷纷然莫知其谁，暮散而已。是以意全胜者，辞愈朴而文愈高；意不胜者，辞愈华而文愈鄙。是意能遣辞，而辞不能成。大抵为文之旨如此。

——杜牧

第 1 节　立意思维操作的基本原理

一、“立意”的概念、理想与本质

（一）“立意”的概念

“立意”是写作过程中最为重要的思维环节之一。所谓“立意”就是确立某次写作活动企图表达的文章信息、文章所指的写作行为、写作思维活动。所谓

“文章信息、文章所指”，就是作者的情感感受和思想认识。美国著名美学家H.里德在《艺术的真谛》中认为，艺术的真正功用在于表现感受和传达认识。其实，岂止艺术，一切写作活动的真正功用也在于“表现感受和传达认识”。由于写作文章中的“感受”和“认识”都必须具有独特性，因此，“立意”就是写作行为中创造性思维的首要体现。难怪曹雪芹在《红楼梦》中说：“词句讲究还是末事，第一立意要紧。”

“立意”中的“意”，相当于文艺学中的“主题”的概念，其区别是文艺学中的“主题”的概念是从文学批评的角度而讲的，而写作学中“意”或“立意”的概念是从写作的角度来讲的。“意”有广义与狭义两种理解，广义理解是指从作者所写的文章中传达出来的文章信息、文章所指；狭义的理解，是指从作者希望从此次写作中表达出的心灵情感态度的高度和思想认识所达到的深度。它是一种“情感”或“思想”，但不是一般的“情感”或“思想”，而是一种高级的、深刻的“情感”或“思想”。因此，“意”更是一种高层次的“意态”，一种人生境界的高度。正因为“意”的这种质的规定性，才有“炼意”的说法。“炼意”就是追求这种高级的情感、思想和人生境界、写作境界的思维过程。“炼意”就是“立意”。

由于在某些实用写作（例如公文写作）中，文章的“意”（信息、意向、内容、主题）是由别人规定好了的，无需写作者去“确立”，去“提炼”，因此，本书讲的“意”或“立意”指的是具有创造性的文章写作（例如文学写作、学术写作、新闻写作等）中“立意”问题。

（二）立意的最高审美理想

写作，作为人类的一种基本的信息交流和传播的语言行为，它具有中立性，因此，对写作行为的基本的审美要求不应被庸俗政治学、伦理学所左右，不应具有太强的政治、伦理色彩，立意的审美理想的确立更是如此。过去讲立意的要求时往往讲立意要“正确”、“健康”，这个“正确”、“健康”，往往是从政治的角度、伦理的角度来评判的。但是，政治、伦理等规范是在变化的。例如，在“文化大革命”中，像“梁效”、“石一歌”等人那些趋炎附势的文章，按当时的政治标准来看，无疑是“正确”的，但是，由于当时的政治路线本身就错了，因此，粉碎“四人帮”以后，这些文章就“不正确”以至“反动”了。由此可见，政治、伦理这些东西，不能作为评价立意的审美理想的基本标准，这些东西只能作为一种写作智慧和策略来理解和运用，才具有写作学价值。

文章立意的基本要求，应从写作功能、传播功能和主体展示这三个角度来确立基本标准和审美底线。从这几个方面考虑，文章立意的基本要求是“新颖”。

因为，“新颖”的文章立意有利于形成强烈的写作动机、动力，展示作者的精神境界的高度。总之，“新颖”的文章立意是写作者的创新性思维的集中体现，它能保证文章“言之有物”，具有丰富的“信息性”。因此，它是文章立意的基本要求，也是最高的审美理想。

那么，怎样才能使文章立意具有“新颖”性呢，或者说“新颖”的立意有哪些具体的表现形态呢？一般说来，“新颖”的立意体现在以下 6 个方面：

1. 深刻

作者超越现象而对事物本质的认识，在给出解决这些问题的“处方”、措施时，不是治“标”而是治“本”。

2. 深远

作者站得高，看得远，其思想观点具有一种远见性、预见性，在给出解决这些问题的“处方”、措施时，能防患于未然，具有前瞻性。

3. 高远

作者对待事物的态度、观点、认识能超越个人或群体的利益，从而显示出作者的心灵人格、思维空间、境界的博大和超越。

4. 高妙

作者通过丰富的联想、想象能力，从普通的事物上感悟到一般的哲理。

5. 奇特

作者依靠灵活的、个性化的、机智的思维方式，提出奇特的见解和认识。

6. 生僻

作者主要不是针对某个已有的观点、认识提出新颖的观点、认识，而是发现一个新的问题领域，提出发人深省的新问题、新话题或表达对这个新问题的认识、见解，从而填补了问题的空白。

（三）立意的本质

立意是写作主体为了拓展思维空间、获得最佳立意所进行的思维过程，它是一般思维（分析、综合、比较）操作技术在写作立意过程中的运用。立意在表面看，只是写作者对某种现象、问题的新颖、深刻的感受、认识，实际上作者的最终目的则是为了攀登精神高峰，进入精神空间的极限，使文章具有高远空阔的审美境界。对立意的本质应从这个高度去看，才能高屋建瓴，清醒地自觉追求精神险峰的攀越。

二、写作立意思维操作技术

要最终确立、提炼出以上 6 种“新颖”性的文章立意，必须运用以下 7 种立意思维操作技术（模型）。

（一）“深刻”性立意的思维操作技术（模式）——原因分析、背景分析

1. 原因分析

所谓深刻的立意，就是写作思维由事物表层现象到深层本质的探索，而这种“由表及里”的思维实质上就是一种追寻事物因果关系的逻辑思维，或抽象思维。这种因果思维是从“结果”到“原因”的分析。这里，“结果”是一种“现在时”的东西——“现象”，而“原因”则是“过去时”的东西——“本质”。“原因”之所以是“本质”，是因为它导致了新的“现象”的产生，具有必然性和条件性。这就是说，当我们分析出一种事物的“现象”所由产生的“原因”时，我们就开始抓住了事物的“本质”。这时，文章的立意就具有“深刻”的品质了。

但是，“深刻”又有高低层次的质量差别，正如列宁所阐明的，由现象到本质，由所谓初级的本质，到二级的本质，这样不断地加深下去，以至于以你的认识能力已不能再分析出更深刻的原因的时候，这样的立意才是最深刻、最理想的立意。因此，在运用“原因分析”的因果思维模式时，为了获得最理想、最深刻的文章立意，我们就必须多次不断地运用原因分析的思维模型，探索出事物现象的最终的原因、最深刻的本质。这时的立意思维就要运用“原因分析”的思维模式，又要运用“多重分析”的思维操作，这样就形成了“重复”性的赋形思维模型，运用这样的思维模型就会提炼出非常深刻、非常理想的文章立意来。

2. 背景分析

“原因分析”是一种先后性、历时性的因果关系分析。当这种先后性、历时性的“原因分析”达到穷尽性地步的时候，如果还要探索某种“现象”（“结果”）的“原因”的话，就必须由历时性的“原因分析”，转向共时性状态性的“原因分析”了，这种共时性的“原因分析”就是“背景分析”的思维操作技术模式。所谓“背景分析”的立意思维操作模式，就是思考某种社会、人事“现象”产生的大背景、大气候，发现这种大背景、大气候与这种社会、人事现象之间的隐形因果关系，这时，社会的大背景、大气候成了这种社会、人事现象的“原因”。

（二）“深远”性立意的思维操作技术（模式）——功能分析

深远性立意中的“深远”是指看得深远。所谓“看得深远”是指作者看到了现存某种社会和人事的“现象”（“原因”）将会产生什么样的“结果”，也即现存某种社会和人事的“现象”（“原因”）将会产生什么样的功能——影响、作用、意义。在功能分析中，我们不仅可以进行正面的功能分析，思考某种社会人事“现象”（“原因”）会带来的好处、利益、效益，还可以从反面的不利的方面来分析其危害、灾难等，从而采取相应的措施。这时便是运用“对比”的赋形思维操作模型进行立意思维的操作了。另外，由于事物之间会相互作用，所以一种功能、作用会产生另一种功能、作用，而这种互相作用的现象还会连锁反应下去。因此，作者在进行功能分析时，不能把这种功能分析的思维操作停留在一个层次，应该运用这种"功能分析"的思维操作进行不断的分析。而这便是运用"重复"的赋形思维操作模型进行立意思维了，这样就能分析出非常深远的立意来。这就好比下棋。象棋大师的高明之处就在于他能看出对方走的某一步棋之后将会使棋局产生什么样的后果，甚至是最终的结果和由此而引起的连锁反应。于是他便采取相应的预防措施，来保证出现预料局面时能处于优势和主动，并最终获得胜利。他依靠的正是多重的"功能分析"。

从上面的叙述可以看出，提炼"深刻"和"深远"的立意，所运用的思维都是因果思维的操作技术（模型）。因为，无论"原因分析"、"背景分析"还是"功能分析"都是对事物的原因与结果的关系链的分析，只是这三种分析的思路方向不同而已："原因分析"面向现象之前的过去的因果分析，"背景分析"面向共时的现在环境的因果分析，"功能分析"则是面向现象之后的未来状态的因果分析，明白了这一点，我们的思维就更加主动、自由了。

(三)"高远"性立意的思维操作技术（模式）——超越性综合

超越性综合深刻、深远的立意是依靠写作者较强的逻辑思维能力而获得的，而"高远"性立意则不是这样，它是依靠作者较强的综合能力来获得的。所谓"超越性思维"就是在待人接物的态度、观点方面，能够走出自我和自我所谓的群体、区域的利益关怀而面向更大的群体、区域的利益关怀。实际上这种"超越性综合"即是对关怀对象的一种综合、整合，也是对自己的认识能力、心灵胸襟、情怀境界的综合、整合，从而使自己的思维消解自我，而由局部走向全体，于是使自己的心灵胸襟、情怀境界由狭隘走向高远、博大。

(四)"高妙"性立意的思维操作技术（模式）——自相似综合、他相似综合

"高妙"性立意也是依靠作者较强的综合能力来获得的。但是，其综合的对象是不同的。"高远"性立意的综合是一种空间性（区域空间与心灵空间）综合，而"高妙"性立意的综合则是一种特质、特征、性质的"相似"性综合。而这种"相似"性综合又分两种模式。一种是"自相似"综合，一种是"他相似"综合。

1. 自相似综合

立意思维中的"自相似综合"，是指那种"见微知著"的洞察力，中国古代写作理论和美学中讲的"顿悟"，西方文艺理论和美学中讲的"典型化"方法，就是"自相似综合"的立意思维方式。所谓"自相似综合"，就是从某种事物的局部的特征中感悟到其整体的特征，从事物的个别特征看到事物的一般特征，从某种社会和人事的个性看到社会、人事的共性、规律、原理。黑格尔讲的“这一个”典型化思想就是这种“自相似综合”思维的例子。当你看到了某种偶然、个别的社会或人事现象的某种内蕴性质特征时，你马上思考的是它是否和这种事物的整体、全体的性质特征具有相似性。如果有，你就产生了“自相似综合”的立意思维，你就会生成一个高妙的立意来。

“自相似综合”这种立意思维有两种状态，一种是自动化状态，一种是操作化状态，前者是一种灵感式高妙性立意思维，所谓“妙悟”就是这种立意状态，后者是一种思维性、操作性的高妙性立意思维，所谓“典型化”、“概括化”方法，就是这种状态。

2. 他相似综合

“自相似综合”是对自己（的局部）与自己（的整体）在性质特征相似关系上的发现，即由局部的特征到整体的特征，最后，整体的性质特征“综合”了局部的性质特征。“他相似综合”则是对一个事物的性质特征与另一个事物性质特征的相似关系的发现，即由此及彼，最后，此事物的性质特征“综合”了彼事物的性质特征，或者说由此及彼之后，彼此的性质特征得到了“综合”。中国古代写作理论中“喻”、“比兴”便是这种“他相似综合”的立意思维方法，西方写作理论中的“象征”、“隐喻”等方法，也是这种“他相似综合”的立意思维方法。

（五）“奇特”性立意的思维操作技术（模式）——角度变换、时机变换

上述种种立意思维模式，都是通过某种思维操作的过程（分析过程和综合过程）来获得的“新颖”的立意的。而“奇特”性立意的获得并不是依靠某种思维过程来获得的，而是依靠变换写作者的思维时空来获得的，由于思维时空的改变自然产生了新的视野，于是获得了崭新奇特的文章立意。

1. 角度变换

当人们对一个事物或人物形成一种习惯性的看法或视野的时候，我们把这种认识称为从正面的角度看问题。所谓“角度变换”就是从正面的角度转向反面或侧面的角度来重新认识这个事物或人物，从而形成一种崭新的观点和看法。苏东坡《题西林壁》所谓“横看成岭侧成峰，远近高低各不同”就是这个意思。“岭”的空间形象特征是由于“横看”的观察角度所致，“峰”的空间形象特征是由于“侧看”的观察角度所致。而且，由于观察视角、地点的“远”、“近”、“高”、“低”的不同，就会形成具有“不同”形象特征的“岭”和“峰”，个性化、新奇性的特征便产生了。苏东坡虽然讲的是对空间事物的观察角度的变换会发现新奇性、独创性的事物特征，但是这种角度变换同样可以作为一般的创新思维的原理来运用。平常所谓的“逆向思维”，其实就是一种思维方式的角度变换。但是，逆向思维只是角度变换这种创新思维原理中的一种情形（从正面的角度转向反面的角度），角度变换除了逆向思维以外，还有侧向思维。侧向思维（侧面角度）有无数个创新思维的自由空间，因此，创新思维具有非常广阔的选择空间。

“角度变换”在立意思维过程中就是看问题、认识事物的立场、态度变换的问题。对某种现象、某个问题的态度、观点，由赞成到反对是一种角度变换，会产生一种全新的与众不同的认识、观点。所谓“做翻案文章”就是这种角度变换的思维方式。

由赞成或反对转换为既赞成其中某些方面又反对其中的某些方面，这也是一种角度变换，这也能产生一种新的观点、看法、态度。所谓“辩证思维”就是这种角度变换的思维方式。

从平面的认识转向立体的认识，也是一种角度变换，也会产生对某种事物、现象的崭新认识。所谓“立体思维”就是这种角度变换的思维方式。

从外表的整体的认识转向尺度层次的角度看问题，这也是一种认识角度的变换，也能产生新的观点。所谓“分形思维”、“全息思维”就是这种角度变换的思维方式。

2. 时机变换

对问题、事物的认识，不仅观察、认识的角度的变换可以影响创新观点的形成，而且观察的时机的变化，也会影响新观点的形成。因为，一方面，事物始终是在运动变化中存在的，所以，它在不同的时机、条件、环境下会呈现出自己的不同面目；另一方面，事物的种类、存在形式是十分复杂的，在某些特殊的机会、时机才可能观察、认识到它的这些特殊形态，所以只有变换我们的观察、认识的时机才能产生出崭新的观点，从而修正以前的错误认识。所谓“历史主义”的观点看问题，其实就是一种时机变换的认识事物的思维方法。为什么对人物的评价要采取“盖棺定论”的方法，就是因为在此之前人物都有机会表现自己的另一面性格。一个自然景物，不仅四时风景不同，而且风雨晴晦时的风景也不同，白天和夜晚也不同。每一种风景的差异都会使人产生新鲜的审美感受和认识。

（六）“生僻”性立意的思维操作技术（模式）——结构分析

人们对事物的认识思考，往往最先观察、认识那些容易看到的对象而得出自己的观点认识，而对那些生僻的对象、现象则予以忽视，这样便影响人们对事物的整体、全貌的了解，因此，必须对那些生僻的对象、现象进行观察、认识、思考，从而拓展思维视野和空间，得出崭新的观点和结论。这实际上就是在观察、认识世界时一种填补认识空白的思维活动。那么怎样才能填补空白呢？这里所运用的思维模式便是结构分析。“结构分析”也可以称“系统分析”，即把观察、认识、思考的对象看成是一种整体系统。而任何系统都是一个有结构有要素的体系。那么你去分析，在这些结构要素中，哪些东西是已经被人观察、认识、思考、研究了的，哪些东西是被人忽视了的，哪些东西是表面的、显露的对象，哪些东西是隐匿的、潜在的对象，于是，你的观察、认识、思考、研究便把你的目光、兴趣、注意力转向这些被人忽视了的潜在的、深层的认识对象，于是你会像哥伦布发现新大陆一样，在你面前呈现出一个全新的观察视野、研究领域、认识对象，于是你就成了这片“处女地”的拓荒者，产生一系列崭新的感觉、认识、观点、思想，成为你的文章立意。以学术研究为例，别人研究的是表层的现象的规律，你便去研究深层的、本质的规律；别人研究的静态的、抽象的规律，你便去研究动态的、历时的规律，别人研究的是一流的著名的人物、作家，你便去研究二流或三流的不太出名的人物、作家，别人研究英雄豪杰，你便去研究平民百姓……这样，你便可以确立出崭新的视野、观点和思想。

（七）新颖性立意的非逻辑思维——比较思维

俗话说“不怕不识货，只怕货比货”，你不明白一个事物的特征，最简单的办法就是通过和另一个事物进行比较，在比较中各自的特征差异自然就显示出来了。在许多说明文写作中，以表现某种事物的结构、功能的特征作为文章立意的文章，其立意生成的思维操作技术就是运用比较方法。许多中西文化特征的比较研究的学术论文的文章立意也必须运用比较思维的方法。

第2节　立意思维中的写作智慧

文章立意不仅是高水平写作思维的成果，也是卓越写作智慧的成果。写作思维主要追求主体的人格高度和思维认识能力的高度，而写作智慧追求的是文章功能的实现的问题。只有将这二者完美结合产生的立意才是理想的立意。

一、立意思维中的写作智慧：写作文化意识

文章的立意虽然是写作者情感态度、思维水平的体现，但是也要受特定时代地域的写作文化的影响，因此，一个理想的文章立意技能既是写作者自己的心灵境界、认识能力、思维水平的体现，也是特定时代、特定地域的写作文化的体现。写作文化包括写作内容的“时尚”和写作形式的“时尚”。

（一）立意内容的写作文化、写作时尚

立意的写作文化，一方面指立意内容的价值取向所体现的新的时代精神，另一方面指文章立意确立上新的写作规范、时尚。一个时代的写作文化既是一种新的思维方式，又是一种新的价值取向。文化总是进化着的。新时代的思维方式实际上是一种个体和类的时空情绪——开放的、立体的、灵活的时空追求，这种时空情绪必然产生人性的、自由的时代哲学精神、价值取向，因此文章的立意必然要反映这种哲学精神和价值取向，或者说，文章的立意、主题的确立、提炼应受到这种新时代的哲学精神和价值取向的制约，从而影响写作者对事物、人物、事件、现象的情感、态度、观点、主张。时代写作文化制约文章立意的问题，实际上就是我们在进行文章的主题的确立、提炼时，要充分考虑文章立意是否满足这个时代、这个地域的文化精神、价值取向的需求。

（二）立意形式的写作文化、时尚规范

在传统的文学写作规范中，作品的立意、主题是单一的、鲜明的，但是在现代派的作品中，作品的主题、立意可以是多维的、模糊的。而后现代主义对主题、立意更是采取解构的写作策略，作品没有统一的主题、立意，作品变得支离破碎，主题、立意变得更加混沌、更加非中心化。而这种非主题的写作文化现象，则要表明写作主体更加自由不羁的心灵世界、心灵空间，从另一个角度来体现这个变化无常的社会中人对自由空间的渴望的写作价值取向。形式的规范变成了内容的规范。这同样是时代社会新的写作文化的曲折反映。

二、立意中的写作智慧：写作禁忌（障碍）意识

写作立意的心灵人格方面和思维方面纯粹是写作者个体的主观性情感认识和思维水平的体现，写作文化则是人类的主体性、进化性、变革性的文化精神体现，但是这二者都将与传统的政治、经济、伦理、法律等文化观念发生冲突。因为，作为人类良知体现和代表的知识分子，写作是他的生存方式和生活方式，他的写作是为了推动人类文化的进化，必然要冲破现实社会落后的意识形态、政治制度、道德规范、经济制度、艺术规范等。因此，人类写作行为宿命地承担了反规范、反秩序的人类使命，对社会旧有规范和秩序构成严重的威胁。这是一对矛盾，这是新旧两种规范、两种秩序之间的矛盾。这种矛盾如不克服、消解，必将严重地影响和消解写作者所立意的文章的传播，无法实现写作者的写作意图和写作功能，这是读者所不愿看到的。

这时，写作者对现实社会中写作立意的禁忌、障碍——政治禁忌、伦理禁忌、军事禁忌、经济禁忌、宗教禁忌、民族禁忌、风俗禁忌、公关禁忌——的意识就变得十

分重要了。从这个意义上看，“读者意识”中明确哪些东西“不能说”和“不便说”的立意思考，仍然是一个写作禁忌范畴的问题。因此，在进行写作立意的确立和提炼时，除了思考心灵境界、思想深度和时代新的进步的文化精神这些写作规范以外，还必须对时代写作禁忌、写作障碍进行“明白”和“消解”。“明白”并不是认同，而是一种理性。“消解”不是无原则的消极妥协，而是积极的、有深刻目的和意图的妥协，而这种“妥协”则是一种写作策略、一种应对智慧。

三、立意表现中的应对智慧：写作策略意识

既要表达写作者自己深刻、高远、尖锐的反规范的立意，又要能够出版，能够传播，能够产生社会影响，这便是对写作者的应对智慧、写作策略的严峻考验，写作的智慧乐趣也正在其中。中国古代那个高度专制的封建社会锻炼了中国文章手笔、写作大家的高超的写作应对智慧和应对策略。例如《毛诗序》的“美刺”、“比兴”，《庄子》中的“寓言”，《左传》中的“春秋笔法”，诗歌中“藏头诗”、“谐音诗”，以及西方现代派文学中出现的“反讽”、“隐喻”、“象征”、“隐匿”、“抽象时空”、“黑色幽默”、“荒诞”等手法，无一不是写作智慧和策略的体现。

第3节　作为过程和系统的立意

以往人们都把“立意”视为写作者对某种现象、问题的一种感受或认识、观点、思想。这样，便把“立意”（或“主题”）和“材料”、“结构”等文章要素对等起来，对立起来。这种“立意”学说给人的印象是：“立意”（或“主题”）是一个东西，“材料”是一个东西，“结构”又是另外一个东西。在二元对立的陈旧思维模式泛滥下，“立意”（或“主题”）便是文章的“内容”，“材料”、“结构”便是文章的“形式”，前者统率后者，后者为前者服务。好像作者首先产生了文章的“立意”或“主题”，然后再去寻找、选择、吸附表达这种“立意”或“主题”的文章材料。通过本章前面的讨论，我们发现并非如此。

一、立意是一个思想的网络、系统

实际上，文章的“立意”或“主题”并不仅仅是一个单纯、独立的判断句、一个名词，而是一个相互联系的思想系统，一个意思的网络。正是这个思想系统或意思网络，形成了文章的基本内容、基本材料、基本结构、基本表达，而后来

的吸材、谋篇、行文，只是把这个文章的基本内容、基本材料、基本结构、基本表达细节化、充实化、严密化、完善化、理想化而已。

把文章写作中的“立意”或“主题”理解为一个判断的“观点”或“思想”，这是一个误解。在英语中，“Theme”（主题）的首要意思就是“谈话或一段文章的主体、对象”。因为，“Theme”（主题）来源于德语，其最初的意思是指“乐曲中最具有特征，出于主导地位的旋律，它表现为一个完整的音乐思想，为乐曲的核心”，即“主旋律”。引申到文学创作和文章写作理论中后，用来指文章的“题目”、“立意”、“课题”。日本人在引进德语的“Theme”时，根据这两种意思（“主要的”、“课题”）创造了“主题”这个汉语词汇，作为文艺学术语。在音乐中“主旋律”还是“旋律”，而“旋律”则是乐音按一定的结构规律运动的过程。这里，既有音乐的语言“材料”，也有对音乐语言材料组织的音乐“结构”，并没有内容、形式之分。

在中国古代写作理论中，没有“主题”这个词汇、术语，和“主题”概念相当的是“立意”和“主脑”。而“立意”中的“意”是指作者企图在文章中表达的“意思”，准确地说是“主要的意思”（这时恰好与“主题”的内涵相当），而“主要意思”中的“主要”显然是一个模糊语言。这样，由于写作者的抽象程度不同，“立意”既可以是非常抽象概括的一种认识、一种判断那样的“主要意思”，也可以是由这个认识、判断所组成的意思网络、思想体系那样的“主要意思”。这时，“立意”便是一个由若干写作材料所组成的内容结构。而李渔的“主脑”概念，既可以是写进文章中的“一意”，也可以是写进文章的“一人”或“一事”，这样，文章写作中的“主脑”（主题、立意）便又是和文章材料、结构联系在一起而密不可分了。

总之，作为一个意思的系统和网络状态的“立意”，实际上就是对写作灵感、动机等基本内容的最初展开。中国古代写作家们所讲的“袖手于前，方能疾书于后”，所讲的“胸有成竹”，显然是包含了对了作者“立意”成熟的写作现象的生动描绘。

二、立意是文章内容展开的过程

立意是构思阶段的首要行为。作为一种理性认识的构思的立意，与作为感性认识的写作感思是不同的，虽然都是一种思维活动，感思之思维是一种直觉的瞬间的灵感的形象的思维，而立意之思维则是一种逻辑分析和综合的思维。从这个意义上讲，作为写作构思的首要环节，立意是对写作灵感、文章胚胎的展开，这种展开一般可分为两个步骤。

（一）对写作广义灵感的最初追问、反思

所谓“广义灵感”即写作感受。这种感受，包括人们以往说的“创作灵感”以及非灵感的生活感受、感触。灵感产生之后并不能马上进入写作，必须经过写作立意的阶段。写作起于作者对现实生活现象的某种强烈、特殊的生活感受。感受是一种认知情感，即作者在现实社会中对某种现象所产生的情感体验、感觉、感触。正是这种强烈感受激起了个体的写作兴趣，产生了写作动机。但是，感受是一种对生活的表层认识、感性认识，文章不能只停留在直抒胸臆的层次上，还要表达对这种感受产生的本质、原因的思考，后者则是对生活的深层认识、理性认识。从这个意义上讲，任何写作的立意思维首先要进行的“原因分析”的因果思维操作，都是一种“深刻”性的精神追求，这也是文章立意的前提。当写作者把导致情感、感受产生的最直接的原因——它可能是一种有意味的社会现象，可能是一个奇特的故事，可能是一个重大意义的事件，可能是一个象征的意义，也可能是一种规律、哲理，如此等等——分析出来的时候，作者的文章立意思维才走出了第一步。接下来的工作，便是对这个基本立意的初步展开。

（二）对基本立意的最初展开

产生感受、情绪的最直接的原因分析出来，并不等于文章的“意”的确立。这时，作者必须在这个基本立意的基础之上进行再思索：或对产生感受的直接“原因”（“结果”、“状态”）产生的“原因”进行第二次、第三次的“原因分析”，以至分析出一个较为深刻的“终极”性原因、本质；或对产生感受的直接原因（现象）可能产生的后果、影响、作用等连锁反应进行一次或多次“功能分析”；或联想、想象到与之相关（相似关系、对立关系、构成关系）的现象、事件、思想等；或思考为了达到文章意图、实现文章功能而进行的写作策略、智慧，如此等等。这一切与产生感受的直接原因相联系的写作思绪，文章内容的系统、网络，才是文章立意的真正内容。这就是对文章内涵、主题的初步展开。这个“意”就像建筑中的房屋“框架”，需要在动工修建之前，首先“立”起来。这是文章“立意”的真正含义。也正因为这个原因，“立意”才有资格叫做“构思”。作为一个判断、认识的“意”，是不能叫做“构思”的，因为，它无“意”的“结构”、“构造”。

为了说明“立意”的这种本来面目，试举著名作家路遥的写作经验为例：

我的作品，好多是因为引起了我感情的强烈震动，我才开始去寻找合适的表现我这种感情的方式。如1961年困难时期我上初中后，那时我在的那个班是尖子班，班上都是干部子弟，就只我一个是农民儿子。我受尽了歧视、冷遇，也得到温暖和宝贵的友谊。这给我留下了非常强烈的印象。这种感情上的积累，尽管已经很遥远，但总想把它表现出来。

我开始了构思。

怎么表现呢？如果照原样写出来是没有意思的，甚至会起反作用。我就考虑：在那困难的环境里，什么是最珍贵的呢？我想那就是在困难的时候，别人对我的帮助。我想起了在那时的同学（当然不是女同学，写成女同学是想使作品更有色彩些）把粮食省下来给我吃。这就形成了作品的主题：在困难的时候，人的心灵是那样的高尚美好，尽管物质上那么贫乏，尽管有贫富差别，但人们精神上并不是漠不关心的。可是今天呢，物质生活提高了，但人与人的关系却淡漠了，心与心隔得却远了。

所以，我尽管写的是困难时期，但我的用心很明显，就是要折射今天的现实生活。当时我写这篇作品有一个想法：要写一种比爱情还要美好的感情，主题就是这样的。然后，再来考虑怎么安排情节。①

在路遥看来，让他产生写作冲动的是困难时期留下的“受尽了歧视、冷遇，也得到温暖和宝贵的友谊”的“非常强烈的印象”这种生活感受。于是，他开始了“构思”。在构思的最初环节，他又想的是“怎么表现”的问题，即“写什么”的问题。在这个问题上，如果他照原样写出，不仅没有意思——没有创造、虚构、想象的艺术行为参与，要起反作用——有“污蔑社会”之嫌，这里的构思首先想到的就是立意中的写作策略的问题。这里作家的写作策略是从正面的角度来立意。这时，作家思考的是他挥之不去的强烈感情印象（感受）产生的原因：在最困难的时候，别人对自己的帮助和友谊。这就是我们上面所说的立意第一阶段的“对生活感受的最初追问、反思”的立意思维行为。

接下来，作家运用对比联想的写作思维方式，由昔日的“温暖”联想到今日社会中人们情感关系的“冷漠”，并由对昔日的“温暖”的感念，转向对今日“冷漠”世风的影射、批判。

接下来，作家进行了深刻的立意思维：在困难的时期，别人对自己的帮助是因为别人对自己的感情是一种比爱情还要重要的感情，作者讴歌的正是人们的这种高远心灵境界和情感。而在现在社会中也需要这种高远的心灵境界和情感。这样，便使作品的立意进入“高远”的境界。

作者所谓的写作“主题”，我们所说的文章“立意”，正是这一系列的写作思绪、内容、用心、意图的整体系统，既包含着写作材料（情节、结构），也包含

① 路遥：《当使作品更深刻更宽阔些——就〈人生〉创作答读者问》，载《十月》，1981（3）。

着写作的感受和意图，还包含着写作策略。正因为如此，路遥才认为作品的“主题”（即“立意”）是表现感情的方式。“立意”也正是具有这种表现感受的方式的性质，它才有资格被称为“构思”（构造性思维）。

三、立意是写作生长中的一个尺度

（一）写作立意是一种文章材料的产生行为

从动力学、生长论的写作学理论来说，文章材料的形成并非“选择”出来的，而是“生长”出来的。这种“生长机制”和生命机制一样，就是“复制”。而“复制”的途径，可以靠因果思维（分析与综合）生成，可以靠时间关系和空间关系的思维生成，可以靠相似思维生成。从写作过程的环节来看，文章材料生成伴随写作的全过程：在写作灵感阶段，文章材料是以高速、瞬间的思维方式生成的；在写作构思的立意阶段，是通过上面的过程生成的。总之，文章立意的过程，是一个文章内容的内涵展开的过程，而内容展开是无法脱离文章材料而独立存在的。因此，内涵展开的实质就是材料的生成过程。

（二）写作立意也是一种结构谋篇的行为

立意作为一个广义灵感展开的思维过程，必然有着一定的思路，这个思路就是文章的基本思路，也就是文章的基本结构、布局。其实，只要承认文章立意的过程就是一个文章的材料的生成过程，那么就必然得出“写作立意的行为也是一个谋篇结构的行为”的结论。因为，任何结构都是对材料的组织布局。因为，在立意过程中的材料是无法脱离结构而存在的，同样，结构也无法脱离材料而存在。而这一切，都是立意思维行为的必然产物。

（三）立意与表达

从某种程度上讲，对文章标题的斟酌、确立，就是对文章立意的一种缩微式的表达。因为，如前所说，任何文章的标题总要和文章的立意有某种内在联系，都要从文章的标题上领会文章的立意内涵。

（四）立意是写作行为和文章生成过程中的一个层面、尺度

总之，文章立意作为一个写作阶段，既是文章思想认识的生成，也是文章材料的生成，还是文章结构的初步生成。它和写作感思（触发思维）是同心圆的关系，与写作思维和文章形态是尺度变换的关系。也就是说，写作立意是对写作感思（广义写作灵感）的初步展开和初步放大。这就是立意思维的本质所在。

这样理解文章立意思维的本质的好处在于：第一，明确文章立意和文章写作的广义灵感（写作感受）的内在联系；第二，明确文章立意思维与聚材思维、结构思维的不可分的紧密关系，把立意和聚材、结构看成是一个东西的不同侧面，

最后消解这三者之间的孤立绝缘的对立关系；第三，同样，对于后续的写作行为而言，文章立意又是一个文章的未完成形态，一种提纲，一种框架，一种蓝图，后续的聚材、谋篇、行文等写作行为，则是在更大的尺度上将文章的这块“雪球”滚大，使文章之树的枝干发育生长得茂盛参天、生机盎然。

第 4 节　立意与标题

一、标题的概念和功能

（一）标题的概念

文章的“标题”，又称文章的“题目”，这两个词语都表示着文章的标题既是文章的标记，又与文章的主题、立意有紧密的内在关系。“标题”者，文章的立意、主题、问题、议题、话题、内容的“标识”、“标记”也；“题目”者，文章的立意、主题、问题、议题、话题、内容的“眼睛”也。由于眼睛是心灵的“窗户”，所以有“文眼”、“诗眼”的说法。“题目”就是“题眼”。也可以说，文章标题就是文章之主题、立意、问题、话题、内容之“眼”。因此文章标题的制作就是对文章主题信息、文章内容的胚胎性（浓缩性）、关联性、最精化语词表达行为。

从写作上看，最初的文章是没有标题的，例如《尚书》、《诗经》、《论语》、《道德经》等，现在的标题是后来人们依据篇首的文字而加的。文章标题的产生有两个重要的原因。一是文章传播的需要。因为，在文章传播（例如引用）中，常常需要对某篇文章指称，没有文章标题就不便指称。二是主题意识、题材意识和篇章意识的形成和发展。因为主题立意意识和题材意识的形成，需要对主题立意和文章的题材进行标记和提示，因为篇章意识的形成，标题就成为文章的一个不可缺少的组成部分。正是因为这两个原因，所以，春秋战国以后的文章，就开始产生了文章标题的写作规范，这种写作规范一直延续到现在。

到了当今信息社会和知识经济时代，人类写作活动对文章标题的制作更加重视和讲究、强调。因为，读者面对各种各样的传播媒体，面对汹涌而来的大量信息，对阅读文章的选择就显得异常重要，而文章阅读的选择的重点只能是文章的标题，因为文章的标题是文章信息最集中的反映，所以信息时代的写作对标题制作有许多新的要求，标题制作在现代写作中并非一个可有可无的问题，而是一个十分重要的环节。甚至，有的写作只写标题，不写文章，新闻写作中的标题新闻就是如此，应用写作中的标语写作和广告词的写作也是如此。

（二）文章标题的写作功能

文章标题不仅具有传播功能、阅读功能，而且具有强大的写作功能，这种功能体现在以下几个方面。

1. 文章主题、立意的可能性空间

当文章的标题是对文章主题立意的概括、象征、关联、反讽的时候，这时，文章标题就成了文章主题、立意的胚胎。对写作者来说，标题就是对文章主题、立意的一种提示、指引，给写作者的文章主题的展开提供了一个无比广阔的可能性空间：作者可以面对这个主题胚胎进行各种逻辑思维（原因分析、背景分析、功能分析、结构分析）、形象思维（联想、想象），从而使文章的主题、立意展开得更加理想。

2. 文章材料的可能性空间

当文章的标题本身就是文章主题、立意的提示、概括或者是对关联文章主题立意的材料（时间、地点、人物、事件、语言等等）的提示时，文章标题为作者所写文章的材料指向一个无比广阔的可能性空间，它会使人联想起生机勃勃的生活场景，无数的文章材料便涌现在作者的笔下。

3. 文章基调、风格、色彩的可能性空间

当文章标题准确表达了作者对文章内容、所写对象的某种情感态度，某种文章口吻、语气，某种文章的基调，某种文章风格等感性因素时，文章的标题同时也是文章基调、叙述话语的口吻、语气、文章风格的胚胎，它对写作者写作行为的作用，就是对文章基调、叙述话语的口吻、语气、文章风格的一种指引、提示、控制，这在艺术性写作中更是如此。例如，鲁迅的散文诗《野草》、马尔克斯的小说《百年孤独》、毛泽东的消息《百万雄师横渡长江》、欧阳修的散文《秋声赋》和峻青的散文《秋色赋》等就是如此。

4. 文章体裁的可能性空间

当文章标题准确显示着你的文章题材时，文章标题便是对写作者的文体感、体裁感、语感的一种提示、指引、控制，从而使写作者的文章的体裁、文体符合预定的设想。

二、标题和立意的关系

标题虽然和文章的主题、立意具有这样或那样的内在联系，但是文章的立意、主题应在动笔之前解决，否则影响文章的整体表达。标题的产生并非那样，它可以在最初的写作灵感状态下生成，也可以在文章写作过程中产生，还可以在文章写作以后斟酌思考而成。但无论哪一种情况，文章的标题都应符合自己文章的情感、态度、思想、认识，都必须和文章的立意、主题具有内在的联系。无论哪一种情况下写作者心目中都应有一种标题意识，只有这样才能使文章的标题和正文的内容、文章的主题、立意形成一个血脉贯通、水乳交融的有机整体，达到提示文章（立意）信息的功能。

无论什么文章标题，它和文章的立意、主题始终具有某种联系，这是人们对文章标题的一种理想，一种期待。文章标题和文章立意、主题的联系体现在以下 4 个方面。

（一）指称文章的立意、主题

即对文章话题、问题的指称，如《战争与和平》、《资本论》、《关于文章表达方式的思考》、《论主题的本质》等。

（二）概括文章的立意、主题

即对文章立意的概括、浓缩，例如《复活》、《一个中国的原则不容回避与模糊》、《作为大技巧的写作文化》、《知行递变：人类写作行为的思维模式和内在机制》、《生命的空间：〈人间词话〉的当代解读》等。

（三）象征文章的立意、主题

有些文学作品的标题，不愿直接将文章的立意和主题点出，而是采取象征的方法，将文章的立意或主题在标题上象征地表现出来，例如，海明威的《老人与海》、日本电影剧本《砂器》、王蒙的《春之歌》、张承志的小说《黑骏马》、茅盾的散文《白杨礼赞》等。

（四）关联文章的立意、主题

有些文章的标题既不是对文章立意的概括，也不是对立意的象征，而是选择以表达文章内容材料的某些特征作为文章标题。这样的文章标题就对文章的立意形成一种关联的关系。有时是人物性关联，例如，《日瓦戈医生》、《祥林嫂》；有时是事件性关联，例如《攻克柏林》、《夜走宁官峡》；有时是物件性关联，例如《泰坦尼克号》、《小桔灯》、《风筝飘带》；有时是空间性关联，可以是事件发生地点，也可以是人物活动的环境，前者如《咸亨酒店》、《其香居茶馆》；有时是时间性关联，例如《九三年》、《子夜》、《当我登上领奖台的时候》；有时是因果性关联，例如《为了人民的重托》、《因为心中有爱》、《假如我当市长》。

三、标题思维的写作文化控制

上面讲的文章标题和文章立意、主题的概括性、象征性、关联性，即标题要和立意、主题有一定的联系，这应是对文章标题的最一般的、最基础的要求和理想，但是，在不同的时代人们对文章标题的写作文化规范是不同的。

（一）由简洁转向丰富

在过去，无论文学写作还是非文学写作，对文章标题的要求都是简洁、单一，即标题简单。这时，文章标题只是文章的标记、称呼、指称而已，它并不肩负对文章信息、立意、内容的提示、提要的功能。以公文写作为例，过去写一个通知、请示或报告时，其标题只需一个“通知”、“请示”或“报告”就行了，至于具体的公文内容，必须看完正文才能了解，但现代的公文则要求在标题上显示出这份公文的主题内容。写通知，公文标题必须写《关于召开××××会议的通知》；写请示，其标题必须写《关于××××的请示》。这就是说，现代信息社会的到来，使读者对文章标题有新的理想和要求，即具有丰富的信息性。这在文学性写作中不是很明显，因为，文学作品需要含蓄，需要具有想象、联想的审美功能。但在非文学写作中，在以信息传播为主要目的文章写作中，对文章标题制作的要求不是简单化，而是复杂化、高信息化。新闻标题的结构化已经成了新闻写作的基本规范，所以，标题制作在新闻写作中具有越来越重要的地位。在新闻单位，标题制作有专人负责，很多记者写的标题都要通过总编辑或审稿编辑重新设计，以产生最大的新闻冲击效应。与此相适应，有专门研究新闻标题写作的专著出现。

（二）由平面转向立体

在学术性文章的写作中，过去的论文、专著的标题都是平面化的，极为概括的，如：《论××××》、《××××论》或《关于××××的思考》，但是，当代学术文章的标题写作规范则发生了变化。例如，同样是写作文化研究方面的文章，过去的学术文章的标题一般写成“论写作文化”或“关于写作文化的思考”就行了，这样的标题也有信息性，它告诉读者，写作学界提出了“写作文化”的新的写作学范畴，读者也要去看这篇文章。但当代学术文章的标题希望论文标题的主题立意信息应更加丰富，因此，关于写作文化研究的这篇论文的标题可写成《写作文化：人类写作行为的大技巧》，或者是《危机与革命：写作文化学与文化写作学的兴起》，或者是《写作文化学：写作学由共时性向历时性的变革》等。

当代文章的标题的富信息性是通过标题的结构来实现的。在稀信息的标题时代，文章的标题总是从一个平面、角度、层次来给出标题，而在富信息标题时代，文章的标题往往是具有结构的。这种结构一般体现为主标题和副标题的结构。主标题和副标题的结构关系，有时是观点与说明的关系，例如《从形象本体到生命本体——20世纪王国维境界美学研究述评》，这个主标题表达的是作者对20世纪王国维境界美学研究总体发展的基本倾向态势，副标题则说明这个观点指涉作者对 20 世纪王国维境界美学研究的述评这个范围。又如《危机与革命：写作文化学与文化写作学的兴起》、《陌生的美——现代书法艺术中的解构主义倾向》也是如此。这种主标题和副标题的结构关系，其实也是本质与现象的关系。有时是论述对象和论述观点的关系，例如《人类写作：创生并建筑秩序的行为》。有时是论述对象和功能解说的关系，例如《写作文化：人类写作行为的大技巧》。有时又可以是研究对象和思考角度之间的关系，例如《关于发展当代文艺理论的思考——从当代写作学的走向来看》，这个副标题告诉读者，这篇文章不是文艺学界对当代文艺理论发展的思考，而是写作学界对这个文体的思考。有时是一种平行阐释互文性结构，例如《从误读到心解：从形象本体到生命本体》，这个标题的意思是说，从形象本体到生命本体的解读，就是从误读到心解的过程。当然，也还可以创造出其他的标题结构来。例如感性化与理性化的非标题结构，这一点将要在下面讲到。

标题结构化一般表现为二重结构，上面的例子就是这种标题结构。有时，写作者为了通过标题表达更加复杂的主题、立意的信息，还运用三重结构的标题结构。例如《走向时空：关于发展当代文艺理论的思考——从当代写作学的走向来看》，这个标题的第一层结构是一种观点与范围说明的结构关系，而第二层结构则把上述结构作为主标题，其副标题则是一种角度限定。又如《从误读到心解：从形象本体到生命本体——20 世纪王国维境界美学研究述评》，上面已经讲到，这个标题的第一层结构是一种平行阐释互文性结构，其第二层结构则是一种观点与限制性说明的结构关系，即把上述结构作为主标题，其副标题则是一种限定性说明的性质。

（三）由理性转向感性，由概念转向直观、形象

这也主要是针对非文学写作的文章标题而言，因为，标题的直观性、形象性、感性化本是文学作品（诗歌、小说、散文、报告文学、剧本、杂文）文章标题的审美规范。但是，由于信息社会的到来，我们的社会需要向高情感社会转化，方能使人类的心灵得到慰藉与平衡。这种现象最先在广告制作和新闻的标题中体现出来，后来又在其他的应用文的标题和叙述语言上表现出来。启迪了几代人的李泽厚先生的美学名著《美的历程》的各章标题是这样形象生动："龙飞凤舞"、"青铜饕餮"、"魏晋风度"、"佛陀世容"、"盛唐之音"、"韵外之致"、"宋元山水意境"。一代美学宗师宗白华先生的美学名著《美学散步》，其书名标题的文学化、感性化也开了当代学术写作文章标题文学化、形象化、直观化、诗意化之先河，影响了一代学人。这并非仅仅是文学、美学界的艺术兴趣使然，自然科学家对文章标题的新的审美规范也是如此。混沌一分形论专家李后教授把他为一本书写的序的标题取名为“追日”就是这样。

在标题结构化、复杂化的过程中，将文章标题的感性与理性结构化，已经是一种文章标题的写作时尚或写作文化。例如，下面是关于几次重要的当代写作学的学术会议的会议述评文章的标题，其副标题都是对会议时序的限制性说明——某某年在某某地方某某写作学学术研讨会述评，而这几篇述评文章的主标题则分别是《现代写作学初曙》、《向写作的复杂性进军》、《攻克最后的堡垒》、《心中的太阳已经升起》，这些文章的标题具有一定的形象性，具有一定的感染力。

第5节 立意思维操作训练设计

一、立意思维分析：演示、模仿与实践

【例文】

为成都人叫魂

流沙河

我本成都人，生在城内会府南街姓蔡的塑像店对门一座小院。刚刚满月，军阀巷战，炮弹啸声越过屋上，轰然爆炸，地震尘飞，而门外喊杀之声可闻。母亲紧搂着我，躲在床上发抖。四岁那年，菜花黄时，传闻红军要打成都，所以随着父母迁到金堂县城老家。“小乱居城，大乱居乡。”当时人们都这样说。满十五岁不久，考入省立成都中学，校址在五世同堂街，于是返回成都上学。从此溷足迹九里三分之城，学会问哪儿（音 er）答哪儿（音 er），竟至半个世纪以上，今年六十八岁，势将终老在斯城了。

五十年代中期，中国作家协会文学讲习所要留我，征求本人意见。当时若从文仕前途考虑，定该揹髀做北京人，仍愿徇我灵魂之所安恬，做我的成都人。岂知这一决定导致终身坎壈，使我成为另一类人。就在回成都的车上，想必是鬼迷了心窍吧，我写了《草木篇》这贾祸的文字。回四川省文联不久，又伙同他人创办了《星星》诗刊。真是报应不爽，招来全国批判，说是“阶级仇恨”、“反革命的嚎叫”云云，终于打成极右派分子，臭不可闻，

而且黑帽子一戴二十年（只差六个小时），弄得死去活来。试想当初留在北京，文学讲习所环境不险恶，前辈多，轮不到我当靶子，很可能就混成左派了。毕竟是成都这环境害得我吃了大苦头，是不是呢？但是我爱成都初衷不改，心想这是命啊，就认了吧。这一点点愚爱，说不出道理来，无非“小人怀土”罢了，说什么大丈夫四海为家，我做不到。唐太宗咏旧宅诗句云：“一朝从此去，四海遂为家。”说他当年告别王府以后，东砍西杀，夺得帝位，家了天下。这类伤天害理之事，唯大丈夫配做。我是小丈夫，只配爱成都。

在成都的九年右派分子生涯，我读了许多书。猛读不休，如夸父饮大泽，愈饮愈渴。这算是成都的哺乳吧。如果同大多数难友一样，送劳教，下矿井，上茶山，命都难保了，哪有可能读书求学。寒窗窍喜书灯正亮，奈何“文化大革命”狂风乍起，秦火点燃，举国焚书，我也作为罪人押回老家去了。离别成都之痛，自比屈平去郢，依依难舍“州土平乐”以及“江介遗风”，觉得这回是永别，将来只有魂归了。

老家所在古镇，原为金堂县城，距离成都很近，路程一个小时，但在当时的我，心理距离很远。少小离去，中年归来，人多不识，传闻来了一名“皇犯”，教我如何认此地为故乡。是以羁系此地十三年，加上金堂县文化馆一年，前后十四年间多次梦见成都。深夜惊醒，遥听宝成路上列车鸣笛，便要想念旧游之地，引起民众拔根出土之痛，悄然泪下。待到重回成都，再做我的成都人时，已入八十年代，都快五十岁了，回来放目一眺，大至大街广场，古足迹名胜，庙宇寺殿，小至僻街窄巷，特别是省文联所在的布后街二号大院，莫不残破萧瑟，令我失望。朝思暮想的，竟然成都这样。“所遇无故物，焉得不速老！”只是由于拥护改革热情太高，这种失望被掩盖了。

一转眼又送走两个十年，见识了许多粗鄙与丑陋，才察觉精神文化领域的残破萧瑟，刿目剜心，更加令我失望。半个世纪的“左”倾折腾，我们丢失了多少精神财富，无法统计，新成都很漂亮，新在“硬件”而已。今日的成都人迥异于昔年的成都人，“年年岁岁花相似，岁岁年年人不同”，这很自然。我不吁求开历史的倒车，不认为老成都样样都好。刿我目剜我心的是风气污了，是心灵浑了，是行为滥了，是趣味浊了。回头遥看老成都，在这四个方面也许糟粕已被岁月筛滤过了，我总觉得有不少美好的记忆，可供玩味，以助谈资。今日的成都人，固然应该面向未来，目极全球，脚履国中，指通网上。同时，也应该不时地回回头看一看老成都，知晓我们从何处来，那个来处有些什么必须继承，以充实我们的精神文化。这里推出的老成都系列一套六种，立意在斯，正中下怀，所以乐为之序。

忆我儿时善病，病重吃药，病轻叫魂。叫魂就是招魂，古代流行，屈平写过。其事有趣，不妨述之。叫魂仪式须在天色黄昏以后举行。届时，母亲牵我庭院角落蹲下，烧香插地，喃喃祷告之后，阴嗓小声唤道："九娃子咧，骡骡马马吓掉的魂回来没有？"我就低声答道："回来了。"又唤道："九娃子咧，过桥赶船吓掉的魂回来没有？"又答道："回来了。"再唤道："九娃子咧，放炮打雷吓掉的魂回来没有？"再答道："回来了。"这样络绎一唤一答，内容尚多。此时庭院寂静无哗，听那唤答之声，仿佛来自旷野，意境凄凉。这当然属迷信活动，甚不可取，仅具民俗学的研究价值而已。

准此，我今为成都人叫魂：

"成都人咧，麻辣烫鲜吃掉的魂回来没有？"

"成都人咧，买彩摇奖挤掉的魂回来没有？"

"成都人咧，麻将扑克赌掉的魂回来没有？"

"成都人咧，拉帮结派斗掉的魂回来没有？"

"成都人咧，提劲打靶吹掉的魂回来没有？"

"成都人咧，追星赶潮跑掉的魂回来没有？"

1999 年 12 月 2 日成都

（原载《老成都》，成都，四川文艺出版社，1999）

【写作背景】 1999 年，四川文艺出版社策划并组织一批作家和学者编写了一套《老成都》丛书。这套丛书包括《从历史的偏旁进入成都》、《民国时期的成都》、《成都：近 50 年的私人记忆》、《文化人视野中的老成都》、《市民记忆中的老成都》、《历代诗人咏成都》6 种著作。丛书写成之后，出版社请著名诗人流沙河先生为丛书做一总序，流沙河先生为此写了篇《为成都人叫魂》的序文。

（一）立意思维分析

一般人拿到这个命题作文，大概都会从"物华天宝、人杰地灵"的方向去解读主编的意图，确定文章的立意，歌颂"老成都"的文化辉煌。这样八面玲珑皆大欢喜，也符合出版社策划人的意图。但是，作为一个真正诗人的流沙河先生没有这样，他却从这样的历史的高度和文化的深度来解读出版策划者、作者的出版意图：

今日之成都人，固然应该面向未来，目极全球，脚履国中，指通网上。

同时，也应该不时地回过头看一看老成都，知晓我们从何处来，那个来处有些什么必须继承，以充实我们的精神文化。这里推出的老成都系列一套六种，立意在斯。正中下怀，所以乐为之序。

但是，这只是一个大概的立意方向，并未确定具体的立意。或者说这最多只是《老成都》系列丛书的出版策划者的出版立意，而并非就是这篇序言的文章立意。对于流沙河先生的序言写作来说，后者才是最为重要的问题。这也就是说，用什么样的序言立意来实现丛书策划者的出版立意。

在这个问题上，作者不是从正面，而是从反面思考问题，于是作者为序言确立的大致意图是唤醒成都人在历史的沧桑（战乱年月、反右斗争、“文化大革命”、改革开放、市场经济、物欲横流）中的文化失落和文化回归。

从成都历史沧桑的文化失落的立意上讲，作者采用的写作艺术思维是“自相似综合”的思维模型。作者在文章中用了大部分篇幅在写“作者”这个具体的成都人的人生遭际，但实际上是在写成都的百年沧桑，作者的个人生活遭际成了成都的百年沧桑的一个缩影：作者的坎坷经历是成都人的百年沧桑。正是在这个沧桑变化中，极左思潮、物欲横流使成都人的文化精神失落了。通过这样的“自相似思维综合”，抽象的百年沧桑变得具体可感，作者的个人遭际具有一种象征意义。从更深的层次上讲，这不仅是成都人命运的象征化与典型化，同时也是我们国家命运的象征化和典型化。

在文化回归的立意过程中，作者立意思维的灵感，显然来自成都民俗的“叫魂”的活动。但是，作者立意思维的灵活、高妙之处在于，当他在一瞬间回忆到儿时所见到的“叫魂”这一民俗生活现象时，马上进行了“他相似综合思维”，于是联想到了他想进行的“叫”今日成都文化之“魂”的精神追求和襟抱志向。实际上，流沙河先生岂止是在“叫”今日成都文化之“魂”，也是在“叫”今日中国文化之“魂”，在“叫”今日世界文化之“魂”！从这个层次来看，作者似乎进行了“自相似综合思维”活动。从这种“他相似”联想“自相似”的感悟中，使“叫魂”的立意绝对的“高妙”，绝对的“新颖”。这也许并不亚于诗人当年《草木篇》的立意。

为了表达这个立意，文章便自然用《为成都人叫魂》作为标题，做到了标题与立意的统一。

（二）学生立意分析实践

请模仿老师的立意思维分析方法，分析魏明伦《巴山鬼话》或贾平凹《贾平凹散文》中的一篇在立意上有特色的文章的立意思维，还原文章作者的立意思维过程，写成分析文章，作为课堂作业。

二、立意思维操作技术：演示与模仿实践

《碧莲玉笋世界 简拙澄澈童心——桂林山水与黄山、张家界审美特征比较研究》，例文正文请参见第18章第5节例文。

（一）立意思维操作演示

1. 立意思维

这篇文章其实是一篇“半命题作文”，因为会议的预备通知已经确定了这篇文章的主题是关于桂林山水的美学问题的思考，不能超越这个议题而自作主张，这是参加学术会议的基本规矩，否则，这次学术会议将成为“无主题变奏”了。在文章立意上，要做的工作是给出关于桂林山水审美特征的具体观点。关于这个问题，作者在文章中确立的观点是：桂林山水的审美特征是能让人进入一种“情感境界”，不同于黄山、张家界风光的“智慧境界”。前者是一种“高雅”的美，后者是一种“通俗”的美。

这个论文立意的形成，首先运用了比较的思维方法，即将桂林山水与黄山、张家界的风光的审美特征进行对照和比较，发现黄山与张家界的景观的最大特点是“奇诡”、“复杂”，而桂林山水的景观并不以“奇诡”见长，而是以“俭朴”、“简单”见长：它的山像一朵朵盛开的“莲花”，它的水像镜子一样明澈、纯洁、单纯，简直就是一个童话世界。这样，桂林山水的基本审美感觉特征被准确定位下来。但是，这只是审美的现象，而非审美的本质。根据写作思维学的原理，所谓对事物本质的探寻，其实就是对某种现象产生的原因进行分析。在这里，对黄山、张家界和桂林山水的审美本质的思考，就是要思考、追问，这种“奇诡”或“简朴”能够产生美感的原因是什么。通过“原因分析”，我发现人们对“奇诡”的景观的欣赏和赞叹是因为对人的智慧向往和追求的满足感，使观赏者获得一种智慧境界的审美满足；而对“简朴”景观的欣赏和赞叹则对人类澄澈的童心天真的诗意的礼赞，它使审美观赏者进入一种情感的境界。因此，从审美境界来看，黄山、张家界的审美特征就是“智境”的美，而桂林山水的审美特征就是一种“情境”的美。由于中国美学传统认为“尖不如秃”、“巧不如拙”，所以，文章又认为桂林山水的美是一种“高雅”的美，而黄山、张家界的美是一种“通俗”的美。桂林山水的审美特征十分鲜明地凸显出来了。

这里的文章立意思维首先运用“比较”的思维方法，然后，便不断运用“原因分析”的思维操作，使黄山、张家界和桂林山水各自的审美现象和审美本质被准确地描述出来。由此可见，一篇文章的立意，不是一下子就可以确立的，而是要运用多种思维操作技术模型，或多次运用同一种思维操作，才能最终确立。

另外，学术论文的立意的生成本身就是一个研究、思考、探索的过程，并非拿起笔来才开始思考立意，那是不可能的。以本文为例，表面上看，作者在一天多的时间里写了万余字的学术论文，并且立意较为深刻。实际上这篇文章的基本立意，是在 9 个月前（即 1984 年 7 月下旬）在张家界参加“全国美育座谈会暨首届美育讲习班”时提出的。当作者旁听美育座谈会的专家们讨论桂林山水的审美特征时，他们对桂林山水的审美特征的观点，并不符合作者对桂林山水的审美特征的感觉。于是作者插话妄言道：“我觉得，桂林山水的美就在于它的简单、纯洁，桂林山水似乎有一颗童心在。”参加讨论的美学理论家们将奇异的目光投向这位参加讲习班的青年学员。有人说，这个想法很奇怪，但却有一点意思。在场的负责筹备次年初夏“全国桂林山水美学学术研讨会”的广西美学学会负责人、广西社会科学院哲学所黄冠群研究员对作者的观点特别感兴趣，所以当场就邀请作者参加第二年的会议。也正因为这样，作者才会在第二年收到会议通知。

当作者决定写这篇文章的时候，便在原来观点的基础上做了一些深化性的思维操作，例如，“智境”和“情境”的差异的观点，“高雅”和“通俗”之美的差异观点，就是这样思考出来的。由此又可以看出：研究阶段得出观点、立意，只是立意的基础，是一个大致的印象、感觉，而写作阶段的立意往往是对研究阶段得出观点、立意的深刻化、准确化、完整化、系统化的思维操作。

2. 立意的写作文化意识

这篇文章立意中所体现的美学思想是和当时的人类学主体论哲学、美学的时代哲学精神的价值取向相合拍的。

（二）立意的标题体现

主标题中的“碧莲玉笋”是一种比喻、感受，是审美现象，“澄澈童心”是审美的本质，这样便体现了文章立意的蕴涵。副标题起着限定（主题范围和文体的限定性）说明的作用。这样，文章的标题通过多层的结构化而蕴涵丰富信息量，于是便充分表达了文章的立意。此外，这篇文章的主标题完全是一种感性化、形象化、诗意化的语言，以暗示文章的散文化语言和风格，这样，使审美鉴赏的文章具有诗情画意的美感，也对得起桂林山水这样“甲天下”的如画风景。

（三）写作立意思维实践尝试

选择一种生活现象，模仿上述立意思维操作，学生独立进行写作立意与标题思维的尝试和实践，写成一篇文章。

三、从修改中学习写作

（1）自改互评；

（2）教师抽评；

（3）改正清誊。

四、写作素质课后培养

（1）运用所学的立意思维知识分析两篇文章的立意，写成分析短文。

（2）根据观察到的一个特别有意味的人物、景物、事物、事件，运用本章所学的立意思维操作技术，进行文章立意的练习。

（3）记下你最近产生的感悟、认识的思想火花。

（4）写一篇读书心得。

（5）写一则生活随笔。

【概念术语】

立意　新颖　深刻　深远　高远　高妙　奇特　生僻　角度转换　时机转换　标题　标题的时代性

【复习思考】

1. 简述立意的基本要求。
2. 简述立意的本质和基本原理。
3. 谈谈深刻性立意的写作思维操作模型（技术）。
4. 谈谈深远性立意的写作思维操作模型（技术）。
5. 谈谈高远性立意的写作思维操作模型（技术）。
6. 谈谈高妙性立意的写作思维操作模型（技术）。
7. 谈谈奇特性立意的写作思维操作模型（技术）。
8. 谈谈生僻性立意的写作思维操作模型（技术）。
9. 写作文化是怎样控制文章立意思维的？
10. 谈谈立意中的写作禁忌意识是怎样控制写作的立意思维的。
11. 为什么说立意是一个情思的网络？
12. 为什么说立意是文章内容的展开过程？

13. 为什么说立意是写作生长中的一个尺度?
14. 谈谈文章标题的写作功能。
15. 谈谈标题的生成。
16. 谈谈文章标题与文章立意、主题的内在联系。
17. 为什么当代文章标题“由简洁转向丰富”?
18. 为什么当代文章标题“由平面转向立体”?
19. 为什么当代文章标题“由理性转向感性、形象”?

第 16 章

文调和鸣　开笔传神

——写作试思/行文措辞思维操作能力建构训练（上）

1. 教学要求： 学习行文中写作试思操作的基本知识和写作文化、写作智慧、写作美学规范，并培养将这些写作知识转化为各类体裁试思思维的素质与能力。

2. 训练重点： 建立试思思维的操作模型，并将其转换为试思思维的技术。

3. 训练难点： 对试思思维中的写作文化、写作智慧和写作美学境界的把握。

这篇小说读下去会使我相信，作者是在替自己的短篇小说挑选了不恰当的口气，使用语言也不对头，（小说）主题所需要的是另一种态度和颜色。

——高尔基

有时这第一句话比写全书还要费时间。因为第一句话有可能成为全书的基础，在某种意义上，决定着全书的风格和结构，甚至它的长短。

——加西亚·马尔克斯

长篇第一章有许多种写法，这还是比较容易掌握的，最难处，不是在结构上考虑它与通篇的关系，而是在基调上与通篇感情基调的一致性。当第一章，第一节，第一段，第一句落墨时，全篇的细节不一定都布置好了，他通篇的感情基调则早已规定好了。作者写出第一句、第一节以后，情绪就基本把握在这个感情的基调内，以后就只能在这个基调允许范围内变调……在结构上，落笔就是如此之难。

——周克芹

第1节　文章基调的确立

写作行文，一方面是写作思维的展开、分蘖，形成行文的语言域空间、话语空间，另一方面，则是对这种话语空间的节奏、策略、修辞等方面的调控，从而使说出、写出的话语内容更加符合具体的读者对象和当下时空背景的写作文化，实现写作的最大效用功能。因此，行文的内在机制、基本原理便是对行文话语内容空间的生成与调控。在这里，生成与调控是不能分离的，否则，写出的文章便会破坏作者的文章功能和效用，从而异己于作者。

上面描述的这个行文机制是从静态的角度对行文状态的内在机制的分析结果，但是，行文作为一个动态的过程，也有一个行文行为的发生学问题。而行文生成问题的实质就是一个行文动力学与操作化的问题，因为，只有产生了行文动力，行文行为才能积极地运行起来。从动态的角度来看，行文行为是在行文动力的激励推动下进行的写作操作行为。

从整体上说，行文的原理具有这三个特征：一是行文的欲望动力，二是话语的思路展开，三是行文的控制策略。

行文动力就是写作者企图表达行文的欲望、情绪力量。按照行文行为的层次，行文动力又可分为宏观行文动力和微观行文动力。行文的宏观动力，就是企图将文章立意、主题进行赋形、足文的强烈表达意识，即赋形意识，它是通过对文章立意、主题的“渲染”、“重复”，达到感人、服人、明人的写作效果的写作意识。所以，赋形意识又称“足文意识”。

行文的微观动力，即使行文过程得以向前展开的推动力量，是行文过程中的试思意识，或开笔意识。文章开笔是文章行文的话语胚胎，是对文章主题内容或非主题形式信息的缩微。本章主要讲述行文的微观动力——写作试思和文章开笔，关于宏观动力以及行文的具体思维操作模型将在下一章阐述。

一、“文章基调”的概念

文章基调是写作行文传达活动的基础，它是指作者在传达初始阶段对未来文章的情韵、意绪、情感倾向等基因的一种整体把握。古往今来，许多写作名家以个人亲身体验，对文章基调作过生动描述：高尔基把它称为“口气”，马卡连柯称之为“语气”，马托夫称之为“音调”，还有的将它称为“色调”（张抗抗）、“状态”（阿城）、“调子”或“情绪”（高晓声）。王蒙站在作小说的立场，直截了当地说：“小说是有一定的调子的，调子本身使它能够吸引人。有了这种调子以后，写出来的作品才不平凡。”由此可见，文章基调对文章成品具有决定性作用。

文章基调具有双层内涵。在表层上，它是文章内容材料的情绪、情调感受、意境氛围。在深层上，它是作者对文章内容、材料、人物、事件、事物的一种立场、态度、情感倾向。对写作者来说，情绪不对头，写不下去；情调不一致，写不下去；对被描写事物的态度不明朗，更会碰到重重困难。马托夫说得好：“明朗的、独特的和唯一的音调是一篇作品增强它的艺术力量的组成部分之一，是作者把自己的立场传达给读者的途径之一。”对文章基调的推敲、调试与确立，纯属一种心灵化的工作，从思维学层面看，属于一种包孕十分丰富的定调思维，这种思维所要解决的主要问题有：

（1）确定文章基调的性质，找准文章生长的立足点；

（2）站在深化写作构思的高度，考察文章基调得以形成的动态过程；

（3）确定文章基调的物化形态，通过对“话语胚胎”的悉心解剖最终掌握文章基调的本质。

二、文章基调的性质

（一）原创性

“原创”的话语本义即最初的创造，它是一种直指事物本原层面的开创，“原创”的行为语义可理解为试验、求索和跨越。文章基调的原创特性是指写作者通过不断试验、求索，最终确定一种具有开创性的文章基调，它是任何别种基调都不能取代的。原创性文章基调的寻得，建立在作者对文章拥有多种生长元素的整体把握上，特别是建立在作者对文章最有魅力、冲击力、震撼力的主干材料性质的准确掌握上。“幸福的家庭总是相似的，不幸的家庭各有各的不幸”，列夫·托尔斯泰《安娜·卡列尼娜》这句开笔语奠定了一种深沉、哀婉、荡气回肠的感情基调。它从多个方面显出原创性：首先，它用一种缓慢、低沉的语调，创造出沉郁的悲剧氛围；其次，通过幸福的家庭与不幸的家庭的有机组接，快速将读者引向深思，同时暗示出作品两个大的发展方向；最后，更有意味的是，列夫·托尔斯泰坦诚地告晓读者，他的探索指向幸福之家，但对不幸之家更感兴趣。结合整个作品看，有哪一种基调能取代此种平凡直白的展开呢？因此，原创性文章基调彰显的是一种匠心、一种智慧、一种个人风格和对终极生命的关怀。

（二）生长性

“生长”的话语本义即生发展开，生长性构成文章基调的本质属性。作家李准在《谈谈塑造人物》一文中说过：“写人要有一个基调，要找到一个能代表人物本质和性格的东西，我把它叫做文章定弦，琵琶也好，小提琴也好，弦儿定对了，才能弹出无数的曲子来。”高晓声在《创作谈》中也说：“如果掌握不住自己的情绪，调子就定不下，你就会不知所措，就觉得无话可说，每写一个词，每写一个细节，都是事务主义，无可奈何，好像写不出它无所谓，甚至越写越窝囊，以至于写不下去。如果情绪定了，你在写每一个字的时候都会感到有味，就有信心写成功。”弦儿定错的结果，高晓声做了详细描述，弦儿定对了，不论音乐弹奏或文章写作，结果只有一个，即蓬勃生长。文章基调的生长性是指作者确定的文章基调对整个传达行为的展开与深化，具有强劲的推动力量，能够淋漓尽致地表现其所见所闻所思所感。“神与物游”、“物无隐貌”、“思接千载”、“视通万里”就是一种高速度、高质量的生长。

（三）整一性

“整一”的话语本义即完整、稳定、统一。文章基调的整一性是指作者能够将确定的文章基调统贯于文章各个主要环节、尺度，最终使文章成为一个有机和谐的生命体。在这里，作者的灵魂始终被某种基调抓住，使之滑行于文章内部空间，在回旋、往返、渲染中，创造余音绕梁的绝美。读者的审美感知也始终被某种基调揪住，在连续的、不间歇的咀嚼中，接受某种遥远的回声。文章基调整一的基础有两个：第一，写作者必须掌握住写作材料的基本精神，对写的对象本质有深刻的认知，对自身将要展开的创造有系统掌握，对未来文章图样了然于心。第二，写作传达行为必须合于自身的写作个性、写作风格，甚至，要与个人秉性适合。如椽大笔能够将壮阔恢宏的文章基调激扬开去，面对小桥流水、疏星淡月式的文章基调则难以伸张。适合自己，适合写作对象，是一种限定，是一种选择，是一种变换。如果路遥写作《平凡的世界》不是依照现在所确定的那种朴实无华的基调发展，而按照豪迈的基调挺进，结果是难以预知的。清代李渔说，写文章要“袖手于前，始能疾书于后”。有了动笔前的“袖手”思考，才能明白哪些限定，才能做出抉择，才能找到维系文章整一的基调，才会出现把握“疾书”的写作佳境。

三、文章基调与写作试思

（一）写作试思

文章基调不是凭空产生的，它是写作者殚思竭虑的结晶，具体来说，是写作构思逐步深化的产物。金河在《谈小说〈重逢〉的构思》时说："构思到这个程度还不行，因为这只是勾画了一个大的路子，确定了大致情节和人物关系，这不能据此开始写作，往下还应该细致地考虑作品的格调，主要人物的性格特征……"这种"细致地考虑"表明写作构思进入到一个新的阶段，即"写作试思"阶段。

"写作试思"是一个崭新的写作学概念，它是指"作者在构思基本结束之后，起笔行文（表述活动）之前所进行的对未来文章的风格、情调、色调、语气等基本调子的选择、调谐和语词化。'写作试思'实质上是寻找一种文章的基调，所以'写作试思'又可以称为'定调'、'调谐'"①。

由此可见，第一，"试思"这种活动处于写作构思与写作传达的交叉边缘地带，它既有一些构思的属性，又有一些传达的属性。从构思的角度看，试思"仍然是一种设想、打算，对一种目标的初步确立"；从传达的角度看，它又"确实具有表达的意味，它已经是传达活动的起点"②。试思的这种双重品格，表明了文章写作从构思跃升到传达的艰难。第二，试思的具体对象是对未来文章风格、情调、色调、语气等基本调子的选择、调谐和语词化。文章基调是多种多样的，有欢乐的，有阴郁的，有轻松的，有滞重的，有豪迈的，有平直的。这里存在一个"调试"、"比较"、"抉择"的问题，在众多的基调中选择"一"、确定"一"，这种选择很难一蹴而就，各种复杂因素会干扰、动摇乃至推倒先期构思，从而显出短暂的思维紊乱或混沌。因此，试思本质上是一种探寻性的、试验性的思维活动。调谐是指初步确定的某种文章基调与文章材料系统性质吻合、一致，具有一种和谐性。语词化是指将感觉到的某种文章基调予以文字定型，赋予文章基调以物化形态，是试思的根本任务，当写作者最终写出了一个或一段能传达文章情调、风格、语气、意境的语句或语段时，表明试思活动的结束。但要完成这一任务，首先必须促成一种良性的写作心境的产生。

（二）写作试思状态

写作试思状态是写作者的写作行为进入试思、传达、书写阶段的心理情绪状态，它由两种心理情绪状态构成。

第一，是作者写作构思大体完成之后而产生的那种强烈的非写不可的欲望情绪。如果说初次的冲动之潮业已结出未来文章蓝图之果，那么，这第二度冲动是

①② 马正平：《写的智慧》，第1卷，292页。

由一种更强烈的召唤——将构思物化——催发的。此时此刻，写作者的整个精神世界被一种成就感充塞着，仿佛看到了未来文章的大致图景，并对写作传达充满着一种豪情与信心。刘心武慨叹被一片绿阴覆盖住了，张抗抗则发出“让她生长”的指令。这是一种激情状态，也是一种最佳的写作心境，“它似乎在人的心理上形成一种稳定而弥散的背景，使人的一切行动和体验都带有它的色彩和痕迹”。

第二，是作者为完成定调任务而生发的那种物我两忘的澄明情绪状态，也就是古代作家们极力推崇的“虚寂”状态。在这种状态下，写作者宽松愉悦，无我无碍，思维的内视功能被发挥到极致，在寂然凝虑中，能“思接千载”、“视通万里”，为赋予文章以某种特定基调奠定了心理情绪基础。写作实践中，许多作者总是不遗余力地去达成这种良性的写作状态，他们采取的基本策略有：

1. 强化原初阶段的写作表达意欲

一般来讲，原初写作冲动越是强烈，写作的表达欲望亦更强烈，绝不会因漫长艰辛的写作构思而松弛强烈的创造欲。

2. 强化文章的艺术构思

成熟的艺术构思因构建了未来文章蓝图使作者不但拥有一种成就感，而且更坚定了传达的信心，能快速进入试思状态。“打腹稿”、“列提纲”等都是完善构思的常见手段。北宋时江西诗派的代表人物之一陈师道：“每登览得句，即归，急卧一榻，以被蒙首，恶闻人声……家人知之，即猫犬皆逐去，婴儿稚子亦包容邻家，徐徐成诗，乃敢复常。”这是以打腹稿方式进入写作试思—表达状态。还有许多名家喜列提纲，福楼拜直言不讳：“一切取决于提纲。”陀思妥耶夫斯基在谈到其巨大成功时说：“我每天平均作出六份（不少于）提纲，弄得我晕头转向。我至今还不明白，我怎么没有发疯。”理由很简单，提纲能使文章线索清晰化、内容条理化、结构有序化、情节的发展视觉化，这种成功感必然伴随着巨大的传达欲，从而进入最佳的情绪状态。

3. 选择清静的写作环境，造成单一的写作心境

古人十分重视写作环境的安静，人在其中，无牵无挂，聚精会神。陈师道的“急卧榻，以被蒙首”是排除声音和其他干扰的举动，只有这样，才能进入创作状态。国外许多大作家有这样那样的写作癖好，而写作环境的清静则是他们的共同喜爱。“静故了群动”，“宁静以致远”，道出了静境的奥妙和深意。不但如此，写作者还“疏沦五脏，澡雪精神”，清除心灵污秽，将精神上升到澄明之境，以内心的洁净与外境的清静相配合，造成一种至虚至寂、至空至灵的境界，从而进入“神与物游”的状态。

四、文章基调的形成

在文章基调形成过程中，作者态度、作者风格、材料特征三种因素起着关键作用，下面分而述之。

（一）作者态度

文章基调的深层内涵是作者对文章内容体系的基本看待，其中，作者态度直接影响着文章基调的确立。王蒙在谈创作说过："我所指的色调是什么呢？是说你这小说总是具有一方面的性质：它或是比较严肃的，是一种沉思的调子，或者是一种幽默的调子，或者是一种温暖的调子。"这里，王蒙没有直接提到作者态度问题，但却暗示了作者态度与文章基调的同构关系：沉思的基调需要严肃的态度，幽默的基调需要轻松的态度，温暖的基调需要关爱的态度。推而广之，婉约的基调需要深挚的情绪态度，豪迈的基调需要压倒一切的态度，灰色的基调需要阴郁的情绪态度，而明亮的基调则需要热情洋溢的态度。由于作者对被描写对象的态度是文章基调形成的心灵背景，使得特定基调一进入读者的审美感知层面就让其强烈感到作者的好恶。因此，在试思阶段，写作者不但要培养自身对表现对象的情绪，而且要明白特定的情感性质，从而显出鲜明而不是暧昧、持久而不是暂短的情感态度。鲁迅写阿Q，"哀其不幸，怒其不争"的情感态度统贯作品始终；写闰土，深沉的悲悯借助阴郁的基调浩浩流衍；而揭露丑恶势力的嘴脸，像匕首、像投枪的战斗者态度，在冷嘲热讽的基调中有理、有力地展开。绥拉菲摩维奇谈到创作《铁流》时说："这最后一个场面，在我的脑海里燃烧得特别鲜明。我感觉这个结尾，这个草原上的会师，达曼军和红军的相逢是曲终的和音，是整个题材的关键，我把它重写了许多遍。因为我感觉，震撼读者心灵的最主要的一击就集中于此。"绥拉菲摩维奇在这里既表达了对题材的一种理性认知，同时又表达了一种持久而深刻的情感态度，在两军相逢的合奏中，他看到了一种力量，一种战无不胜的精神，最终确定了《铁流》的基调：壮阔、雄浑、劲健、有力。因此，作者产生并确定态度，文章才可能形成基调。

（二）作者风格

风格是一种显著特色的体现，是一种鲜明个性的张扬，是写作者的脾性、喜好、兴趣、追求、习惯等个人因素在写作行为中的敞露。作者风格与文章基调的形成有什么关系呢？写作实践经验证明两者之间存在3种关系。

第一，文章基调与文章内容固有的某种感觉、情绪、色彩、韵律对应，但与作者风格不吻合。这种情况导致的结果是，作者找到了一定的语气来描写事物，传达的展开也无大碍，但因与个人风格的相悖，致使行文缺乏激情，难以体验写作的倾泻感，最终使文章丧失个人风格而变得平庸。

第二，文章基调与作者风格吻合，但与文章内容所需要的情绪、色彩、韵律不一致。此种情况导致的结果是，文章开笔、一节、一段甚至一章可能写得顺手，随着文章内部空间的拓宽，随着传达行为的进一步延伸，随着写作复杂性的加强，第二节、第二段或第二章产生了障碍，之后则变得困难重重，无可奈何，终至搁笔。

第三，文章基调、作者风格、文章内容三位一体。这是一种最佳境况，作者既准确把握到了文章内容的特质，又寻得了与之对应的某种基调，同时，这种基调又与自身的喜好、习惯、个性吻合，于是，一切显得驾轻就熟，作者自觉接受文章基调的引领，将诸如幽默、嘲弄、讽刺、冷漠、忧伤、喜悦、悲悯、乐观等基调一以贯之，使文章形成统一的基调美。

路遥在《平凡的世界》创作手记中透露：他对该部作品基调进行了无数次语词化试验，在各种不同类型、风格的基调中，最终选择了一种最朴实、最平淡也最适合他个人的基调，这部作品获得茅盾文学奖的最大技术之秘，可能正在于此。马正平以“调试”这个动词来描述文章基调，用意也可能正在于求得文章基调、作者风格、文章内容的三位一体。

（三）材料特征

材料特征是指写作材料的性质特征。在文章基调的形成过程中，作者态度、作者风格都与材料特征有着深刻联系，只有抓住了材料特征，作者才能体现其态度并了解自身是否适合处理某个材料。文章基调不是凭空产生的，它来源于作者对文章材料体系的深入研究，生成于作者对材料性质的准确把握。文章材料体系在构思阶段并非一个精致的构架，它显得松散，芜杂，作者把与文章胚胎性质相似的材料凝聚拢来，形成一个十分开阔的可能性空间，其中有不少材料很难加入主旋。这样，准确把握材料的性质就成为一个难题，处理得当，就能寻得文章基调，一旦失准，譬如以快乐基调处理一个悲情材料，或以抑郁伤感的基调表达一个轻喜剧题材，常常令人啼笑皆非。这不是一个“以乐景写哀”的艺术技巧问题，而是一种性质的背离。

“漏斗户主陈奂生，今日悠悠上城来。”这是一种快乐、愉悦的基调，高晓声用充满舒服感、轻松感、幽默感的语言，呈现着人物一种于寒酸中显潇洒的行为动态，给全文浓浓地施布着饱含日常生活气息的轻喜剧氛围。人物是“漏斗户主”，经济上很穷，生活应该很困难，他不应有“悠悠”的心境，如果改为“漏斗户生陈奂生踯躅在上城来的公路上”，这种基调似乎更逼近人物的处境，但恰恰没有抓住材料的性质特征。因为，国家正在巨变，农村正在巨变，“漏斗户主”是历史造成的，现实的情势是，陈奂生业已盼到出头之日，到处一片生机。这才是材料的根本性质。贾平凹动笔写《地平线》，费了很长时间与精力才悟出“地平线”的真义。“命运和理想是天和地的平行，但又总有交叉的时候。那个高度融合统一的很亮的灰白色的线，总是在前边吸引着你，永远去追求地平线，去解这个谜，人生就充满了新鲜、乐趣和奋斗的无穷无尽的精力。”著名作家赵树理在第三次全国文代会上，专门作了以《谈“久”》为题的发言，他列举出深入生活的四大优点：久则亲，和那里的群众和生活的感情很融洽，忘也忘不了；久则全，对人和事了解比较全面，并有了发展的眼光；久则通，对生活的理解不是孤立的，简单化的，而能够融会贯通，看到多方面的联系；久则约，也就是具备了概括的能力。“久”是一个时间词，它表明要切实掌握材料本质，需要一个长时的认知过程。

第2节　文章开笔的生成

一、“文章开笔”的概念

开笔与文章基调是密切相关的，文章基调旨在根据作者感受到的描写对象的格调和作者对描写对象的态度，从情调、风格、境界和话语口气等方面把握未来文章整体情绪氛围，这是一种心灵状态的东西。文章开笔是文章基调的物化形态，它是在写作试思的最后阶段，作者将感受与捕捉到的文章基调语词化为一个未来全篇文章的“话语胚胎”，从而成为“传达性话语行为动力的生成基因、依据”[①]。

由此可见，文章基调是文章开笔的写照对象，而文章开笔则是文章基调的物化成果。

“开笔”，是一个非常生动的写作学概念，它的力量在于承上启下，上承写作构思——试思行为，下启写作传达性行为，闯开混沌，开启文心，是开笔的根本任务。从单位长度上看，开笔只是一个话语片段，很多情况下，一句话就足够了。譬如诗歌写作中的“得句”现象，作者苦心孤诣，偶尔得到的这个句子就是开笔。

“开笔”与“开头”是两个性质不同的概念。“开笔”是一个动力学概念，“开头”是一个结构学概念，两者的联系体现在许多文章的开头一句或几句话可当做开笔看待，但两者有着明显的区别：第一，开头作为一个结构性概念，是解

① 马正平：《写的智慧》，第1卷，304页。

析一篇文章的构成和划分段落的标志。所谓事“有头、有身、有尾”（亚里士多德语），文有“始、中、终”（刘熙载语），元人乔梦符云：“作乐府亦有法：曰凤头、猪肚、豹尾六字是也。”任何文章都是一个完整的结构组织，都是部分以某种形式的整合，开头是结构整体中的首部。开笔从本质上看，不具有结构的意义，它关注的是写作构思——试思行为转换为传达行为这一激动人心的“临界点”，通过开笔诠释出行为转换的内在依据和必然性，找出能物化文章基调的“第一句话”，并为行文语言生成提供“话语基因”，构成开笔的使命。

第二，开头关注的是文章内容结构上的联系，而开笔关注的是文章整体感得以形成的某些恒定性质的展布。以郁达夫《故都的秋》为例：

> 秋天，无论在什么地方的秋天，总是好的；可是啊，北国的秋，却特别地来得清，来得静，来得悲凉。我们不远千里，要从杭州赶上青岛，更要从青岛赶上北平来的理由，也不过想饱尝一尝秋，这故都的秋味。

这是文章的开头，意思完整，由三个意义单元构成。但开笔仅仅是第二个意义单元，“清”、“静”与“悲凉”既是统贯文章整体的基本性质，又是促进作者为文的艺术初感。

第三，开头的位置固定于正文的首部，而开笔的话语位置则有多种形式。首先是在文章的开头，这是许多人将开笔与开头等同的根本原因，因为结构形态的开头毕竟负有话语生成的使命，绝大多数散文（广义）的开头承担着文章基调的择试工作，通常情况下，那个最小的有着贯通性的意义单元就是开笔。其次是在结尾。平常我们对有些作者习惯于从结尾处开始文章写作感到不可思议，从写作动力学角度看，作者正是从中发现了一种值得注意的特别的东西，它具有统摄全文的力量。如绥拉菲摩维奇从结尾处发动《铁流》的开笔，就是一个典型范例，作家在达曼军和红军会师中获得了一种恢弘气势和不可战胜的力量，这正好成为全书的基础。还有一种情况，开笔的话语位置恰好在文本的中间，如古典格律诗的“得句”以及现代自由诗中具有主题意味的诗句，大多安排在诗篇的发展部分。

第四，从单位长度看，文章开笔比开头要短，文章开头常由板块文字构成，分出多层意思，实际上是对开笔的扩展。对开笔而言，只要完成了作者态度、口气及把握到的情绪氛围的语言实现，短至一个句子就足够了。

二、文章开笔的特征

（一）文章开笔的思维特征：预见性思维、戏剧性思维

在开笔状态，作者思维的主要特点是凝重，一种由兴奋和紧张交织而成的凝重。与凝重相关联，思维迥异于日常形态而表现出极强的预见性和戏剧性。预见

性思维体现为一种发散性的整体性思维运动，它的突出特点在于，人类对局部的思维，同时又是对整体的思维；是对因子的思维，同时又是对系统的思维；思维运动是共时与历时、线性与非线性、集中与发散的统一运动，“瞻前顾后”成为思维运动的一种共相。开笔思维的预见性是指作者在思考文章基调的同时，对包括主题、题材、风格、语言以及某些沉积于文章深层的恒一性质也进行了扫描。通俗地说，作者由物化的语言片段预见到整个篇章，确定开笔而生发的胸有成竹感，直接源于预见性思维对整体的客观把握。当沈从文写下“有个小小的城镇，有一条寂寞的长街，那里住下许多人家，却没有一个成年男子”（《街》）时，这位作家的脑子中已经完成了对全篇那种宁静、感伤、忧郁之美的洞悉。当孙犁写下“这女人编着席”（《荷花淀》）时，他的思维视野中业已显出一幅意境清幽的水彩画，并已明察到作品的美质：全力张扬战争环境中的诗意。

戏剧性思维相对于思维的稳态，着重强调思维的变化。作为创造性思维的特异品格之一，它主要用来描述那种极不规范、极不驯顺、飘忽不定、稍纵即逝的思维活动，其特质有三点：

1. 突兀性

思维在某种预定轨道上运行时，一个微小参数的介入，顷刻改变了常轨，思维之触滑向“铸模”之外，独辟蹊径。

2. 偶然性

人类依照认知逻辑对对象展开循规蹈矩的思维时，往往难以达到某种突破，一次不经意的思维调整，迅速完成了思维的转型，并准确掌握了对象的本质。

3. 奇异性

“突发奇想”、“异想”、“奇思妙想”描述的即是戏剧性思维，与常规思维的循序渐进、步步为营特点比较，它显得缺乏严谨性，“奇”与“异”是指这种思维业已实现了对多个层次、阶段的跨越，它一涌现，浑然天成。开笔思维的戏剧性是指作者在择试语词时，不断展开文字的推倒与重建。此一思维特性是开笔本身催发的。首先，开笔的不同凡响促使作者朝向“奇妙”倾注更多热情，这是戏剧性思维生发的心理基础；其次，开笔是集束型思维往辐射型思维转型的界点，作者对思维实施清理时能够包容多种基调，这是戏剧性思维产生的现实基础；开笔是对语言文字的反复择试，可能性大大强于确定性，这是戏剧性思维产生的前提条件。

（二）文章开笔的动力特征：文章的生长元

当有人问：“什么对你比较困难呢？作品的开头、结尾、中间？”时，高尔基在《我的创作经验》中回答说：“最难的是开始，就是第一句话，如同在音乐上一样，全局的音调都是它给予的，平常得好久地去寻找它。”高尔基意识到了开笔的困难，但未能意识到开笔困难的原因。文章开笔之难就在于它担当了文章的生长元。所谓“文章生长元”，是指一篇文章的某个局部与整体构成一种相似的全息关系，它在性质上浓缩了文章的主要信息。开笔在对文章基调语词化过程中，它的神韵、情绪、氛围、语气以及某种更内在的恒定性质与文章整体具有一种相似的全息关系。

它必须给读者以整体印象，就像观众经由电影中的序幕和剧情简介能迅速掌握影片的梗概一样。那么，开笔集中浓缩了文章的哪些信息呢？简单地说，文艺性文体开笔集中浓缩了文章非内容、非主题、非语义方面的基调、韵律、氛围、态度、情感、节奏、语气、口气等信息，议论性文体开笔集中浓缩了未来文章的思想基因，即“主题信息”。

> 穿过县界长长的隧道，便是雪国，夜空下一片白茫茫。（川端康成：《雪国》）

> 她们像一群动物，赤裸裸地爬来爬去。（川端康成：《温泉旅馆》）

> 山路变得弯弯曲曲，快到天城岭了。这时骤雨白亮亮地笼罩着茂密的森林，从山麓向我迅猛地横扫过来。（川端康成：《伊豆的舞女》）

川端康成是日本新感觉派文学的代表人物，他的许多作品是以生活在社会底层的卑微人物为对象，反映艺妓、女侍者、女艺人的悲剧命运，他卓越地将人生的悲凉、凄迷、伤感与“美”融合起来，创造出苦涩、凄冷、忧郁的文学情境。上引其部分作品的开笔，莫不造成一种“川端式”的情调：阴冷、迷茫、悲惨、绝望。这里浓缩的主要是情调型信息。

> 我主张将我们全党的学习方法和学习制度改造如下。（毛泽东：《改造我们的学习》）

> 为了使我国经济在本世纪末达到小康水平，社会主义的物质文明和精神文明得到应有的发展，为了使我国在二十一世纪上半叶在物质技术基础方面赶上发达的国家，人才和劳动者智力的保证是绝对不可缺少的。但是现在我们这方面还存在很多问题，因此必须大力发展教育，教育要实行改革。（李昌：《大力发展教育，教育要实行改革》）

> 语言的使用是社会经济政治文化生活的重要条件，是每人每天所离不了的，学习把语言用得正确，对于我们的思想的精确程度和工作效率的提高都

是有极重要的意义。（《人民日报》社论：《正确地使用祖国的语言，为语言的纯洁和健康而斗争》）

上引三个开笔语全都开宗明义：或提出主张，或强调重要性，或明确含义，把作者观点和文章的中心凝结在一句中，确立起全文总纲。这里浓缩的主要是与文章观点相通的“主题信息”。

议论性文体开笔浓缩的信息何以迥异于文艺性文体开笔浓缩的信息呢？我们可从三方面来看：首先，议论性文体是主理的，阐发事理既是这类文体的目的，又是它的过程，“主题信息”的决定性和精确性，能够成为写作行文过程的指南，开笔的“纲举目张”遂成为议论性文体最一般的要求。文艺性文体是主情的，“情”是浸透在文章整体各尺度的最一般的质，这就决定了开笔务必确定一种合文学本性的贯串性基因。其次，议论性文体的深层动因是有感于客观现实的某种现象、倾向，触动点是概念的、逻辑的、理性的东西，由此而构架起来的文章内容系统，不是概念的、逻辑的、理性的，就是服务于此种概念的东西。这种由胚胎激活的理性思维运行形态以及由此而建构起来的理性框架，注定了开笔必须亮出自己的“招牌”。文艺体裁的触媒，一方面秉有深刻的理性力量，一方面又具有强大的情感冲击力，尽管胚胎激活的写作构思是以某种理性因子为根基，但呈现的却是一种形象思维形态以及由此而建构的形象体系，徘徊其间的是力、感觉、色彩、韵律、意气、情潮等艺术基元，这就注定了开笔务必写出作者内心那股浩荡激流。最后，议论性文体的生长具有较强的规则性，逻辑尺度的变换以及逻辑层次的深化，都严格以开笔的“主题信息”为指针。而文艺体裁的生长具有极强的随机性，非主题信息的开笔特具张力与弹性，便于后文展开多彩多姿的艺术描画。

三、文章开笔：文章基调的语词化

文章开笔的根本任务是作者将感受到的文章基调用语词予以固定化。词句有各种不同的组合，每种组合在语气、语态、语感、语质等方面都会显出自身的性质，都将指示一种特定的语言取向并呈现一种独特的情绪基调。因此，解决文章基调语词化问题的关键，在于把握并处理好如下几个问题：

确定话语关系；

确定话语口气；

确定话语节奏；

确定话语风格——并最终确定开笔话语范式。

（一）确定话语关系

话语关系是指文章话语者与作者、受话者以及与文章中人物之间存在的某种关系，在比较复杂的文学写作中，话语关系直接指向叙述者、叙述视点、叙述人称所存在的某种关系，在人类日常形态的写作中，只要发动开笔，首先就得考虑：

（1）话语人的角色定位；

（2）话语人的立足点、观察点、切入点的确定；

（3）话语人与文章中人物之间的关系；

（4）作者与话语人的关系；

（5）受话人与话语人的关系。

理顺这一切关系，是发动语词化行为的前提。有时，作者与话语人构成同一关系（如以线索人物出现的“我”）；有时，作者与话语人构成模拟关系（如《最后一课》中，作者必须模拟小弗郎士的口气来言说）；有时，话语人与受话人构成隔离关系；有时，话语人与受话人则构成一种交流关系。凡此等等，作者在进行开笔的语词化试验时，必须做到十分明确。

（二）确定话语口气

话语口气不是指开笔话语呈现出来的某种气势、意态、气象，而是指作者对写作对象表现出来的眼光、胆识、态度和情感倾向，话语口气的本质是作者心灵空间、思想境界的真实敞露。话语口气的确定，必须与下述几点密切关联起来：

（1）话语人所扮演的角色——社会层次、地位、修养、身份、格调、年龄不同的人，心灵空间、思想境界有着显著的差异，说话的语气、口吻就不一样。

（2）表现对象的特质——平凡的生活、普通的人物、素朴的情感所内含的返璞归真，需要的不是豪迈雄健的话语口气。同样，英雄题材、壮烈的生活、激越的情感所内含的崇高悲怆，需要的也不是平淡浅近的话语口气。这就要求作者一方面要抓准表现对象的特质，一方面要不断调整自己的视野，使外显形态的话语与表现对象特质相匹配、相一致。

（3）受话人的差异——读者是有群落的，作者面对社会层次、地位、修养、身份、格调、趣味、年龄不同的人说话，话语口气也是不同的。但总体看，话语口气的大小与作者心灵空间的宽窄成正比。

（三）确定话语节奏

话语节奏即话语速度，节奏的快慢表达着不同的情感色彩。一般来看，忧伤的情绪基调语速缓慢，而欢快的情绪基调语速则较快。

> 秦孝公据崤函之固，拥雍州之地，君臣固守，以窥周室，有席卷天下，包举宇内，囊括四海之意，并吞八荒之心。（贾谊：《过秦论》）

急促的短句组成一种进军似的节奏，体现出愤急的情感色彩。

> 当你老了，头白了，睡思昏沉。

炉火旁打盹，请取下这部诗歌，
慢慢读，回想你过去眼神的柔和，
回想它们过去的浓重的阴影。（叶芝：《当你老了》）

诗人以舒缓的节奏，显出一种美丽而忧伤的情感基调。

（四）确定话语风格

话语风格虽然是文章整体话语显出的一种风致、格调，但必须在开笔片段一下子体现出来。或浓或淡、或雅或俗、或奇或正、或沉静或灵动、或优美或壮美等话语风格，必须在开笔话语胚胎中闪亮登场。

我与父亲不相见已二年余了，我最不能忘记的是他的背影。（朱自清：《背影》）

我现在已是五个儿女的父亲了。（朱自清：《儿女》）

谦，日子真快，一眨眼你已经死了三个年头了。（朱自清：《给亡妇》）

这些开笔，朴实无华，平淡自然，非常完美地体现了朱自清先生那种“绚丽之极，归于平淡”的散文话语风格。

（五）确定话语范式

话语范式是由话语关系、口气、节奏、韵致、风格等元素错综而成的话语风范形式。开笔语词化行为中，作者不可能只考虑话语范式得以形成的某些个别元素，他往往采取的是一种系统的整体的观照。譬如上引朱自清先生《给亡妇》的开笔，作者既考虑到了话语关系、口气，又考虑到了话语节奏、韵致，正是这种高屋建瓴的艺术把握，在全文话语的第一尺度奠定了统摄篇章的话语范式。站在开笔动力学立场看，此一范式对后文语言生成具有超强的方向限定功能。具体来说，文章尺度变换的每个重要阶段、环节、层次，作者必须求得与开笔话语范式同构的语言元素，以实现阶段跃迁、环节相扣和层次推进。平常人们说，写作者要到语言文字宝库中去披沙拣金，事实上，作者的话语选择并不具有多少随意性，最佳的择取往往是与开笔话语范式高度默契的，文章各尺度与开笔的语言回旋——“照应”，乃是与开笔话语范式具有同构属性的语言元素在积极有效地繁衍的一个显著表征。

第3节　写作试思中的写作智慧

一、开笔—定调思维中的写作文化意识

写作文化对开笔—定调的影响，主要体现在三个方面，即作者务必树立

“凤头”意识、节奏意识和创新意识。写作智慧的灌注也着重显现在上述三个方面。

1. “凤头”意识

古代文章理论中的“凤头”，描述的是文章结构中的开头。这里描述的是开头类开笔和非开头类开笔，开笔的结构意义是无关紧要的，重要的是宕开一笔对整体写作行为的发动，必须具有领起的、启示的、贯通的、接续的——亦即生长的意义，这一笔在文章开头、中间甚至结尾都能完成此任。“凤头”意识就是一种让文章在始发阶段站得高、看得远、想得深、起得有力、有气、有势、有形的写作意识。“凤头”是一种形容，“凤头”之美除了感性外观的劲挺、茁壮、高昂和凌厉，本质在于“凤”将自身力量、个性和精神经由头部予以张扬。文章开笔一定调就是要保持“凤头”的这种意气与精神。那么，这种精神源自何处呢？简单地说，它来自作者对文章的整体把握，来自作者对所处社会和时代精神的领悟，来自作者对个人写作特质的自觉维护，这三者中，社会和时代精神影响更是深远，它以一种潜在的隐形方式干预着作者的写作。在鲁迅的《故乡》开笔中，故乡那种无尽的萧瑟、荒冷与苍凉，一方面是写实，另一方面也根源于作家对社会现实特征和时代精神本质的准确把握。

2. 节奏意识

开笔话语节奏是一个速度问题，写作文化中的节奏是指作者对一定时代某种时空情绪的体认，这种节奏一方面具有物理属性，另一方面具有社会属性。“度日如年”描述的是人的心理节奏——一种感觉性的、体验性的、情绪性的节奏，而其本质则是人对社会生活中某些与生存直接相关的要素的一种抽象。因此，人们完全可以视节奏为一个文化符号，传统农业社会的节奏是缓慢的，现代工业社会的节奏是疾速的。节奏意识之于开笔一意义在于，作者是否准确地掌握了一定社会的时空情绪，是否掌握住了社会节奏、时代节奏、生活节奏、工作节奏、情感节奏，只有当开笔写出了节奏的本质，才能奏响时代韵律，发出时代的最强音，在审美上产生一种节奏层面的深刻共鸣。现代社会的快节奏具有多重意味，它表征着社会的变化与发展，表征着生活的紧张与选择的艰难，表征着现代人多样的追求与心灵的不羁，也表征着空前的获取与诗性的失落。现代作者的一切写作行为一定要反映出此种节奏意味，开笔作为写作的决定性环节，如果失落了这种节奏性质，则意味着特定时空情绪的隐没。

3. 创新意识

创新贯穿于文章写作的全程。开笔一定调的创新，是一个关联到作者思维的问题。写作文化作为一种传承性、进化性和变革性的文化精神的体现，执著地要求写作者在思维方式上大胆突破。开笔敞开一种视野，找到一个切入点，发现宏观把握篇章内容的透视角度。视野要宽阔，切入点要到位，透视角度要最佳，在很多情况下，需要写作者转换或改变一种思维方式，说到底，就是要确立开笔新思维。这种思维的创新要求写作者紧密结合文章的内容实际，择取与写作个性相一致的笔调来发动开笔。创新既是一种标新立异，又是一种自然而然；既是一种独辟蹊径，又是一种循规蹈矩；既是一种奇思妙想，也是一种平淡言说。只要角度、视点和切入点选得好，平实的开笔也显出创意。

二、开笔一定调中的写作禁忌意识与写作策略意识

（一）写作禁忌意识

与文章立意所面对的政治的、伦理的、文化的、宗教的等各种禁忌不同，开笔阶段的写作禁忌主要表现为作者的写作追求偏离客观实际，从而与后文产生难以调和的冲突，使写作行为被迫中断。常见的禁忌是偏离实际地追求豪华、突兀、险峻、奇异、怪诞等。豪华追求的是富丽堂皇，突兀追求的是出人意料，险峻追求的是高山仰止，奇异追求的是灵想独辟，怪诞追求的是黑色幽默。如果这种追求与文章内容默契，则不是一种禁忌，而是一种创造。但如果与内容实际矛盾，这些追求将变得毫无意义。所谓禁忌不是说触碰不得或需绕道而行，而是指作者务必冷静思考、谨慎面对、精心选择。朴实的东西无需豪华装点，自然的对象无需突兀慑人。

（二）写作策略意识

写好开笔的根本策略在于“试验”。“试”指调试、测试，“验”指验证。写作者通过对语词的反复检测调试，以验证内心设计、策划的正确性。应试写作中，作者认为写好开笔，给阅评者以良好的第一印象，这是一种急功近利的策略。这里言说的“试验”，是对语言材料以及句式、句法、修辞的不断推敲和理性评估。试验意味着另起炉灶。许多经典性开笔，就是作者在否定中徘徊，在推倒中重建的结晶。试验的尺度是什么呢？从文本层面看，主要包括写作材料的性质、文章内容的时空情绪、试思阶段作者感觉到的文章气息、韵律、节奏、境界等内在元素以及作者的写作习惯、个性与风格。从更大空间来看，还包括写作潮流时尚（生动活泼而不断变迁的写作现实语境），因为文章不是写给古人看的，也主要不是写给后人看的，而是让今人消费。今人的趣味、喜好（消费的具体标准）在写作者的思维层面展开一种投影，进而对试验发生或浅或深的影响。

第4节 文章开笔的生成基础

文章是反映客观事物的，但写文章这种活动又是按照作者的心理活动、思维过程来表达的。文章的层次与其说是按照客观事物发展的过程，不如说是按照作者的思维活动的方向（即思路）来安排的。人们的思维活动方向、思路无非两种，一是动态的运动，一步一步地向前发展、行进、承接；一是静态的停留，围绕着一个“圆心”，扩散、辐射。因此，文章的所谓层次的运动规律也无非是“渐进”和“平列”两种。一“时”一“空”，一“纵”一“横”，一“动”一“静”，万千文章，如此而已。

所谓“渐进”，就是文章的结构单位（层、段）之间，在某种性质上是前后相续、不断运动、逐步发展的，前后之间具有一种有序状态而不可逆。所谓“平列”则与此相反，文章各个结构单位之间，在某种性质上是相似或相对的，它们彼此地位平等先后之间是无序状态，因而可逆。在书面上排成了先后次序，那是书写时无可奈何的事情。即使在某种意义上有一点点先后意味，那都是极不明显的，给人的总的印象是平列的。这种“渐进”与“平列”结构层次的运动规律，既存在于文章的大的结构单位之间，也存在于小的结构层次之间。现在让我们先看看文章最大的文章结构单位——开头、中间、结尾之间的这两种运动规律。

一、渐进的层次

一篇文章从整体上、宏观上看，它有开头、中间、结尾三个大的“层次”，它们三者组成一篇文章的有机整体。所谓“有机整体”就是它们三者之间有一种内在联系、内在逻辑。开头、中间、结尾的内在联系、逻辑是什么呢？亚里士多德说，“头”指事之不必然上承他事，但自然引起他事发生者；所谓“尾”恰与此相反，指事之按照必然规律或常规自然地上承某事者，但无他事继其后；所谓现“身”指事之承前启后者。所以结构完整的布局不能随便起讫，而必须按照此处所说的方式。

如果说亚里士多德那时讲的是悲剧的情节的话，那么刘勰在《文心雕龙》中就已经总结出了文章开头、中间、结尾的层次结构的内在联系了。《章句》篇云：“启行之辞，逆萌中篇之意；绝笔之言，追媵前句之旨。”这样就会“外文绮交，内义脉注，附萼相衔，首尾一体”。应该说刘勰对于文章开头、中间、结尾三个大的层次之间的内在联系规律的揭示是科学的。按他的意思，头、身、尾这三个部分，层次的结构框架是一个以“中间”部分为中轴的左右对称性结构，左边是“开头”，右边是“结尾”，作者的思路分别从“开头”和“结尾”左右两方趋向“中间”部分。

中间部分是一篇文章内容的主要表达所在。在叙事性文体中，它是人物活动、事件发展变化的主要环节、高潮；在抒情文中它是作者的情感产生、发展变化的阶段；在议论文中，它是对论点的展开，即陈述理由、论据的地方。这是文章的主体部分，开头和结尾部分都是服务于它，从而形成一个事物运动过程的印象，把思想用一个有机体（头、身、尾）的整体形式显示出来。

作者是通过怎样的心理活动采取怎样的方法把“开头”、“结尾”与“中间”部分联系起来，从而形成一个有机的文章体呢？常见的大概有下面几种方法：

（一）概括联系法

作者在文章的“开头”或“结尾”对文章要表现的主要内容（“中间”）进行概括总结或综述，或指出一个事件，或评价一个人物，或表示某种感情，或指出说明的事物的主要特征，或指出措施等。由于概括出来的东西是从“中间”部分的内容里提炼、总结出来的，因此，这样的“开头”或“结尾”便与“中间”部分发生了内在联系。

（二）因果联系法

文章的“开头”、“结尾”与“中间”部分是原因与结果的关系，议论文的绪论、本论、结论之间其实也就是这种因果逻辑关系。利用这种联系法的范例是恩格斯的《在马克思墓前的演说》，文章开头部分有两个自然段，中心意旨是第二自然段，“这个人的逝世，对于欧美战斗的无产阶级，对于历史科学，都是不可估量的损失。这位巨人逝世以后所形成的空白，在不久的将来就会使人感觉到”[①]。原因何在呢？接着，导师在文章的“中间”部分，用8个自然段论述了马克思在理论方面（三个“发现”）和实践方面所作出的无与伦比的种种卓越贡献。这样，文章开头的论点得到了确证，正因为马克思的革命理论实践为全世界无产阶级劳动人民指明解放的道路，“所以马克思是当代最遭嫉恨和最受诬蔑的人”，也最受全世界无产阶级、劳动人民尊敬、爱戴和悼念。这就是文章“结尾”部分的主要意思和内容，这又和“中间”部分是因与果的联系。

其实有许多记叙文、抒情文也常运用这种结构手法。《我们打了一个大胜仗》开头描写了经过特大洪灾洗劫之后的巴山蜀水“阳光灿烂，空气温馨，大地复苏，片片新绿”的欣欣向荣的繁荣景象，这个胜利的结局是怎样取得的？四川人

① 《马克思恩格斯选集》，2版，第3卷，776页，北京，人民出版社，1995。

民是怎样抗洪救灾的呢？这些就放到“中间”去写了，“战斗”是因，“繁荣”是果，这就是所谓“倒叙”手法。以上是内容上的因果联系。有些文章，把写文章的原因放在“开头”部分讲，把写文章这种行为作为结果，也形成一种因果联系。例如鲁迅先生《为了忘却的记念》的开头说明了写这篇文章的原因——“悲愤总时时来袭击我的心”，表示了作者对烈士的怀念。

在“结尾”部分表现“果”，除了议论文以外，许多记叙文，尤其是表现一个事件的记叙文，结尾部分常常就是事件发展的“结果”。例如《第二次考试》，“中间”部分写陈伊玲初试时成绩很优秀，但是在复试中却很差，苏林教授不知道是何原因不敢定夺，后来，苏林教授弄清了陈伊玲复试成绩差的原因是救火所致，文章“结尾”就写这事件的“结果”——苏林教授很激动地告诉陈伊玲的弟弟，陈伊玲被录取了，并想尽快把这件事告诉每一个人。

在说明文中，也有在“结尾”部分表现“果”的，例如《机器人》，因为文章“中间”部分是说明“机器人”能模仿人的技能、智能，能从事复杂的脑力劳动和体力劳动，所以逻辑地引进了“会不会有一天研制出跟人有一样智能的机器人”的问题，文章“结尾”部分正是寻着这个思维线索对这个问题进行解释的，虽然解释的内容不是“中间”部分的结果，但是，解释的问题却是和“中间”部分有因果联系。

（三）问答联系法

“提问”与“解答”本是两个人之间的一种语言活动，它是人与人之间的思想直接交流，二者在思路上一致，时空上也是一致的。文章的开头和中间部分采用设问与解答的语言流动形式会使文章贯通一气，十分自然。议论文、记叙文都常常采用这种方法，加强开头与中间的联系。

（四）接近联系法

人们的心理活动对于在时间、空间上接近的事物易于产生联想，利用这一点写文章时，把“开头”、“结尾”与“中间”部分，尽量表现在空间、时间上比较近的事物，这样显得自然。例如秦牧的《土地》，文章的“中间”部分写的是“泥土”，而“开头”写的就是与“土地”接近的自然景物，从而引出“土地”。

许多记叙文在人物出场之前的“开头”写人物活动的环境、器物等也是应用这种接近联系法。例如《孔乙己》“开头”对于“咸亨酒店”——孔乙己喝酒的地方——的描写就是这样。

（五）类似联系法

在文章的“开头”和“结尾”选择与“中间”部分的事物有某种类似的特征、性质的事物进行描述，这样形成整篇文章的内在联系。鲁迅先生《春末闲谈》一文揭露的反动统治阶级的吃人本质在于他们要把被统治者麻醉奴役为不死不活的动物，不死能给他们创造财富，不活则没有反抗。为了将文章引到这个主题上来，作者开头写细腰蜂吃小青虫的情形。接着用科学知识解释道：原来细腰蜂“用了神奇的毒针，向运动神经球上只一螫，它便麻痹为不死不活状态，这才在它身上生下蜂卵，封入窠中。青虫因为不活，所以不动，但也因为不活不死，所以不烂，直到它的子女孵化出来的时候，这食料还和被捕当日一样的新鲜”①。请看，这和统治阶级的统治术多相似。这种方式安排“结尾”常用于抒情散文，《荔枝蜜》文章开头、中间都写蜜蜂辛勤地酿蜜的情景，这里深有寓意的，这种寓意作者在结尾用个与“蜜蜂酿蜜”相似的画面表现出来。

（六）对比联系法

开头、结尾和中间部分进行对比，也能产生文章内在的联系。这种对比，可以是今与昔，可以是静与动，可以是爱与恨。例如《荔枝蜜》一文，全文写作者对蜜蜂的赞美歌颂，作者当然是热爱它的，但作者开头却这样写道：

> 花鸟草虫，凡是上得画的，那原物往往也叫人喜爱，蜜蜂是画家的爱物，我却总不大喜欢……

在这段里接着写了产生这种情感的原因，使人认为他确实是不喜欢蜜蜂的。正是由这种不爱到后来的甚爱，写出了感情发生的过程、深度，这样，文章的内在联系就更紧密了。

用“对比联系法”结尾的文章。例如鲁迅《故乡》，文章“中间”部分写闰土的悲惨遭遇，从而使自己感到“愿望甚远”，但文章结尾却写那“一轮金黄的圆月”。

这里发现的这幅美丽的图画是作者少年时和闰土玩耍时，充满了欢乐友谊的地方，这也是作者理想的充满希望的社会，而这“金黄色”却与现实中“萧索”、“悲凉”的黑暗形成强烈对比。朱自清《荷塘月色》的结尾以古人采莲的“热闹”、“欢乐”与作者的“寂寞”、“颇不宁静”的心情形成对比，也是采用这种结构手法的。

二、平列的层次

如果说，文章的“开头”、“中间”、“结尾”在内容和形式上有一种发展过程，那么，这些文章在最大的文章层次上就是一种“渐进”发展的结构形式，然而有些文章，在形式上有“开头”、“中间”、“结尾”三部分，但它们只是材料先

---

① 《鲁迅全集》，第1卷，204页，北京，人民文学出版，1981。

后排列，在内容上既无“头”也无“尾”，是平行平列的，这就是平列型篇章结构。例如丽尼的抒情散文《春的心》全文共三大部分，每部分开头都是：“我寻找着，在春的怀中，想得到一枝桃花，春是这般的美丽。”然后在每一部分都围绕着一个主题，组织一些情景、意象。与其说这类文章是散文，不如说它是一首诗，因为它是典型的抒情诗的结构。

第 5 节　定调思维操作训练设计

一、定调思维分析：演示、模仿与实践

（一）教师“定调”分析演示

五　城　记[①]

余秋雨

一、开封

它背靠一条黄河，脚踏一个宋代，像一位已不显赫的贵族，眉眼间仍然器宇非凡。

省会在郑州，它不是。这是它的幸运。曾经沧海难为水，老态龙钟的旧国都，把忙忙颠颠的现代差事，洒脱地交付给邻居。

陪同我的人说，宋史上记载的旧地名，都在今天开封地底下好几公尺。黄河经常决水，层层淤泥堆积，把宋代繁密的脚印深深潜藏。庞贝古城潜藏得过于轰轰烈烈，中国人温文尔雅，连自然力也入乡随俗，一层层地慢慢来。开封古都，用灾难的刷把，一次次刷新。人们逃了又来了，重新垦殖，重新营建，重新唤醒古都气韵，重新召来街市繁荣。开封最骄傲的繁荣，见之于《清明上河图》。

开封就像我们整个民族，一再地在灾难的大漠上重新站立，立誓恢复淤泥下的昔日繁华。但是，淤泥下的一切属于记忆，记忆像银灰色的梦，不会有其他色彩。于是，开封成了一个褪色的遗址。

---

① 余秋雨：《文化苦旅》，上海，东方出版中心，2001。

只有最高大、最坚牢的构建未曾掩埋。台阶湮没了，殿身犹在；高塔被淤没底层，仍然巍然不摧。那天我与友人同去开封，不知爬了多少台阶，古塔、古塔、古塔，宫殿、宫殿、宫殿。我累了，上下环顾，对友人说："我真想把荒草间的石阶拍下来，题名时间。"友人说："别拍了，一端相机便成了现代。"

倒也是。时间的力量只能靠着体力慢慢去爬、去体会，不能拿着一张照片轻松地去看。一轻松，全都变味。

国内许多古塔已经禁止人们攀援，而开封古塔却听便。不必过于担心有无数的人在塔中拥挤，爬塔是一种体力和意志的考验。塔阶很窄、很陡、也很暗，不拼力爬到每层的窗洞口你不可能停下，到了窗洞口又立即产生更上一层观看的渴念。爬塔心理可以构成一种强烈的悬念线，塔顶塔尖是一种至高无上的召唤。要么不进塔。进了它，爬了它，很少有人半途而返。让体力心力不济的人们静静仰望吧，塔身中天天地进行着青春和生命的接力赛。千年前建塔的祖先们，不经意地留下了物理上和心理上的两个制高点，来俯瞰一代代的子孙是否有点出息、有点能耐。当我爬到最后一层，我真想气喘吁吁地叫一声："我报到，我的祖先！"

是的，只有远远高于现实的构建，才有能力召唤后代。

二、南京

六朝金粉足能使它名垂千古，何况它还有明清两代的政治大潮，还有近代和现代的殷殷血火。

许多事，本来属于全国，但一到南京，便变得特别奇崛，让人久久不能释怀。历代妓女多得很，哪像明末清初的"秦淮八艳"，那样具有文化素养和政治见识，使整整一段政治文化史都染上了艳丽色彩？历代农民起义多得很，哪像葬身紫金山的朱元璋和把南京定都为天京的洪秀全，那样叱咤风云，闹成如此气象？历代古都多得很，哪像南京，直到现代还一会儿被外寇血洗全城，一会儿在炮火中作历史性永诀，一次次搞得地覆天翻？

中华民族就其主干而言，挺身站起于黄河流域。北方是封建王朝的根基所在，一到南京，受到楚风夷习的侵染，情景自然就变得怪异起来。南京当然也要领受黄河文明，但它又偏偏紧贴长江，这条大河与黄河有不同的性格。南京的怪异，应归因于两条大河的强力冲撞，应归因于一个庞大民族的异质聚汇。

这种冲撞和聚汇，激浪喧天，声势夺人。因此，南京城的气魄，无与伦比，深深铭刻着南北交战的宏大的悲剧性体验。玄武湖边上的古城墙藤葛拂拂，明故宫的遗址仍可寻访，鸡鸣寺的钟声依稀能闻，明孝陵的石人石马巍然端立，秦淮河的流水未曾枯竭，夫子庙的店铺重又繁密，栖霞山的秋叶年年飘落，紫金山的架势千载不移，去中山陵、灵谷寺的林阴道，永远是那样令人心醉。

别的故都，把历史浓缩到宫殿；而南京，把历史溶解于自然。在南京，不存在纯粹学术性的参观，也不存在可以舍弃历史的游玩。北京是过于铺张的聚集，杭州是过于拥挤的沉淀，南京既不铺张也不拥挤，大大方方地敞开一派山水，让人去读解中国历史的大课题。我多次对南京的朋友说，一个对山水和历史同样寄情的中国文人，恰当的归宿地之一是南京。除了夏天太热，语言不太好听之外，我从不掩饰对南京的喜爱。

心中珍藏的千古名诗中，有不少与南京有关，其中尤以刘禹锡的《石头城》为最：

山围故国周遭在，潮打空城寂寞回。

淮水东边旧时月，夜深还过女墙来。

1000 多年前的诗人已把怀古的幽思开拓到如此气派，再加上 1000 年，南京城实在是气可吞天。

三、成都

对整个中国版图来说，群山密布的西南躲藏着一个成都，真是一种大安慰。

我初次入川，是沿宝成铁路进去的。已经看了那么久的黄土高原，连眼神都已萎黄。山间偶尔看见一条便道，一间石屋，便会使精神陡然一震，但它们很快就消失了，永远是寸草不生的连峰，随着轰隆隆的车轮声缓缓后退，没完没了。也有险峻的山势，但落在一片灰黄的单色调中，怎么也显现不出来。造物主一定是打了一次长长的瞌睡，把调色板上的全部灰黄都倾倒在这里了。

开始有了隧洞，一个接一个，过洞时车轮的响声震耳欲聋，也不去管它，反正已张望了多少次，总也没有绿色的希望。但是，隧洞为什么这样多呢，刚刚冲出一个又立即窜进一个，数也数不清。终于感到，有这么隆重的前奏，总会有什么大事情要发生了。果然，不知是蹿出了哪一个隧洞，全车厢一片欢呼：窗外，一派美景从天而降。满山绿草，清瀑飞溅，黄花灼眼，连山石都湿漉漉地布满青苔。车窗外成排的橘子树，碧绿衬着金黄，硕大的橘子，好像伸手便可摘得。土地黑油油的，房舍密集，人畜皆旺。造物主醒了，揉眼抱愧自己的失责，似要狠命地在这儿补上。

从此，我们一刻也不愿离开车窗，直至成都的来到。

有了一个成都作目的地，古代的旅行者可以安心地饱尝入川的千里之苦了。蜀道虽难，有成都在，再难也是风雅，连瘦弱文人也经受得了。

中华文明所有的一切，成都都不缺少。它远离东南，远离大海，很少耗散什么，只知紧紧汇聚，过着浓浓的日子，富足而安逸。那么多山岭卫护着它，它虽然也发生过各种冲撞，却没有卷入过铺盖九州的大灾荒，没有充当过赤地千里的大战场。只因它十分安全，就保留着世代不衰的幽默；只因它较少刺激，就永远有着麻辣的癖好；只因它有飞越崇山的渴望，就养育了一大批才思横溢的文学家。

成都是中国历史文化的丰盈偏仓。这里的话题甚多，因此有那么多茶馆，健谈的成都人为自己准备了品类繁多的小食，把它们与历史一起细细咀嚼品尝。

成都的名胜古迹，有很大一部分是外来游子的遗迹。成都人挺大方，把它们仔细保存，恭敬瞻仰。比之于重庆，成都的沉淀力强得多。正是这种沉淀力，又构建了它的稳健。重庆略嫌浮嚣。

重庆也有明显的长处，它的朝天门码头，虎虎地朝向长江，遥指大海，通体活气便在这种指向中回荡。沉静的成都是缺少这种指向的，古代的成都人在望江楼边洒泪揖别，解缆挥桨，不知要经过多少曲折，才能抵达无边的宽广。

成都的千古难题至今犹在：如何从深厚走向宽广？

四、兰州

常听人说，到西北最难适应的是食物。但我对兰州印象最深的却是两宗美食：牛肉面与白兰瓜。

因此，这座黄河上游边的狭长古城，留给我两种风韵：浓厚与清甜。

兰州牛肉面取料十分讲究，一定要是上好黄牛腿肉，精工烹煮，然后切成细丁，拌上香葱、干椒和花椒；面条粗细随客，地道的做法要一碗碗分开煮，然后浇上适量牛肉汤汁，盖上刚刚炒好的主料。满满一大碗，端上来面条清齐、油光闪闪、浓香扑鼻。一上口味重不腻，爽滑麻烫。另递鲜汤一小碗，如若还需牛肉，则另盘切送，片片干挺而柔酥，佐蒜泥辣酱。在兰州吃牛肉面，一般人都会超过平时的食量。

我兰州的朋友范克峻先生是一位历尽磨难之人，经常带我到一家铺子吃牛肉面。掌勺的马师傅年事已高，见范先生来便亲自料理一切，不容有半点差池。范先生轻声告诉我，这位马师傅实在是一位侠义之士，别看他每天只是切肉煮面，你完全可以把一切信托于他。30多年前，一位每天到这儿吃面的演员突然遭冤被捕，关在监狱里，判刑不轻。妻子亲朋都离他而去，过年过节时也没人来探望。他万万没有想到，竟然是这位马师傅出现在铁窗之前，手提一包干切牛肉，无言捧上。如此者每年不断，一直延续整整20年之久。20年后，演员的冤案昭雪平反，他又重登舞台，名震全城。不管他用什么方式来邀请和感谢，马师傅全不接受，只在他每天早晨来吃牛肉面时，投以轻轻一笑。

正说着，马师傅的牛肉面已经煮好端来，只一口，我就品出兰州的厚味来了。

在风味上，白兰瓜与牛肉面正恰构成强烈对比。这种瓜吃时需剖成长条，入口即满嘴清凉，味不浓，才嚼几下就消融在咽喉之间，立时觉得通体润爽。据说白兰瓜是外来品种，兰州接纳了它，很快让它名扬中华。兰州虽然地处僻远的西北，却是闻名的瓜果之乡。只要是好瓜好果大多都能在兰州存活，而且加添上一份香甜。火车经过兰州站，车厢里会变戏法一样立即贮满了各种瓜果，性急的旅客立即取刀削食，满车都是甜津津的清香。

瓜果的清香也在兰州民风中回荡。与想象中的西北神貌略有差异，这儿的风气颇为疏朗和开放。衣着入时，店货新潮，街道大方，书画劲丽，歌舞鼎盛，观众看戏的兴趣也洒脱的正常。京剧、越剧、秦腔都看，即便是演一个外国话剧，票房价值仍然很高。去敦煌必须经兰州，因此在兰州的外国旅游者很多。兰州的一大缺憾，是机场离市区实在太远，极为不便；但兰州机场女播音员的英语水平，在我听来，在全国机场之上，这又给国际友人带来了一种舒坦。

这便是兰州，对立的风味和谐着，给西北高原带来平抚，给长途旅人带来慰藉。中华民族能在那么遥远的地方挖出一口生命之泉喷涌的深井，可见体力毕竟还算旺盛的。有一个兰州在那里驻节，我们在穿越千年无奈的高原时也会浮起一丝自豪。

五、广州

终究还得说说广州。

前年除夕，我因购不到机票，被滞留在广州。许多朋友可怜我，纷纷来邀请到他们家过年。我也就趁机，轮着到各家走了走。

走进每家的客厅，全是大株鲜花。各种色彩都有，名目繁多，记不胜记。我最喜欢的是一株株栽在大盆里的金橘树，深绿的叶，金黄的果，全都亮闪闪的。一位女作家顺手摘下两枚，一枚递给我，一枚丢进嘴里。她丈夫笑着说：“不到新年，准被她吃光了。”而新年就在明天。

那天下午，几位朋友又来约我，说晚上去看花市，除夕花市特别热闹；下午就到郊区去看花圃。到花圃去的路上，一辆一辆全是装花的车。广州人不喜爱断枝摘下的花，习惯于连根盆栽，一盆盆地运。许多花枝高大而茂密，把卡车驾驶室的顶都遮盖了，远远看去，只见一群群繁花在天际飞奔，神奇极了。这些繁花将奔入各家各户，人们在花丛中斟酒祝福。我觉得，比之于全国其他地方，广州人更有权利说一句：春节来了！

可惜，从花圃回来，我就拿到了机票，立即赶向机场，晚上的除夕花市终于没有看成。

在飞机上，满脑子还盘旋着广州的花。我想，内地的人们过春节，大多用红纸与鞭炮来装点，那里的春意和吉祥气，是人铺设起来的。唯有广州，硬是让运花车运来一个季节，把实实在在的春天生命引进家门，因此庆祝得最为诚实、最为透彻。

据说，即便在最动荡的年月，广州的花市也未曾停歇。就像广州人喝早茶，天天去，悠悠然地，不管它潮涨潮退、云起云落。

以某种板正的观念看来，花市和早茶，只是生活的小点缀，社会大事多得很，哪能如此迷醉。种种凌厉的号令远行千里抵达广州，已是声威疏淡，再让它旋入花丛和茶香，更是难以寻见。

“广州怎么回事?”有人在吆喝。广州人好像没有听见，嘟哝了一声很难听懂的广州话，转身嗅了嗅花瓣，又端起了茶盏。

广州历来远离京城，面对大海。这一方位使它天然地与中国千年封建传统构成了逆反。千里驿马跑到这里已疲倦不堪，而远航南洋的海船正时时准备拔锚出发。

当驿马实在搅得人烦不胜烦的时候，这儿兀兀然地站出康有为、梁启超、黄遵宪、孙中山，面对北方朗声发言。一时火起，还会打点行装，慷慨北上，把事情闹个青红皂白。北伐，北伐，广州始终是北伐的起点。

北上常常失败。那就回来，依然喝早茶、逛花市，悠闲得像没事人一样，过着世俗气息颇重的情感生活。

这些年，广州好像又在向着北方发言了，以它的繁忙，以它的开放，以它的勇敢。不过这次发言与以前不同，它不必暂时舍弃早茶和花市了，浓浓冽冽地，让慷慨言辞拌和着茶香和花香，直飘远方。

像我这样一个文人，走在广州街上有时也会感到寂寞。倒也不是没有朋友，在广州，我的学生和朋友多得很，但他们也有寂寞。我们都在寻找和期待着一种东西，对它的创造，步履不能像街市间的人群那样匆忙，它的功效，也不像早茶和花市，只满足日常性、季节性的消耗。

【写作背景】　《文化苦旅》是余秋雨的一本散文集，其中《五城记》是一篇容易被人忽略的小散文。作者以一种文化人的眼光，满怀感慨地审视了中国版图上的五座名城。在《自序》中，他写道："每到一个地方，总有一种沉重的历史气压罩住我的全身，使我无端的感动，无端的喟叹，常常像傻瓜一样木然伫立着，一会儿满脑章句，一会儿满脑空白。"《五城记》就是这种深永的历史感喟的结晶。

【定调分析】　开封、南京、成都、兰州、广州是我国五座著名的城市，它们各有特点，怎样抓住其个性精神，并在开笔语言片断中加以凝结，这是一个难题。余秋雨是这样处理的：

> 它背靠一条黄河，脚踏一个宋代，像一位已不显赫的贵族，眉眼间仍然器宇非凡。（开封）

> 六朝金粉足能使它名垂千古，何况它还有明清两代的政治大潮，还有近代和现代的殷殷血火。（南京）

> 对整个中国版图来说，群山密布的西南躲藏着一个成都，真是一种大安慰。（成都）

> 常听人说，到西北最难适应的是食物。但我对兰州印象最深的却是两宗美食：牛肉面与白兰瓜。（兰州）

> 终究还得说说广州。（广州）

五个开笔的共同点是简洁，用精练的语词表达了作者对五座城市的不同感受。结合文本考察，它们都实现了对文章非主题、非内容、非指义信息的缩微这一功能，所确定的基调，在文本各个局部得到切实的贯彻，分析这些语言片段，不难揣摩作者在试思阶段基本遵循着“历史——特征——感受”这一模式进行的语言提纯。从写作文化层面看，作者取文化视角，追求一种深沉、开阔而不失人情味的写作精神，起笔富有创意，将所感受到的时空情绪灌注到了对对象的审美观照中，给人一种文调和鸣的整体美感。

（二）学生定调分析实践

请你模仿上述分析方法，分析彭学明散文《踏花花》[1] 在开笔——定调上的思维特征，写成分析文章，作为课堂作业。

二、定调思维操作技术：演示、模仿与实践

临风吟山[2]

张建永

月影里，山风如约而至，扬我鬓发，慰我块垒，我依窗沉吟灵魂的视区之中。窗外，山的剪影像五线谱中上下起伏密集排列的32分音符，把心高高托起又沉沉扔下，上上下下起起伏伏，高高低低跌跌宕宕，永无止境地向辽远的天尽头追逐而去。无声的山的浪影像有声的海的浪涛，今夜，竟那样深深摇撼我心。月映万川的苍天穹隆下，我如蝼蚁的生命竟在这大山的迷宫里一走就走了四十多年。像我的先辈一样，从生命的襁褓伸出的脚一旦触碰到湘西大山粗糙崎岖的山路，我就一辈子被定格在山的怀抱中。像沈从文、黄永玉们则是为数不多的山之精灵，他们是“世界公民”。而我及我们更多的凡人则注定要把生命拆卸成鲜活的分分秒秒，粘贴在蜿蜒路途和白云生处。

于是，山峰山峦山脉，山沟山谷山壑，山风山雨山洪，山水山溪山河统统养成我的筋骨、血脉、情感、意志。于是这一生的爱、恨、喜、怒全收藏在山中。

湘西的山，刚烈如脱缰骏马，啸聚山林，它们从云贵高原一路四蹄翻飞，

---

① 见彭学明：《我的湘西》，天津，百花文艺出版社，1995。

② 引自张景龙主编：《青春的站台》，北京，作家出版社，2000。

望东南狂奔，终于在此处举蹄回望，是“雪涌蓝关马不前”了吗？再往东去，那一马平川的湘中大地不正是纵横驰骋的天地？你们以千年不解之谜凝固在湘西：奋蹄仰天长啸地成了刀劈斧削峥嵘嶙峋的张家界天子山，侧身偃卧的是连绵起伏见首不见尾的八大公山矮寨坡。人在大山里，是一粒小小的尘埃，一颗黑黑的种子，一团飘飞的蒲公英，一株根须牢牢扎进石缝中的小草。

站在高高的山峰，是豪情满怀也是忧伤无边的时刻。看高广到无极的长空，目送飞鸿，心被无限拓展。纵然你学养有限，那历史、那历史中的人物便纷至沓来。铁马冰河入梦来的陆游、左擎苍右牵黄的苏轼……松涛和山溪交响协奏，晚霞和新月互相辉映。奔放的山势能使怯者勇，弱者强。然而，忧伤也无边，迷茫也无涯。站在山上看逝水东流，日出日落，时辰变幻，岁月交替，这一切都分外清晰。看居高山，如我类草芥莽民般弱小，竟也常常像登临高处把酒临风的诗人，在“落日楼头，断鸿声里”，充分感受生命的窘迫，时空感比之立足一马平川的人们或更为强烈。在山里，你能眼睁睁地看着生命在日月每一天轮回的抛物线中被抢掠而走。你守不住满目青山的绿，它一回一回地黄了。你点不燃启明北斗的亮，它一次又一次地灭了。

【写作背景】 1999 年张建永从欧洲回国后，一直处于文学写作的激情状态，《走马欧洲》系列作品的出世，使他中断了《艺术思维哲学》的写作，转而投向《我的湘西》的营构。书写“湘西”出了一个乡土文学宗师沈从文，出了一个诗化散文名家彭学明，张建永迎难而上，独辟蹊径，以“思想笔记”的形式直捣湘西腹地。《临风吟山》作为《我的湘西》的首篇，从思想情感的深度、艺术碰触的力度和美学意境的厚度多个层面，显现出作者对湘西的另一种觉解。

【定调操作演示】 《临风吟山》在自然时间上是张建永一个晚上的产物，凌晨发动，熹微收束。但在心理时间上，则是他四十多年积淀的结果。湘西大山收藏了他一生的爱、恨、喜、怒，他生命中的青春岁月，日夜与山“相拥而卧，相携相行，相忆梦里，相忘江湖”。“站在高高的山峰，是豪情满怀也是忧伤无边的时刻”，“月映万川的苍天穹隆下，我如蝼蚁的生命竟在这大山的迷宫里一走就走了四十多年”。这，可视为全文的话语胚胎，它们为文章奠定了一种深情、深沉、深远和阔大的基调，浓缩了作者对湘西“山峰山峦山脉，山沟山谷山壑，山风山雨山洪，山水山溪山河”的全部血脉、筋骨、意志、情感和梦想。大山的温爱与苦痛、豪情与苍凉，经由渺小生命的深长体验与哲学追问，跌跌宕宕奔向崇高。这是一种全景式的把握，一端扣住古老凝重的山地空间，一端切入忧伤残酷的历史时间，两个端点的中途，则是山神精神的腾挪与延展。

从写作智慧层面看，张建永立意深远，开笔视阈宽广，节奏沉凝滞重，境界博大沉雄。他把访欧回归产生的那种历史与文化的巨大反差感，涵涵为一种哲人之思，透过山峦浪影，捉捕坚韧、坚贞、坚毅与坚强的山地精神。在对策上，他采用空间感（“月映万川”、“苍天穹隆”、“大山迷宫”）的辽远、时间感（我的生命史、我的先辈）的绵邈和内心感受的对立（豪情与忧伤），来体现自身心灵空间的伟岸。此外，作者惯用的那种极富质感、穿透力的语言，因契合写作个性与大山的精神，为文章定调提供了极富生力的语言基因。

三、写作实践尝试

根据上述例证，请以“黄昏意绪”或“月下小景”为题写一个开笔语，并谈谈写作试思的具体内容。

四、从修改中学习写作

（1）自改互评；

（2）教师抽评；

（3）改正清誊。

写作试思评改细则

1. 文章的行文，是否选择了与文章的主题、立意、内容、体裁相协调的文章基调，使文章的基调为表现文章的主题立意服务？如果不是，问题出在哪儿？

2. 文章的行文，是否选择了与文章的读者对象合适的文章基调，从而达到最佳的接受效果，实现文章的写作功能、目的意图？如果不是，问题出在哪儿？

3. 文章开笔的文章基调是否是全文文章基调的体现？如果不是，问题出在哪儿？

4. 文章开笔是否与文章开头的内容具有有机联系？如果没有，问题出在哪儿？

五、写作素质课后培养

（1）运用所学知识分析两篇文章的开笔，写成分析短文。

（2）根据不同文体的特殊要求，运用本章所学知识，进行开笔—定调练习。

(3) 写一篇学习本章知识的体会。

【概念术语】

行文　文章基调　写作试思　试思状态　文章开笔

【复习思考】

1. 谈谈行文的本质是什么。
2. 谈谈行文的理想是什么。
3. 简述行文的基本原理。
4. 什么是文章基调？文章基调有哪些特性？
5. 请阐述写作试思与文章基调形成的关系。
6. 什么是文章开笔？文章开笔有哪些基本特征？
7. 结合实例，谈谈解决文章基调语词化应从哪些方面着手。
8. 开笔生成中的写作文化意识体现在哪些方面？

第 17 章

选字砌句　清通流畅

——写作句法/行文措辞思维操作能力建构训练（中）

1. 教学要求： 学习行文中措辞性思维的写作知识，并将这些行文知识转化为各类体裁措辞行文的素质与能力。

2. 训练重点： 建立措辞行文的思维操作模型，并将其转换为措辞行文思维的操作技术。

3. 训练难点： 对措辞行文中的语感的把握，即对写作文化、写作智慧和写作美学的把握。

神气者，文之最精处也；音节者，文之稍粗处也；字句者，文之最粗处也。然论文而至于字句，则文之能事尽也。学者求神气而得之于音节，求音节而得之于字句，则思过半也。

——刘大櫆

如果说在运思、思考、构思①的阶段，写作思维是从宏观到微观、从整体到局部的话，那么，当写作者拿起笔来进行语词化的措辞行文成句时，写作行文措辞思维过程的现实方向则是从局部到整体、从微观到宏观。措辞行文的这个思维

① 在非构思写作学里，如果要进行构思，那么，构思并非是行文措辞的“律令”、依据、蓝图，行文并非是对构思蓝图的细化，而只是一种激活写作思维启动运行的手段而已，可以构思，但行文则按照自己的思维逻辑自由生长。

过程正如刘勰在《文心雕龙》专门讨论写作行文问题的《章句》篇中所说的那样：

> 夫人之立言，因字而成句，积句而成章，积章而成篇。篇之彪炳，章无疵也。章之明靡，句无玷也。句之清英，字不妄也。振本而末从，知一而万毕也。

在写作行文中，句字的生成是基础，然后是语段或段落的生成，然后是部分（开头、中间、结尾）的生成，最后，整篇文章便产生了。那么，“章”和“句”及行文思维过程的本质是什么呢？刘勰说：“宅情曰章，位言曰句。”章（段）的安排及章内句子关系的安排，都是对文章的意思、段旨的安排，而句子的生成就是对词语位置的安排、确立、到位。句子行文中的“言”怎样才算“到位”呢，段落行文中，“情”是怎样进行定的呢？这就是行文措辞阶段需要思考的主要问题。

第 1 节　行文的概念、理想与基本原理

一、“行文”的概念

在中国古代写作理论中，把“行文”称为“章句”、“属文”、“缀文”。在现代写作教材中，“行文”又称“表达”、“传达”、“表述”、“起草”。所谓“行文”，就是文章写作中用文字进行话语书写的过程。在这个意义上，“行文”又包括两层含义。狭义的“行文”是指在写作构思之后进行的起草行为，广义的“行文”则指那种非构思的即兴式直接的文章写作起草行为。从后一个概念上说，行文研究并不简单，它甚至就是写作行为研究本身，因而行文研究就是写作研究中最难的问题了。

上面所说的行文，还是从写作行为的表面来进行定义的。如果从深一层上对写作行文进行定义，那么写作行文就是一种对主题的具体语词表达、物化，即分蘖、展开、细化的思维过程和语词化的过程。这个过程就是将文章的立意、主题结构化或结构主题化的过程。这里的结构是用其广义，既包括对词汇的组织、构造（构句），也包括对句子的组织、构造（构段），还包括对段落的组织，对部分的组织（构篇）。因此，行文就是写作行为中“写”或“作”的本身，即狭义的写作行为本身。

总之，在写作行文中，措辞的本质就是对句子基本语义的主干到枝丫的展开选择与修饰美化的问题。这个过程就是行文中的措辞成句的问题，也就是所谓

“措辞造句”的意思。措辞阶段是写作行为最后的行为，也是行文最终落实的问题。其目的是把章法阶段运用路径思维生成的意思网络的材料单元（每一段“绳子”）通过措辞生句形成句子系列——文章，而且要保证具有语感、美感。我们必须弄清行文措辞的写作基本概念与基本原理、思维规律。写作行文中的措辞行为就是作者在特殊的写作语境（读者、时空、禁忌）下，从基本语义的内部语言到功能语义生成的外部语言的过程，也即所谓“语言表达”环节。

二、行文的本质

行文是一种书面言说行为，行文的本质，就是言说（作为现实的语言形态的言说行为）的本质。只是行文中的书面言说是一种高度秩序化、审美化的言说罢了。而就本质来说，二者是没有什么区别的。世界上从来没有什么抽象的言说活动，只有具体的言说，即言说者总是在具体的时间、空间内，面对具体读者对象，就某个具体话题所进行的言说。而这种“言说”最本质的特征就是言说者和接受者双方的互动性或对话性。这种互动性或对话性，其实也是言说对语境控制、作用的一种反馈、应对而已。这种“主体性”互动性或对话性产生了言说话语的具体性、针对性、有效性。所谓文章写作，其实是一种理想的语域空间（理想的句子措辞）的获得，而行文的本质就是语域空间的控制性生成。因此，所谓“行文”，就是对理想性语域空间的互动性控制性生成/外化的行为过程。

如果从写作技法的层面来讲，句子的行文是全部行文的第一基础，因为文章就是一个个句子的结合体。即从某种意义上说，写好了句子，深知其中的规律，也就可以写好文章了。

三、行文措辞的写作意识

在写作行文中，写作措辞只有达到上面讲的功能语义这个理想状态，才能产生强烈的表达功能，文章的表达功能才能充分实现。因此，在措辞生句的行文过程中，写作主体的写作思维、写作意识首先要注意两个层次的“把握”。

（一）句子基本语义的写作意识

基本语义是一种内部语言，它是写作者通过思维活动的意思框架、轮廓（句意、段意）。基本语义的把握就是作者对将要写作的这个句子的最基本的、简要的、意思的理解、明确与凸现。由于行文措辞就是对这个基本句义的充分展开，因此，它决定生成句子行文的语义性措辞的意义指向和归宿。基本语义的特征有三：一是自明性，这是作者对世界的认识结果，不需要证明；二是主干性，它只是句子的最简洁的框架、轮廓；三是非修辞性，因为自明所以素朴，无需修辞。

（二）句子功能语义的写作意识

功能性措辞就是在行文中对基本语义进行展开了的措辞，这些措辞是为了实现句子的表达功能、交际功能。功能语义是一种外部语言，即说出来或写出来希望读者、听者接受的形式化语言。功能语义的特征有四：一是语境性，它是针对具体的时空背景、读者对象而生成的语言建筑；二是他明性，即这样的句子要感人、服人、明人；三是展开性，即对句子简单框架轮廓要进行充分展开细化，使句子的基本意思更加清楚、明白；四是修辞性、美化性，即形象、鲜明、生动，这是一种积极的写作策略的体现。

行文展开的功能性措辞又分为 4 个维度：

1. 节奏性措辞

节奏性措辞是对句子的人称、语调、口气、详略、语速的节奏性把握，节奏性把握产生句子行文的节奏性措辞。这里主要考虑的是生成句子的字词情感色彩、行文速度、详略安排的选择问题。

2. 策略性措辞

策略性措辞是对句子内容、语词的策略性把握，由此而生成了句子行文的策略性措辞。作者行文时要考虑句子的措辞是否属于写作禁忌的范围，策略性措辞要尽量回避写作禁忌，尽量利用一些有利的字眼曲折地表达自己的意思。

3. 修辞性措辞

修辞性措辞是对句子的修辞性把握，由此生成了句子行文的修辞性措辞。这里也是对句子中所用的字词的生动性、形象性、明白性、渲染性的考虑与选择。

4. 文体性措辞

文体性措辞是对句子的文体感的把握或控制，由此生成了句子行文的文体性措辞。这里作者关注的是句子的内容所体现的感觉特征、文采特征与所写的文体是否协调的问题。一般说来，这 4 种把握是口头语言和书面语言所共同关注的问题。口头表达只考虑一二三种把握或控制，而书面语言、写作语言、艺术语言还必须进行第四种把握或控制。如果在口头语言（例如演讲、朗诵）中也运用了这种控制，那么这种口头语言乃是书面化的口头语言，并非自然口头语言。因为，第四种讲究的是语言的文采性、修饰性、艺术性，这就是孔子所谓“文质彬彬”。而一般口头语言是不会讲究关注这些东西的。如果口头语言过多地关注这一点，就成了“文绉绉”的语言。相反，如果书面语言、写作语言、艺术语言不关注第四种把握与控制，那么，这就是孔子所说的“言之无文，行之不远”的语言。

四、行文的理想

行文的理想，其实何尝不是对文章写作的终极审美理想？因为，行文的成果就是文章作品。因此，行文的理想就是用人们对文章的审美理想去控制、调节起草的操作。

在我们看来，文章的审美理想，用形象的话来说，就是“清通流畅，血肉丰满”，用理论的话来说，就是条理清楚、具体明白。前者是一种“真”，后者是一种“美”；前者是一种“序”，后者是一种“文”。所以，《周易》主张“言有序”。宋人吕南公将此阐述得更为清楚：“盖所谓文者，所以序乎言者也。民之生，非病哑吃，皆有言，而贤者独能成章，存乎序，此文之所以称。”（《灌园集・与汪秘校论文书》）这就是说，文章就是对言语的组织、序化而已。正因为有秩序、条理，于是被人相信、接受，这样，文章才能得到宣扬、传播，实现了文章写作的功能。因此，秩序、条理，是文章、行文的第一要务。所以老舍先生才说：“凡是有名的小说或剧本，其中的语言都是原原本本的，像清新的流水似的，一句连一句，一节连一节，没有随便乱扯的地方。”① 文章不仅要条理清楚，而且要生动优美，所以，孔夫子认为“言之无文，行之不远”。所以，桐城派大师主张“义理、词章、考据”。这里的“词章”讲的就是这个问题。毛泽东对文风的要求“准确、鲜明、生动”更明确体现了这种文章写作的美学理想。而“真”与“美”的结合，“序”与“文”的结合，就是所谓孔夫子所理想的“文质彬彬”、“辞达”的文章境界，这也是行文的理想。

一方面，行文的审美理想与文章的审美理想直接相关，但是，另一方面，文章的审美理想又不能代替行文的审美理想。作为一种行为，行文的审美理想是行文的本质所决定的、规定的。

五、行文的基本原理

实际上，我们已经开始涉及行文的原理了。在这里，作为话语形态的语域空间的生成，是对言说话题依靠一系列逻辑化的思维分析的操作来生成的。这种逻辑化的思维分析或综合只是行文的基础、毛坯行为，更为精致、完美、理想的行文活动则体现在对具体时空背景、读者对象的交流、互动的反馈和应对上面，如图 17—1 所示。

---

① 老舍：《怎样学习语言》，载《解放军文艺》，1951（8）。

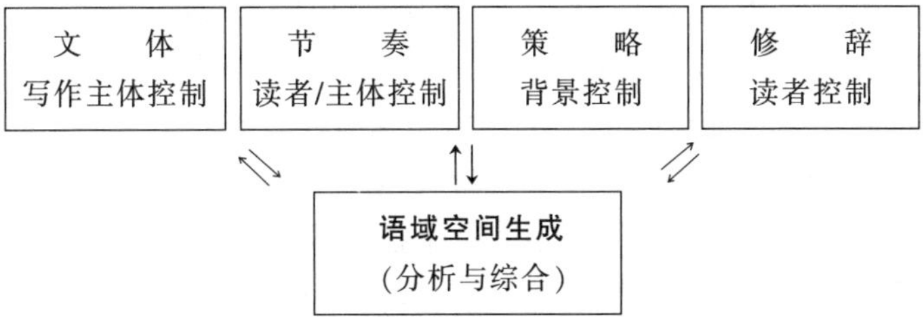

图 17—1　语域空间生成

这里的"语域空间"就是言说者关于行文言说的思路空间、话语空间，它是行文话语的动态形态；它是文章秩序、逻辑的具体体现；它是通过重复与对比的足文、赋形思维操作艺术模型和分析与综合的路径思维的操作技术思维模型来实现的。

第 2 节　句子生成的措辞思维建构训练

我们在前面一再讲过，写作思维的基本原理就是作为美学思维的赋形思维推动作为逻辑思维的路径思维。如果说，路径思维中的综合思维主要是用来产生灵感、产生立意的思维操作行为的话，那么，路径思维中的分析思维主要是用来进行行文措辞的表达性思维操作行为①。因此，句子生成、功能语义生成的措辞行为的思维规律仍然是在赋形思维推动下的分析性路径思维操作而已。我们已经知道，写作路径思维中的分析思维包括构成分析、过程分析、因果分析三种类型，而这三种分析思维正是描写句、叙述句、议论句三种基本句型的措辞路径思维的操作模型。这是因为，如上所说，从外部形式上讲，行文措辞中功能语义的两个最为重要的特征就是开展性和修辞性，而句子的展开必须运用分析思维，除此别无他法。下面，我们就分别从展开性措辞和修辞性措辞两个方面来揭示行文中的措辞规律，看看作者是到底怎样进行"在赋形思维推动下的分析性路径思维操作"的，从中学习、模仿写作家们写作措辞艺术，从而建构措辞思维操作模型，学会写作行文措辞的技法与艺术，真实有效地提高我们的语言文字表达能力。

---

① 实际上，围绕文章主题进行作为逻辑思维的路径思维中的分析思维所包括构成分析、过程分析、因果分析所产生成果的过程，也就是对主体内容所进行作为美学的赋形思维过程。我们在这里看到了在形式的意义上写作艺术中写作思维与写作美学的内在的一致性。

一、运用路径思维具体化、充分化行文措辞展开

（一）描写性行文措辞的展开

1. 景物描写：赋形思维控制下的结构要素分析、选择与组织

如果我们在写作行文的过程中，希望对某种抽象事物进行描写性表达的时候，就要运用构成分析思维操作模型的这个抽象的事物构成元素进行分析并用语词表达，这就是描写句的展开性措辞。

例如，作家想艺术地表达“窗外的声音吵醒了我”这个基本语义片段时，如果把基本语言如实写出来，这就是大白话，一点也不形象、生动，毫无艺术性可言，于是作家就要对“声音”这个事物进行构成类型的类型分析，然后再把声音的具体类型构成分析结果写出来的时候，就是十分理想的功能性语言，理想的行文措辞：

> 清晨，窗外风声、竹声、泉声、鸟声唤醒了我。（邱峰：《莫干山访竹》）

在这里，作者把风声的具体构成分析出来了，也把概括声音具体化、展开并措辞了，于是，作者在这里鸣奏着一曲清美的音乐，产生了形象、生动的艺术感受。可以看出，其基本的思维操作模型和过程，正是“基本语义—构成分析（声音类型分析）—功能语义”。

进行基本语义的描写性展开的时候，并非是对描写对象的客观形象进行照相式的事物结构元素分析展开，更重要的是把握作者要写的这个句子的立场态度、情感色彩、行文基调，在这一情感基调的控制下进行构成分析式的展开措辞，这样的构成分析式的展开性描写就是对句子的行文基调、情感色彩的渲染重复的赋形思维了。这就是说，作者在进行构成分析的展开中，是按照主题、情调的赋形思维进行组织句子的。也就是说文学描写不仅仅是对客观事物的描写，而且也是对主题思想、人物形象的塑造的角度进行分析展开选择组织。例如，作家要通过描写一个公园的景色来对一种临危不惧的精神进行渲染赋形。作家的基本语义是：公园的景色象征着临危不惧的精神。但是，作者在行文中不能这样明说，而要通过景物的性格的情调特征进行展开、选择与组织，于是写成了下面的功能语义：

> 兆丰公园的景色，笼罩着一片冬日的景象，地上全是一片黄色的枯草。像男人的头发，顺着地面整齐的排列着，万木凋零。独显苍松之劲与楠竹之茂盛，还有那零散的腊梅花，香气袭人。秋菊仍在枝头，还没有完全枯落。冬日的月季，叶子发黄，花朵黯淡，犹在冷风中挣扎。（珠珊：《爱与仇》）

有的学者认为这段话“是从无花植物到有花植物展开，安排了句子的顺序”[1]。其实，不仅仅是按照这个顺序进行展开，这只是个基础，更为重要的是在这个展开过程中，作者是按照对主体情调的赋形思维的思路进行这个基本寓意的构成分析的描写性展开的。这就是典型的“在赋形思维推动下的分析性路径思维操作”案例。这里不仅有主题情调的重复、渲染，例如，“笼罩着一片冬日的景象，地上全是一片黄色的枯草。像男人的头发，顺着地面整齐的排列着，万木凋零……叶子发黄，花朵黯淡，犹在冷风中挣扎。”而且，还有主题情调的对比、反衬，例如“独显苍松之劲与楠竹之茂盛，还有那零散的腊梅花，香气袭人”就是对前面的景色情调的对比反衬。

2 外貌描写：赋形思维控制下的结构要素分析、选择与组织

在外貌描写的行文措辞中，需要通过对描写对象细节的具体化展开，产生强烈的情感效果，在这里细节描写的目的是为了表达人物的内心世界。例如朱自清《背影》结尾有这样一句话：

> 我读到此处，在晶莹的泪光中，又看见了那肥胖的，青布棉袍，黑布马褂的背影。

其实，这 31 个字要表达的基本语义就是 7 个字：我看见父亲背影。从行文的基调上来看，这句话用了一种连绵起伏深沉低回的句式来表达自己的感情色彩，抒发自己对父亲的深情。从修辞性把握的角度来看，作者对“看背影”这一基本语义进行了尽情的渲染、修辞。首先，作者交代了自己看见父亲背影的时间——“我读到此处”。其次，描写“我”看见父亲的情感状态——“在晶莹的泪光中……”，以此作为这个句子的状语从句，强化了句子的悲情力量。再次，对宾语的“背影”进行恰到好处的修饰：肥胖的，青布棉袍，黑布马褂的背影。在对宾语——背影——的修饰中，作者运用的是多重定语，即重复、渲染的思维模型，从而强化、渲染了“背影”的形象性、生动性、冲击力。这生动性、形象性就是一种修辞性语义。这里，状语对谓语（动词：看）的修饰、限制，定语对宾语（背影）的限制修饰，连绵起伏深沉低回句式语调，都是斯皮瓦克所谓语言中“修辞对逻辑（语法）的干扰”，正是通过这种有效的干扰（当然还要加上语调、策略的干扰），才使行文中的句子表达出自己全部真实的言说语义，实现了文章表达功能。

又如张峻在《修房曲》有这样一句表达功能很强的文字：

> 这是一个年近六十的老汉。中流个儿，稍稍有点驼背，头顶上的头发已

---

① 王占馥：《思维与语言的运用》，350 页。

经脱落，脑门显得宽大，栗子般的脸膛，两腮挂着灰白胡子，面容和善而深沉。

这个很强功能语义的基本语义就是：这是一个好老汉。作者为了把这个老汉的形象写得有特点、有内涵，采运用了构成分析思维方法，并用赋形思维重复渲染的思维操作模型，对其身份、性格进行了具体化展开。再如王蒙《坚硬的稀粥》中的对“他很差劲”这个基本语义进行了赋形思维推动下的构成分析的思维模型具体化展开描写：“他个儿没人家高，体型没人家好，力气没人家大，精神没家足。”实现了这个基本语义向功能语义的完美转化。

当诗人产生了“她很美”的基本语义，这个感受评价作者自己是很相信的，但是不能让别人相信、感动。必须对这个抽象的基本语义进行相似思维进行比喻性展开的行文措辞，使其形象生动。《诗经·硕人》就是这样典范：

手若柔荑，肤若凝脂，领若蝤蛴，齿若瓠犀，螓首蛾眉。

通过这样的他相似思维的比喻性展开措辞，这一连串的比喻其实也是一种赋形思维。又如，鲁迅《雪》中有这样一句表达功能很强的句子：

孩子们呵着冻得通红，像姜芽一般的小手。

这个句子的基本语言就是：孩子们呵着小手。但这样的言说很抽象，不具体不生动，经过作家运用他相似比喻性展开措辞就变的形象具体了。又如，像“我心头产生了喜悦”或“我特别高兴”这样的感受，这样的写作动机，基本语义是经常产生的，但是刘再复在《读沧海》中把这个基本语义展开的十分生动、鲜明：“也就在这个时候，喜悦像涌上海面的潜流，突然滚过我的胸脯。”

（二）叙述性行文措辞的展开

理想的叙述性展开并非仅仅依靠行为过程的环节分析，还必须在赋形思维操作模型的推动之下进行环节分析，否则就不能实现叙述的表达功能。叙述性展开可分为两种类型：动作描写的展开和行为细节描写的展开。

1. 动作描写：赋形思维控制下的动作环节分析、选择与组织

动作叙述又称为动作描写。例如张峻《修房曲》中，有这样一个表现力很强的语句：

乔二娘把饭菜都收拾利索之后，山庄已是暮色沉沉，她燃着油灯，放妥桌子，摆好碗筷，盼着老汉回来吃饭。

这个句子的基本语义就是：乔二娘等着老汉吃饭。如果这样写，就显得很苍白，不足以感人。所以，作家在这里便把“乔二娘等着老汉吃饭”这件事进行环节上的分析展开——“把饭菜都收拾利索之后……燃着油灯，放妥桌子，摆好碗筷”——形成了对乔二娘非常关爱老汉的心情的赋形思维。

2. 细节描写：赋形思维控制下的细节环节分析、选择与组织

池莉《来来往往》有这样一个句子：

段莉娜的沉默慢慢有了冷漠，冷漠慢慢地变了不屑，不屑中慢慢地添了讨厌。

这个句子的基本语义就是：段莉娜的态度变了。但是这样的语言太直白，太简单，无法让人获得关于“态度变化”详细信息。作家通过对态度变化过程的环节分析和选择形成了“沉默—冷漠—不屑—讨厌”的细节描写，而这正是一种对句意的重复渲染得赋形思维操作，这样的细节展开描写就显得十分传神动人。

像“她很美”这样的基本语义，可以像上面那样运用比喻性行文展开措辞，产生形象感、生动感，也可以运用生动性动态性措辞进行展开，产生一种动态的生动之美。《诗经·硕人》就是这样进行行文展开的：“巧笑倩兮，美目盼兮。”

（三）议论性行文措辞的展开

对于议论性、评价性的基本语义，同样不能是大白话，这样只是一种简单结论，必须把得出这个结论、评价的理由进行因果分析展开，而这个因果分析的展开过程也就是对评价、议论的观点的赋形思维。

在进行因果分析的议论性展开措辞的时候，可以运用原因分析的思维操作模型进行展开性措辞，使行文措辞更加令人信服。例如张扬《第二次握手》有这样一句议论：

一般而言，一个人一生中的初恋，因为缺乏生活经验，因为缺乏必要的精神体会和物质基础，因为幼稚、单纯和感情用事，因为与当时社会的某些特定的历史条件相矛盾，等等，因而总是不会成功的。

这个句子最初的基本语义就是：初恋是不能成功的。但是如果在行文中也这样写，就不足以让人相信。

对议论性措辞基本语义的展开，也可以运用功能分析进行展开，使议论得以信服。童裳亮《海洋与生命》中有这样一个句子：

原始生命的诞生，打破了地球的死寂，开辟了地球历史的新纪元。

这个句子的基本语义就是：原始生命诞生很重要。为了使人相信这个观点，作者这里便对原始生命的诞生的意义——打破了地球的死寂，开辟了地球历史的新纪元——进行分析，从而实现议论型的展开。

有时，议论性措辞则需要运用既有原因分析又有背景分析的思维操作，从而实现对基本语义的赋形思维。例如张扬《第二次握手》中有这样一个议论型的句子：

他想远走高飞，可是，太“远”太“高”又办不到。他想到国外去深造，可是，公费留学又争取不到，自己留学又没钱。即使有钱也不行，当局根本不会批准，因为那时教育部的部长是苏凤麒的老朋友，教育部不批准，外交部就不会办护照；即使教育部批准了，外交部也通不过，因为外交部长与苏凤麒过从甚密；万一外交部同意，英美领事馆也不会给签证，这些洋人对苏凤麒这位皇家学会会员是十分器重的。

这个句子的基本语义就是：他想远走高飞办不到。作者为了使这个结论让人相信，运用原因分析进行展开：公费留学又争取不到，自己留学有没钱。又运用背景分析方面进行展开：即使有钱也不行，当局根本不会批准，因为那时教育部的部长是苏凤麒的老朋友，教育部不批准，外交部就不会办护照；即使教育部批准了，外交部也通不过，因为外交部长与苏凤麒过从甚密；万一外交部同意，英美领事馆也不会给签证，这些洋人对苏凤麒这位皇家学会会员是十分器重的。这样使这个句子十分丰满，具有很强的表达功能，读者觉得十分可信。

（四）抒情性、说明性行文措辞的展开

描写、叙述、议论这几种表达方式都分别对应着相应的路径思维操作模型，但是，抒情和说明则并不以是以思维操作模型的差异进行分类命名，而是以表达目的——对情感的抒发和对事物性质的特征的说明命名。而在思维操作方面，则可以运用构成分析、过程分析和因果分析这三种思维操作模型进行行文措辞展开。例如，要表达抒情性基本语义，进行抒情性行文措辞，可以运用构成分析进行情感的赋形思维的行文措辞展开，这样就形成了“借景抒情”、“情景交融”的抒情行文措辞。也可以运用“环节分析”的路径思维的思维操作进行过程性展开，这样就形成记叙性的抒情性行文，例如叙述散文就是如此。也可以运用简略因果分析进行行文展开，实现对基本语义的情感的赋形思维，例如杂文的行文措辞就是如此。

说明性的基本语义展开措辞与抒情性的行文措辞也是如此。例如，可以运用构成分析的思维操作进行说明性基本语义的行文措辞的展开，事物说明文就是如此。例如，张竣是小说《赶集》中有一段对《放牧图》的说明就是如此：

这是专署畜牧局绘制引印发的一张《放牧图》。图的上端，占了三分之一的篇幅画了只卷角羊头，下面画了八张小图。每一个图里，介绍一种放养法：什么“凤凰单展翅”呀，“一条鞭”呀，“满天星”呀，等等。每幅图下还都写着详细的说明，指出各种放牧的好处。

这个句子的基本语义就是：这是一张《放牧图》。作者对这张《放牧图》的结构内容进行详细的构成分析，从而实现了对基本语义的充分展开，让人觉得十分清晰。事物说明文就是如此进行行文措辞的。而过程说明文中对于工艺程序的说明也是运用环节分析的思维模型进行展开的，从而完成的行文措辞行为。在事理说明文中对于那些对事理进行解释的基本语义的行文措辞的展开，还是运用的因果分析中的各种思维操作模型来进行。

二、运用赋形思维型的强化性、鲜明性行文措辞展开

从理论上讲，上面描写、记叙、议论、说明的几种句子行文措辞的展开过程中，所运用的思维操作模型包括构成分析、过程分析、因果分析的路径思维操作模型，同时，这几种思维分析性展开的过程也是对基本语义（句意）的赋形思维的过程，对基本语义（句意）的强化的过程，形成句意感觉（形）的过程。但是，在行文措辞中，有时则是以重复渲染、对比反衬为主要目的的措辞展开，因此，在行文的措辞阶段，还存在另外一种直接的单纯的赋形思维展开的类型，通过这样来展开基本语义，形成强烈、鲜明的基本语义的感觉、感受，实现完美的表达功能。

（一）重复渲染性赋形思维措辞展开

所谓重复渲染性赋形思维展开，是指在行文措辞的过程中，对基本语义中的某个句子成分、某个表达对象进行重复性、渲染性表达。这种措辞展开方式与修辞学中的“排比”很相似，都是对某个意思的强化表达，产生强烈的语义感觉。其区别在于，“排比”主要讲的是句子层面上的构段性措辞，而这里指的是“排词”，或者是对短语，小句的铺陈，从而达到对某种表达对象、句子成分的基本语义渲染、强化、限制的修辞作用、艺术效果。例如鲁迅小说的《故乡》的“开笔”，即开头第一句：

我冒了严寒，回到相隔二千余里，别了二十余年的故乡。

这个句子要表达的基本语义——句意、句旨——是：我回到故乡。从句子的行文基调上来看，复句的句法——双谓结构——本身是一种渲染，渲染了一种急切的节奏、情调。而第二个句用了一个绵绵的长句再次来渲染这种热切之心情。从修辞性语义的角度来看，其实，这个句子的基本语义“我回到故乡”这 5 个字也是一个句子。主语是“我”，谓语是“回”，补语是“到”，宾语是“故乡”。但是作者这里却用了 22 个字的复句来展开这个单句，那么其余的 17 个字所起的功能，或者说作者的写作思维的目的是什么呢？就是渲染、重复：写“冒着严寒”回乡之心之急切，以表现“我”对故乡热烈的深情；用“相隔二千余里”茫茫空间的阻隔、“别了二十余年”的悠悠岁月的离恨的措辞来修饰“故乡”，再次渲染了作者对故乡热烈的向往之情，对故乡的深爱。又如，刘再复的《读沧海》，要表达“我读着大海”这个基本语义，所以作者采用渲染性展开思维操作，对

“读”的对象——“大海”进行了反复渲染性展开措辞，从而形成了这个完美表达功能的华彩句子：

> 我读着浪花，读着波光，读着迷蒙的烟涛，读着从天外滚滚而来的蓝色的文字，发出雷一样响声的白色的标点。

在这里，作者的行文措辞——“波光”、“迷蒙的烟涛”、“从天外滚滚而来的蓝色的文字”、“发出雷一样响声的白色标点”——形成强烈的重复渲染的艺术效果，运用的重复渲染型赋形思维操作。又如在该文中，“隐约地，我听到太阳清脆的铃声，海底朦胧的音乐”。这句功能性语句，其基本语义就是：我听到音乐。而作者的行文措辞展开——隐约的，清脆的，朦胧的——仍然遵循的是重复、渲染得赋形思维操作模型来进行的。隐约的——是对听觉程度准确化分析修饰，清脆的——是对铃声声音感觉质地程度准确化修饰，朦胧的——是对我听到的音乐的乐音感觉程度准确化修饰。而这三个词组进入句子之后，就达到了对“听”和“大海音乐”进行了限制、渲染、强化，从而产生强烈的艺术效果。再如，舒乙《父亲旋转后背的两天》中有一个表达功能、艺术效果很强的句子：

> 真正革命的“舍身”，却发生在最不应该发生的时间，最不应该发生的地点，最不应该发生的人物，最不应该发生的情节上。

这个充分展开措辞的句子的基本语义就是：革命的“舍身”却发生在最不应该发生的事情上。但是作者没有这样简单直说，而是将其分解为小句进行强烈的渲染、重复、强化，最后产生十分震撼的艺术效果。从这里我们也可以看出，赋形思维和路径思维的不可分性。例如，刘再复“我读着大海”，舒乙“革命的”舍身“却发生在最不应该发生的事情上”的渲染性赋形思维都是建立在构成分析的路径思维的思维操作模型之上的，其区别仅仅在于渲染性赋形思维的展开更强调词语、短语、小句的语言形式的相似。因此，我们在进行渲染性赋形思维展开的时候，务必注意和路径思维各种思维操作方法之间深刻的内在联系。

（二）反衬对比性赋形思维措辞展开

要使文章行文措辞产生强烈的艺术感受、实现理想的表达功能、接受功能，除了运用重复渲染性赋形思维措辞展开以外，还可以运用鲜明性、清晰性的行文措辞展开，而这种行文措辞展开所运用的思维模型就是赋形思维中的“对比”即“反衬”的赋形思维操作模型，通过反衬、对比的赋形思维性展开把主要语义表达得更加鲜明、清晰，从而感染读者。这种行文措辞的展开方式与修辞学中的“对比”极为相似。其区别在于，反衬对比性赋形思维措辞展开主要讲的是词汇、短语、小句，而修辞学中的“对比”不仅包括这些内容，还包括更大的行文单位。可以说，反衬对比性赋形思维措辞展开是修辞学中的“对比”修辞格的特例。例如，刘再复在《读沧海》中，希望表达“不同命运都在大海身上交织着”的基本语义，就运用了反衬对比性赋形思维措辞展开，于是写出了务必恢弘的妙句华章：

悲剧与喜剧，壮剧与闹剧，正与反，潮与汐，深与浅，珊瑚与礁石，洪涛与微波，浪花与泡沫，火山与水泉，巨鲸与幼鱼，狂暴与温柔，明朗与朦胧，清新与混沌，怒吼与低唱，日出与日落，诞生与死亡，都在你身上冲突着，交织着。

又如，作家周立波在《山乡巨变》中想表达“队伍里静寂无声”这个基本语义，他就是运用反衬对比性赋形思维来进行措辞的展开性语言表达的：

队伍里静寂无声，咳嗽的人都没有，只有骡马的蹄子，踏在石头上，杂乱地响。

这是一个复句。前面两个小句写行军路上之“静”，如果这样简单地直写，必然苍白，片语直说，不能感人。于是作家运用反衬对比的路径思维操作，用“动”的马蹄声再进行反衬，这样反而把静写得更加清晰、鲜明，达到了表达目的。

三、运用写作策略思维消解写作禁忌

在写作行文的措辞阶段还有一个消解写作禁忌的问题。俗话说“酒逢知己千杯少，话不投机半句多”，这里所谓“话不投机”讲的就是说话、写作中对特定语境下的交际潜规则、写作禁忌反应迟钝，而不能运用写作策略去消解写作禁忌，实现有效的交际，所以出现了“半句多”的现象，这是我们在行文措辞的时候需要杜绝的现象。写作禁忌在文学写作与实用写作里的体现是不同的。在文学写作的行文措辞里，写作的禁忌主要是政治、军事、民族情感方面的，而实用写作的写作禁忌主要体现在政策精神、上下级关系等这些复杂的关系上面。因此，在非文学的应用写作中，常常要考虑的是句子中的语气、字词和修饰限制方面的“写作策略”问题。下面是一家食品公司要求一家农场履行购销合同、交足原料的信函中的一个句子：

现春节临近，为了安排春节市场物资供应，满足广大人民群众的需要，请贵场将花生、芝麻、红枣、核桃的其余数额，在本月前如数交足。

这个句子的基本基本语义就是：请你们交足所差的食品生产原料。为了使这个写作目的得到实现，写作者在进行行文造句时，对这个句子的基本语义使用了较多的写作策略：

首先，在句子主干之前用了两个从句，强调时间上紧迫：春节临近，不能拖延；强调食品生产意义重大（为了安排春节市场物资供应，满足广大人民群众的需要），这样无形之中让双方对“春节市场物资供应，满足广大人民群众的需要”

的政策责任负责，使对方被动，但又理由充分，无懈可击。写作者利用了时空背景中两个有利的理由，便于句子写作功能、意图的实现。其次，还对交货的时间进行限制——在本月前。最后，措辞上很注意尊重对方，用了“请”、“贵场”等尊词，行文具有较强的读者意识。这一切都是为了使这个句子的基本语义、文章功能得到实现。

但是这个句子里的措辞也有可商榷之处。例如，这个句子前面行文措辞十分谨慎客气，这很符合平行单位行文口气的要求，但是，结尾4个字“如数交足”，显得有上下级的口气，十分严厉，这样很引起对方的逆反心理。因为你作为一个平行单位，无法制裁别人、惩罚别人，所以别人不会买你的账。这样就影响了行文目的。正确的措辞应该是“在本月前交来我厂”。

四、行文中词汇创造的措辞规律

刘勰在《文心雕龙·章句》中说：“句司数字，待相接以为用。”句是对字词的司遣，是为了实现这个句子的功用。从这里看出，写作行文句子生成中所有语法成分的生成，所有字词的选择，都要为句子的写作目的服务。因此，对于写作行文来讲，最重要的就是进行这种修辞、语调、策略、文体的选择，对语法、逻辑进行干扰、限制和控制。没有对句子的行文的思维干扰训练，句子的表达效果是很差的。因此，从写作行文来看，句子生成的本质不是一般语义的陈述（那是非写作言说的任务）行为，而是一种修饰性、限制性的写作策略行为。

在造句的过程中，重要的并不是语义（句意、句旨）性措辞，即句子骨架的安排，而是修辞性措辞和节奏性措辞的安排。而后者的本质其实就是一个短语的生成和组织问题。所谓短语的生成，就是词组和词组的组合。这种组合的背后，其实就是运用一些词组对句子的主语、谓语、宾语的（多重）修饰、限制。这里，短语的生成机制还是渲染、重复的问题。一方面，这种修饰、限制的成分与被修饰的主语、谓语、宾语形成的句意关系，另一方面，多重的修饰、限制更是一种渲染、重复。

那么，词组中词的组合规律又是什么呢？词组分为偏正词组和并列词组。无论偏正词组或并列词组，其语义组合的本质仍然是对字义、词义的渲染、重复。因为，偏正词组中，偏对正的限制是一种修饰，这修饰是一种渲染、重复。例如，“深红”，“红”是一种抽象的红色，而“深红”还是一种红，甚至是一种冷色调的红。因此，我们说“深红”是对“红”这个词义的渲染、重复。而并列词组则是典型的渲染、重复结构了。例如“悲凉”。此外，节奏性构词中的重言、双声、叠韵，无一不是对声音和意义的渲染和重复。于是重言、双声、叠韵、双音词就成了汉语词汇的一个独特的景观。李清照的名句“寻寻觅觅，冷冷清清，凄凄惨惨戚戚”就是如此。

从写作学理论的角度来看，句子的行文（生成）关注的不只是句子的基本语义、口语语义，而更多是节奏性、策略性、修辞性的语义的把握或控制。正是因为这样，所以无论中西方的古代写作学都把写作叫做“修辞”。因此，美国至今把写作学叫做修辞学，但这个意义上的“修辞学”已经不是中国现当代修辞学所讲的“修辞格”意义上的修辞学的概念了，而是关于“说服力的修辞学”。关于这个问题，可参看《西方当代修辞学》一书，这是很有道理的。其实节奏性、修辞性的选择、控制、把握也就是策略性、智慧性的选择、控制、把握。因此，句子行文的本质正是策略性、智慧性，而且所有层次的写作行文更是一种智慧的操作与表达。所以，中国当代写作学十分关注“写的智慧”。从这个意义上说，写作学、修辞学又是一门“智慧之学”。写作之难也难在这里。

从上面的分析可以看出，写作行文措辞的本质就是对句子基本语义的展开，而这种展开表现为两个层面：其一是细节化、充分化的具体展开，其思维操作模型仍然是在赋形思维推动下的构成分析、过程分析、因果分析的路径思维操作进行思维与措辞；其二是强化性、鲜明性的修辞化审美化展开，其思维操作原理、规律是运用在赋形思维重复与对比思维操作进行思维与措辞。不仅句子层面的行文思维操作的规律如此，其实，在写作行文中，所有层面上的行文规律、原理都是如此。

第 3 节　行文思维操作技术的训练

一、行文思维分析：演示、模仿与实践

（一）教师分析

【例文】

故都的秋

郁达夫

秋天，无论在什么地方的秋天，总是好的；可是啊，北国的秋，却特别地来得清，来得静，来得悲凉。我的不远千里，要从杭州赶上青岛，更要从青岛赶上北平来的理由，也不过想饱尝一尝这“秋”，这故都的秋味。

江南，秋当然也是有的；但草木凋得慢，空气来得润，天的颜色显得淡，并且又时常多雨而少风；一个人夹在苏州上海杭州，或厦门香港广州的市民中间，混混沌沌地过去，只能感到一点点清凉，秋的味，秋的色，秋的意境与姿态，总看不饱，尝不透，赏玩不到十足。秋并不是名花，也并不是美酒，那一种半开，半醉的状态，在领略秋的过程上，是不合适的。

不逢北国之秋，已将近十余年了。在南方每年到了秋天，总要想起陶然亭的芦花，钓鱼台的柳影，西山的虫唱，玉泉的夜月，潭柘寺的钟声。在北平即使不出门去罢，就是在皇城人海之中，租人家一椽破屋来住着，早晨起来，泡一碗浓茶，向院子一坐，你也能看得到很高很高的碧绿的天色，听得到青天下驯鸽的飞声。从槐树叶底，朝东细数着一丝一丝漏下来的日光，或在破壁腰中，静对着像喇叭似的牵牛花（朝荣）的蓝朵，自然而然地也能够感觉到十分的秋意。说到了牵牛花，我以为以蓝色或白色者为佳，紫黑色次之，淡红色最下。最好，还要在牵牛花底，教长着几根疏疏落落的尖细且长的秋草，使作陪衬。

北国的槐树，也是一种能使人联想起秋来的点缀。像花而又不是花的那一种落蕊，早晨起来，会铺得满地。脚踏上去，声音也没有，气味也没有，只能感出一点点极微细极柔软的触觉。扫街的在树影下一阵扫后，灰土上留下来的一条条扫帚的丝纹，看起来既觉得细腻，又觉得清闲，潜意识下并且还觉得有点儿落寞，古人所说的梧桐一叶而天下知秋的遥想，大约也就在这些深沉的地方。

秋蝉的衰弱的残声，更是北国的特产；因为北方处处全长着树，屋子又低，所以无论在什么地方，都听得见它们的啼唱。在南方是非要上郊外或山上去才听得到的。这秋蝉的嘶叫，在北平可和蟋蟀耗子一样，简直像是家家户户都养在家里的家虫。

还有秋雨哩，北方的秋雨，也似乎比南方的下得奇，下得有味，下得更像样。

在灰沉沉的天底下，忽而来一阵凉风，便息列索落地下起雨来了。一层雨过，云渐渐地卷向了西去，天又青了，太阳又露出脸来了；著着很厚的青布单衣或夹袄的都市闲人，咬着烟管，在雨后的斜桥影里，上桥头树底下去一立，遇见熟人，便会用了缓慢悠闲的声调，微叹着互答着地说：

“唉，天可真凉了——”（这了字念得很高，拖得很长。）

“可不是么？一层秋雨一层凉了！”

北方人念阵字，总老像是层字，平平仄仄起来，这念错的歧韵，倒来得正好。

北方的果树，到秋来，也是一种奇景。第一是枣子树；屋角，墙头，茅房边上，灶房门口，它都会一株株地长大起来。像橄榄又像鸽蛋似的这枣子颗儿，在椭圆形的细叶中间，显出淡绿微黄的颜色的时候，正是秋的全盘时期；等枣树叶落，枣子红完，西北风就要起来了，北方便是尘沙灰土的世界，只有这枣子、柿子、葡萄，成熟到八九分的七八月之交，是北国的清秋的佳日，是一年之中最好也没有的 Golden Days。

有些批评家说，中国的文人学士，尤其是诗人，都带着很浓厚的颓废色彩，所以中国的诗文里，颂赞秋的文字特别的多。但外国的诗人，又何尝不然？我虽则外国诗文念得不多，也不想开出账来，做一篇秋的诗歌散文钞，但你若去一翻英德法意等诗人的集子，或各国的诗文的 Anthlogy 来，总能够看到许多关于秋的歌颂与悲啼。各著名的大诗人的长篇田园诗或四季诗里，也总以关于秋的部分，写得最出色而最有味。足见有感觉的动物，有情趣的人类，对于秋，总是一样地能特别引起深沉，幽远，严厉，萧索的感触来的。不单是诗人，就是被关闭在牢狱里的囚犯，到了秋天，我想也一定会感到一种不能自已的深情；秋之于人，何尝有国别，更何尝有人种阶级的区别呢？不过在中国，文字里有一个"秋士"的成语，读本里又有着很普遍的欧阳子的秋声与苏东坡的赤壁赋等，就觉得中国的文人，与秋的关系特别深了。可是这秋的深味，尤其是中国的秋的深味，非要在北方，才感受得到底。

南国之秋，当然是也有它的特异的地方的，比如廿四桥的明月，钱塘江的秋潮，普陀山的凉雾，荔枝湾的残荷等等，可是色彩不浓，回味不永。比起北国的秋来，正像是黄酒之与白干，稀饭之与馍馍，鲈鱼之与大蟹，黄犬之与骆驼。

秋天，这北国的秋天，若留得住的话，我愿把寿命的三分之二折去，换得一个三分之一的零头。

一九三四年八月，在北平

（原载《郁达夫文集》，广州，花城出版社；香港，三联书店，1984）

【措辞分析】　在行文表达中，最为重要的是文章的开笔，而开笔的写作又依赖于对文章开头内容的确定。而开头内容的确定最为重要的是处理好开头的内容与文章的主题、立意、标题的内在联系。以这样的内容联系来吸引读者对文章标题、文章主题、立意的注意，引起下文，是写作或行为原因的交代，是自己的独特新颖的感受、体悟、想法、疑问，还是文章内容的动人心弦的故事结局？是文章中人物的动人的言语、情节、细节刻画，还是蕴涵深情的景物描写，导致人物行为的环境描写？

在这篇散文中，作者在开头部分主要是交代为什么欣赏“故都的秋”，为什么要写“故都的秋”。这里运用原因分析的思维模式进行文章开头内容的确定与写作。

而文章开笔的写作最为重要的是开头部分的行文节奏、情感色彩和行文口气的语词化。因此，作者要思考一下，文章选用什么样的文章基调、叙述语气、行文节奏才能表达此时此地内心深处对所写的人物、事物、事件的情感态度。因为，不同的情感态度会使作者选用不同的文章基调、叙述语气、口气。

文章开笔写作时，还要思考行文角度的选择，即叙述人称和叙述视点的选择。请注意，这第一点是对行文开头部分内容截取的思考，第二点是对行文口气节奏的思考，第三点是对落笔技法的思考。而这三点又必须和谐一致方为至文，方为“凤头”。《故都的秋》的开头，可谓典范：

> 秋天，无论在什么地方的秋天，总是好的；可是啊，北国的秋，却特别来得清，来得静，来得悲凉。我的不远千里，要从杭州赶到青岛，要从青岛赶上北平来的理由，也不过想饱尝一尝这“秋”，这故都的秋。

从内容截取来看，这个开头是写为什么“我”要从杭州赶到北平赏秋的原因：故都秋的清静、故都秋的悲凉，对故都秋的眷恋。这也是以他自己的感受作为文章开头的主要内容。从行文节奏来看，作者此时此地的写作心境是“悲凉”的，正是在这种悲凉中，表达对故都的深情思念，所以深情与悲凉就是这个文章开头的文章基调和叙述语气。也就是说作者是用悲凉的调子和深情的语气来叙述为什么自己要不远万里赶到北平赏秋的原因。从角度选择上来看，为了表达上述的内容和基调，文章用了第一人称。这个开头用的是宏观、比较的视点。

当文章开头的写作完成之后，就是对中间部分的丰满。这里说的丰满是对于每个大的部分的段旨、意思的展开。这里使主题展开、丰满的思维规律写作方法却是相同的。对这个写作思维的规律，我们从 3 个层次来表述，其内含都是一致的。

第一个层次是对段旨的“渲染”与“反衬”，或曰“重复”与“对比”。这就是说，为了使文章的（每一个）主体部分的内容材料丰满、充实，可以运用“渲染”与“反衬”，或曰“重复”与“对比”的写作思维操作模式，选择更局部的叙述、描写对象进行描写、叙述，从而生成文章的话语、句子、段落。这样，文章的某个部分就充实、丰满了。

先说开头的展开。上面所引的开头，只能算一个“落笔”或“开笔”，只给文章开头起了一个“音”，定了一个“调”，它还不是一个丰满的开头。为了使这个开头展开、丰满，作者接下来运用了“反衬”、“对比”的写作思维操作模式，描述了江南秋意的不足，从而形成了文章开头的第 2 个自然段。从写作心理学和写作美学的角度来看，只有把江南秋意（清静、悲凉）的不足、不透、不饱渲染到位，渲染浓郁，才能衬托出北国秋意的清静、悲凉之动人感人。为此，在第 2 自然段中，作者从对秋景、秋感的描绘和议论来渲染。对秋景的描绘，则是从草木、空气、天色、秋风、秋雨来渲染江南秋意的不足。通过这第 2 自然段的展开、渲染，使文章开头第 1 自然段写的故都的秋意更加动人感人了，于是，故乡的浓郁、美丽秋意，便给人留下了深刻的审美印象。

再说中间对主体部分的展开、丰满。

如果说第 2 自然段是通过对江南秋意不足的渲染来反衬故都秋意之浓郁的话，那么文章的主体部分（第 3 自然段——第 12 自然段，共分 6 个部分）就是从正面来渲染、重复故都秋意的清静、悲凉的浓郁。第 3 自然段是用对故都秋天的花、月、鸟、虫的感受来渲染“秋意”；第 4 自然段是从故都的槐树的落蕊上感受秋意的“落寞”；第 5 自然段是从故都秋蝉的“嘶唱”，写秋天的感觉；第 6、第 7 自然段以写故都的秋雨、秋风来表现秋天的清凉之感受；第 8 自然段写的是故都的果树——枣树，以此来渲染“清秋佳日”的印象。作者在中间部分从这 5 个方面来反复渲染、一再重复故都秋意的清静、悲凉，使人对故都北平的秋意浓郁的感受很深。这 5 个部分的行文在段落与段落之间的生成中所运用的是渲染或重复的写作赋形思维模型。

作者行文时通过展开性、渲染性描述，使文章主体部分对故都秋意的清静、悲凉的描绘，已经是很丰满的了。但是作者还感到意犹未尽。所以第 9 自然段便是对故都的“清静、悲凉”的“秋的深味”进行了思考和辩护：这种“清静、悲凉”的感觉，并不是什么“颓废色彩”，而是“有感觉的动物，有情感的人类，对于秋，总是一样的特别引起深远，悠远，严厉，萧索的感触来的”。这里是用议论的手法，对故都浓郁的秋意的再次渲染、重复。

从上面对文章中间部分（第 3 自然段——第 12 自然段）的分析，可以看出，是对文章主体部分的渲染、重复，即展开、丰满。而对于第 2 自然段来讲，又是一种对比、反衬，通过这种对比、反衬，使故都的浓郁的清静、悲凉的秋意的印象，更加清晰、深刻，也更加感人、动人。

出于同样的考虑，于是，作者行文至文章结尾部分的第 1 自然段，又回到对“南国”秋意的“不浓”“不永”的描写与比喻。一方面与文章的中间主体部分的“浓郁”的“清静、悲凉”的秋意形成反差、对比、反衬，另一方面又和文章结尾的最后一个自然段对“北国的秋天”浓郁的秋意的眷恋，形成更大的反差、对比，以造成更加强烈的艺术效果。可见文章的开头与结尾都是运用对比、反衬的写作思维模式来进行表达行文的思维操作的。这个结尾既照应了文章开头的文意，也点睛了文章中间的文意，因此可以算一个“豹尾”了。

从上面的写作学分析可以看出，从宏观“篇章”（开头—中间—结尾）的角度，作者行文时运用“渲染”、“重复”的写作思维模型来渲染文章中心、主题、立意的；从段落关系来看，开头部分和结尾部分内部都是运用对比的写作思维模式来反衬文章的中心、立意的；在中间部分，则又是运用“渲染”、“重复”的写作思维模型来渲染文章这个部分的意思的。

从微观“段落”（句群、句组内的句子与句子的关系）的角度来看，仍然主要是运用“渲染”、“重复”（偶尔也用到“反衬”、“对比”）的写作思维模型来渲染文章段落的意旨的。似乎在作者的心目中，行文时每写一个字，每写一个句子，每写一个段落都希望能渲染或反衬、对比文章的情绪、意境、感觉、调子，这就是文章行文传达思维机制最基本的原理与奥秘。

例如，《故都的秋》开头第 1 自然段的第 1 句写“秋天，无论在什么地方的秋天，总是好的”，对“秋天”的重复、渲染、强调。第 2 句、第 3 句则更进一层，写故都的“秋味”的“特别”的美。这是对文章中心立意的渲染、重复。从更微观的层次来看，第 2 句内部运用的仍然是渲染与反衬的思维模式进行“造句”的：

可是啊，北国的秋，却特别来得清，来得静，来得悲凉。

“可是啊”，是抒情，“北国的秋，却特别来得清，来得静，来得悲凉”，三个“来得”则是典型的排比、渲染、重复的思维模型和行文句式。接下来仍然是这样：

我的不远千里，要从杭州赶到青岛，更要从青岛赶上北平来的理由，也不过想饱尝一尝这“秋”，这故都的秋。

这里，作者要说的意思不过是：我不远千里来到北平的理由，是饱尝故都的秋意。如果是说话，他很可能就这样直白地说，而作为书面语言的写作，作者则还是运用渲染、重复的写作思维模式进行“造语”、“造句”的。先说“我的不远千里”，之后作者本来要说的是“要从上海赶到北平”，作者还是没有这样说（如果是说话，很可能就这样直白地说），而是采取渲染式、缠绕式、连环式去书写这一基本事实："要从杭州赶上青岛，更要从青岛赶上北平"。

把一个"赶到"，分说成两个"赶上"，这样的说法，就是一种渲染、重复的表述方法、写作思维方法，以渲染旅途辗转的艰辛。而这样渲染的目的，又是为了反衬、对比出作者对故都北平浓郁秋意的眷恋、神往。

最后一句说的是辗转艰辛的理由，作者说："也不过想饱尝一尝这'秋'，这故都的秋。"

把一个"秋"字，分成两次说，每一次的说法都不相同。作者这样造语、造句的目的，仍然是为了渲染、强化对故都的秋意的印象，对故都的眷恋。这便是写作的思维和语言，而不是说话的思维与语言。

对文章的每一个段落、语段，都可以进行这样细致入微的写作思维学、写作语言学分析。（由于篇幅的限制，我们这里无法作这样的分析，同学们可以模仿这种写作思维、写作语言的分析对文章的段与段、句与句、词与词之间"意思"的重复、对比关系进行分析，很快便会提高我们的行文传达的写作思维与写作语言的水平。）从这些分析中，我们悟出丰满文章主体、细化文章主体每一局部的基本原理、基本操作，这就是渲染与反衬、或者说重复和对比的写作思维操作模式和技术与艺术。渲染和反衬、重复与对比不仅是构段造语、生成句子的写作语言操作模式、操作技术和艺术，而且也是选材吸材、结构谋篇的写作思维模型、思维操作。这种不断的渲染与反衬、重复与对比就是行文的本质——修辞性。

可以认为，所谓文章表达的"行文"，从整体到局部的角度讲，就是对文章的框架、提纲的展开化、丰满化、细节化表述；如果从局部到整体（文章开笔以后的写作表达过程）的角度而言，就是对文句、文段的"意思"的渲染、重复或对比、反衬，一句话，就是对文句、文段的"意思"的强化，就是"足文"。这是"行文"思维操作的第一原理、铁律。

（二）学生分析实践、体会

请学习老师的行文思维分析方法，任意分析一篇文章的行文思维，还原作者的行文过程，写成一篇写作分析的文章，作为课后作业。

二、从修改中学习写作

（1）学生互评；

（2）教师抽评；

（3）自改清誊。

写作措辞评改细则

1. 在文章行文措辞阶段，文章中的语句是否对语句的基本语义有充分展开，产生了完善的功能性语义？如果不是，问题出在哪儿？

2. 在行文措辞阶段，文章中的语句生成是否注意到了修辞性语义的生成和把握？如果没有，问题出在哪儿？

3. 在行文措辞阶段，文章中的语句生成是否注意到了节奏性语义的生成和把握？如果没有，问题出在哪儿？

4. 在行文措辞阶段，文章中的语句生成是否注意到了文体性语义的生成和把握？如果没有，问题出在哪儿？

三、写作素质课后培养

（1）运用所学的行文思维知识分析两篇文章的行文思维，写成分析短文。

（2）观察一个特别有意思的人物、景物、事物、事件，运用本章所学的行文思维操作技术，进行文章行文练习。

（3）记下最近产生的感悟、认识的思想火花。

（4）写一篇读书心得。

（5）写一则生活随笔。

【概念术语】

行文措辞　生句行文　基本语义　功能语义　具体化行文措辞展开　强化性行文措辞展开

【复习思考】

1. 为什么说写作措辞是写作行文最重要的阶段？
2. 写作赋形思维在措辞生句的行文过程中是以什么形式体现出来的？
3. 写作路径思维在措辞生句的行文过程中是以什么形式体现出来的？
4. 怎样运用写作文化在措辞生句的行文过程中的控制作用？
5. 怎样运用写作策略在措辞生句的行文过程中的控制作用？

6. 在措辞行文的生段过程中的写作思维的基本规律是什么?
7. 在措辞行文的生章过程中的写作思维的基本规律是什么?
8. 在措辞行文的生篇过程中的写作思维的基本规律是什么?
9. 记叙文的行文思维特征是什么?
10. 抒情文的行文思维特征是什么?
11. 议论文的行文思维特征是什么?
12. 说明文的行文思维特征是什么?

第 18 章

以一分万　枝繁叶茂

——写作章法/行文措辞思维操作能力建构训练（下）

1. **教学要求**：学习行文思维的展开与控制（写作文化、写作智慧、写作美学规范）的写作知识，并将这些行文知识转化为各类体裁行文思维的素质与能力。
2. **训练重点**：建立行文思维的操作模型，并将其转换为行文思维的操作技术。
3. **训练难点**：对行文思维中的写作文化、写作智慧和写作美学的把握。

故事好比一根树干，它的详情细节在那上面越长越多，好像菌类在一棵树上繁殖一样。

——屠格涅夫

人为的文学音节的铺张，迷蒙的咬文嚼字的烟雾，会吞噬读者的智慧和理解力。

——罗曼·罗兰

第 1 节　段落与篇章生成的行文措辞

一、生段行文：阶段性行文功能性语义的完成

在整个行文中，最重要的问题就是行文的阶段性完成问题。所谓行文的阶段

性完成就是过去写作理论中讲的段落的行文问题，或当代语言学中所谓句群的生成问题。但是，“段落的行文”、“构段”和“句群生成”的说法，在写作学中是不妥的。因为，在行文过程中，段落是尚未出现的文本局部的实体，段落、句群的形成是行文阶段性完成的产物，因此，在写作行文的段落行文中，作者思考的只是在当下的行文阶段的任务的完成。所谓写作任务的完成，就是这个阶段的意思的充分表达。阶段性行文，可以叫作生段行文，即段落的生长。因为，段落、句群是对句子的组织、句子的系统而已。

生段行文关心的是句子与句子之间的组合规律、原理。这个原理，这就是刘勰所说的：“章总一义，须意穷而成体。”这里的“章”是段落的意思。每一“章”（段落），都有一个意思要表达。这个“义”，既有基本的语义，又有修饰性、限制性语义。章（段落）行文的任务就是“穷意”——充分地表达这两层语义。只有这样，章（段落）才能“成体”。

在生段行文的时候，由于句子行文已经生成，这样，在这个行文阶段较大的基本语义（过去所谓的“段旨”）通过重复、对比已经明确，而且，这个行文阶段（段落）的行文基调、语气已经形成，因此，在这个时候，阶段性行文的主要工作是：首先，将基本的阶段性语义展开为一系列的句子（句群）。其次，对每个句子的行文按照四维（修辞、语调、策略、文体）控制句子语法关系的展开与限制。这二者的统一就是所谓刘勰“穷意”性句子系列的生成。

（一）宅情：阶段性行文功能性语义的确立

宅情，即阶段性行文的前提，是对这个行文阶段的阶段性、功能性语义（段意、段旨、基调）的确立。阶段性行文的本质是对阶段性文章“意思”（段旨、段意）的展开，因此阶段性生段行文首先关注的是这个阶段性文章“意思”（段旨、段意）的生成问题，换一个说法就是上一阶段（前一个段落）完成后下一个阶段（文章段落、生段）要表达什么基本文章意思（段旨、段意）的逻辑性问题。在这里，段落逻辑不是事件、活动进程的时间渐进，不是事物的构成的空间渐进，而是服从对上阶段文章意思（段旨、段意）的重复、渲染或对比、反衬的艺术逻辑后的时间渐进、空间渐进或因果渐进。关于这个问题，我们将在后面“章组行文”中进行具体例文分析。

（二）穷意：阶段性行文语义的展开——重复与对比/分析与综合

穷意，即运用一系列句子，对这个功能性语义的展开。这时所运用的写作思维模型就是作为赋形、足文思维的重复与对比，而重复与对比的思维路径就是作为路径思维模型的分析与综合。

（三）策略：协调与对抗

策略，即充分考虑文章读者和时空背景，对行文内容中那些影响写作功能实现的写作禁忌加以排除，对那些有利于实现文章功能、写作意图的文章材料加以利用，从而达到与读者及时空背景协调或对抗的写作目的。

（四）文体：文本的生成

与此同时，还要考虑这些文章材料是否符合此处所选择的文章体裁，用文体的规范对这些材料进行把关，强化某种写作功能、弱化某种写作功能，删除那些与本体裁不适合的材料、语词，强化本文体所需要的材料特征和语词特征。

（五）成体——段落文本的生成

将上述重复与对比/分析与综合生成的，经过写作策略和文体把关的文章材料、行文内容按渐进或平列的文本思维模型，组成一个文本段落、片段。于是，一个理想的阶段性行文的成果——段落便生成了。

现在我们来分析一下鲁迅《故乡》开头这个著名段落：

> 时候既然是深冬；渐近故乡时，天气又阴晦了，冷风吹进船舱中，呜呜的响，从篷隙向外一望，苍黄的天底下，远近横着几个萧索的荒村，没有一些活气。我的心禁不住悲凉起来了。

这是一个著名的借景抒情的自然段。从阶段性语义（段旨）生成的意义上说，文章开头第一段讲的是自己回故乡的渴望与深情，文章为了使作品产生强大的反差性艺术效果，便运用了对故乡荒凉、萧索感受的描绘。

接下来便是创制这个阶段性语义（段旨）的构成问题。这里，段落的构成思路，完全是运用渲染、重复的思维模型对故乡的荒凉、萧索进行渲染、强化，从而感染人、打动人。时间是“深秋”，已有西风萧瑟的感觉。“阴晦”的“天气”，“呜呜”的“冷风”，已是一种情绪的渲染，天底的“苍黄”，荒村的“萧索”，“没有活气”，“悲凉”的心情，是一种再次的渲染。因此，这里的构段——句子之间的组织——的原理、句法、逻辑，首先是渲染、重复的思维模型，其次才是运用构成分析法对景物、环境因素进行分析、描绘。

下面让我们看一个理论文章中的段落：

> 为什么“文穷而后工”？因为，“物不得其平则鸣”。圆满的生活从来不曾创造过真正的艺术。真正的艺术家即使在最快乐的时候，心中也总有一种潜在的忧郁、不安和期待。他们总是在圆满中感到不圆满，力图突破这些圆满而追求更高的人生价值。“金尊美酒斗十千，玉盘珍馐值万钱。停杯投箸不能食，拔剑四顾心茫然。”惟其能如此，才是真诗人。

这个段落摘自高尔泰的《美是自由的象征》。其中共 7 个“句子”。其段旨就是第一句中“文穷而后工”。而其余六句（包括引诗）论述的是为什么“文穷而后工”的问题。为什么作者要用 7 个“句子”进行反复论述？其根本原因就是为了渲染、重复，形成强烈的浓厚的说理空间，突出了文章的说服力。不如此，就犯了孔子讲的文之“不足”，和王充讲的文之“不溢”、“不渥”的文病。

生段行文中主要是运用渲染、重复的赋形思维操作来达到对段落意旨的渲染、强化，但有时也可以运用对比、反衬的思维操作来清晰段旨。这时，行文中往往要用到“虽然”、“但”这样的语词。看看《故乡》开头第 4 自然段：

> 我所记得的故乡全不如此。我的故乡好得多了。但要我记起他的美丽，说出他的佳处来，却又没有影像，没有言辞了。仿佛也就如此。于是我自己解释说：故乡也本如此，——虽然没有进步，也未必有如我所感的悲凉，这只是我自己心情的改变罢了，因为我这次回乡，本没有什么好心绪。

这里，开头两句说的是故乡的美丽，从第三句起就转向对故乡的日趋没落的渲染。从而以“美丽”反衬“荒凉”。

段、章就是一篇小文章，如果说，句子的生成是以词汇为单位生成某个句子的句意或某个句子成分的话，那么段落生成就是以句子为语言单位的对段落基本意思的生成。

二、生章行文：写作行文中的文章段落结构的生成操作

所谓“章”，就是对几个段落的组合行文。其实，只要学会阶段性行文（段落生成）的思维操作模型和程序，段组的行文的思维操作技术问题也就迎刃而解了。当然，段组行文也还有自己的思维操作特色。下面，我们就来探讨这个问题。

（一）生章思维：段落间的重复与对比关系的思维操作

如果说，词组、句子、句组（段落）的行文思维首先运用一种重复（渲染）的思维操作模型、技术的话，那么，在段组行文过程中，就不仅是重复（渲染）的思维操作模型，而且还运用了对比（反衬）的思维操作模型。或者说，段组的行文的思维操作首先是运用重复与对比（渲染与反衬）的赋形（足文）思维操作模型，形成段落间的内容联系、节奏联系，然后才运用分析与综合的思维操作模型。也就是说段落间段旨、意思、情调的重复与对比、渲染与反衬的思维操作模型，是段组行文的第一规律、第一原理。正是这样才保证了行文中生成的材料与文章的主题、立意、中心的协调、和谐、有机性关系，这些思维分析操作所生成的材料才是有意义的。在这里，对比、反衬和重复具有同样的表达作用，而许多

作品之所以成功，主要就是运用了这种反衬、渲染的艺术思维方法。鲁迅作品的成果奥秘就是如此。现在我们来了分析一下《故乡》开头部分的段落间的段组的行文思维规律。

> 我冒了严寒，回到相隔二千余里，别了二十余年的故乡去。
>
> 时候既然是深冬；渐近故乡时，天气又阴晦了，冷风吹进船舱中，呜呜的响，从篷隙向外一望，苍黄的天底下，远近横着几个萧索的荒村，没有一些活气。我的心禁不住悲凉起来了。
>
> 啊，这不是我二十年来时时记得的故乡？
>
> 我所记得的故乡全不如此。我的故乡好得多了。但要我记起他的美丽，说出他的佳处来，却又没有影像，没有言辞了。仿佛也就如此。于是我自己解释说：故乡也本如此，——虽然没有进步，也未必有如我所感的悲凉，这只是我自己心情的改变罢了，因为我这次回乡，本没有什么好心绪。
>
> 我这次是专为了别他而来的。我们多年聚族而居的老屋，已经卖给别姓了，交屋的期限，只在本年，所以必须赶在正月初一以前，永别了熟识的老屋，而且远离了熟识的故乡，搬到我在谋食的异地去。

如前面分析所说，第 1 自然段，表达对故乡急切渴望的热烈心情，这里都是热烈的基调和意思。而第 2 自然段，则是渲染所见到的故乡的凄凉、萧索和自己悲凉的心情。第 3 自然段，表达一种惊诧，在这种惊诧的背后是“我”对故乡的美丽的回忆和印象。这与上面一段形成对比、反衬的情感、意思关系。第 4 自然段的开头两句和第 3 自然段的情调、意思是一致的，相同的，这里所运用的是渲染、反衬的赋形思维操作。而接下来行文所运用的便是“反衬”的赋形思维操作模型了。因为，从第 3 句以后至段末，作者渲染了故乡的日趋没落的无奈之感。这种无奈之感是荒凉、萧索的故乡使自己不得不产生的感受。因此，还是在写故乡的荒凉、萧索的体验。第 5 段，写的是自己将彻底离开老屋、远离故乡的惆怅心情，这是用背景分析来渲染自己对故乡的一往情深，这种惆怅的心情与故乡给自己的感受又形成一种差异性的重复、渲染。

（二）生章逻辑：分析和综合的思操作路径

重复与对比（渲染与反衬）是写作思维的深层结构、修辞结构，而写作思维的表层结构则是一种分析模型：因果分析、相似分析、过程（时间）分析、构成分析。行文思维的规律是深层决定表层，深层控制表层，最后使深层与表层和谐、有机。

在《故乡》这个文章段组、部分中，一方面是不断地进行对比与重复、反衬与渲染的思维操作，而另一方面，这种对比与重复是通过人物活动的过程分析进行叙述的，这里所运用的是过程分析的时间渐进思维操作模型。也就是说，在这个人物活动过程中所选择的每一个材料、细节、语词，都能达到与段旨进行对比与重复、反衬与渲染的效果。因此，段组的行文（其实，整篇的行文）就是运用的是“重复、对比/分析、综合”或者说“渲染与反衬/分析与综合”的写作思维操作模型：

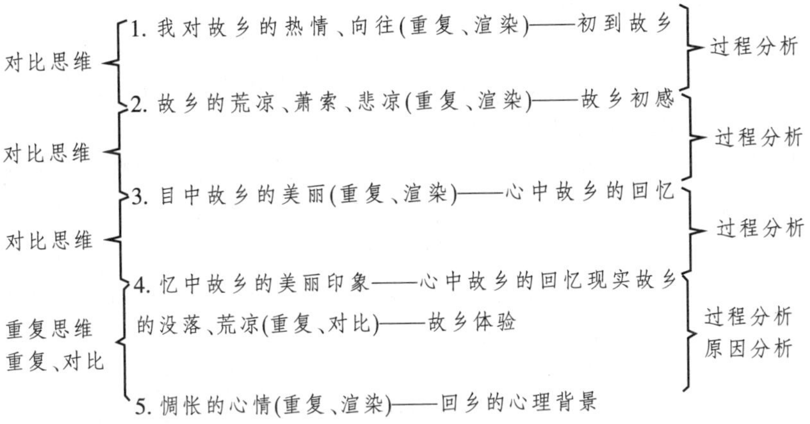

图 18—1　《故乡》写作思维操作模型

三、生篇行文：写作行文中篇章结构的生成原理

在行文中，若干词组的组合形成一个句子，若干句子的组合形成一个句组，若干句组的组合形成了部分章节，若干章节的组合就形成了篇章。因此，篇章行文的本质就是一种“章组”的行文的过程。

（一）重复与对比：生篇的写作思维操作模型

在这里，“章”就是章节，它是大于段落、小于篇章的文章“部分”的概念。章组的概念是讲章节与章节之间的内在与外在的联系。和句组、段组的思维操作模型、规律一样，章组——章节运动——的写作行文思维操作模型、规律仍然是“重复、对比/分析、综合”的思维过程，即首先是重复与对比，其次是分析与综合，或者说是在重复和对比的过程进行分析与综合，或者说在分析与综合的过程中进行重复与对比。这是从宏观的章组行文上来讲的，而就微观的章组行文思维说，章组行文仍然是句组与句组、段组与段组之间的重复与对比的过程。因此，这里仍然遵守的是前面所讲的那些行文思维操作的模型、技术。

要讲章组的思维操作模型，最能说明问题的要算马致远的《天净沙·秋思》。在诗词中的一行，就相当于文章中的一个句组（段落）、段组或章节。因此，马致远的《天净沙·秋思》中的重复与对比的赋形思维，完全适用于一般文章的章组规律。这里，在句组或段组的层面上看，《天净沙·秋思》中几乎每一个句子内部的每个意象之间都运用了重复的手法来表现主题情调："枯藤、老树、昏鸦"是这样，"古道、西风、瘦马"是这样，"夕阳西下，断肠人在天涯"是这样，"小桥、流水、人家"还是这样。

若从章组的层面来看，第二句与第一句之间作者运用的是重复、渲染的赋形思维操作模型，而第三句却以其浓郁温馨的家园情调与诗歌前后的生命的孤独死寂感构成强烈的反差和对比，使文章的主题更为鲜明。而这种浓郁温馨的家园情调又是因为作者在这个句子内部运用了重复的结构手法所致。正是诗歌的重复与对比的结构手法，使它成为千古绝唱。

再以鲁迅的名篇《故乡》为例，它的深层结构是由若干对比和重复的网络组成更高层次的对比结构。文章开头以现实中"萧索"、"悲凉"的"荒村"故乡和记忆中的"美丽""故乡"形成对比，这为全篇的深层结构定下了基调。文章主体部分描写闰土的不幸遭遇，其深层结构又是一个对比框架的网络：当母亲第一次提到闰土时，"我"想起了儿时朋友——在海边、沙地、明月、蓝天下守卫西瓜的小英雄，这和"我"眼前闰土灰黄多皱纹的脸、红肿的眼、破帽、薄棉衣、松树皮般又粗又笨而开裂的手，形成强烈的对比；而与此平等类似和谐的一个深层对比结构则是儿时"我"和闰土在一起无限欢乐、亲密无间的友谊和现在见到闰土后的悲凉心情与自己和闰土之间的"隔膜"。这又和上一个"对比"结构形成重复。另一方面作者为了渲染闰土的悲惨遭遇，写了一个凸颧骨、薄嘴唇，瘦骨伶仃似圆规的杨二嫂，以在情调、本质上和闰土的遭遇相和谐，深层结构实际上是一种重复结构。为了加强杨二嫂的悲剧命运的气氛，作者用年轻时涂白粉被人称为"豆腐西施"的杨二嫂与之"对比"，这又是一个深层结构。另外一个深层结构是闰土的善良、老实、忠厚和杨二嫂的奸狡、险恶、多事的对比，文章结尾"金黄色"的希望与文章开头部分描写的中国黑暗的现实又形成一个深层对比结构。《故乡》的这个深层结构网络以"重复"和"对比"的自我复制机制，将材料按"萧索"、"悲凉"的批判性主题基调组织成一个合情合理的情节序列。这一围绕基本主题立意展开的行文、"足文"过程就是一个典型的主题秩序、行文秩序的建构过程。如图 18—2 所示。

（二）起、承、转、合：生篇的写作思维操作章法

中国古代的"起、承、转、合"写作章法理论是很能体现重复与对比的赋形思维的。这就是为什么中国古代写作理论把"起、承、转、合"作为文章的方法理论和篇法写作思维操作的基本模型的根本原因。因为，古典的"起、承、转、合"的篇章模型，有表层与深层两个层次的理解。从表层的时间、空间、逻辑、

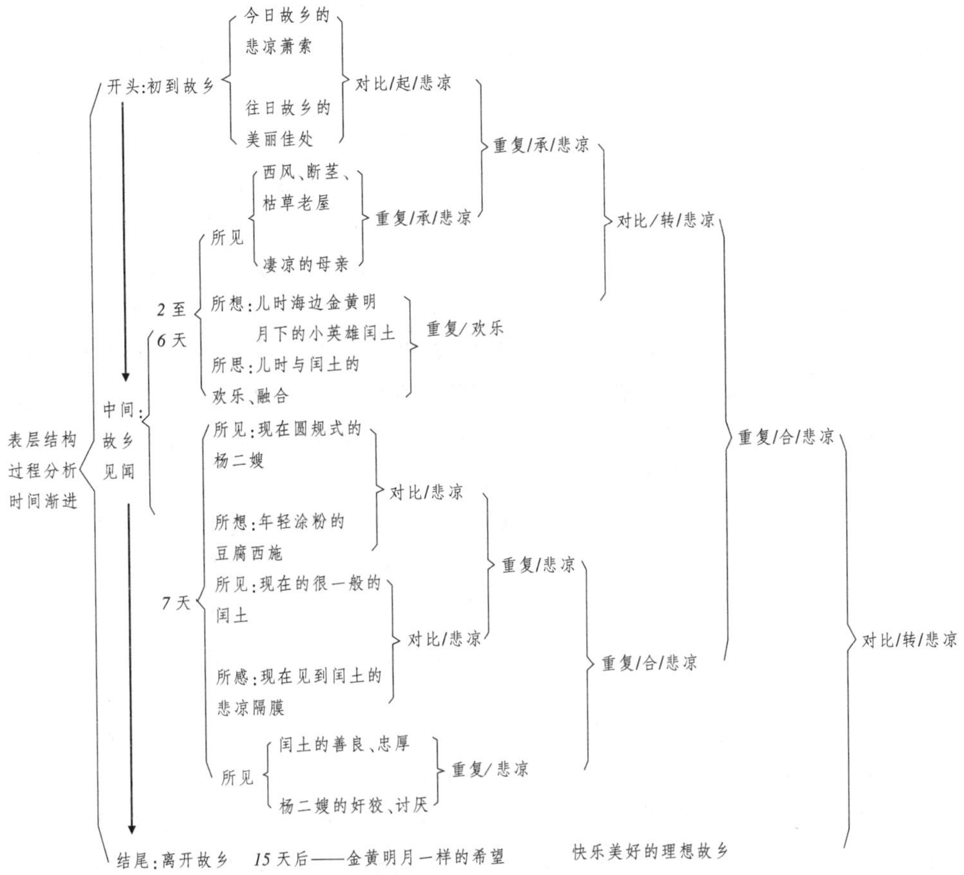

图18—2 《故乡》主题秩序、行文秩序建构过程

程度上看，“起”就是文章的“起头”、“开头”部分，“承、转”即文章的“中间”部分，而“合”就是文章的“结尾”。这是一个历时性的渐进顺序。从深层的意思、主题、段旨、情调上来看，“起”与“承”则构成了“重复”（渲染）主题、段旨、情调关系，而“转”和“起、承”则构成一种“对比”（反衬）的主题、段旨、情调关系。

从这里我们清楚地看出，所谓“起、承、转、合”章法模型，其实质上就是一种重复与对比的最优化组合而已。这样，重复与对比的思维操作就是“起、承、转、合”的写作思维的思维基因、操作技术。

古典的“起、承、转、合”章法模型是十分典型的、规范的、绝对的，这种绝对性、完整性、一律性的长期强行运作，自然使“起、承、转、合”成为一种不自由的缺乏创造的思维桎梏，导致了人们的思维僵化。那时的八股文写作完全是按照一个章法模型进行浇铸、制造，所以，古人把八股文写作称为“制义”。

但是，中国古代“起、承、转、合”的写作章法模型是有其十分深刻的写作思维原理的，它的精彩内核就是其中的重复与对比的思维操作技术，能突出主题、立意、中心赋形、足文，使文章“意穷而成体”。舍此，别无他法。因此，只要我们正确地理解这个章法模型的赋形、足文的思维本质，打破封闭的、完整的、规范的“起、承、转、合”，走向开放式的不规范的即不完整的“起、承、转、合”，那么，作为中国古代写作理论精华的这个章法理论，就会由传统走向现代，成为现代文章写作的新的规范。因此，在现代的“起、承、转、合”章法模型中，其中的重复与对比组合和多样化的开放式，既有古典的完整式的“起、承、转、合”章法，也有现代的不完全的“起、承、转、合”章法。所谓不完全的“起、承、转、合”章法，就是可以只运用重复（渲染）的思维操作技术——“起、承、合”或“起、承……合”，也可以只运用对比（反衬）的思维操作技术——“起、转”或“起、转、合”。当然还可以运用重复与对比的综合模型，例如：“起、承、承、承、转、合”，或“起、转、转、转、合、转”，或“起、承、转、合、合、合、合”，总之，只要在“起、承、转、合”（重复与对比）的因素的有无与分量大小、详略上进行调节，就会生成许多生动活泼的文章章法结构来，使写作章法结构的形态充满无限的创造空间。

从上面的分析中可以看出，在《故乡》中，文章在结尾以前，完全是一个标准的“起、承、转、合”章法模型，只是这个对比性的结尾破了经典“起、承、转、合”章法的僵化性，使文章生动。其实，从这个角度来看，马致远的《天净沙·秋思》已经具有现代的“起、承、转、合”章法思维了，因为，作品显然是一个“起转合合”的章法模型。

其实，不仅汉语写作的行文思维、篇法、章法思维是如此，就是西方写作也是如此，例如，波特莱尔的散文《疯子与维纳斯》也是一个“起、承、转、合”章法、篇法结构。

（三）篇章秩序：段落间贯通

在运用重复与对比、分析与综合、渐进与平列的思维操作模型进行生成文章行文的段落与部分之时，还要注意血脉贯通、前后关联的问题，使文章“针线紧密”（李渔《闲情偶记·结构》）。这里就需要运用前面所讲的过渡与照应的若干写作技术了。

第 2 节　行文中的文体思维特征的控制

一、记叙文行文思维展开的特征控制

1. “重复—对比”的内容特征

记叙文行文时，因文体规定性限定，其“重复—对比”的内容直接指向材料的性质范畴，既可以是思想、情感、性格，又可以是气息、氛围、韵律等元素；既可以采用静态重复—对比的形式，又可以采用动态重复—对比的形式。在《为了六十一个阶级弟兄》中，作者反复重复的是民工生命危在旦夕的紧迫感，四面八方的人们关注民工的焦虑，“一方有难，八方支援”的崇高精神。围绕抢救民工生命组建的材料系统，在性质方面与文章主旨构成一种共时性的静态重复关系。在《故乡》中，为了突出人物命运的悲剧性，鲁迅将少年闰土的形象写得天真灿烂而快乐，少年闰土的性格与现实闰土的性格构成一种历时性的动态对比关系。

2. “重复—对比”的思维路径

在《DCC 精华：作文的动力激发与思维操作》一文中，马正平指出了记叙文中行文思维（“重复—对比”）五条思维路径：一是“人物的自我（行为、性格、情节、活动、事迹）的重复与对比、渲染与反衬，即用几件事表现人物的精神、性格、思想，或用人物两种不同性质行为来反衬其中一种精神”；二是“人物之间的重复与对比”；三是“从景物、环境上进行重复与对比”；四是“从人物的外貌描写上进行重复与对比”；五是“从人物的语言、心理描写上进行重复与对比”。此五条路径概括了记叙文“重复—对比”思维运动，与写作实践的真实情形是吻合的。通过这五个方面的行文思维路径，达到了对文章立意、主题进行渲染的目的。

二、抒情文行文思维展开的特征控制

(一)“重复—对比”的内容特征

抒情文行文时，因抒情文以抒发感情见长，其“重复—对比”的内容主要体现为某种独特的情感（如盼望、热爱、思念、喜、怒、哀、乐等）、艺术感觉（如苍老感、荒凉感、落寞感等）和艺术意境（优美的、壮美的、新奇的意境等）。以人类青春期男女初恋阶段的“情书”为例，一切具象材料重复地宣泄着一种深刻情感：这就是热烈的爱意与痛苦的相思。彭学明抒写湘西的大量散文中，除了表层的语词重复、句式重复、句法重复，还有对湘西大地的苦恋与挚爱、山地的力与美、诗情与画意、神秘与空灵等机质的重复，使作品具有了一种经典的诗化风格。

(二)“重复—对比”的思维路径

抒情文行文说，所“重复—对比”的路径、方式有：

(1) 选择具有相似性质的事物展开“重复—对比”(如朱自清的《给亡妇》)；

(2) 选择具有相同品质的细节展开“重复—对比”(如韩愈的《祭十二郎文》)；

(3) 抓住某种独特的感觉、气息、韵律展开“重复—对比”(如苏轼的《前赤壁赋》)；

(4) 抓住某种具有张力的情绪展开“重复—对比”(如秦牧《土地》)。抒情文追求思想的深度和感情的浓度，特别重视材料性质的渲染功能，主要依据相似思维分析，来实施“重复—对比”思维的展开。当然，有时也通过景物描写、人物描写、行动描写，借助议论进行重复与对比、渲染与反衬，而这时，就分别运用空间构成分析、过程分析、因果分析的方式、途径进行重复与对比，渲染与反衬了。

三、议论文行文思维展开的特征控制

(一)“重复—对比”的内容特征

议论文必须有观点、态度、主张和建议，其行文时，“重复—对比”的内容主要体现为一种理性(观点、思想)。议论文是表现人类哲学智慧的文章，它贯穿着洞悉、探讨、分析、理解和把握的精髓，自始至终涌流的是人类的理性精神。具体来说，立论是一种重复，驳论是一种对比，而整个论证则表现为全位性的“重复—对比”。“重复—对比”的功能就是将道理讲充分，将观点说明白，将思想表达得透彻。议论文“重复—对比”的形式有两种，一是静态性的，人们为了证明某个观点所选取的大量事实论据与理论论据，就是静态性的“重复—对比”。二是动态性的，因果论证着眼于过程的推导，是一种典范的动态性“重复—对比”。

(二)“重复—对比”的思维路径

议论文“重复—对比”的路径主要有：

(1) 选择内涵相同的事实论据展开“重复—对比”(事实证明)；

(2) 选择内涵相同的理论论据展开“重复—对比”(事理证明)；

(3) 通过因果思维——原因分析、背景分析、功能分析、措施分析——展开“重复—对比”；

(4) 通过过程—辩证分析展开“重复—对比”。议论文为了保证观点的正确、深刻和沉实，论证阶段综合运用了多种论证方法，这些方法的实施要么建基于相似思维模型，要么建基于因果思维模型；要么从空间角度切入，做到个别与一般、点与面的有机结合，要么从时间角度切入，做到环环相扣、步步紧逼、层层掘进。

四、说明文行文思维展开的特征控制

(一) “重复”的内容特征

说明文以解说事物、阐明事理为己任，其“重复”的内容主要体现为一种事物的“特征”——结构特征、性质特征、功能特征。说明文是表现人类科学智慧的文章，它贯穿的既不是情感、性格，也不是思想、观点，而是一种纯自然科学的事物的特征，是从外观到内在、从局部到整体、从造型到功能全面把握客观对象的冷静解说。“重复”的功能，就是让无知者变得有知，让知之模糊者变得知之清晰，让知之不多者变得知之完整，最终让人建立起对客观对象的特征性质的系统的、清晰的认知。

(二) “重复”的思维路径

由于说明文行文只能通过过程性解说方能使人认清事物、明白事理，因此，说明文“重复”的形式是动态性重复，这种重复从两个方面得到体现：一方面是遵循事物、事理存在的空间顺序、时间顺序和逻辑顺序，展开对对象清晰度、完整度的渐次呈示；另一方面是依据说明方法抽象或具体程度的差异，从下定义（最抽象）—诠释—分类—比较—比喻—举例—数字—图表（最具体）方面来显示说明对象的清晰与完整。

具体说来，说明文“重复”的路径主要有：

(1) 根据事物的方位顺序展开重复；

(2) 根据事物的距离远近展开重复；

(3) 根据事物的内外差异展开重复；

(4) 根据人们认识事物的习惯（由表及里，由浅入深，由现象到本质）展开重复；

(5) 根据说明方法的抽象/具体程度展开重复。

由这五条路径可以发现，说明文为了达到清晰完整地解说事物、阐明事理的目的，写作时必须突出事物或事理本身存在的某种秩序，只有秩序才能产生清晰性。

第3节 行文思维中的写作文化控制

一、宽远的空间意识对行文思维的影响

拓宽文章内在空间，使文章显出一种宽阔的、大气的美，是古往今来每个写作者追求的目标。作为写作文化的基本内核，宽远的空间意识暗示写作者：行文不能在平面内线性推进，而应千方百计拓宽空间，如同一株大树，去掉茂叶繁枝而仅留主干，还有什么活力与生气可言呢？毛泽东的《沁园春·雪》上片，实际上只讲了北国风光壮丽极了这样一种感受，但读者却被一种巨大的空间感笼罩着，并深深震撼于那种大气磅礴的阳刚之美。空间在这里，既指地理空间（具有跨越性），又指人的心灵空间（襟怀、境界），同时还指写作者的想象、联想、幻想空间，这三度空间的浩大宽远，构成空间意识的基本蕴涵。写作行文活动中，空间意识的影响主要体现在“跨越”上，即写作行文不能拘泥于一时一地、一事一物，而应纵横驰骋，跨越今古。具体来说，在地理空间上选材要跨越国度、地域、民族乃至星球，保持行文的宽阔度；在心灵空间上，跨越短视狭隘，立足于深邃辽远，到天地自然中去择取富有艺术表现力的客观事物，到社会现实中去择取能写照胸襟的生活材料，保持行文的新颖度、敏感度；在想象、联想和幻想空间上，要展开思维的远游，跨越现实土壤，撕裂时间链条，到古歌民谣、神话传说以及特定民族的文化原型中进行邈远的索求，甚至未来世界的各种幻想性图景，都可自由进入行文的操作，保持行文的深厚度、神奇度。跨越是思维的发散与解放，是一种不驹泥于此在的彼岸联想。山的这边人烟稀少，一片荒凉，山的那边呢？跨越就是爬过山梁，跃过前人，到别的领地去开掘新的行文材料。《离骚》成为千古绝唱，一方面因它表现了爱国主义这一人类普遍情感，另一方面则是因它显出了一种博大的空间意识。诗的后一部分，女媭劝告，重华陈辞、灵氛占卜、巫咸降神、神游天上，尤其是天上神游，诗人朝发苍梧，夕至县圃，以望舒、飞廉、鸾皇、凤鸟、飘风、云霓为侍从仪仗，上叩天阍，下求佚女，显得波澜壮阔，气势恢宏。如果缺乏宽远的空间意识，屈子就无法实现跨越，现实的、历史的、社会的、自然的、神话的、传说的、幻想的等各种材料不可能聚合，从而无法构筑一个史诗般的大厦。

二、绵长的时间意识对行文思维的影响

绵长的时间意识，表达着写作者对永恒的追求。毛泽东的《沁园春·雪》下

片，实际上只表达了人民是真正的风流人物这一感受，但读者却被一种绵长的时间感吸引，并深深震撼于那种睥睨古今的巨人气概。时间在这里，既指物理时间，又指心理时间，同时还指消逝的往昔，写作者对此三个层面的特殊敏感，构成时间意识的基本涵蕴。写作行文活动中，时间意识的影响着重体现为一种行文运思方向的导引。具体来说，在物理时间上，注重过程性材料的聚合。

写作行文作为对文章胚胎基因、文章开笔的复制，是一个具有长度的复杂过程，不论是线性发展还是非线性发展，皆需要大量材料做铺垫，如果材料的量不够，文章胚胎就难以顺利生长。因此，物理时间意识的作用就在于自觉地、有意识地让胚胎基因繁殖起来、发育起来，变成文章之“树”。在心理时间上，注重感觉性材料的聚合。心理时间是人所体验、所感觉的时间，是一种主观性时间，一方面它本身累积起大量的经验性、感觉性材料，如“一日长于百年”的煎熬性体验之类。另一方面，人又可以将所体验到的时间感投射到客观外物上，自然界的花开花落、草长草凋，宇宙空间中太阳的升沉、月亮的圆缺，在人看来都是一种时间话语。“朱雀桥边野草花，乌衣巷口夕阳斜。旧时王谢堂前燕，飞入寻常百姓家。”在时间的恒河沙数中，包含了如此巨大的迁变。《诗经·蒹葭》中的“秋水伊人”，与其说是一个客观性材料，不如说是一种感觉性材料，它是追求者心灵中那种巨大的时间性迷惘的极好投影。站在消逝的往昔层面看，注重的则是历史性材料的聚合。往昔总是以不可思议的力量，震撼着写作者的精神家园。对于自然，往昔代表着原始质朴，青山绿水，平畴远风，纯乎一块诗意的栖居地；对于宇宙，往昔代表着神秘和梦想，在中华民族的文化原型中，遥远的空际，存在着一个比人类社会更自由、更富有、更长久的仙者社会；对于社会形态，往昔可以越过宋祖唐宗、汉武秦皇抵达尧舜之世，在很多古代圣贤的观念中，那是一片纯粹的乐土，是人类真正的理想国；而对于人类个体生命，站在老年的高度回望，往昔代表着纯真、激情和辉煌，在直达童年的回溯中，泛滥着爱意与温情。可以说，往昔包容了自然历史、宇宙历史、社会历史、生命历史材料，不但给写作提供了取之不尽的材料来源，而且使文章形成一种历史纵深感。

三、价值取向对行文思维的影响

人类写作活动中，作者的价值取向对写作行文具有决定性影响。所谓价值取向是指人们对客观事物存在意义的基本看待，价值取向的形成与社会主流文化、时代精神，人的世界观、人生观等方面有着深刻的关系，先进的主流文化、蓬勃向上的时代精神、正确的世界观和进取的人生观直接影响人形成一种积极的价值取向，反之，则会形成一种消极的价值取向。某种价值取向一旦形成，就具有稳定性，它深深影响着人们把握世界的视角，在关系到文章的感思、立意酝思的定夺、评估等行为中，通常能显现出价值取向的决定性作用。

在写作行文中，价值取向的影响集中反映在三个方面：

第一，对行文中生成的材料进行价值判断时，它直接影响着写作者对材料性质的把握。行文材料作为一种结构性存在，最打动作者的既有富于感性的一面，又有直接通向主题结构的一面，前者是材料进入作者视野的关键，而后者则是将材料纳入写作进程并让它“生长”的关键。在这里，价值取向直指作者对材料的定性分析。诚如杜勃罗留波夫所说：“……他却看见了这里有一种值得注意的特别的东西，他就热心而好奇地注视着这个事实，把它摄取到自己的心灵中来。”把握材料性质，体现了作者对材料有机性和表现性的高度重视，一个作品的基础是否牢固，取决于作者选择了什么性质的材料。

第二,在形成某种写作崇尚时,价值取向直接影响着写作者行文选材的域度和方向。写作崇尚是一个文化性概念,是指在一定社会、时代、历史时期的某种思想推动和文艺思潮导引下,社会写作群体基于一种共同信念,一呼百应,推波助澜,形成一种写作文化时尚。不论何种形式的写作崇尚,群体认同是一个符号或一种根本标志,反映在行文上,不同作者行文推进的域度和方向就具有惊人的相似性。

当作者把价值取向定位在“英雄”世界时，行文的域度就严格限制在生活中的英雄范畴，行文操作关注的是矛盾、斗争、冲突——能够彰显英雄行为、个性、精神的材料；而当作者把价值取向定位于“凡人”世界时，选材的域度就扩宽到世俗的日常生活中，行文的重心由关注矛盾、斗争和冲突型材料转向“生活流”材料。产生于20世纪80年代的“寻根文学”，大江南北的写作者不约而同偏爱到地理上边远、经济上落后、生活上原始、民风上古朴、风俗上淳厚、行为上古怪、精神上闭锁的区域去挖掘行文材料。因为他们坚信：陋巷、荒村、石狮、长桥，与山花一样质朴的村姑，同原野一样风情的村妇……由这些材料构筑的世界，似乎未经现代文明的浸染洗礼，更能表达文化寻根的本质。

这两个例证可以看出，价值取向对行文的宏观调控功能何其显著。

第三，当价值取向外化为一种眼光时，它直接表明了写作者对行文内容、材料的喜好、兴趣、态度。价值取向不同的作者，对行文内容材料的兴趣和态度存在巨大差异，有的喜欢现实材料，有的喜欢历史材料；有的喜欢客观性材料，有的喜欢体验性材料；有的喜欢散发人性美的材料，有的喜欢揭示人性恶的材料；有的喜欢格调高雅的材料，有的偏爱趣味低级的材料；有的喜欢能维系艺术尊严和神圣的材料，有的则喜欢迎合公众趣味、能直接获取商业利益的材料。

以“性爱文学”为例，当写作者将价值取向定位在通过人类性爱生活展示人的心灵美、情感美、行为美、操守美层面，他们关注的是情韵型材料，对“性”本身并不过分铺张。而当写作者将人类性爱生活的价值取向定位在人的动物性层面时，他们的兴趣中心直指“性”本身，思维集中在性心理（性饥饿、性焦灼、性渴慕、性迷惘、性困惑等）、性病态（裸露癖、观淫癖等）、性行为（性占有、性侵犯、性骚扰、性观赏、性抚摸等）、性变态（心理畸变、行为畸变等）上，组建的材料系统散放出强烈的原欲气息，美荡然无存，剩下的是感官的激动与满足。站在此一角度看，写作者必须始终不渝地改造自身的世界观、人生观，感悟时代精神的本质，树立纯正的写作艺术观，最终形成积极健康的价值取向。

第 4 节　行文思维中的行文策略

我们在上面描述的行文思维过程——重复与对比、分析与综合、渐进与平列、过渡与照应，只是抽象的行文思维过程，其功能是通过分析与综合的路径思维，使主题、立意能够赋形、足文（重复与对比）、整归（渐进与平列、过渡与照应）。但是，这种行文思维是离开具体的言说语境（时空背景、具体读者）的行文思维，然而事实上并不存在这种抽象的写作行文。任何一篇真正的文章写作的行文都是面对具体读者、具体时空背景之下的制约性、应对性、反馈性的言说。而这种行文言说，除了上面所描述的几种行文思维操作模型之外，还需要行文者的行文策略思维操作。

所谓行文中的策略思维，就是能够使自己的文章适合于、得体于特定的时空背景、特定的文章读者对象，实现自己的最大的写作目的、最终的写作功能的写作智慧。从本质上讲，策略思维是对上述抽象的行文思维——重复与对比、分析与综合、渐进与平列、过渡与照应——的思维言说结果的再思维，即反思。这种反思，其实也是一种控制、调节、把关。从理论分析的角度看，在行文过程中，一般的抽象的行文思维在先，而具体的当下的策略思维在后。但是在实际的写作行文之时，这两个环节是同时并进的。行文中的策略思维主要体现在三个问题上。

一、策略意识与思维操作：协调与对抗

从逻辑上说，上述运用重复与对比、分析与综合的写作思维操作技术产生出来的文章材料都是构成行文的内容，但是，这些内容是脱离现实语境（读者对象、时空环境）制约的，而现实写作又不能没有这种语境制约，因此，要想使文

章行文的内容最大限度地实现自己的写作目的，文章行文就必须考虑现实语境写作之中的写作策略问题。通过写作策略意识和思维操作——协调与对抗——来保障现实语境写作下的行文材料、内容的有效性、目的性。协调的策略就是要保证行文材料中的内容不触犯写作禁忌，使读者对象和时空环境能够接受，从而实现自己的写作功能和意图；对抗就是有意要与某些特定的语境发生强烈的冲突，从而实现自己的最终写作功能。一般说来，实用写作的行文特别注意写作的现实功利，因此就特别讲究协调策略，绕开写作禁忌，绕开那些不该讲、不能讲的东西，而更多地讲对方乐意接受、有兴趣接受的东西，以及时空背景中对自己的写作功能有利的东西。而文学创作的行文更多地是一种价值批判和否定，因此，更注意对抗的策略，起到振聋发聩的社会效应。行文操作中只有运用这种行文策略对运用重复与对比、分析与综合生成的文章材料进行过滤，才能形成具有高度写作功能性的行文内容来。这样的内容进入渐进与平列的书面语言，才是有意义的和有效的。

在通常的情况下，写作行文主要考虑的是协调意识，使行文内容协调于时空背景、政策时事和读者对象的口味，这时，行文策略主要体现为对写作禁忌的敏感和理解。而要达到这一点，就必须培养写作行文的禁忌意识。

“禁忌”的语词本义即禁止、忌讳。人类现实生活中存在着各种各样的禁忌，它们以一种强制力干预着人的行为抉择。行文思维中的禁忌意识，是指写作者对材料性质是否犯忌的理性认识，写作者必须确认哪些行文内容、材料“不能用”和“不便用”。“不能用”是指行文内容、材料性质与特定社会的政治、经济、文化、伦理、宗教、习俗等方面的原则、要求、规范发生矛盾与冲突，使用这类行文内容、材料意味着犯禁。“不便用”是指某种性质的行文内容、材料具有一定表现性，但因可能触犯某些禁忌而必须放弃。

从理论上看，写作是人类生存的自由表达，作者无所顾忌地言说客观世界一切具有价值的东西，是书写的根本，无“禁区”写作才真正是完全解放、完全自由的写作。但书写实践证明，每一个作者都要面对硬性的、软性的、显性的、隐性的等大大小小的写作禁忌，小心翼翼地展开写作行为。

在写作行文过程中，将视角探入“规则”框架内，去吸附、生成与社会时代精神和谐一致的行文内容、材料，而对与时代精神不够和谐甚至对立的行文内容、材料，则需保持高度警惕。譬如在现代社会，“性”的言说已不再成为禁区，但仍有大量禁忌——无序的、乱伦的、非规则的——败坏人类文明的大量原生材料，是不能进入文学空间的。社会问题材料，因与特定社会政治机制的天然联系，写作者必须掌握程度与极限。行文材料属于写的内容范畴，它与现实的深刻关联使之显出多种复杂性质，写作者明白禁忌方能找到消解的良策。因此，行文思维中的禁忌意识，是写的智慧的彰显。

在行文中，当你能够依靠写作禁忌意识敏感地意识到有关的写作禁忌的时候，行文思维最为重要的就是行文策略意识了。因为，当写作意图与写作禁忌、写作处境（具体的时空处境与读者对象等因素）发生冲突时，作者就需要采取相应策略，以助写作意图的顺利实现。概括起来行文策略主要有以下几个方面。

（一）以社会时代主流文化为坐标吸附，生成行文内容、材料

主流文化是特定社会时代精神的具体表征，其中深烙着群体的倾向、偏好、意志、情感和趣味。随着社会发展、时代前进，某种主流文化衰落，而一种新的文化悄然兴起并蔚为风气。写作者必须对这种文化的变迁保持特有的敏感，因为文化变迁的背后，意味着社会面貌乃至形态以及时代主旋律的变更。拒绝接受这种变更，以过去的尺度去生成行文内容，势必难以加入新的主流文化的合奏。因此，社会时代主流文化是行文的基本参照系数，能够显示这种文化特质的行文内容，可以大规模生成，反之，则应对行文内容、材料进行冷静分析，充分考虑它可能产生的影响和后果，最终给予裁定。

（二）以特定的时事、政策背景为坐标吸附，生成行文内容、材料

时事背景和政策背景是一定社会意识形态的集中反映，是统治阶级力量和意志的具体体现，它们对众多领域实施一种强力监控，在缺乏民主和自由的人文环境中，它们可以画地为牢。写作的结果是创造一种意识形态物，它能够深烙着个人印迹，体现作者的立场、观点、态度、倾向性，但这种“个人性”必须合乎“社会性”，得到某种政策的认可，写作方能被社会接受，这种“个人性”才具有意义。那种淡化社会背景、时事背景、政策背景，将人事放在过去时态或想象时空，表现某种普遍情感和某些具有超越性的永恒主题的写作，可视为“夹缝中求生存”，根本策略是“识时务者为俊杰”，写作者明了政治的认可限度、政策的范围限定，然后再去选取写作材料。

（三）以一定读者群体的审美需求为坐标吸附，生成行文内容、材料

写作是作者与读者之间的对话与交流，千百年来，每个作者都在耐心寻找着作品的读者，遭遇知音的快乐故事，中外写作史上比比皆是。随着文学商品化趋势的愈演愈烈，写作也在分流，许多作者投身商业化大潮中，他们将创造性的写作当做工业产品来处理，在趣味、规格、容量、程序等方面加以精心设计，并按照大众需求制造出来。这样，读者的地位被强调到前所未有的高度，“研究读者”成为写作消费学的热点，“读者需要什么就写什么”被视为写作的座右铭。在行文中，写作者以读者的要求、趣味、习惯、嗜好为准绳，来评估行文内容、材料的吸引力、分量和将产生的共鸣效应。应该说，这是一种急功近利的行文策略，长此下去，写作对读者的提高功能将完全丧失。以一定读者群体的审美需求为坐标行文所体现的谋略在于：首先，作者要根据读者的知识水准，划分多个层次的读者群体，确定“纯写作”主要指向哪些群体；其次，作者考虑的是读者的审美需求，对非审美的需求应该予以漠视；最后，尊重读者不是迎合、迁就读者，拓宽写作的消费领域，不能以丧失其教育的、认识的、审美的功能为代价。

二、节奏意识与节奏思维：语调与变化

行文节奏之所以是一种行文策略，是因为它是影响读者阅读的一个重要语言因素。语言节奏一方面具有情感性、情调性，另一方面又具有变化性、新颖性。这二者都是制造阅读者的兴奋感的刺激剂。

行文节奏就是“言说节奏”，是文章的动态感、运动感、生命感、情感性的体现，它最终体现为一种行文的语流速度感即时间感。这种时间感、速度感的获得主要是从两个途径实现的。

其一是感情节奏即言说语调、语气基调的控制。刘勰在《文心雕龙·章句》中讲到行文时说“夫裁文巨笔，篇有大小，离章合句，调有缓急，随变适会，莫见定准”。朱光潜先生说，文章如说话，说话时“首先是说话人对所说的话不能毫无感情，其次是说话人对听众不能没有感情上的联系，爱或是恨。这些情感色彩都必须在声调口吻中流露出。这样的话才有意思，才能产生期待的效果”①。如宝华在《影响人生的十本书》中所说，人们认为，“在文学作品中，以一个明快的行文方向（或口气）坚持从一而终地把某个事理说清楚，不生枝蔓的文章，其‘文气’则浑厚，才有回味，耐看”。关于这个问题，苏联作家、文艺理论家马托夫说得更为精彩：“当你阅读这些短篇小说当中某几篇的时候，虽然作者并不直接表现自己的观点，我们依然感觉到作者的情绪和他对被描写事物的态度，你差不多一下子就了解得到作者的立场，了解他喜爱的是什么，他所指的又是什么，通过这几行的叙述，你就毫不费力地洞察他的思想的全部细节，并在每一个句子里，你毫无错误地感受到那种唯一的音调，如果作者给你朗诵他的短篇小说，他就会用这样的音调来念这个句子的。依我看来，明朗的、独特的和唯一的音调是一篇作品增强它的艺术力量的组成部分之一，是作者把自己的立场传达给读者的途径之一。”

① 朱光潜：《朱光潜谈说理文》，载《新闻业务》，1962（3）。

这“基调”、“口气”、“音调”就是中国古代写作理论中讲的“文气”，文章行文有文气则生，无文气则死。因此，在行文的时候，最重要的首先是确定你的行文的感情基调或音调、口气。

其二是通过言说内容和方式多样变化的追求。所谓《周礼·考工记》上说：“物相杂，故曰文。”杂，就是变化。桐城派宗师刘大櫆《论文偶记》说得更为清楚：“文贵变。《易》曰‘虎变文炳，豹变文蔚’。又曰‘物相杂，故曰文’。故文者变之谓也。一集之中篇篇变，一篇之中段段变，一段之中句句变，神变，气变，境变，音节变，字句变。”刘熙载也认为：“通其变，可成天下之至文。一合一闭谓之变，然则文法之变可知已矣。”（《艺概·文概》）这就是古人所谓“文似看山不喜平”的原因。这种“变”与“杂”，就是我们平时所谓的艺术辩证法的全部内容：正与反、有与无 、虚与实、直与曲、奇与正、浓与淡、动与静、轻与重。这里既有字法的问题，也有词法的问题，也有句法的问题，还有章法的问题。总之，通过行文中的各种变化形成的“相杂”的行文内容，给人以新鲜的变动的节奏感觉，以便于文章行文的美感形成。

三、修辞意识与修辞思维：具体与生动

行文策略的第三方面是修辞意识与修辞思维。行文经验告诉我们：行文的实质，并不是语法的问题，而是修辞的问题。从行文的意义上说，写作就是修辞。因为，修辞的目的就是为了使写作者此次言说的具体措辞更加符合特定的情景、语境，以博得读者的阅读兴趣。因此，在行文过程中存在着“修辞干扰语法”的现象。美国当代翻译学家斯皮瓦克认为，任何语言的出场，“都要从三层结构（即修辞、语言、静默）中去理解”，“每一种语言都有其修辞性和逻辑性，前者对后者造成干扰和破坏”。因此——

> 在能动者的产生过程中，修辞会破坏逻辑，从而显现从内部激发着修辞产生的静默的暴力。逻辑使得我们的语义依据明确表明的连接把言词串联起来，而修辞必须在言词之间及周围的静默中活动，试探怎样才起作用，效力有多大。修辞与逻辑之间、获得认知的条件和获得认知的效应之间的不协调关系，就是能动者建构她的世界的关系，如此，能动者才有伦理的行径、政治的行径、日常生活的行径；如此能动者，才可在世上以人的方式存在。①

① ［美］伽亚特里·斯皮瓦克：《翻译的政治》，见许宝强、袁伟选编：《语言与翻译的政治》，280页，北京，中央编译出版社，2001。

这里，所谓的“三层结构”（又称“三面结构”），就是每种具体的言说话语中，尤其是书面语言的行文中，语词流（文本）的生成都是在基本语法框架（即“逻辑”）的基础上所进行的修辞活动。修辞对抽象的语法（“逻辑”）进行语境性干扰，而干扰的程度则是以这种修辞所产生的言说效果，即修辞效果（即“静默的暴力”）的程度而进行反复调控的，或从“伦理”的途径，或从“政治”的途径，或从“日常生活的途径”。这样通过反复调控而生成的具体化、语境化的行文话语（文本），就是作者的语言世界，也是他的存在世界。

考察行文中一个句子的生成机制就可以明白这个道理了。

在一个句子的生成中，在深层结构上，首先考虑的应是句子的基本轮廓、框架、骨架，这个基本的句子轮廓、框架、骨架，就是句法、语法层面的问题，即名词和动词以及动作所涉及的对象：主语—谓语—宾语。这是句子的内部语言。

在表层结构上，考虑的是根据言说对象的当下状态、时空背景信息，对这个基本的句子轮廓——名词、动词和宾词——的修饰、限制，从而产生了定语、补语、状语。这是句子的外部语言的一部分，另一部分则是内部语言的外化。这种限制活动便构成了言说的具体性、当下性、确定性，使语言更加准确、得体、生动。

这种限制、修饰活动本身不是语法行为而是修辞行为。在句子的语法层面，句子轮廓的形成是一个历时性的、线性的、渐进的、分析的过程；在句子的修辞层面，修饰限制成分与句子轮廓的成分之间是一种共时性的、并列的、非线性的渲染、重复的关系，同时，有些句子的修饰性与限制性定语、补语、状语还不是一个而是多个，而这几个修饰性与限制性的定语、补语、状语之间又构成了一种重复的渲染的关系，从而形成一种“足文”效果。

如果说，句子的主干成分（主语—谓语—宾语）是句子的宏观成分，而句子的附属成分、修饰成分是句子的微观成分的话，那么，也许行文中句子生成更为真实的情形应该是：宏观的句子成分与微观句子成分是同时推进的，即在宏观的层次和尺度上是朝“主语—谓语—宾语”的方向向前渐进推进的，而在微观的层次和尺度上，则分别对主语、谓语、宾语进行限制、修饰、控制，从而生成了主语的定语、谓语的状语、状语从句或补语、宾语的定语。这时，附属成分与主干成分则构成一种同位的渲染、重复关系。附属句虽然处于句子主干成分的附庸，但是对于写作行文来讲，则具有比句子主干更大的艺术意义，因为文章行文的生动性、感人性、修辞性主要就是从这些附属成分上体现出来的。

因此，从这里我们可以看出，在一个句子的生成过程中，句子生成的基本方向（句法结构）是线性过程渐进的“文本思维”操作，而语言的艺术性（准确性、生动性、氛围性、感人性）则是非线性的空间性重复、渲染的“足文思维”操作 。前者是对基本语义的陈述，后者则是对行文的功能性、语境性的表征。

这不仅是句子生成的奥秘，准确地说，更是言说话语生成的奥秘，而且也是段落、文章生成的最后奥秘！

第 5 节 行文思维操作技术的训练

一、写作行文思维操作：演示、模仿与实践

（一）教师行文思维操作演示

【例文】

碧莲玉笋世界 简拙澄澈童心①

——桂林山水与张家界、黄山风景审美特征和意境之比较

马正平

自宋人李曾伯用“桂林山水甲天下”这句诗来赞美桂林山水以后，祖国各地又陆续发现了一些风景名胜，可至今人们都还是盛赞：“桂林山水甲天下”。面对美丽的桂林山水，诗人们吟哦着她，画家们描绘着她，音乐家们歌唱着她；她的玉体冰肌赏心悦目，吸引着无数中外游客。多少人在她面前神飞销魂，流连忘返。那么，究竟是什么原因使得桂林山水具有如此巨大的魅力，或者说，桂林山水究竟美在哪儿呢？

英国学者纽拜在《对于风景的一种理解》中谈到：“理解风景特征的关键是意义……我们归属于意义的正是感觉，如果我们感觉一个风景，它对于我们就是有意义的，我们对于风景兴趣程度，受制于风景对我们所具有的意义。”桂林山水到底具有什么“意义”，而形成自己的审美特征呢？为了探讨这个问题，我们想对游览张家界、黄山、桂林山水的审美感受进行一番比较

---

① 此文系应邀参加中华全国美学学会、广西美学学会召开的“全国桂林山水美学讨论会”（1985 年 4 月，桂林）提交的论文。该文的研究方法与文体受到李泽厚先生的好评，后收入大会论文集。见范阳、黄贯群主编：《山水美学研究》，第 1 辑，南宁，广西人民出版社，1987。

分析，从而为解答这个问题，提供一些线索。

一

一个金秋时节，我慕名游览了我国第一个国家森林公园——湖南张家界。张家界的风景是奇诡的：三千奇峰拔地参天，形象逼真，神态各异。你只要听一听这一串富有诗意和神话意味的景观名称就够了。什么“天书宝匣”、“神鹰护鞭”、“劈山救母”、“定山神针”、“金龟衔日”、“千里相会”、“海螺出水”、“大闹天宫”、“钟馗嫁妹”、“五女拜帅”，还有“金鞭岩”、“夫妻岩”——无一不惟妙惟肖，生动活泼。

张家界的险景真叫人叹为观止，金鞭溪上那座被人称为“比萨斜塔”的高达三百多米的塔形山峰，与地面形成70度的角，初见之真使人冷汗直冒，不敢出气，行人过此都加快了步伐，仿佛它马上就要倒过来。腰子寨上面那座巨大的“天桥”，更加吓人。游人站在这边山中的一个百丈悬崖上，只见五六十米外，耸立着一座高二百多米的天然大桥，它像两扇巨大的“天门”，空处又像一只巨大的“宝瓶”，桥面很薄，不过两米，“桥”下是万丈深渊，视溪水如一条白线，看人，像一个小黑点，观者无不心惊肉跳，谁也不敢设想去过这“天桥”了。

这里的山峰虽然高峻挺拔，但它们都是砂岩组成，因此，这里的每一座山峰上面都生长许多松树与其他花木，终年郁郁葱葱，清秀异常，整个山峰的轮廓就像这里的飘动的烟云，笔者游此曾不禁赞道：“奇峰耸起二千八，总把青山当烟霞。”①

真正的烟霞就更醉人了，请听诗人颜家文在《张家界的雾》中是怎样歌唱张家界的云雾的吧：

> 一夜秋雨湿了山中图画，淋得风景一片模模糊糊，
> 穿来了匆忙追赶着山风，在飞、在卷、在飘、在舞
> …………
> 为金鞭岩系一绺白缨，为南天门铺一条云路，
> 给三姐妹罩上面纱，托千座山峰半沉半浮。

虽然，张家界的云雾不像峨眉、黄山“云海”那样具有高远、旷阔的气

① 全诗是：“金鞭溪里溅玉花，金鞭溪上竹桥斜。‘飞鸽’小猿戏‘龙虾’，雾绕烟笼神会处。奇峰耸起二千八，总把青山当烟霞。”

派，但是她云吞雾吐，运动着，生发着，渗透着，使万物瞬息万变，看着她仿佛自己血液在流动，精力在渗透，生命在活跃，她把我们沉浸在一种浓郁的如仙境的神秘的氛围里。张家界号称“峰三千，水八百”，张家界的水也具有一种野秀之美。金鞭溪，虽有些纤细、干枯，但她清澄明洁，当你站在溪边望着溪水，你会觉得五脏六腑都被净化了。总之，张家界由于三千奇峰，形成奇诡巧妙的总体特色，所以诗人萧汉初在《青岩山放歌》中叹道：

天造地设，天造地设，

奇峰异崖叹超绝……

由于这里树木葱茏，小溪环绕，加之云雾缭绕，又显示一种秀丽纤巧的感受，由于这里是新发现的风景区，较少人工修饰，因而她又具有一种野秀之美。但不知为什么，当我们游完了张家界的全部风景以后，内心深处总还感到有一点点“美中不足”，这里我把这真实的感受讲出来，一则请教于美学界的前辈，看我这样感受对不对，二则提供给搞风景管理的同志们参考，把祖国的风景名胜装点得更加美丽，如此而已。

首先，张家界的山景总给人一种强烈的“异己”的压力，这种压力是由于这里的山峰平地拔起，相对高度大，更重要的是，这里的游览路线大多都是在山沟里，山脚下，而且一直是这样（去金鞭溪、沙刀沟、腰子寨），游人在这样路线上虽然开始感到山峰伟岸、挺拔、崇高，但长期这样观赏下去，就感到这些山对游人有一种强大的对抗力量，它不是自己亲近、驱遣的对象。

其次，审美境界不大高远。张家界的奇峰多和地面成垂直坡度，大多不可登临，可望而不可即，但也并非绝对不可登临，我们可以很快地爬上海拔1 100米的黄司寨，爬上去的感受如何呢？其实，会使你大失所望的，你会觉得不如在山下欣赏那奇异的山峰，缭绕的烟云，欢唱的溪水。因为，人们欣赏山景，并不满足于“高山仰止，景行行止”，他们要登上高山，“登高”是为了“远望”，开阔自己的胸襟、情怀、眼界。然而，张家界风景是在一个盆地的盆底，当你在黄司寨最高处看出去时，你只感到窒息、气闷、抑郁、死寂，你的理想，你的情怀，你的胸襟，你的眼界被那群峰外围的那些平庸、呆板的山岭屏障挡住了。这些山岭，像一堵巨大的围墙，把张家界的三千奇峰，八百秀水，围成一个“园子”，人们称赞张家界是一个“桶中盆景”，其实这也是对它的贬称。

张家界景观太近、太露，当地有顺口溜说：“远看不见山，近看在眼前”，的确是这样，由于张家界旅游路线一般离景观都很近，使风景本来面目暴露无遗，有些风景在照片上看很逼真、很美，但是，当你看到实景时，反而无味，例如，“金龟衔日”（又称“金龟探海”），从照片上看很美，但是，当旅游路线从“金龟”十公尺旁经过时，你清清楚楚地看到，只是一块石头，并不如照片上那么形象有味，由于看得过于明白，反而限制了游者的联想、比附，风景在游人眼中要在似与不似之间，朦胧一点，这就需要视点（道路）应该和景观者有一个恰当距离、角度，不可太近，亦不可太远。

再次，从整体上看，章法不佳。风景的最高要求是“如画”，所谓“江山如画”，“风景如画”，这主要就是在讲章法布局问题，香港摄影家陈复礼先生说“青岩风景如画”（张家界又称“青岩”）。我们觉得，应该说“青岩”的每一个奇峰可“入画”，但所有的奇峰组成一个风景整体，就不“如画”了，或者说，就不是一幅好“画”了。一幅好画，很讲究章法，所谓章法，无非是主客、浓淡、虚实的结构布局。张家界只有数不清奇峰，显得堆砌、拥挤、繁杂、纤细、凌乱，而没有章法上巧妙安排，没有一种节奏感，此外，由于张家界的山峰大多是平地拔起，垂直地面，因而众多山峰所形成的轮廓线直线多，曲线少，因而显得生硬，而缺乏一种旋律线——韵律感。

正因为以上这些原因，所以有人从张家界游览回来风趣地说：“张家界是造物主制造风景的材料仓库，而不是风景本身。”“造物主”把这儿的“奇峰”布置在黄山，而把这里明净的溪水引向了桂林。

其实说张家界不是风景这是一种夸张，张家界还是一颗“风景明珠”，不然为什么会有那么多中外游客前去欣赏呢？这种说法，就像说杂技不是艺术，推理小说不是文学作品一样的不准确。杂技还是一门艺术，推理小说还是小说，而我们游览张家界的整体感受，就有些像看杂技，读推理小说一样，获得的是一种“惊奇”的感觉。

这是“奇诡”之美。

二

就“奇诡”而言，黄山不在张家界之下。黄山“三奇”（石、云、松）是很有名的。黄山“始信峰”就是根据此峰有人刻石：“始信黄山天下奇”之句而得名。徐霞客曾说：“五岳归来不看山，黄山归来不看岳”，大概也是说黄山之奇。最有名的“猴子观海”（又名“猴子望太平”）、“梦笔生花”、

“丞相下棋”、“老僧采药”、“松鼠跳天都”无不酷似。后山还有一处景，远处一座山峰，初看似一位“妙龄少女”，走一段再看她变成了一位健美的“少妇”，再走一程又看，这位“少妇”转眼间又变成一位老态龙钟的“婆婆”，真是妙不可言！

虽然黄山与张家界都是以奇取胜，但黄山之奇不同于张家界，张家界的“奇”中有一种纤秀味道，而黄山之“奇”中却显示出一种苍劲气质，这种感受来自两方面：一是松，二是石。黄山松以其苍劲、挺拔、昂扬、风姿著称于世。这是由于黄山松大多长于悬岩石壁上，或枝叶向着没有岩石的一方伸长，树形像一杆杆旗帜，飘舞的枝干依地势或卧或仰，或曲或伸，从而形成各种奇形，别有味道。加之生长在这些花岗石上，成长吃力，树干结实，给人以历尽艰辛的感觉。黄山全由花岗岩石构成，这种岩石，色调青苍，质地坚硬，再加上黄山奇峰直线居多，到黄山峰总给人以硬朗清瘦的感觉，这种“硬朗清瘦”的感觉，又促成了那种苍劲的韵味。

在黄山，我们不仅获得“奇妙”、“苍劲”的感觉，而且（甚至是主要的）领略到一种“高远壮阔”的审美享受。游览黄山，假如你从前山上山，即从温泉到慈光阁，到青鸾桥，到“半山寺”，这时高大、雄伟的山峰立在你面前。黄山的游览道路全在山坡上或山岭上，游览时，你回首四望，一步一重天，远处群峰尽收眼底，越往上爬，眼界越宽。尤其是当你登上那海拔1 840米的天都峰、莲花峰的峰顶时，你仿佛凌霄腾云，此刻你眼界更加宽广了。在这插入云霄的峰顶上，你不仅领略到了“一览众山小”的高远境界，你的情怀，胸襟也变成高远了，而且你意识到了你自己的力量、智慧，意识到自己的人的价值、人类的伟大。难怪有一位年过六旬的退休工人硬要去爬“天都峰”。当他到达峰顶时，竟高兴得手舞足蹈，逢人便说：“我也爬上了天都峰!”这句话是意味深长的，因为，在那里证明了他生命的“力量”。

在黄山能获得这种高远感受不仅仅是因为能爬上那些海拔近两千米的高峰，而且是因为，黄山有著名的“云海”。黄山“云海”有五处，站在白鹅岭可看“东海”，站在排云亭可以看“西海”，在“玉屏楼”可以看“前海”，在“清风台”可以看“后海”，在光明顶上可以看到“天海”。每当日出之前或阴霾之日，登上这些观“海”处，只见云雾翻滚，像浩瀚无边的大海，那些高出于云海之上的山峰则像大海中的点点岛屿，景象十分壮观，此刻仿佛自己站得很高，心胸顿时变成异常宽广、博大。

游览黄山所获得这种高远的感受是很深刻的，不然为什么清人在立马峰上要刻下“立马空东海，登高望太平”这十个二丈八尺见方的大字呢？我们认为，这正是对这种高远之美的形象描绘，它表示了黄山风光的一个特征、主题。那位专门研究风景“特征”、“意义”的英国学者纽拜在《对于风景的一种理解》中说：“当（风景的）形式倾向于复杂而不是简朴时，作为风景的地理场所就变得富有意味了”。

这句话也许适应于张家界、黄山那种“复杂”峰形的风景。因为“奇特”确实有一种“意味”。但是，还是在《对于风景的一种理解》中纽拜认为“形式简朴”的风景，其“意义模糊或缺乏意味”。这就太片面了，这种理论显然不能解释我国桂林山水的审美特征。因为，桂林山水风光是一种典型的“简朴”之美。

三

春暖花开时节，我来到了桂林。当我泛舟于漓江之中时，我整个身心被这优美的风光吸引住了。此刻，我仿佛变成了一个天真烂漫、少小无猜的儿童，我的心灵好像被彻底净化了，我在桂林山水之中，感受了一颗“童心”：天真、简单、稚拙、质朴、澄澈。

你看，桂林的独秀峰、军舰山、马颈渡，以及阳朔境内漓江两岸的峰林，总之，桂林的山，虽然没有张家界、黄山挺拔高峻的雄姿，使人惊赞，也没有张家界、黄山那些奇峰那样象形逼肖，使人叹绝，但是她的造形那样简练、质朴、稚拙，她的色调清淡，使人们获得了一种清新明快的审美感受。当我们忘神地观赏着这些山景时，我们仿佛不是在看山水，而是在看一幅儿童画（儿童画家的画）：笔墨是那样天真、直率、稚嫩、单纯，它没有成人画家那些取悦于人的复杂的章法、布局、造形，但跳动着的，充溢于画面的是天真无邪的“童心”。如果说，观赏张家界、黄山那些奇特山峰的感受就像在动物园观看聪明的猴子的表演的话，那么观赏桂林那平易单纯、稚拙的山景的印象则像我们在动物园观看那可爱的熊猫：天真、稚拙、温和、无猜——熊猫仍然是儿童的影子、化身，在它身上，我们欣赏的是它表现出来的那颗“童心”，那种诗意。

我曾说过，张家界山峰大多呈棱柱形的几何图形，整体群峰的外观轮廓直线居多，而缺乏一种“旋律线”、韵律感，那是因为，张家界地貌形成，主要是由于张家界的地壳运动产生的巨大能量和洪水的冲击能量使这里的砂岩产生了巨大的“节理”①。由于这些能量运动的方向呈垂直角度，所以使岩层被“切”成棱柱形的，山峰轮廓直线多而曲线少，但是桂林山峰的形成主要是一种溶蚀现象，桂林山地主要是可溶性灰岩组成，这种灰岩在地表水与地下水的长期侵蚀下，最容易侵蚀的地方成了凹坑、水幽，坚硬的岩层不容易侵蚀的地方就隆起，因而桂林峰景的轮廓线就曲线多，像乐曲在乐谱上的旋律线一样，仿佛桂林山水是用“山”作为音符演奏出来的优美交响乐！这样就使桂林山景有一种韵律感、节奏感。这种韵律感、节奏感是一种有机生命的象征，于是桂林山水更具有一股生气勃勃的意味、感觉。在桂林马颈渡、在桂朔公路上、在漓江中看到的那许多峰林，这种感觉尤为强烈。

我们觉得对于山景的欣赏，仅仅满足山峰像什么，这是没有多大审美意义的，更重要的是追求这种“韵律”，这种“节奏”、这种“生命”，正是这些东西把我引向一个更圣洁、更庄严、更伟大、更深沉的生命境界之中去！桂林的峰林一般都不太高，但是，它反而给人一种高远的感觉，这是由于一方面这些峰林矮小，给人“一览众山小”的感觉，这种感觉就以为自己站得很高。因为“一览众山小”的感受，是人们登上高峰（如泰山的玉皇顶、峨眉的金顶、黄山的天都峰、庐山的五老峰等）所能获得的。另一个重要原因，则是桂林处于五岭之南，漓江谷地介于越城、都庞两岭之间，是岭南地区的一个宽大广阔的缺口地带。这里是一个溶蚀平原，桂林的峰林都是隆起于这平原之上。你在漓江上看这些峰林，它的轮廓线外就是明净的天空，千里万里，而不像“桶中盆景”张家界群峰的背景，是高墙一样的山岭屏障阻挡你的视野。这是多么开阔、多么自由、多么抒情、多么高远！

桂林山景的审美特征一方面是她的单纯、稚拙，另一方面是她的韵律与高远，这二者互相辉映相得益彰。它是一种由巧返朴、由繁返约，是一种高深、明净的美。在漓江之滨，我们听到一位姑娘这样唱道：

桂林美，美在水，住在漓江人变美……

也许，住在漓江，长期饮用那没有污染的清洁的漓江水，人的“水色”更好，人会变得更漂亮、更美丽。但我觉得更重要的是，长期欣赏漓江美丽的风光，会陶冶出人的纯洁、真诚、宽广的情怀、胸襟，使人的心灵更美，使人风度气质更美。你看！那一江绿水是那样清澈见底，是那样澄洁无瑕，她仿佛是一把巨大的镜子，把漓江两岸的群林、绿树、翠竹、鲜花，倒映在江底，影像是那样清晰可辨、历历在目……

① 在地质学上，岩层受外力作用后，沿一定方向裂开而形成的裂缝，称为“节理”。

漓江之水是一种光明澄澈之美，是一种纯洁、真诚之美，这种美感我们在张家界的金鞭溪也能感到，但是金鞭溪毕竟是太小气了，狭窄了，这种气氛还不够。而漓江有这么宽阔的江面，这样宏大的气派，不仅使人获得更深刻的澄澈、纯真的审美感受，而且使人感到心胸宽广，境界平阔。正是由于澄澈、宽广的漓江之水，才产生了“群峰倒映”的童话奇观。有人在漓江石壁刻诗道：“群峰倒映山浮水，山山水水总多情。”是的，由于“群峰倒映”，使桂林山水变得更美了。“倒映”使人感到漓江更澄澈、明净，虚实相加又使峰林显得更高峻，由实变虚、虚实相生倍增峰景，从而更加烘托渲染了这里山景的气韵，这水中影像，又使人进入了童话世界里的晶莹“龙宫”世界。

和澄澈、纯洁的漓江之水相和谐的是桂林山景中的“月亮”，她并非现实中的真正“月亮”，而是由于岩溶现象所造成的山中溶洞，这些溶洞把山峰打穿了，于是从洞中看到山后的天空和月亮一模一样。在桂林著名的要算阳朔明月峰上的“明月洞”，穿山的“月岩”和象鼻山的“水月洞”。人对于月亮感到澄澈、纯洁、温和，在漓江美感的诱发下，水月交融，人们对于这些“月亮”更获得了这种强烈的感受了。

就“澄澈”而言，在一个更大的层次上，桂林的山与漓江的水其审美特征结合得是那样水乳交融、互相辉映，桂林山景的单纯、简练、稚拙、纯真、韵律、高远，它必然应该具有澄澈的品格的，而澄澈、纯洁、宽阔、坦率的漓江也必然是天真的、纯真的、单纯的、高远的、韵律的。于是山情移入水时，水情注入山中。于是，我们置身于桂林山水时，突然想起张于湖词中“素月分辉，明河共影，表里俱澄澈”的名句来……这纯然是一种光明澄澈的境界。难怪伟大的徐宏祖在游了桂林山水之后，盛赞这里是“碧莲玉笋世界”!

他之所以用“碧莲”作喻，一方面是说桂林山水就像一瓣瓣清丽的莲花一样；另一方面，人们向来把淡雅的莲花作为“纯洁”的象征。“纯洁”也是“澄澈”，他以此描写对桂林山水的感受。用“玉笋”作喻，仍是这个意思，笋的形状多单纯，如同莲花，而他用“玉”字更点明了“桂林山水澄澈”的本质。刘向说：

> 玉有六美，君子贵之，望之温润，近之栗理，声近徐而闻近，折而不挠，阙而不荏，廉而不刿，有瑕必示之于外，是以贵之。“望之温润者，君子比德焉”；“有瑕必见之于外者，君子比情焉”。

可见玉的品质，就有“温柔”、“澄澈”这两点。所以他以玉作喻来赞美桂林山水。有人会说他以玉喻山，并未喻水，其实，他这种澄澈感受应首先来自水，由于“群峰倒映”，于是他把水的澄澈之感移到了山峰上去。或者说“山浮水中”，他在“山上”感到这种美感，当然，山形本身，也有这种美感的因素：单纯、拙朴。桂林山水正是其单纯淡雅、拙朴、澄澈、高远、韵律构成了她特有的诗的意境，感染着人们。

四

意境是中国古今美学理论中的一个重要的审美范畴，如果作为沟通各门艺术乃至现实审美对象的一个共同的审美概念，可能它既不是情景交融，或典型化的情景交融的图画，也不是在这种形象的诱发下产生的联想、想象而生成的总的虚实相生的形象，而是人们对于客观审美对象（自然的、艺术的）的感受而达成的胸襟、情怀、气氛、印象、氛围，或者说就是一种审美感受阈、感觉阈。虽然情景交融，典型形象，或想象联想，可能是产生意境的基础、因素或过程。

意境是一种“感受阈”。它本身也是一种感受，我们通过对构成因素的分析，可以把它分为两个范畴：“智境”与“情境”。所谓“智境”，就是审美主体对于审美客体中表现出来的审美主体的制作者的能力、智慧的惊叹、赞美、钦佩这样一种心理状态、审美感受。这种感受把“读者”和“作者”都推向一个精神高度（境界）。在艺术作品中，要使读者产生这样一种精神境界，作者一方面以其锐敏洞察力，揭示生活的哲理，以精辟独到的“哲理”概括生活，反映生活，使读者产生先得我心的共鸣感，于是他的思想到达一种“真”的“智境”，于是读者佩服、惊叹你的认识能力之高，目光之锐，思想之深沉。诗歌表现哲理、思想就是这样。另一方面作者以其高超的“表达能力”，以知识、想象、技巧感动读者，使他羡慕、钦佩作者知识之渊博、技巧之高妙，这时作品使读者也到达了一种精神高度，这是一种“技境”。中国古典诗歌中严格的对仗、押韵、用典，以及对“诗眼”的追求，都是使人到达这种精神境界的途径。而“对联”的“妙对”则是典型的智境（技境）的追求，杂技也是如此。

所谓“情境”，就是审美主体在审美客体（自然、艺术）上所感受到的一种“感动”的心境、情怀。这时，审美客体把审美主体的灵魂净化了，提高到一个“善”的高度。例如古诗《打起黄莺儿》、杜甫的《春望》、毛泽东的《贺新郎·挥手从兹去》、柯岩的《周总理，你在哪里?》都把我们带到了这种意境之中去。如果说“意境”就是“美”，那么，它就是“真”的“智境”和“善”的“情境”而构成，艺术作品的意境可以偏于“真”（智境），也可偏于“美”（情境），最理想的是二者兼之。“真”与“善”的统一就构成了“美”。

现在，我们用这种意境理论来比较桂林山水与张家界、黄山风景的审美特征。清代著名的美学家李渔关于“山水者，天地之才情”的思想是极其深刻的，这个命题见于如下这段论述：

李子遨游天下，凡四十年，海内名山大川，十经六七，始知造物非他，乃古今第一才人也。于何见之，曰：见于所历之山水。洪蒙未辟之初，蠢然一巨物耳，何处宜山，何处宜江宜海，何处当安细流，何处当成巨壑，求其高不干枯，卑不泛滥，亦已难矣，矧能随意成诗，而且成诗之祖，信手入画而更为画之师，使古今来一切文人墨客，歌之咏之，绘之肖之，而终不能穷其所蕴乎哉？故知才情者，人心之山水；山水者，天地之才情。（李渔《笠翁文集》）

笠翁这里是把天地、自然看成一个“人”（“才人”）的，表面上看似乎这里的“第一才人”就是“造物主上帝”的别称，实际上这是对人的本质力量的礼赞，到底他还承认“第一才人”方能造出如此奇妙的山水。

如前所说，张家界给我们的总的、突出的印象是“奇诡”，我们曾情不自禁地惊叹“金鞭岩”、“夫妻岩”、“天轿”、“天书宝匣”的鬼“斧”神“工”，惟妙惟肖。实际上，此刻，一方面我们在惊叹、佩服大自然这个“第一才人”的名篇杰作，赞叹它的智慧、才能；另一方面，我们也为自己丰富的、高超的想象能力，创造能力感到自豪骄傲。总之，我们感到是追求智慧的满足，我们获得的是一种“智境”这样的意境，像我们观看精彩无比的杂技所获得的审美感受那样。

可是张家界并没有把这种风格保持下去，它的“不高远”（眼界视野狭窄）、“异己性”、“纤弱”、“秀丽”而缺乏“章法”、“韵律”，于是把这种“智境”逐渐冲淡了，最终还不能形成一种统一的审美风格和境界，而只具有一些“作风”。和张家界一样，黄山的“奇诡”很快把我们引入了“智境”。与张家界不同的是，黄山的苍劲、雄伟、高远，又从各个侧面渲染、烘托这种意境，形成了完美统一的审美风格、境界。

桂林山水与黄山的风景又形成了鲜明的对比。桂林山景造型的单纯、简练、温和、简朴、稚气、高远、韵律和漓江江水的纯洁、明净、澄澈、坦率，河床的平易、亲近（与水、与人），这样，桂林山水跳动着一颗“童心”，散发出一种浓郁的、纯真的、澄澈的、诗一般的抒情气氛，于是把我们的心灵引入了“善”的精神高度、境界——情境。如果说，“奇诡”的黄山、张家界是像中国画中的“工笔”画，有北宗风格的话，那么，桂林山水则如国画中的“写意”画，多南宗神韵。

作为各种审美风格、意境，本无高下之分，但是，中国传统美学思想认为，“尖不如秃”，“巧不如拙”，“繁不如约”，“由华返朴”，所以“简拙”的，以“情境”胜的桂林山水是一种高雅的美。“奇诡”的，以“智境”胜的黄山、张家界是一种通俗的美。

【写作背景】 1985 年 3 月 19 日上午 10 点，我从街上买去重庆车票回来，准备第三天（21 日）去重庆再乘火车赴广州参加《写作与作文教学》一书的统稿会。这时，收发员交给我全国美学学会和广西美学学会发来的“全国桂林山水美学讨论会”的《预备通知》（他们之所以把《通知》发给我，是因为在 1985 年 11 月的张家界的“全国美育座谈会暨美育讲习班”上，我关于桂林山水审美特征的插话引起了一些先生的兴趣）。会议于 4 月中旬在桂林召开。会议筹备组邀请我参加这次会议，但是有一个前提：只有论文审查通过后才有资格与会。这是一个高规格、小规模（40 人）的美学讨论会，又是第一次受邀这样的美学讨论会，我很想参加。但是，我又即将赴广州统稿，时间只有一天半，要把文章写出来寄出，还要有质量（否则可能不能通过论文审查），一般说来是不可能的事。但是，我还是决定把文章赶写出来，寄出去。于是我用这一天半时间把这篇论文在 20 日下午 7 点钟赶写出来，然后，请打字员（那是还没有电脑打字）通宵打出、印出，这时已是凌晨 4 点。第二天（21 日）一早我便去重庆，而论文只好委托别人帮我寄到南宁会务筹备组。10 多天以后，我在广州统稿结束时，便收到从南宁发来的正式的会议邀请书。

本文的写作，主要是行文的工作。这是典型的急就章。但在本次会议上，该文的研究方法与行文语言文体风格受到李泽厚先生的好评，因此，在大会上作了发言。

【行文分析】

1. 行文基调与节奏

由于这篇文章是对美丽的山水风光的审美特征的研究，因此，需要用一种感性化、诗意化的行文基调来生成行文话语，否则有愧于这些美丽的山水风光。因此，本文的开笔落在“人们盛赞‘桂林山水甲天下’”，定下一个诗意感性的文章基调。

2. 赋形思维/路径思维

本文的基本观点在1984年在张家界召开的全国美育座谈会上无意间表述出来的，正因为这个观点较为新颖、奇特，所以才会收到1985年“桂林山水美学讨论会”的《预备通知》。因此，这次论文的写作主要就是对文章的基本观点进行论证，即进行展开分析与语言表述而已。

(1) 行文的宏观展开。文章开头部分从思考桂林山水的“魅力”是什么，思考它的审美“意义”和“特征”是什么来完成“提出问题”的行文任务。

正文的二三四部分，是对张家界、黄山、桂林的风景景观的审美特征进行分析比较，从而显示出桂林山水风光的美感特殊性。这几个部分都是本文观点的渲染强化，是文章观点的感觉积累和理性积累。但是，在这三部分中，宏观的赋形思维（章法）是对比式的：用张家界、黄山风光的这种奇诡的美、通俗的美与桂林山水这种简朴童心的美、高雅的美进行对比。这样使人印象十分深刻。

文章最后一部分是以意境理论为工具对张家界、黄山、桂林山水的审美意义和审美特征进行阐释说明，最后对文章的观点（标题）做了证明，也使文章开头部分提出的问题得到了最后的答案，文章自然地结束。

(2) 行文的中观展开。所谓中观部分的展开，就是文章正文几个部分内容如何展开，即段落与段落之间的赋形思维的关系。其规律仍然是重复与对比。这里以文章正文第一部分的内容展开为例进行分析。

文章第一部分主要是论说张家界风光的“奇诡”之通俗美。从整个部分的赋形思维来看又是一个对比性框架制约下的重复的赋形思维。这个部分的要点是讲张家界风光的缺点、遗憾之处，这是宗旨。但是这个部分的行文则是从对张家界风光的美景赞叹开始的，然后则是用四五段对张家界的美景进行浓浓的重复渲染。而从第六个自然段开始，则对张家界风景的遗憾和“美中不足”之处进行了重复、渲染。这样我们便获得了张家界风景特征——奇诡——的深刻印象，这其实就是对这个观点的论证——说明式的论证。

从赋形的路径思维上讲，这个部分用来进行对比的两个较小部分内部运用的是对风景的“性质”进行构成分析，来达到对较小观点的论证。例如，第一自然段讲张家界风景的“奇诡”，第二个自然段讲张家界风景的“险景”，第三自然段讲张家界风景（烟树、云雾）的“流动”，第四自然段讲张家界风景的“野秀”。通过对这四点风景审美性质的渲染，我们对张家界风景的审美特征的印象、感受、认识就十分清楚了。

当行文转向对张家界风景的审美意义的“不足”之处加以渲染、分析时，即对自己对张家界风景的审美感受的“构成”（美感结构）进行程度分析：“首先，张家界的山景总给人一种强烈的‘异己’的压力”；“其次，审美境界不大高远”；“再次，从整体上看，章法不佳”。通过这样的构成、程度分析，再经过第 11 段的综合思维，张家界风景的“美中不足”之处也就渲染得十分清楚了。

（3）微观的展开。所谓微观的展开，就是指段落内句子与句子关系的生成。展开规律仍然是重复与对比的赋形思维和分析与综合的路径思维的统一。段落内展开的目的无非是：或对人物、事物的动态运用过程分析进行叙述或说明，或对人物、事物的状态、结构运用构成分析进行描写和说明，或事物与事物之间的逻辑关系进行因果分析、思辨性议论或说明，或用相似思维用例证进行证明性议论。

这里，我们来看本文的开头部分的第一个自然段的行文思维的微观展开的思维过程。文章开笔以综合的思维对桂林山水进行总体感悟和评价：“桂林山水甲天下”。这个全文的观点，也是全文的基调。接着采用分析的思维，具体分析（描述）人们对待桂林山水的态度。

> 面对美丽的桂林山水，诗人们吟哦着她，画家们描绘着她，音乐家们歌唱着她；她的玉体冰肌赏心悦目，吸引着无数中外游客。多少人在她面前神飞销魂，流连忘返。

在这里，分析就是描述，描述也是分析：首先是艺术家们对她的态度感受：“面对美丽的桂林山水，诗人们吟哦着她，画家们描绘着她，音乐家们歌唱着她。”然后是中外游客对她的态度感受：“她的玉体冰肌赏心悦目，吸引着无数中外游客。多少人在她面前神飞销魂，流连忘返。”

通过不同类型的人群对桂林山水审美感受的描绘，使“桂林山水甲天下”的总体评价得到确证。这样便完成这个段落行文的第二个任务（第一个是基调的确立和基本观点的提出）。然后，这个段落行文展开的第三个任务就是对导致“桂林山水甲天下”审美感受的原因的思考。所以，接下来，行文提出了这样的问题：

> 那么，到底是什么原因使得桂林山水具有如此巨大的魅力，或者说，桂林山水究竟美在哪儿呢？

这里，行文思维运用的因果思维中的原因分析提出这个问题的。

实际上，这个提问直接在文章开笔（第一句）之后发出，也是符合议论文的思维规范的。作者要在中间插上那个感性化的描写、渲染，其原因是想强化、确证开笔的观点，使其更加无可置疑。这样，下面的提问和本文的研究才有意义和力量。

从这里看出，开头这个段落的微观展开是按照因果思维中的原因分析的思维路径进行赋形展开，中间插入了“果”的渲染而已。

3. 行文的写作文化精神

本文内容上的写作文化主要体现为：对美学现象的特征的分析、探讨不是从事物的外在形象去探讨，而是从人类的主体本质上去探讨，这样的美学具有了本体论的特色。这与当代学术界关注人的问题，关注主体性研究的时代人文精神的趋势是极为吻合的，这体现了一种时代精神很强的写作美学的理想和追求。这都是因为文章内容上的写作文化精神的体现所产生的必然结构。

写作文化精神在形式上的体现，主要是对学术论文写作的文体规范的时代精神的感悟和理解上有一种感悟与体验，从而使这篇学术论文更像一篇散文，一种亚学术的文体形态。这种将学术论文写作文学化、诗意化的写作，本质上又是一种大众化、普及化的写作文化姿态和写作文化精神，这样有一定深度的学术论文，普通人也可以阅读体会了。这种文学化、大众化的写作文化姿态，有一种将学术论文从象牙塔中解放出来，使其走向民间、走向大众的意向，而这又有一种后现代的情绪在里面。

正因为这样，本文在行文展开、语言上很有特点：较多地运用了记叙、描写、抒情的措辞方式，大量采取了情绪渲染的行文话语，尽量使严肃的学术论文文体散文化。但是，本文又的确是一篇学术论文，因为，作者对这些风景的审美特征进行深度的阐释和范畴区分，形成一种对于景观美学的基本理论体系，具有极大的阐释能力。

4. 行文的写作策略

从阅读中可以看到，这篇学术论文探讨的是景观美学的原理，但是，它是建立在对某些风景景观的鉴赏评价基础之上的。这样在鉴赏评价过程中无疑对风景的审美特征有一定的褒贬抑扬，这是很得罪人的事情。因此，在文章行文的过程，作者尽量消解这种不良的后果。在行文的时候，写作策略方面注意了三点：第一，尽量把作者要批评的风景所具有的审美特征阐述到位；第二，要将黄山、张家界风景和桂林山水的美界定为两种审美形态、风格，因为，作为审美的形态风格就很难定出高下；第三，表明作者指出景观的“遗憾”和“美中不足”，完全是为了使这些地区的管理部门在进行旅游规划、景观设计时有所借鉴，使人们在这些地方获得完美的审美感受。因此，这些批评不是攻击，而是建设性的意见。这些都是在行文中对协调的写作策略的灵活运用。

（二）学生行文思维实践尝试

运用本单元所学习的行文思维的知识和技法，进行即兴式的行文思维的实践。

二、从修改中学习写作

（1）学生互评；

（2）教师抽评；

（3）自改清誊。

写作行文评改细则

1. 行文是否具有鲜明的情感基调、口气和行文节奏。

2. 行文的展开是否具有较强的血脉贯通的有机性，这种有机性是否通过重复、对比/分析、综合的思维操作来获得的。

3. 行文中体现了是否较强的时代写作文化精神。

4. 行文中是否注意了写作禁忌，并选择了一定的写作策略进行消解。

5. 行文是否具有高远境界的空间感，这种开放性是通过哪一种而获得的：时间跨越；空间跨越；立体感；多线索。

6. 行文是否注意了文体感的控制，体现了较强的文体意识。

7. 行文语言是否具有一定的感染力、美感。

三、写作素质课后培养

（1）运用所学的行文思维知识分析两篇文章的行文思维，写成分析短文。

（2）根据观察到一个特别有意味的人物、景物、事物、事件，运用本章所学的行文思维操作技术，进行文章行文的练习。

（3）记下你最近产生的感悟、认识的思想火花。

（4）写一篇读书心得。

（5）写一则生活随笔。

【概念术语】

生段行文　生章行文　生篇行文

【复习思考】

1. 为什么说分析与综合是写作赋形、足文思维的路径思维？

2. 何谓行文展开，行文展开的思维操作模型是什么？
3. 行文展开的实质是什么？
4. 行文中写作文化控制的主要方面是什么？
5. 在行文中写作文化与写作技巧是一种什么关系？
6. 行文中为什么需要行文写作策略的控制？

第 19 章

字斟句酌　尽善尽美

——写作修改思维能力的建构训练

1. 教学要求： 学习修改思维操作的基本知识和写作文化、写作美学规范，并将修改知识转化为修改思维的素质和能力。

2. 训练重点： 确立修改的写作意识，根据不同文体的特性和要求进行文本完善，并掌握文本修改的步骤和技巧；提高文本鉴赏能力，以写作目的和表达意图的充分实现为最高原则，甄别各个层次的表现手法。

3. 训练难点： 深刻理解人类语言沟通的原理和审美趣味，在文本修改中确实能够直觉地把握优选技能；具有不断修改、完善自己的文本，也就是从无控制的行文升入精益求精的艺术追求的境界的能力。

最大的智慧是在于字句的简洁，谚语和民歌总是简短的，其中所包含的智慧和情感是足够写成一部书的。

——高尔基

写作的技巧，其实并不是写作的技巧，而是……删掉写得不好的地方的技巧。

——契诃夫

第1节　修改思维习惯及其养成

一、修改的意义

从古今中外的著作者写作经验看，修改是写作过程中不可缺少的一个环节。人们津津乐道一些文坛上的“苦吟”、“推敲”的掌故，由此我们就可以看出，历来的写作者都很重视文章的修改。就我们现在所掌握的有关人类的思维和心理方面的知识看，即使人是理性的动物，他也不可能是纯粹理性的，人的“意识之流”不是人自身能够完全自主地控制的。写作者最初的书面表达很可能是非常“草”的稿本，就如同其他事物诞生之初不可能是完满的一样。

写作，总的来看，是人与人交流、沟通的行为，写作者把自己的思想和感情流露在纸上，并不是最终目的。也就是说，写作者在草稿纸上“真实”地记录下自己的“意识之流”，就绝大多数写作行为来说，还没有实现自己的目的。写作者还必须考虑到自己的文本潜在的读者要求，追求表达技巧的精益求精——无论是美学意义上的，还是社会意义上的。

当然，也有人动笔之前酝酿的时间很久，腹稿非常成熟，写起来很快，写完之后几乎不加修改。比如中国唐代的王之涣，写作之前要蒙头大睡一阵，醒来之后笔不停挥，文不加点。不难想象，这一阵大睡已经把他的文本修改了好多遍。而且，如此的写作方式似乎只适合规模比较小的文本。英国哲学家罗素说，他写东西的习惯是这样的：提出一个问题，集中注意力深入思考，之后就把这一问题放到“后台”去处理。经过一段时间，问题自然有了答案，且文本已经成型，可以文不加点地一气呵成。罗素说，他写文章是很少修改的。

二、修改的智慧

（一）立意的修改：正确与错误、绝对与相对、学术论文中的条件交代

我们坚持认为，写作也如同人类其他社会活动一样是有着明确目的的。在营造一个文本时，作者一定是为了阐释自己的观点，或者抒发自己的情感，或者是为了解决现实生活中的实际问题。立意，就是写作者在写作前打定主意要表达的核心内容和表达风格。写作者总是在认真思考之后，在自以为“胸有成竹”的亢奋状态下才动笔，可是往往这个“成竹”并不一定十分真切，一些细腻的肌理处在诉诸文字时显示出苍白无力。创作文学作品时，写作者拥有极大的自由空间，可以不顾他人的意见，信心十足地阐发自己的观点。如英国作家威廉·戈尔丁，

他写了多篇小说描述、揭发人类本性中稍有机会就会冲腾出来的野蛮与暴虐，他认为人性是恶的。威廉·戈尔丁考虑人们坚持人性善的观点了吗？没有，因为威廉·戈尔丁在写小说。但是，如果一个人写作理论性的文本，如文学、社会学、心理学、哲学等方面的论文，像威廉·戈尔丁那样持极端的人性恶的观点和态度，肯定要受到普遍的抵制和反驳。

一般来讲，立意要在写作者所占有的材料允许的范围内，也就是说，材料支持怎样的立意，写作者就只能确认怎样的立意。材料是立意的基础。初学写作者还容易犯的一个错误是立意不加限制，把本来在一定范围内人们可以接受的真理做无限的“放之四海而皆准”的期许。这就是列宁所说的，真理再向前跨一步就会成为谬误。所以一些聪明的写作者会在文章中运用这样的语句：“至少在这样的情况下……”或者“仅就本人所掌握的材料看……”这样的写作者是聪明的，他给自己的观点装上了安全阀，最大限度地避免了别人的攻击。

（二）布局的修改：清通与审美、逻辑与效果、对板块结构的理解

文本的布局首先是由写作者的思路决定的，但是在修改文本时一定要重新审视最初的安排，但也不能不考虑文体的特征。文学文本要求写作者大胆求新，以期给读者带来全新的审美感受，为文学创造增添新的表现手法。而其他文体相对来说带有鲜明的程式化，整个文本都是按照一定的格套结构的。在文学创作领域，格套是个贬义十足的词汇，但是在实用性文体写作中，格套确实是写来容易、读来省力的非常经济的文本模式。而在一些涉及法律文本中，严格遵守格式则是必须的，比如经济合同、诉讼文书等。

中国古典文论主张，文学作品要一波三折，曲径通幽；西方的现当代文学家，如爱尔兰的詹姆斯·乔伊斯和亨利·詹姆斯，更是在作品结构上煞费苦心。虽然长篇小说《尤利西斯》很少有人看懂，仍然是公认的世界名著。但是对于一般读者来说，无论是文学作品，还是实用文本，总是以清通、易读易懂为上。正如一些专家所言，任何文体的写作，所用材料本身就有它的结构。实用文本的写作，首先要发现并尊重材料自身的结构，然后才是根据主观需要做适当的调整。

在校大学生在写作中普遍存在的难点是逻辑能力不足，这里所说的逻辑不只是形式逻辑中的经典的三段论，更主要的是篇章的逻辑，是把繁复的材料统摄起来支持中心观点的逻辑，是在表达方式与表达意图之间达成和谐一致的逻辑。根据经验和现有的条件来看，培养和提高文本写作的能力，最佳方法可能就是泛读结合精读，走进理论文本里去。有一些意在解决纯粹理论问题的文本也不一定逻辑结构很好，比如德国历史学家斯宾格勒在其成名作《西方的没落》就有人批评说，“他的整个方法是个比较法，但却又是自相矛盾的作法”①。

在研究材料自身的结构时，我们不妨首先提出这样一个假设：当我们把所有的材料按照线性方式排列成序之后，材料会自动显现为板块式的结构。这个线性序列不是像一条小河连绵不可分割，但也不可以随意地漫不经心地任意划界，它是由几个或几十个相对独立的单元组成的。议论、阐释性文本的材料表现为逻辑自明，叙事性文本的材料则表现为情节的完整。

（三）阅读的修改：问题与导引、要素与背景、专业与通俗

这里所说的“阅读的修改”，意指从读者的角度，为了读者的利益而进行的修改。

首先，文学作品要创造一个新的世界，要营造一种氛围，使读者能够清晰地审视甚至进入这个新的世界，感受这种氛围，有效地完成审美过程，实现审美目的。而议论、阐释性文本，则要提出问题并引导读者进入到写作者所提出的问题里去。这里又涉及写作的总原则：写作文本根本的目的在于交流、沟通。“任何一段语言，都是写作者或说话者向某个听者或读者发出的话语。这是普通常识，但在与书面文本打交道时很容易被忽视。”② 希望有人阅读他的文本的写作者必须有强烈的读者意识，在写作者与读者共同拥有的文化语境内，在审美与社会生活需要的引导之下，不断地做适度的创新。黄侃在《文心雕龙札记·通变》中的一段话也很有启发意义：“文有可变革者，有不可变革者。可变革者，遣词捶字，宅句安章，随手之变，人各不同。不可变革者，规矩法律是也，虽历千载，而粲然如新，由之则成文，不由之而师心自用，苟作聪明，虽或要誉一时，徒党猥盛，曾不转瞬而为人唾弃矣。拘者规模古人，不敢或失，放者又自立规则，自以为救患起衰。二者交讥，与不得已，拘者犹为上也。”

一种文体，都有构成要素方面的统一要求，只有把规定的所有要素有机地组织起来，才能构成一个完善的文本。当然，不同文体应该有不同的构成要素。

（四）语词和文面的修改：词的情感色彩、词语搭配后的语境

写作者都有类似的经验：有时只需做一些小修小改，在个别字词方面做些调整，而有时则需对未定稿做大手术。语词和文面的修改指的是前一种情况。如果在起草时存在错字和白字，即使有一两处漏网之鱼，问题并不严重。但是，用词不当难免成为炸弹，或者像一个小辫子被人紧紧抓住。不说明清时代及“文化大革命”时期的“文字狱”，就是在当下的出版物上，我们还是经常能够看到读者的“指瑕”。

---

① ［英］贾·温特尔主编：《现代世界文化词典》，第265条，南京，江苏人民出版社，1988。

② ［英］罗杰·福勒：《语言学与小说》，46页，重庆，重庆出版社，1991。

初学写作者一般不注意修改自己的文本，一是没有认识到修改文本的重要性，没有养成修改的习惯；二是鉴别能力欠缺，无从发现文本初稿中的缺陷和触犯禁忌处。还有一些初学写作者费心费力完成的修改稿，反倒不如初稿，使得原本闪亮、生动的“毛坯”变得枯燥，呆板。

在这里提供几条建议：第一，完成初稿后放置一段时间，使得自己的文本真正成为审视对象，以便能够从读者的立场阅读文本，根据阅读经验检验它；第二，不要因为对自己的写作能力评价不高而羞于展示自己的成果，坦然地把它给身边的人看，征求意见，就像唐代大诗人白居易把自己的诗稿读给老妪听那样，重视别人的意见；第三，要牢记珍惜体现写作者个性的地方，成熟的写作者也就是形成了自己风格的写作者，新风格很可能没能马上为他人所接受，如果要对此提出异议，一定要谨慎。

初学写作者为了提高自己的修改能力，必须首先提高阅读、鉴赏能力，从文章中分辨出哪里好哪里不好，哪里对哪里错。根据一些专家的归纳总结，大学生在写作中常见错误大约有这样几个方面：

1. 缺乏专业知识

许多常见的存在于学生写作中的弊病之基本根源是缺乏足够的专业知识，因此，难于对问题做出全面的考虑。同时又缺乏必要的信息交流，所以很难得到满意的结果。

2. 缺乏对专业知识的理解

许多学生之所以在思考时出现错误，究其原因不在于其他方面（如材料等）有问题，而是由于自己对知识的理解上存在不足。确定基本术语，概括例证并给出范例，将有助于抓住问题实质。在解答问题时不要漏掉最基本的观点，最好将与中心论点相关的论据也详尽写出。

3. 论据不足

在文章中要得出结论必须有充分的论据和恰当的范例。有些结论之所以难以让人信服，其原因就在于论据不足，阐述不明确。因此，有必要使自己养成能够就学术论点和别人进行争辩的好习惯。通过争辩，有利于使自己所阐明的论据更加充实。权威性的结论有时并不正确，不能完全替代根据。创造性思维的源泉并不在于冥思苦想，而是通过争辩才有可能发掘出来。充分发挥附在书中的书目及各类索引的重要作用。它可以帮助读者了解到作者引证的范围、深度、思考方式以及相关的书籍。

4. 缺乏逻辑

在文章单独一节或连续各节中的争论焦点最终都应有符合逻辑的结尾。逻辑思维都是以真实为前提，最后得出有根据的结论。

5. 偏见

人们一般都倾向于忽略或反对那些与自己所持观点、根据或当前公众普遍承认的意见相悖的思想、理论等。但学术性著作应避免受到偏见的影响。对问题一时下不了结论时应尽量使用适当的字眼如大概、可能、或许等来表示。文章结尾以推测结束，会给人一种不太靠得住的感觉。需记住的是如果两种事物存在着相互关系，也不要轻易假定某种事物就是影响另一事物的关键所在。搞学术研究时，应避免使用夸张的带感情色彩的语言，以实事求是为准则。

6. 所作解释内容之间缺乏联系

互不相关的材料混杂在一起，会导致对问题的错误理解，难以做出正确的判断，抓不住问题的实质，从而浪费许多时间。各种材料都有自身的用场，因此，要学会分辨出相关的资料并以此为基础写出对问题的答案来。

7. 重复

有的学生的答案与课堂教学内容基本雷同，这样做不仅使得学生懒于开动脑筋，不利于开阔思维，而且也造成学生写文章重复内容太多。要知道，教学上所讲的内容及技巧并不能照搬到写作上来。

8. 缺少创见

对问题做出的解释应是自己思考的结晶。萌发有创见的见解的根源不是简单的课堂笔记的重复，在这里起主导作用的是自己在思考上所做的努力程度。作为学生的知识源泉首先是课上的讲授、各种讨论活动、自己的观察和细致的阅读等。遇到难题时应先思考而不是查书翻笔记。将有关的材料都收集起来并分出顺序，然后据此提出自己的见解来。创见的产生并非都依赖占有独特性的资料，通过独立思索可以使人将已知的观点和材料重新组合从而有助于发现新的联系，突破旧的思维框框，这就是创造力。

9. 缺乏平衡

对问题的解答时只注意了某部分，而忽略了其他部分，从而造成彼此之间的不平衡。究其原因是因为事先计划不周或过于紧张、匆忙、时间不够所造成的。

10. 缺乏顺序

若文章段落顺序中出现不合逻辑的混乱情况，这说明写作者的计划被打乱了。内容上的联系完全要靠写作者加以安排，但如事先不作周密计划则不可能使文章内容间的联系更加协调，逻辑上也容易出现混乱，思想也难于表述清楚。①

① 以上资料参见高杰编译：《大学学习方法指南》，北京，人民军医出版社，1988。

上面的归纳总结主要是针对学术性论文而言，在大学里写作学术性论文是每个学生必须完成的作业，相对来说显得更重要一些。我们可以从特殊角度大致把文体区分成两大类：一类是规范性文体，这一类文体不追求表达方式上的创新，重在传达信息；另一类是审美性文体，这一类文体既注重内容，也讲究形式，既要挖掘深刻的主题，也需要不断创新表达技巧。在普遍的观念中，文体有着规定性，了解这些规定性的要求，对写作和修改都是十分重要的。

第 2 节　修改的原则和步骤

一、修改的思维知识

初学写作者多半不习惯行文之前写提纲，写完之后不做修改是很不好的习惯。确实有人习惯于行文一次成功，如清人唐彪在《读书作文谱》所描述的："一笔写成不加点缀而自工者，此神到之文，尚矣。"这里或许带有个人禀赋的因素，但是更多的是在长时间的构思中反复斟酌，这已包含了修改环节。

找出"不应该这样写"的地方，这是修改提高的关键一步，正是在这个基础上才有可能精益求精地去探寻"怎样写才更好呢？"

修改是写作者在完成初稿之后，尽量使自己从既定的思路中走出来，这时的文本在某种程度上客观化了，它成了写作者的审视对象。修改者既是原来的写作者，同时又是审读者。

一句话：修改就是选择，总能从多种选择中辨认出最好的选择的写作者才是成熟的写作者。

二、修改的思维特征

修改是重要的，那么应该如何修改呢？

（一）文章修改的大体过程

（1）通读稿本。检验稿本中的立意是否公允、稳妥，是否符合写作者的初衷；根据现有材料，立意是否以偏赅全或过分夸张。

（2）表达方式和手段是否很好地实现了表达意图，是否有更好的表达方式和技巧；考虑一下读者可能产生的阅读感受——那是你所期待的吗？

（3）是否还存在太多不必要的陈词滥调和无力的套话，是否存在触犯社会禁忌的言辞，如果有可能激怒读者的内容，你准备如何修改。

（4）局部的斟酌和选择：结构调整，材料增删，语句润色，文面（如果有规范要求）规范化。

（二）文章修改的写作禁忌

1. 法律禁忌

法律的神圣在于其权威性，而不在于它的尽善尽美。触犯法律禁忌有消极的和积极的两种情况，通俗地讲，侵害了他人或社会公众的利益，属于消极的犯法；适应人类文明进步的要求而向有违自然法和带有明显“时滞”问题的法律条文挑战，当属积极的“犯法”。生活在现代社会里，写作者应该对有关的法律有所了解，不论是写作实用文还是创作文学作品，创作小说，讲述警察抓住一个小偷，法院判处剁掉小偷的手指，这也是不当的。

法律有时也会与合理的社会生活发生矛盾，人类在理想和智慧的引导下不断前进，会促使法律随之改变。“尽管法律是一种必不可少的具有高度裨益的社会生活制度，它也像人类创建的大多数制度一样存在某些弊端。如果我们对这些弊端不引起足够的重视或者完全视而不见，那么它们就会发展为严重的操作困难。”① 写作者有义务，也应该有勇气触及这些禁忌。但是在修改时绝对有必要考虑自我保护策略。

2. 文化禁忌

常识即是我们日常判断的尺度，但又时常为我们所忽视，触犯文化禁忌的言辞一旦落实在纸面上，不仅会遭到讥讽，还会引起灾难性后果。周作人在《关于鲁迅——关于才子文》中曾记述了这样一件事：“据金心异说，他见过一份父母双寿启，中有句云：‘马齿长而童心尚在，徐娘老而风韵犹存’。”“鲁迅在教育部时，说有过一个呈请旌表节孝的公文，有警句云：‘语曰，三十如狼，四十如虎，而吾母则不然’。”此种措辞大违中国传统文化，虽不至于被目为不孝之大罪，亦引得众人哗然。

3. 道德伦理禁忌

道德伦理也是随着时代的变化而变化的，但是它要比法律更加稳定，在社会生活中的作用也是非常巨大的。写作时不能揭发他人隐私，不能诽谤或对他人进行人身攻击，这些要求首先来自道德，当然现在法律也已经有相应的条款。在金庸的武侠小说获得一片掌声后，文坛上早有人——如吴小如先生——提出异议，但当王朔著文批评金庸时，人们首先对他的文风就不大肯接受，指斥王朔应该学会尊重他人。

写作初稿时思维处于亢奋状态是难得的，“一针见血”、“如雷贯耳”的言辞往往是写作者智慧的显露。但是，第一，写作者自己真的掌握了真理吗？批评、

---

① ［美］E. 博登海默：《法理学——法哲学及其方法》，388 页，北京，华夏出版社，1987。

讨论的对方活该被“痛打落水狗”吗？第二，社会公众有可能会形成这样的印象：此文的作者在跳叫辱骂，暗中伤人，做得太过分了！如果起草时无暇顾及，修改时则必须冷静下来，以求周全。

4. 写作规范禁忌

遵守写作规范，指局限在有明确文体规范的写作行为里，诸如行文格式，有特定读者对象的文本的行文语气，等等。一定要注意强制性的文体格式，因为修改过程的主要任务之一就是处理这些纯技术性的细节。另外还有一点也很重要：一些文体的写作还有不成文的规矩，如学术论文的写作，在行文中不留意写下了“某某东西是不存在的”、“人们从来没有做什么”或“没有什么样的人”等诸如此类的断语，修改时发现了，最好再仔细斟酌。也就是说在学术论文中不要轻易说“无”，因为任何个人的见识都是十分有限的。证明“有什么”比较容易，要证明“无”则非常困难。

第 3 节 不同文体修改举例

一、文章修改的方法

在文章修改中，我们要充分意识到修改训练不是理论的追求，而是通过实际操作以提高自己的写作水平，使自己的文本得以完善的能力。因此，本节的训练重点是结合具体的文体修改，加深理解不同文体的不同修改原则；还要认识到特定的文体应该具备哪些基本要素，还有哪里存在创新的空间，与此同时还要注意到个人风格的养成。这一点不是能够用理论的语言进行描述的，也不会有一个理论预期的方向。因此，只能在常规训练中激活我们的天赋才能，进行大胆的探索。

前面讲过，不同文体有不同的要求，修改时自然有着不同的优选原则。下面我们仅以小说和学术论文为例，观察修改文章的实际操作。小说可以代表文学文体，学术论文可以代表实用文体。在进入正题之前，先让我们来熟悉一下修改符号。运用这些符号修改，会使我们修改过的稿子仍然清晰易于辨认，减少很多不必要的麻烦。越来越多的写作者用电脑写作，修改起来十分方便，但是一些环节的修改和校对（尤其是刊发和出版前）还需在打印出来的校样上进行。

（一）改正

改正符号是用来修改未定稿中错误字词的，符号为○——○，行文中需要改正的字词用○标出，将正确的替换字符放在另一个○中，长长的连线将两个○

连起。也有人钩涂掉错误字符，而把用以替换的正确字符写在钩涂掉的字符的上或下边，这样不够显豁。

（二）删除

校改时发现有些冗赘的和不妥的字词句意欲删除，所用的符号是，标明要删除的字符，云字卷部分拉到页边为好。

（三）增补

丢漏字词是写作中常见的小失误，有时我们在校读稿件时甚至会发现句或段之间有过大的逻辑跳跃，造成不连贯，不易理解。这时就需要增补内容。增补符号为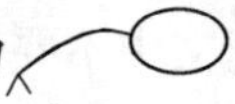，其中箭头指向应该插入的地方，则是要增补的内容。

（四）对调

对调是针对相互临近的字符位置错置，要重排秩序，其符号为。

（五）移位

移动较长的字符串，大致等于删除与增加符号的联合使用，将欲移动的字符圈画起来，类似删除符号，用线条引至欲插入的地方，准确标明插入箭头：。

（六）接续

当本该连续的字符串被不合理想地断开时，可在其分断处用线条连缀起来，标明此处需接续起来。符号为：。

（七）分段

在修改时发现一个段落太长，意义不够简明，在可以分断处用分段符号标明另分一段。符号为：□□←——。

（八）移左或移右

这里主要涉及的是版式设计。比如行首该空格而未空格，或该当空两格实际空了三四格，符号可用|←或→|，既标明了移动的方向，也要准确标明移动的位置。

（九）加空、减空

当字距或行距不合理想时，使用∨或者∧来纠正。用箭头指向空处，意为加空，符号的开口处指向空意为减空。字符间要留多大的空？可以用＃号代表一个字距。

（十）恢复

所说恢复，就是取消删除，可在删除符号的线条上打几个短线，并在意欲恢复的字符下画出小△表示。

（十一）代替

如果某个字词需要修正，它又存在多处，如“阿桂”不对，应该是“阿 Q”，则将意欲修改的每一个“桂”字圈划起来，在页边处注明◯＝Q。也可以像改正那样画出线条将正误连起来，只是需要多划几条线。

二、不同文体修改例说

（一）小说的修改

小说是什么？小说就是用散文讲述虚构的故事。这是一个很简洁的定义，正因为它简洁，也就少了些呆板、束缚。当前小说创作的兴趣不在于循规蹈矩地制作文本，甚至不在于反映外在世界和阐发主观态度，作者们的兴奋点在于艺术形式的探索、创新。在这里，我们是在这样的假设条件下进行讨论：你已经有了一个小说稿本，定稿前还应该做点什么？

在这里，我们实在无法向大家提供具体可操作的修改原则，因为正如英国的罗杰·福勒所说：“实际上不存在典型的小说。”① 当前，在现代主义和后现代主义大行其道的时代里，传统的现实主义文学甚至更加传统的通俗的武侠小说仍然大量地生产并拥有大量的读者。在此情形之下，任何实用的小说写作原则都会受到尖锐的嘲讽，不是来自这一方面，就是来自哪一方面。但是，我们还是可以就一般情况做一点探讨。

1. 如何使小说“可信”？

叙事作品常常以假设作为逻辑前提，比如卡夫卡的《地洞》，它的先决条件是一个动物的生活类似于人类，所以它们也有人类的思维方式和内心感受。修改小说稿本时首先要斟酌小说中故事的假设前提是否可接受，其次是考虑在这个假设前提的基础上发展起来的故事是否有内在统一性。初学写作者在创作小说时往往会忽略某些不该忽略的细节，使得作品不够严密，尤其是在初稿中。

2. 按照哪种“范式”经营小说？

时常发现初学写作者的小说习作是两个或三个元件很不协调地被一条细弱的线索串联起来，A 部分是武打风格，B 是写实主义的，C 则是典型的表现主义。修改时要使它统一——除非你认为这样的“四不像”样式的蒙太奇组接效果令你十分满意。

3. 读者会接受你的小说吗？

故事可以是荒诞不经、令人难以置信的，但故事中人物的情感应该是人们能

① ［英］罗杰·福勒：《语言学与小说·序言》。

够理解的、熟悉的。你可以讲一个猴子（如孙悟空）的故事，也可以讲一个鬼（如《画皮》）的故事。但是，如果人们不能根据他的生活经验和情感经历理解故事中人物的内心活动，就不会接受你的小说。其实，每一个故事都可以用不同的方式讲述，也可以在讲述中寄托不同的情感，经过反复修改我们不难发现这一点。

（二）学术论文的修改

科研论文相对来说是由一些固定的要素构成的，这些要素可以从浑然一体的论文中分析出来，供我们审视。分析这些构成要素，既可以指导我们在论文写作完成初稿之后进行检验、修改，也可以帮助我们在动笔前有一个严密的构思，行文时尽量达到完善。细致地分析，科研论文中的诸要素远不只一般而言的议论文“三要素”，科研论文的写作者应该注意更多的细节。

美国印第安纳大学的加瑞·拉普为科研论文制定了这样一个大纲①，很有启发价值。我们甚至想提醒大家，在学习和研究任何一种文体时，都应该借鉴这样的思维方式，分析文本构成中的要素，尽可能地摆脱模糊性模仿的原始状态。

1. 内容

（1）引文

a 选题是新颖和首创的吗？

b 作者提出了值得思考的目的和问题了吗？

c 作者是如何使读者相信这篇论文是值得一读的？

d 作者提出了如何解决问题的概括的看法吗？

（2）主体

a 如何使论述得到保障的？（有证据表明对所搜集的数据做了分析，对文献做了评价吗？所提出的设想符合逻辑吗？）

b 论据的提出

1）对相互矛盾的论据处理得当吗？

2）如果有若干论据来源，都予以考虑了吗？

3）所讨论的论据与所提出的目标相关吗？

4）论点内在一致吗？也就是说，一个论点出自另一个论点吗？

5）看上去论点似乎有理吗？

6）选来检验论点是否正确的方法令人信服吗？

c 论文重点的适当与否

1）所选择的重点问题占据了足够的篇幅吗？

① 转引自［美］威·J·麦基奇：《高等院校教学指南》，镇江，职工教育出版社，1989。

2）从读者所占有的信息来源看，所选择的问题是否太具体了？

d　背景材料

1）提供了足够的信息量以使读者熟悉这一问题吗？

2）写入了一些不重要的背景材料吗？

e　论文容易读并且组织得好吗？

f　作者所讨论的问题是引文（绪论）中提出的吗？

（3）结论

a　作者对其发现作了恰当的总结了吗？

b　结论直接与引文（绪论）中所提出的问题相关吗？

c　作者提出了需要进一步研究的领域了吗？

2. 与课堂教学的联系

（1）是否有证据表明已阅读和理解了课堂材料。

（2）是否应用了讲授的材料和论文指定阅读的材料。

3. 形式

（1）拼写

（2）语法

（3）词汇的正确运用：作者不正确地、愚笨地或不恰当地运用词汇了吗？

（4）段落形式：作者的看法是以相关的形式写出来的吗？

（5）脚注和参考文献目录：对借用来的观点和材料说明其来源了吗？脚注和参考文献目录的形式容易理解并前后一致吗？

（6）打字错误：打好的论文校对过了吗？

我们认为这是一个很有参考价值的有关科研论文写作的指导纲要，但是这一纲要也有与我们中国国情不很吻合之处，也要留心，不可生搬硬套。

在小说写作和学术论文写作的有关章节里已经详细地讲述了主体意识、文体规范和写作技巧，修改的目的是为了在这些教学内容的指导下精益求精，尽善尽美。其他文体文本的修改也是这个道理，关键还是要首先培养修改的习惯，然后是不断提高自己的修改能力与技巧。

三、自学小结

学习过这一章之后，对自己的学习情况做一小结，酌情完成下面的作业：

（一）简述你对文章修改的理解和把握

（1）修改能力的实质是怎样的能力？

（2）修改的主要内容有哪些？
（3）修改时，最好遵循怎样的步骤？

（二）从习惯和能力的角度检查自己的不足

（1）你是否有良好的修改作文的习惯？
（2）是否已经掌握不同文体的修改原则？
（3）是否存在修改不如不改的现象？

（三）大致设想一下提高自己修改水平的计划

（1）养成修改作文的习惯，尤其是与同学或朋友讨论修改的习惯。
（2）努力培养自己直觉地把握写作中“优”与“更优”的比较能力。
（3）进一步理解不同文体的理想境界。
（4）模仿与创新——修改完善文本时应注意的问题。

【概念术语】

修改　立意　材料　选择　客观化　范式　文面

【复习思考】

1. 如何理解写作过程中修改的重要性？
2. 修改文章的主要原则是什么？
3. 修改有哪些具体方法？
4. “修改即选择”的说法有道理吗？为什么？
5. 在修改中如何处理文体规范与大胆创新的关系？
6. “自动写作”意味着什么？它会为写作理论与实践带来怎样的影响？
7. 通过自己与他人的实践，分析总结为什么会产生“改不如不改”的现象？

第 20 章

赏心悦目　先声夺人

——写作编辑思维能力的建构训练

1. 教学要求： 学习文章清誊和文本编辑的写作美学规范，形成赏心悦目、境界高远的文本版面。

2. 训练重点： 根据文面的正文首行、文章标题、作者署名的位置公式来处理文面中文字与空白的位置关系；对文字的字体、字号、修饰的选择与文章内容和读者对象的关系的得体性把握。

3. 训练难点： 从公式的计算走向自由自觉的灵活处理。

文章最要节奏，譬之管弦繁奏中，必有希声要渺处。

——刘大櫆

第 1 节　文章清誉、编辑的审美理想与思维操作

一、"清誉"的概念

清誉，即将多次修改过的文稿予以清晰的规范化的最终誊写。清誉是写作行为的最后一道步骤，虽然表面看来它仅仅是一种技术性的操作，究其实质，却可发现它同样具有复杂的内容与重要的意义。

在电脑写作中，清誉的概念已经转化为对电子文本的编辑与排版中的版式设计和字体选择。虽然清誉的形式作了这种转化，但是，关于文章清誉的美学理想和思维操作并未过时，仍然是我们进行电脑写作的基本准则。因此，本章所说的

清誉的概念完全包括电脑写作中的文本编辑中版式设计和字体、字号的选择。

二、清誉的功能

（一）创造书面形式美

清誉，以文字的组合、分布创造出一种文章的书面形式，它反映了作者一定的审美理想和审美能力，又为文章的接受者提供了视觉上的审美对象。

作者在写作实践中逐步形成的文章图样，其中包含着文章书面形式的因素。习作者对文章书面形式的把握是幼稚的，欠稳定的。只有成熟的作者，才能对文章书面形式中美的规律予以把握，并积淀于心灵之中，成为文章图样的一个有机部分。因而，文章清誉所创造出来的书面形式美，既反映了作者审美理想的高下，也体现了其审美能力的大小。但从作者清誉的主观目的上说，他总是想尽力创造出他理想中的书面形式美，换言之，即将他书面形式的审美理想物化。因而，清誉的意义从作者主体角度上说，便是文章书面形式美的创造。

同时，清誉（编辑）中文字的字体选择，实现了字体风格和文章内容色彩、基调的和谐统一，造成一种得体的调子，这样，利用清誉（编辑）中的书法美可以更好地表达思想，使读者更加赏心悦目，有助于实现写作的功能。

（二）有利于文章传播

文章写作，归根结底是为了使文章得以在社会中传播流通，使其中所负载的信息内容在传播中产生各种社会效益。但文章的传播是通过读者的阅读接受而实现的，因此，作者清誉中创造的文章外在的书面形式美，便为读者在阅读接受信息内容的同时提供了审美对象。固然这种审美活动往往是潜在的、不经意的，但却为读者阅读接受提供了便利。因而，清誉的意义从社会的角度上说，便是有利于文章的流通传播。

（三）最终的文章修订

在清誉过程中，作者不但立足于文章书面形式美的创造，而且将逐步地再次审视文稿，把笔下的文稿与具体的文章图样从整体到局部都再次予以观照，从而在最后一次的再认识中作最终修订。我们前面已经说过，文章不但是“不厌百回改”，而且在一定意义上，改是没有止境的。所以，在文章清誉中，作者对文章诸方面进行再认识，势必会发现这样那样的症结，因而，最终修订便不可避免了。

三、清誉（编辑）中的文面美的思维操作

（一）文面美的审美理想

写作者头脑中的“文章图样”诸多因素，如结构、类型、体裁、时空等，皆

是恒常地、抽象地存在着，作者可以“知”，却难以直观地“视”。唯有文章图样中的文面美，作者却可以在心灵中窥视到，即可以内视到一幅文面美的理想图样：

它是一个均衡、稳定的构架。平稳、对称的正文布局之上，居中托举着标题，犹如高大、稳健的塔基与金字塔完美的合一。

它是一幅和谐的、黑白之中却透出五光十色的图画。大块的黑白、正文中间隔着疏落的白底，那是青黛的大地上流淌的沟渠与散布的羊儿；而文首的大块白底中点缀着醒目的黑色标题，那则是白云中飞翔着的一队大雁。

它是一列三军统帅率领着的方阵。那劲道突出的标题正是英武权威的统帅：那方整齐一的正文，则是依次行进的士兵队列所构成的方阵。

它是一块和着徐风节奏，荡漾着清波的湖面。一行一行的文字犹如一道道龙蛇起伏般的波纹，合着韵律无穷的徐风，一波又一波；既柔和又齐整，既多样又统一地荡漾着。它是天地之大美；高远空灵的苍穹与广袤无垠的大地的伟大奏鸣！

…………

意大利美学家克罗齐认为事物的美是在心灵中直觉到并作为表象表现出来的。而文章文面美的审美理想，则是作者长期写作实践中，伴随着文章图样的建构，一次次被直觉并逐渐稳定的形式。清誊中，文面美的审美理想上升到作者的主要意识层面，即使作者在心中重新直觉到上面所描绘的美妙表象，并驱使作者为这一审美理想的实现而努力。

在文章的书面（版式）美中，布白美（尤其是标题页上的布白美）问题具有极为重要的意义。因为，它是以直接感性的图像作用于我们的视觉。可惜，在这个问题上，以往许多作者是不大注意，似乎此时作者并没有对此进行审美活动，所以过去许多教材并不研究这个问题。一些审美修养较高的作者，在处理这个问题时，他只是凭经验，主观为之。这样也未能使文章卷面产生真正的布白的美感。虽然有个别教材已讲到文面美布白美的问题，但是在讲述这个问题时，就像他们文章布白时那样，仍是一种经验的描述。例如有人说，写标题时，要留一行空白。这种机械描述静止僵死的方法无法运用于一切文面。难道一张 30 行的稿纸和一张 15 行稿纸，所留的空白是一样的吗？这种说法的原因在于：这种样板规定未发现文面布白的审美规律，还未上升到审美理论的高度去。再者，按这种说法布白而形成的文章首页，并不产生充分的美感。但是我们在一些看起来有美感的出版物上却发现了一种标题页布白的优美，我们获得了境界高远的审美感受。例如：某些一流出版的一些书籍，文面处理得似乎“增之一分太长，减之一分太短”，可谓恰到好处，十分完美。

（二）文面布白美生成的操作原理

布白美（即书写格式、版式）本质上是解决一个文章书面上的虚与实、白与黑的关系问题，即比例问题。那么，在首页（标题页）上，正文以下的“实”（黑）和正文以上的“虚”（白）的关系和比例是怎样的呢？我们知道，在标题页中的文字是我们表达的内容所在，“黑”、“实”是我们写作书写的主体，这是矛盾的主要方面。而虚、白则是矛盾的次要方面、次要矛盾。这种写作意向决定要在标题页上应以黑、实为主，以虚、白为辅。这样，给人一种厚重、沉着、充实的审美感受。因此，二者绝不能平起平坐。而且两者之间的关系不能互相颠倒，否则头重脚轻，蹈入虚滑之境。我们追求的这种虚实关系，不正是黄金分割的思想吗？因为黄金分割律认为，在整体与最大部分的比等于最大部分与最小部分的比，这个比值是 0.618。

这就是说一篇文章 61.8%的篇幅应是黑、实的地方（文字），38.2%的地方就应该是虚、白的地方。当正文行和标题行的位置确定以后，在标题和正文之间，形成了第三个虚白空间。在这个空间里，作者署名行通常做法，一是署名在 0.5 处，即中间，这样是不好的，因为它显得呆板、毫无生气、动势，不能造成虚实的对比、显示出虚实来，而要达到这样的目的，那么署名行仍然应进行黄金分割。于是这个署名行占这个空间的 0.382 的地方。因为，这样把署名行与标题连成一个整体，从而与正文部分区别，形成对比。倘若把署名行定在 0.618 的地方，那么，就使署名行与正文部分联成一个体，这样是不行的。一方面，隔断了它和标题的联系，因为署名是对文章标题归属的说明；另一方面，则使标题孤单，破坏了标题部分与正文部分的呼应与和谐。

这个第三虚实的总行数＝0.382N－0.236N＝第一虚空（0.382N）—第二虚空（0.236N）＝0.146N

标题行以前空的 M＝第三虚空的 0.382 即

0.146N×0.382N＝0.0557N

为了便于从首行计算虚空，我再加第二虚空 0.236N，于是：

M＝0.292N

那么，B＝0.236N 又是怎么来的呢？在这里实际上要解决的是：第一次文面“空白”上，虚和实的关系比例。与前面不同的是，在这里黑实（即标题，署名文字所占空间）与虚白（标题以上的空白）的比例，恰恰相反，即在这里虚白是主要矛盾，而黑实是次要矛盾。如果把这里空白作为一个整体，整体标题以上的第二空白 B 就是较大部分，而 B 以下的标题、署名，则应是较小部分。之所以这样相近，是因为，第一，必须使标题、署名文字与正文文字连成一气，不能断气，而只有黑部分占少数。第二，要在第一空白上表现出一种地平线的味道，一种空旷感，而实现最早的构思。表面上，安排标题，行数关系不大，实则，这才是布局中最重要的地方，显然，这种布白思想，正是一种黄金分割的思想。根据第一公式，我们可知，第一虚空 S=0.382N，那么，B=0.382N×0.618=0.236N。

假如 N=27，那么 B=6。这就是说，标题从第 7 行上写起。这个“猜想”符不符合事实呢？我们怀着一种忐忑不安的心情，随机地计算了《文艺论》、《美学》等书标题页的虚实规律，结果表明，符合这个公式。

如果说，第一次在整页上，以黑实为主，虚白为次，好像摄影中的叙述性写实手法（交代较多，虚空罗小）的话，那么，在这个虚白中，标题署名的黑实为次，而虚白为主，则像摄影上那种抒情性的写意手法。一实一虚，最后给人这样的审美意象，一个人站在地球，面对虚空之中。这里，正文文字是“地球”，标题是“人物”，而虚白则是“天空”，真正是地远天高，妙不可言。这不正印证了中国古代传统的文章书面布白的“天地”之说么？

（三）文面布白美思维操作中应该注意的几个问题

关于标题中的布局的黄金分割精神，应该注意三点：

第一，这几个公式只意在说明黄金分割精神。最初，我们可以严格按这几个公式去计算标题、署名正文的位置，但是，等到比较熟练之后，即我们把握了布局黄金分割精神——正文、标题、署名应在每次书写空间的 0.618 处或相反 0.382 处——之后，我们只凭感觉就可以了。但无论怎样，大致在黄金分割点附近，不应离这个谱。

第二，前面的几个公式是讲一般情况，在特殊情况下，例如：书籍“序”“跋”和“篇名”以及艺术性文章，则虚实、黑白布局中，可以虚白为主，即在从上到下，0.618 的地方书写正文，其余类推。

第三，在文章书写中具体情况作具体处理，布白页的黑、白的多少，应以文章长短而论，长文章，布白宜空间，短文章，尤其是只有一两页的文章虚白不宜太多，太多则轻佻。

此外，标题页的布白，主要是留出“天”、“地”和安排好小标题周围的虚白空间就行了。

在文面设计中，正文标题、署名位置的布白安排看来是个小事，但是，它却直接影响读者对文章的情感态度、审美感受和审美评价。当我们看到以黄金分割来安排文面布局的文章时，我们感到，作者心灵的空阔、潇洒、大方。我们在文面上一开始就获得了一种自由的审美感受。相反，如果看到一篇从第一行写标题，第二行写正文的文章，我们感到作者是那样吝啬小气，心胸是那样狭窄，计较功利，我们感到一种空间压迫的窒息的难受。显然，我们在这两篇文章面前，偏爱第一篇文章的作者，会自然产生一种美的感受、印象。虽然作者不一定那样，也许，从文面上体现的恰恰是一种错觉，但我们希望有这种感觉。因为它是我们的审美理想。

第2节　清誊（编辑）书法美的理想和实践

一、书写的美感：空间美与时间美

书写的美感，是指在文章文字的美和对文字的排列的结构美。书写美的理想是获得空间美的境界感和时间美的节奏感。从前者来说，是汉字书写时结构、间架的合理安排而产生的开阔感以及汉字书写的字距与行距产生的疏朗感、空间感（书法艺术中所谓“行气”）。后者则是由于汉字书写的笔墨功夫和流畅性而产生的速度感。

在空间美感的形成方面，字的内部结构、间架的空间感，这是书法艺术水平高低的一个重要体现，这不是到了写文章时能够临时有特别的提高的，因此，我们要平时进行书写和书法训练，提高文字书写的审美感。而字的字距和行距问题，则是到了写作时都可以迅速提高一种技能。因为只要我们在书写时，字与字之间保持一定距离，让人看起来疏朗、开阔，赏心悦目。

在电脑上进行文件编辑时，就更好办了。因为，在电脑的编辑菜单中，已经设定了基本的行距形式。

单倍行距：相当于16磅的行距。

1.5倍行距：相当于25磅的行距。

2倍行距：相当于30磅的行距。

最小值：相当于15磅的行距。这是出版印刷标准的行距。

固定值：行距的磅数自行定义。

多倍值：行距倍数自行定义。

一般说来，在进行电脑写作（文字录入）时，正文行距设定为的18磅“固定值”，较为合适，既不拥挤、紧张，也不空疏、无力。而在进行正式打字输出时，如果是长篇文章或书稿，正文的行距选用“最小值”的行距较为合适；如果是短篇文章或公文、应用文，正文则应选用“单倍行距”甚至“1.5倍行距”较为合适，这样的文面开阔、“亮行”，读起来较为轻松愉快。

在电脑的文字编辑处理系统中，为了使文章正文获得开阔疏朗的文面空间美感，还有一个“段距”的概念，即段落与段落之间的间距。段距分段前距和段后距两种，取值一般以“自动”设定为好，也可以自由设定。有了段间距，文章正文就更加具有开阔疏朗的空间美感。

在处理文章的行距时，还要注意文章大标题、小标题所占的适当空间，一般说来，文章小标题的上下（前后）应该在“段间距”的“段前”、“段后”设定 0.5 行的距离，最多“段前”1 行，“段后”0.5 行。在正标题和副标题之间也应在正标题后设定 0.5 行的“段后距”。署名与标题之间空白在上面已经根据黄金分割律进行确定。

二、字体的选择：字体情调与文章内容和读者对象的和谐

这主要讲的是根据文章的具体内容和具体的读者选用什么字体的问题。因为，汉字书法的每种体裁都有一种风格情调色彩。例如，二王的温润、颜体的堂正庄严、欧体的端庄秀美，柳公权的内敛劲健，赵体的旷达与锋芒，米体的潇洒飘逸。我们在每种书体上看到每个书法家的意态和境界。

在现代电脑字体中，各种印刷体和书法体仍然是风格情调各异。当每种字体都有一种表现力的时候，我们在进行电脑编辑排版时，就要熟悉这些字体各自的风格情调，然后把它运用到编辑排版之中去，创造出具有高度美感的有品味的文本版式来，为我们的写作功能意图服务。

当前最新的电脑字体软件中，汉字电脑字体已经达到了五六十种之多，每种字体都有一种风格情调境界，这里我们对一些最常用的电脑汉字字体的风格、情调进行描述，以便于学习运用。

（一）古典庄重体：

这些字体包括传统汉字印刷体，以及在此基础上设计出来的汉字。它们显示出一种庄重典雅中庸的风格、情调，它书用于一些正规的庄重的场合，尤其是政府公文、科学著作的编辑排版常用这些字体。

1. 宋体

宋体的结构间架开阔疏朗，具有端庄堂正的风格情调。宋体排出来的文章看起来比较轻松。这是文章、著作的正文最一般常用的字体。

2. 仿宋 GB2313

仿宋体的笔画纤细，结构间架更加开阔疏朗，遒劲有力。仿宋体还有一种强调的意味。这也是文章、著作、引文、小标题所常用的字体。

3. 楷体 GB2313

楷体风格情调有一种典雅、自由、圆润、流动的感觉。楷体也是文章、著作

的正文常用的字体，尤其是文章的引文、注释，常用楷体编辑。

4. 小标宋、大标宋

这两种字体区别不大，是宋体的加黑。由于它比较注意笔画的修饰性，因此，它具有一种古典、肃穆的意味。它常常用于文章的标题。

5. 隶书

具有古朴典雅抒情的风格情调。一般用于艺术性文章的标题。

6. 魏碑

具有古朴锋芒有力的风格情调，一般用于艺术性文章的标题。

7. 黑体

这是新中国成立以后创造的一种新型的印刷体。黑体字笔画粗壮均匀，有一种激情、力量、权力、速度、急迫、现代的感觉，常常用于文章的大标题，具有号召性。

8. 姚体

这也是新中国成立以后创造的一种新型的印刷体，其特点，一是改汉字的方形为长条形；二是去掉其笔画上的装饰性部分。这样，姚体就有一种快节奏的感觉。它一般用于文章的标题。

9. 行楷

这是书法家任政创造的一种现代行书字体。具有一种流动感、抒情性、自由性。一般用于文章的标题。

10. 舒体

这是书法家舒同创造的一种现代颜体书法。其风格特点是既有颜体的庄重、深厚、大气，又有行书的流动、自由、抒情。舒体把这两种风格很好地统一在一起了。舒体一般用在标题上。

（二）现代节奏体

现代节奏体是中国香港、台湾创造的一种现代的汉字印刷体。这种字体是现代快节奏社会书写文化精神在汉字字体创造上的典型反映。这些字体的总体的最大特征是笔画划一、笔画流畅、没有烦琐装饰，它们给人的总体感受是高速度、快节奏、紧张感、高密度、和谐性。现代节奏体的基本书法美学思想还是建筑在传统方正、中庸、严肃的传统美学基础之上的，只是将传统汉字字体加入了现代化成分而已。就节奏感意义说，上面所讲的黑体、姚体也属于这种字体范畴。现代节奏体一般用于非官方的商业、广告等艺术性文章的编辑上。

1. 细圆

细圆体，从圆意义上使人想起的汉代小篆：均匀、快速；从细的意义上，使人想起宋徽宗的瘦金书：纤细、空阔、高远。不仅如此细圆的主要特征是字的结体上开阔的空间感。这样细圆体就既有高远的空间感，又有快速流动的时间感、速度感，具有极强的时代特征。细圆体一般用于非官方类文章的正文。

2. 准圆

在细圆基础上的加粗。其感受和细圆差不多。但准圆一般用于文章标题，尤其是小标题。

3. 粗圆

在准圆基础上的加粗。其感受是节奏和粗犷。只能用于文章的标题。

4. 琥珀

在粗圆基础上的夸张性加粗，笔画极为密集、堆砌，甚至重叠。因此，其感受是节奏、粗犷和信息密集，还有肌肤感。只能用于文章的标题。

5. 彩云

是对琥珀体的“飞白”。其特点既有琥珀体的风格色彩，又有“飞白”的感受。琥珀体只能用于文章的标题。

6. 综艺

如果说以上的这五种现代节奏体都是建立在圆笔基础上的话，那么，“综艺”体则是建立在方笔基础之上的。综艺体和黑体有一些相似：首先，都是方笔。但是，综艺体的没有曲线，只有直线。这样，综艺体的最大特征是快节奏性，给人强烈的节奏感受；其次，综艺体的笔画较粗，给人产生信息密集的感受，这是一种快节奏的表现。综艺体一般用于文章的标题。

7. 隶变

传统“隶书”是一种扁平的空间结构，而“隶变”是一种方形的结构；同时，传统“隶书”强调笔画的修饰性：所谓“蚕头燕尾”的用笔，这样显得抒情化，而“隶变”体收敛“蚕头燕尾”，运用圆笔起结。这样，“隶变”就传统隶书带劲了现代。既有隶书的典雅古朴，又有一种现代的节奏感、速度感。将两种时间感（悠远感、时代感）有机融合在一起了。“隶变”主要用于文章的标题。

8. 水柱

水柱体还是对隶书的现代化，并且运用书法中“屋漏痕”的技法，使字体显得自然、流畅、动感、节奏、韵律，具有较强的艺术性。所以，水柱体具有典雅、动感、抒情的感觉。水柱体多用文章标题上。

（三）后现代解构体

古典庄重体和现代节奏体的主要差异是时间感、节奏感，而共同之处则是认同传统的书法审美理想。而后现代解构体的一个最显著的特征是“审丑”。其基本的审美态度是对传统的书法审美理想的嘲弄、挑战，最后达到对书法的元叙事的消解、解构，从而确立个性和自我。因此，后现代的字体创造并不以传统的书法审美为宗旨，而是以对抗传统书体风格为特征的“我”字体为时尚，以自由的手写体为时尚。因此，后现代解构体有一种时尚感、前卫感、反潮流的嬉皮士风格。后现代解构体一般用于广告、商业、娱乐性的文章的标题上。

1. 童体

模仿儿童的书写，虽然有一种幼稚、不成熟的感觉，但是有一种新鲜、质朴、清新的审美感受。

2. 弯体

弯体还是在隶书的基本笔法基础上变化，但是，弯笔多用呈弧形。

3. 海报体

是以画笔中的排笔为基本书写工具进行手写黑体。其特点是快速、随意、马虎。

（四）文章编辑的字体选择时需要注意的问题

1. 注意根据文章的内容选择适合的字体

例如，行政公文的字体只能选择古典庄重的字体，而不能选择现代节奏字体，更不能选择后现代解构体字体，否则就显得不严肃，显得滑稽。同样，对于非公文性的艺术写作、商业写作的字体，如果一味地选择古典庄重体，便显得陈旧、呆板、保守，缺少时代气息，也缺乏新鲜感、刺激性。

2. 注意根据文章读者对象选择适合的字体

例如，写给老年人的文章，宜用古典庄重体编辑，而写给年轻人的文章，可以用现代节奏体和后现代解构体编辑。

3. 在一种文本中，字体的风格要有特点、重点，字体的风格不能混乱

一般说来，文章的标题、正文、小标题、注释等文字的字体应该在上述三种字体类型中进行选择。不能标题用古典庄重体，正文是现代节奏体，小标题是后现代解构体。这样没有字体的主导风格，便破坏了字体的风格和表现力。最多只能标题用现代节奏体或后现代解构体，而正文、小标题用古典庄重体。这是字体风格上重复性赋形思维的体现。

4. 字体安排要形成字体风格对比的感觉效果

例如，文章标题与正文的字体要形成对比，正文的字体要和小标题的字体形成对比。一般说来，标题重，正文轻，而小标题的字体既可比正文字体重，也可比正文更轻。例如，以古典庄重体为例，标题用黑体或小标宋、大标宋，正文用宋体，而小标题则选用仿宋体。这样，标题通过重的效果来突出，而小标题则通过风格轻的字体风格来突出。这是字体风格的对比性赋形思维的运用。

三、字号的选择：文章主要信息的突出和主次秩序的和谐

字号大小的选择主要是为了起到对文章的重要信息（标题、小标题）醒目、突出、强调的作用，同时，使文章的字体大小形成轻重主次的秩序，从而产生文章书面文字的视觉美。

一般说来，文章大标题的字号和正文的字号至少要跳过一个号级，但不得大于两个字号。一般情况下，正文用 5 号字，那么大标题通常用 3 号字，也可用小二号字，最多用二号字。不得用小一号以上的字号。而小标题如果用的是比较黑重的字体，可用与正文相同的字号最多大半号的字体（小四号），如果用比较清秀的字体，则可用小四号或四号的字。超过以上的习惯，就会破坏形态上的和谐和主次感觉，显得没有文化素质和审美修养。

第 3 节　文章清誊、编辑意识与思维训练

一、文章文面（版式）的美学分析：演示、模仿与实践

（1）教师选择一篇文章，分析文章的文面（版面）的美感程度。

（2）学生选择一篇文章，分析文章的文面（版面）的美感程度，并将分析结果写成一篇文面分析文章。

二、文面审美化清誊与排版操作：演示与模仿

（1）教师以一篇文章为例，向学生演示这篇文章在清誊或排版中，文面或版面处理的艺术操作，并向学生讲解文面美的基本原理。

（2）学生以自己一篇写好的文章为例，讲述这篇文章在清誊或排版中，文面或版面处理的艺术操作经验和教训。

三、写作实践尝试

学生模仿上述文面处理的分析和演示，独立写成一篇关于文面美的文章，并

独立进行文面清誊或版面编辑的审美化处理。

四、在修改中学习清誊

（1）互相修改；

（2）教师抽评；

（3）自改清誊。

文章清誊编辑评改细则

1. 文章正文第一行的位置是否在整页稿纸的黄金分割线上或附近。

2. 文章标题的位置是否在正文第一行之前空白的黄金分割线上或附近。

3. 文章的作者署名位置是否在正文第一行与标题之间的空白的黄金分割线上或附近。

4. 文章小标题的上下是否留有适当的空白。

5. 如果是电脑写作，排版或者文章出的是电脑打印稿，是否设置了适当的行距和字句。

6. 文面的整页上下是否留有“天地”（空白处，上多下少）。

7. 文章中文字的书写是否流利、易识。

8. 文章大标题的字体和字号与正文的字体和字号是否具有鲜明的区别性。

9. 文章的字体风格是否和文章的内容、读者对象、自己的身份合适、得体。

五、写作素质课后培养

（1）经常留意观察、感受、理解各种报纸、刊物、网页上的文面（版式）美。

（2）进行文面清誊或编辑的综合练习。

（3）记下你最近产生的感悟、认识的思想火花。

（4）写一篇读书心得。

（5）写一则生活随笔。

【概念术语】

清誊　编辑　排版　文面　文面美　布白美　字体　古典庄重体　现代节奏体　后现代解构体　字号

【复习思考】

1. 文章清誊、编辑、排版为什么要讲究文面美？
2. 文面布白美的基本原理是什么？最高的审美理想是什么？
3. 怎样安排文章标题行、正文行的位置、署名行的位置？
4. 在电脑文字编辑中，字体、字号和文章的关系是什么？
5. 在电脑文字编辑中，字体、字号和读者对象的关系是什么？

主要参考文献

一、写作心理学与思维学

陆机．文赋．古汉语修辞学资料汇编．北京：商务印书馆，1980

刘勰．黄叔琳注，纪昀评．文心雕龙辑注．北京：中华书局，1957

启功，张中行，金克木．说八股．北京：中华书局，1994

林可夫主编．基础写作概论．福州：福建人民出版社，1985

刘锡庆．基础写作学．北京：中央广播电视出版社，1985

裴显生．写作学新稿．江苏：江苏人民出版社，1987

周姬昌主编．写作学高级教程．武汉：武汉大学出版社，1989

朱伯石主编，张得一副主编．现代写作学．北京：人民日报出版社，1986

金长民．现代写作学基本原理．天津：天津人民出版社，1996

金长民．写作运思学引论．西安：陕西人民教育出版社，1989

徐江．写作原理新论：批判与建构．天津：天津人民出版社，1999

张天定．写作心理学．郑州：河南大学出版社，1999

温振宇．章法学概论：论诗文著作结构的分析与设计．天津：天津古籍出版社，1988

温振宇．新易学—环—链—网符号哲学．北京：华夏出版社，1994

高楠．写作思维三题．中国写作学的当代进展．香港，新世纪出版社，1991

马正平．写的智慧．1～5卷．重庆：西南师范大学出版社，1995

马正平．广义写作思维原理论纲（上、下）．哈尔滨学院学报．2002（1）、（2）

马正平．非构思写作学宣言：后现代写作学的观念、原理与方法（上、下），海南师范学院学报，2002（2）、（3）

陈果安．现代写作原理．长沙：中南工业大学出版社，1995

神秘的文心．长沙：湖南地图出版社，1993

陶嘉炜．写作与文化．上海：上海外语教育出版社，1998

黄景容. 写作心态. 福州：福建教育出版社，1993
刘雨. 写作心理学. 长春：东北师大出版社，1900
金道行. 写作心理探索. 南宁：广西教育出版社，1991
张红雨. 写作运思学. 长春：吉林大学出版社，1991
张传真. 写作操作技巧. 北京：军谊谊文出版社，2000
周德仓主编. 写作素质训练教程. 上海：东方出版中心，1998
周森龙. 现代写作论稿. 天津：天津人民出版社，2000

二、普通心理学与思维学

钱学森主编. 关于思维科学. 上海：上海人民出版社，1986
中国社会科学院外国文学研究资料丛刊编辑委员会. 外国理论家、作家论形象思维. 北京：中国社会科学出版社，1979
毕富生. 科学研究与思维方法. 北京：中国当代出版社，1997
[苏] 列夫·谢苗诺维奇·维果茨基. 语言与思维. 杭州：浙江教育出版社，1997
[苏] 阿·尼·列昂捷夫. 活动·意识·个性. 上海：上海译文出版社，1980
朱智贤，林崇德. 思维发展心理学. 北京：北京师范大学出版社，1986
江圣安主编. 思维心理学. 上海：华东师范大学出版社，1992
周农建. 摹本与蓝图——意识新论. 北京：人民出版社，1988
李欣复. 形象思维史稿. 济南：山东教育出版社，1998

三、文学艺术心理学与思维学

[苏] 爱森斯坦. 结构问题，爱森斯坦论文选集. 北京：中国电影出版社，1962
[苏] 科瓦廖夫. 文学创作心理学. 福州：福建人民出版社，1983
[美] 艾伦·科普兰. 怎样欣赏音乐. 北京：人民音乐出版社，1984
[苏] 列·谢·维戈茨基. 艺术心理学. 上海：上海文艺出版社，1985
[美] 韦思·布思. 小说修辞学. 南宁：广西人民出版社. 1987
金开诚. 文艺心理学论稿. 北京：北京大学出版社，1982
鲁枢元. 创作心理研究. 郑州：黄河文艺出版社，1987
刘再复. 性格组合论. 上海：上海文艺出版社，1986
陈新夏，郑维川，张保生. 思维学引论. 长沙：湖南人民出版社，1986

孙绍振．文学创作论．沈阳：春风文艺出版社，1987

吕俊华．艺术创作与变态心理．上海：三联书店，1987

杨春鼎．文艺思维学．南京：东南大学出版社，1989

颜纯钧．电影的解读．北京：中国电影出版社，1995

王克剑．文学创作心理学．北京：中央民族大学出版社，1997

杨文虎．艺术思维和创作的发生．上海：学林出版社，1998

四、文学写作学、艺术文化学、文学文化学

林辰选编．世界100位作家谈写作．上海：上海文化艺术出版社，1987

刘再复．性格组合论．上海：上海文艺出版社，1986

杜书瀛．文学创作美学纲要．沈阳：辽宁大学出版社，1986

［俄］巴赫金．文艺学中的形式主义方法．桂林：漓江出版社，1989

杜书瀛．文学原理/创作论．北京：社会科学文献出版社，1989

劳承万主编．现代文艺学原理纲要．乌鲁木齐：新疆大学出版社，1994

劳承万主编．现代美学原理纲要．乌鲁木齐：新疆大学出版社，1994

张英进，于沛编．现当代西方文学社会学探索．福州：海峡文艺出版社，1987

［法］罗贝尔·埃斯卡皮尔．文学社会学．上海：上海译文出版社，1987

周宪，罗务恒，戴耘编．当代西方艺术文化学．北京：北京大学出版社，1988

［美］R. 韦勒克．文学思潮与文学运动的概念．北京：中国社会科学出版社，1989

周安平等编．文学的现代意识．南宁：广西人民出版社，1990

丁亚平．艺术文化学．北京：文化艺术出版社，1996

畅广元．文学文化学．沈阳：辽宁人民出版社，2000

五、语言学、修辞学

徐通锵．语言论—语义型语言的结构原理和研究方法．长春．东北师范大学出版社，1997

徐通锵．基础语言学教程．北京：北京大学出版社，2001

申小龙．语文的阐释．沈阳：辽宁教育出版社，1991

申小龙．汉语语法学．南京：江苏教育出版社，2001

［美］大卫·宁等，常昌富，顾宝桐译．当代西方修辞学：演讲与话语批评．

北京：中国社会科学出版社，1998
当代西方修辞学：批评模式与方法. 北京：中国社会科学出版社，1998
陈汝东. 社会心理修辞学导论. 北京：北京大学出版社，1999
许保强，袁伟选编. 语言与翻译的政治. 北京：中央编译出版社，2001
陈汝东. 认知修辞学. 广州：广东教育出版社，2001

六、文体学与叙述学

童庆炳. 文体与文体的创造. 昆明：云南人民出版社，1994
陶东风. 文体演变及其文化意味. 昆明：云南人民出版社，1994
张德禄. 功能文体学. 济南：山东教育出版社，1986
王佐良，丁往道主编. 英语文体学引论. 北京：外语教学与研究出版社，1987
张毅. 文学文体概说. 北京：中国人民大学出版社，1993
张德寅编选. 叙述学研究. 北京：中国社会科学出版社，1989
徐岱. 小说叙事学. 北京：中国社会科学出版社，1992
杨义. 中国叙事学. 北京：人民出版社，1997
申丹. 叙述学与小说文体学研究. 北京：北京大学出版社，1998
徐中玉主编. 中国古代专题资料丛刊. 北京：中国社会科学出版社，1992
艺术辩证法篇. 北京：中国社会科学出版社，1993
神思，文质篇. 北京：中国社会科学出版社，1995
王宁主编. 诺贝尔文学奖获得者谈创作. 北京：北京大学出版社，1987
裴善明编. 诺贝尔文学奖获得者访谈录. 南京：江苏文艺出版社，1997

跋　正对本土　平视他者　独立言说[①]

——评马正平主编“高等写作学教程系列”的学术立场

徐妍　刘晓丽[②]

由马正平主持、主笔的教育部“面向21世纪课程教材”——“高等写作学教程系列”1～5卷就诞生在这个刚刚过去的秋天。它面临的现实处境是怎样的呢？在众多的写作学教程里，人们是否仅仅在一瞬间将目光凝聚在“面向21世纪课程教材”的太阳大海帆船的标志性徽记上，随即却步于它高高的城墙与宫门之外？当然，常态的学术之路从来都是通向一个理想主义的寂寞城邦。这套以大理石抑或叶脉的纹理也许是文章的文理、生命的文理作为封面设计的学术之作自然也不敢在喧嚣的时代作更多的期望。或者说，“高等写作学教程系列”坚守的只是自己的岗位，完成的只是分内之事：“仅以此书献给——为建设中国当代写作学学科大厦而筚路蓝缕不懈拼搏的前辈、时贤与后学们。”

逆流而上的学术之路

在中国当代学术史上，没有任何一个学科如写作学一样饱尝了颠簸的苦楚。它不仅要历经百年传统断裂、一度政治高压、西方强势文化与商业大潮联合冲击等学术之外的诸多因素的围剿，还要承受学术阵营之内的某些固有观念的歧视。甚至，一位德高望重的前辈学者的一句话就可以否决了它的生存权。时至今日，在学科林立的当下，它依然寄居在其他学科的篱下。没有身份，到处漂泊，居无定所。但是，就是在这样的学术境遇里，中国当代写作学学科正面直视一切的压

---

① 本文原载于《中华读书报》(2009-02-19)，后收为本书跋。

② 徐妍，东北师范大学文艺学（写作学）硕士，北京大学文学博士，现为中国海洋大学文学院教授；刘晓丽，东北师范大学文艺学（写作学）硕士，华东师范大学文学院文学博士，现为华东师范大学文学院教授。

力，不乞求同情，更不接受怜悯。马正平等一代献身于写作学的中青年学者执著地在这个人道是“最没有学问”的地方做出了真正的学问。马正平主编的“高等写作学教程系列”从形而上的追问到形而下的研究完成了当代写作学大厦的落成典礼。“我们终于走过来了。”马正平在“后记”——《重塑中国当代写作学的当代形象》中的一声叹息里难以抑制找回写作学学科尊严的复杂的心情。

“高等写作学教程系列”5卷，包括写作学的要义之作《高等写作学引论》、写作学的操练之作《高等写作思维训练教程》、写作学的目标之作《高等文体写作训练教程》（上、下）以及写作学的应用之作《中学写作教学新思维》。这种从理论性到实践性的总体层次表明了写作学学科的特质：哲学性与操作性的统一。这是当代写作学的安身立命之处，也是走出现代写作学困境的开始。进一步说，“高等写作学教程系列”一方面打破了以往学界褊狭地将写作文化背景与写作思维操作对立起来的思维方式，另一方面又在消解二者的界限处确定了写作学的独立性：“写作学是一门研究人类写作行为基本规律的人文学科。”“本质上它是一门术科（技术、艺术、智慧的操作），但是，这‘术’中又包含一套深刻的原理和知识体系”。这样将写作学确定在形而上与形而下相联姻的综合性与整合性的位置上是写作学学科的根本突破。可以说，持这样的论点必须具有谨严的学术体例与充足的学术勇气即至少要回答两种声音的质疑：综合性是否意味着没有专业性？哲学与操作的结合如何可能？

应该承认，如果从科学主义的专业分类学的角度来看，写作学的综合性的确呈现出与其他具体专业学科的重合之处。由此，写作学的综合性曾经被其他学科的学者视为缺少独立性的论据自然有一种合理性。但是，如果质疑的学者能够从人文主义的立场审视写作学的综合性，就会发现任何一门专业学科都不能包含写作学的内涵：写作哲学、写作美学、写作文化、写作思维等写作智慧与写作行为的同构与统一。这也正是马正平将写作学学科界定在“人文学科”的深意——他意欲让写作学学科自拔于现代科技时代的极度的专业化。同样，将技术与哲理整合为一体或二者并重自然会引起学界包括写作学学科内部的某种程度的忧虑，如有写作学学者认为这样会迷失写作学的研究方向。也有的写作学学者认为写作文化论与写作过程论是“二元论”的表现，也是当代写作学的矛盾之处，但这样的忧虑还是囿于精密化的学科观念。或者说，当代写作学在“人文学科”的视域里所敞开的必然是一个整合而不是缝合的“人类写作行为基本规律”的哲学与技术的天作之合。事实上，这种整合观不是写作学学者的一相情愿，已经有铁定的事实证明了当代写作学理论的可行性：文学创作尤其是小说创作已经证明了每一次新技术革命都源于哲学观念的变革；也可以说，每一次哲学观念的变革必然地同时引发出技术的革命。如现代主义与象征、隐喻的应用，结构主义思潮与叙事学的诞生，后现代主义与零度写作的风行。思维即写作，写作也同样即思维，“高等写作学教程系列”的综合性与整合性实际上只是还原了一个长期以来被遮蔽的事实。

当然，“高等写作学教程系列”对于写作学的本原内涵的还原本身就是一条逆流而上的学术求索之路。或者说，马正平等当代写作学学者对于写作学的学科界定依凭的不是书生意气，而是坚实的学科建设。在“高等写作学教程系列”里，每一步学术的探索与争鸣、焦虑和成果、出发与回返都是以学理的不可辩驳为规则的。例如，这个系列的开篇——《高等写作学引论》里就记录了当代写作学学者从冬到春，从春到夏，又从夏到秋的沉重步履。即便是到了90年代，写作学从整体上看，还是向写作理论与写作实践两极分化。为了应对这一现状，更为了凸显写作学的整合观，马正平在世纪之交提出了“非构思写作学”的总结性的理论。非构思写作学是对构思论写作学的反拨，它并非不进行思考，而是反对用定型性构思束缚写作思维过程中的自由与自在状态。即“通过整套科学写作思维模型——重复与对比的赋形思维、分析与综合的路径思维，在协调与对抗思维的调控下展开主题，直接生成写作思维网络，思维伴随运笔，思维的过程也就是行文的过程，思维完成，文章成品也即完成”。此外，非构思写作学除了整合了90年代的两种论争，还契合了后现代精神并实践了传统文化的生命哲学。

不必讳言，写作学作为一个永远敞开的学科，它的成熟期实际上意味着刚刚起步。由于学科的基础薄弱、学术境遇的诸多不如人意，整体学术水平受到了限制。这一点，在“高等写作学”中都是必须承认的事实。只是，当代写作学大厦的基石已经确立，这一点，毫无异议。

唤醒写作学的本土记忆

当代写作学的道路尽管曲折，但一直向前。这其中的动力源除了学科意识，还缘于一个神圣的信念：恢复被中国现代写作学者们一度中断了的中国传统写作学根基。所以，正对本土，一方面是指接受学科建设的多重阻力的挑战，另一方面意味着承担传统文化复兴的重任。而在全球化的语境里，后者比前者更艰难——它需要一点一点地唤醒本土的历史文化记忆。事实上，这是现代中国知识分子越来越焦灼的伤痛。世纪之交，这种心愿尤为强烈。它如海潮总是在夜半之时冲刷着中国知识分子的内心，让他们无宁静之夜。但是，经历了20世纪初期和末期的两次西方思潮的冲击，世纪之交的知识分子已经不再采用以往的救亡与启蒙的宏大叙事话语。他们更倾向于低调而坚实地固守自己的岗位。例如文艺学学者旨在以发现东方与文化输出的实事来对抗西方强势话语并让西方在渐进中了解中国。比较文学学者尝试着用中国先哲思想处理西方哲学家的个案事例来说中国的事情。（看起来说的不是中国事，但听起来确是中国事。）中国当代文学引进了西方的文学创作理论，但依然可以书写中国人的古典情怀。同样，马正平等当代写作学学者则是要通过对汉语传统写作思维的拆解重现中国本土中曾经存在过的中国写作理论并建立当代人心、文心的新秩序。

进一步说，马正平主编“高等写作学教程系列”从始至终都是在学科建设里实现深藏内心的神圣使命。这种岗位意识除了由于知识分子情感表达方式的暗中转换，还因为他对学科自身与传统写作理论之源断裂后的现状有着清醒的认知。马正平在“高等写作学教程系列”的姊妹卷——五卷本学术巨制《写的智慧》[①]第五卷中，回眸了百年中国写作学史：“在19世纪末中国写作学达到又一个辉煌时期，已经抵达古典主义的最高峰。然而，这辉煌也意味着衰颓。伟大的五四、‘白话文运动’在对其局限性进行批判的时候，却把洗澡的婴儿倒掉了。从此，中国古代写作学被颠覆，被摧毁，被冻结。正是在这张白纸上，在西方文化的引进的同时，西方的写作理论（作文法）乘虚而入被全盘引进，中国现代写作学就是从这个基点上培植起来。本世纪中叶，苏联的文学概论体系又被引进，50年代末60年代初的中国高校写作知识体系便在此基础上建构，一直到21世纪70年代末。新时期（八九十年代）以来的中国当代写作学发现了20世纪现代写作学抛弃传统的致命弱点——不符合国人的文化思维心态，于是不自觉地在回归中国古代写作学传统精神。”这段充满伤痛、情感复杂的话语若从不同的基调解读会有两种不同的含义。

从悲观的基调来看，中国传统写作学在晚清达到了巅峰。但，就在此时，它越来越不可避免地暴露出致命的局限。也恰在此时，它遭遇了一个从天而降的巨石——西方写作学——绊住了它的步履，不得不中断前行。而这块巨石化做了一块界碑：西方思潮从此在现代背景上清洗着中国人悠长的历史记忆。待到醒悟时，传统没死，但我们已经奄奄一息。从乐观的基调看，我们一面追赶着未来，同时又对过去的断裂进行回溯性修正，二者之间形成的辩证法，使得断裂也成了重建的一个组成部分。我们已经醒来，就说明我们没有真正沉睡。我们已经思乡，说明我们没有真正忘乡。也许，马正平等中国当代写作学学者已将悲观与乐观合为一体，即他们更愿意持一种悲剧的乐观精神。否则，“高等写作学教程系

① 马正平所著《写的智慧》（共5卷：《写作行为论》、《写作文化论》、《写作生长论》、《现代写作教学：原理与设计》、《现代写作学：批判与建构》）175万字，由西南师范大学出版社1995年出版。

列”就不会呈现出一种现代意识下传统写作学理论的复归。而且，在“高等写作学教程系列”里，正是传统写作学理论的滋养给予了当代写作学学者正对学科贫乏并走出困境的可能性。还是让我们进入到“高等写作学教程系列”中，解读传统写作学如何加入了当代写作学的理论建构并反观当代写作学如何激活了传统写作学，使它具有真正的现代性，成为时代的学术前沿。

20年来，中国当代写作学研究的一次最大的学术争论，就是1987年过程论写作学与动力－过程论写作学的争论。所谓动力－过程论写作学就是既强调写作主体的主体性建构又强调写作过程深层思维规律研究的写作学。其实，动力－过程论写作学旨在重现中国古代写作理论中的精髓要义：文章不朽论，修养与胸襟论，文采、文气、文情一体论。写作主体论“虽然在新时期是一种进步的、激进的、新潮的写作理论，但本质上具有一种浓郁的古典写作学意味，因为它所强调的东西，中国古代写作理论已经强调过了。前述叶燮的名言是这样，王国维的境界论中说的也是这样，再往前追溯，韩愈、曹丕乃至孟子、孔子的文气说、立诚说仍是这样”。在这样的声音里并不掩饰对于传统写作学的寻根的渴望。

毫无疑问，当代写作学的真正命名则开始于马正平的“写作文化论”。但是，当学术界置身在80年代中期文化热的特定语境里，人们很容易将“写作文化论”归结为文化热的成果的平移转化。只有在时间的距离里，我们才能够客观而清醒地做出这样的判断：文化热至多提供了一个灵感，“写作文化论”更是来自当代写作学与传统写作学之间的血缘联系。或者说，“写作文化论”同样是再现中国古代写作理论中的精髓要义：写作“通变”论、“文章合时”论、“文章须有益于天下”论等中国古典写作学主张。正因如此，马正平强调写作文化论不等于一般的写作主体论，而是一种强调哲理、文化、美学的当下化历史性的具体化的写作主体论。在这样的声音里同样掩饰不住对传统写作学的寻根的渴望，只是当时学界中人过于将目光聚焦在再度漫入的西方思潮。即使回望传统，也大多关注着文学创作的内容的寻根。而写作学界的关于对古典写作学思想的“寻根”之音则被众多的声响淹没了。更少有人仔细分辨“写作文化论”中的“文化”内涵与引进的诸多的文化界定的一个关键的差异性——前者是从中国古汉语的词源学而来却道出了中国人的本原含义：“古汉语中的文化就是用文德来教化、化育、改变的意思。”后者无论有多少解释，都来自拉丁语的词源：耕作、耕耘。可见，马正平提出的“写作文化论”首先来自传统的馈赠。这意味着当代写作学的生命已经植根在传统的“文化”观上。而当代写作学一经植根在传统的“文化”观上，它就会自动开启许多曾经被一个世纪的时间所尘封的门扇：一个是写作哲学之门，另一个就是写作美学之门。

那么，写作哲学与写作美学如何实现各自的现实与审美理想？写作思维学就是一条有效的路径。在这条路径上，写作思维学得到了意外的收获。如赋形思维的基本原理——重复与对比理论就孕育在传统写作学的文章思维模型“起、承、转、合”的内部。“起、承、转、合”虽然在时间的演变过程中在八股文达到极致之时也同时堕入僵朽；但，它既然曾经在古代写作学里存活得那么长久，也一定有充足的理由。为此，马正平不仅在“高等写作学教程系列”里，而且，在《写的智慧》里重新审理了这个百年的冤案并出庭辩护：“起—承—转—合，我以为这是中国人在世界写作史的最大贡献，因为，这个章法模式，一方面概括了文章语言文本上的书面语言结构的表层结构——开头、中间、结尾——这种顺序模式、一维线性模式，‘起’是文章的‘开头’，‘承’、‘转’就是文章的中间部分，‘合’是文章的‘结尾’；另一方面，最重要的是这个模式也概括了作者进行文章结构安排时的心理思维立体、共时性思维结构模型。”“起承转合的本质是重复与对比的最要求化章法组织。”在这里，马正平终于破解了作为中国古代写作学纲领的“起承转合”章法微观的写作思维“基因图谱”。为了给历史的冤情讨一个公正的说法，马正平出示了50万言的论据：《高等写作思维训练教程》就是以赋形思维即重复与对比作为训练的目的、理想与动力的。

此外，“写作措辞学”是对桐城派的“行文”理论的现代超越，“写作智慧学”是对传统的赋诗法、“比、兴”手法、春秋笔法、讽喻等中国传统的写作方法本质的现代转换，“写作能力观”是对传统的人格胸襟说、发愤动力说的现代阐释。如此，等等。

一世代的人过去了，
另一世代来临，是在他们被毁
的地方一个新的回转，
在日光下我们筑屋，筑路，筑桥：
我们所有的劳役不过
是祖业的重复（隐现）

一位天才诗人以彗星般的诗句道出了一代学者包括写作学学者在正对本土传统之时的敬畏、虔诚、温柔与激情。

与他者同步或超前之行

“高等写作学教程系列”在正对现时的本土与历史的本土之时，也始终在与他者进行对话。而且，在强势的他者文化面前，“高等写作学教程系列”选择了平视的视角，即它研究的问题是自身的，采用的方法也是自身的，预定的目的也是自身的。他者，可以为我们提供参照和启发。但，我们既然用汉语言而不是他者的语言写作，他者，就只能是我们时代写作文化的构成要素或者说一部分而非暗中坐标。这样，“高等写作学教程系列”就具有了强健、沉静、谨严、客观的学术心态。这一心态与当下的妖魔化中国或妖魔化西方迥然有异。尤其，如果我们稍微追溯一下中国百年学术史，就会明白这一学术心态的学术意义。

百年中国学术史，概括说来，是一个充满矛盾与焦灼的历史。一方面，意欲从传统中反叛出来却使生命失去了依托；另一方面，幻想在他者文化中再生新我又始终都是一个虚妄。悬空，在悬空中仰望他者的拯救，或者与他者一同坠入不能自拔的现代文化的深渊之地，是百年中国学界不约而同的主流选择。从王国维的《红楼梦》研究到20世纪末中国学者的后现代追踪，都是在试图用他者的理论框架解释中国的现象与问题。结果，百年里另一脉中国原初的学术样式——从王国维的《人间词话》经钱锺书的《谈艺录》到《管锥编》便渐渐消隐在学术史里。而西式学术范式已经成为唯一的学术规范。当然，向他者引进某一阶段的强势文化的尝试不能简单地脱离历史性的语境否定其历史性的意义——它在依凭西方理论资源的同时也是为了寻找中国社会及中国学术出路的过程。只是，当我们既缺失王国维、陈寅恪、钱锺书的国学底蕴，又盲从于一个想象性的文化神话的时候，便很容易迷失了自己的判断。

“辛苦钱塘江上水，日日西流，日日东趋海。”（王国维《人间词·甲稿》）所以，一个百年的尽头，中国学者在开始利用他者文化资源的同时，已有学者倾向于回转到自身中来，重新打量经过现代化洗礼的中国文化。而只有回转到自身中来（“高等写作学教程系列”列举了诸多中国传统写作学的非构思写作理论主张和创作经验，重回古典式非构思写作的方向），我们才能具备与他者平等意义上对话的可能与资格。

也正是在这个意义上，“高等写作学教程系列”的“非构思写作”既标志着对写作学的学科贡献——它在写作生长论的基础上依据思维操作模式、模型破译了写作生长的神秘性，使得写作的生长经混沌再到有序，又超出了写作学的学科界限或者说验证并实现了后现代写作文化的要义，即将写作学学科置身在后现代文化语境中并以在传统写作学的滋养下成长后的当代写作学反思西方的构思论写作学与后现代文化。正如马正平自述：“‘非构思写作学’的理论特别重要。它是我整个写作理论的最后的哲学、文化学的概括，也是对中国传统写作与写作学理论的哲学与文化学概括。正是以此与西方的构思论写作学互补与对话，于是取得了平视他者的资格和力量。”这里，马正平还是从岗位、学科意识出发，似乎只是将对话的对象指定在中西写作学理论上，没有让后现代文化直接出场，但“非构思理论”的哲学含义分明含有这样的观点：后现代已经在反叛现代性的逻各斯中心主义的同时走上了歧途——走向了霸权，走向了专断、专制。这一与后现代主义初衷相反的方向与“高等写作学教程系列”的写作哲学与写作美学是背道而驰的。所以，“非构思写作学”本质上就是在学科的岗位上以秩序自由的哲学思想与他者同步或超前之行。

我们还是解读一下“非构思写作”在写作学学科内的定义：“非构思写作就是指运用一整套写作思维操作模型来控制生成性文章立意、文章结构、文章材料、文章语言的自觉化生长过程。”如果仅仅面对这个定义本身，“非构思写作”似乎只是关涉写作的非构思机制，并没有显现出哲学品质。但是，任何写作观的改变都隐含着哲学观念的变革，如果进一步分析这个定义的深层话语，就会发现“非构思写作”是以低调的姿态对西方的理性主义与非理性主义均提出了质疑，试图以“从心所欲而不踰矩”的写作秩序论在后现代语境里走出后现代的困境。这一结论当然需要论据：“非构思写作”的两个关键词“模型”与“自觉化生长”，它们合在一起就是“高等写作学教程系列”所确立的写作学学科性质：哲学性与操作性的统一。这里，“模型”一方面是来自写作经验，另一方面来自古代写作理论的再阐释。“自觉化生长”则不仅神似于古代写作理论中的“凝虑”、“神思”、“运悟”，更意味着一种现代人所渴求的自在的写作状态、生命状态。而后者的含义才是“非构思写作”的微言大义：“非构思写作”就是让写者在思维的立体模型的隐在引导下感受现代社会缺失的自由之境，并同时避免后现代主义的后果——放纵自由。说得更确切一些，“非构思写作学”追求的是一种符合传统中国人理想人格的秩序自由即“自觉化生长”。“非构思写作”与“非构思写作学”是一个具有理性创造精神的人对于奇迹的期待和迎接。而奇迹从来不出现于无序之地，它是对理性的战胜，也是对无序的胜利。它出现在自由秩序之境。

总而言之，马正平编著的“高等写作学教程系列”作为一个“当代写作学成熟的标志性建筑”（孙绍振语），宣告了写作学学科的不可置疑的独立性。同时，这个学科又承担了我们这个时代不可拒绝的与他者对话中文化重建的使命。它将写作哲学、写作美学、写作文化学、写作思维学、写作策略论、写作措辞学等方面纳入写作学的体系之中，体现了写作学的宏大综合性。尤其是写作思维学的研究，使得操作性与哲学性的结合成为可能。但是，“高等写作学教程系列”面临的依然是一个起点，它需要更多的前辈、时贤、后学们的深切关注及进入，继续拼搏与奋斗，直到写作学真正成为一门信息时代的显学。

第一版后记

本教材的编写是在“面向21世纪高等师范院校中文专业主干课程教学内容和教材体系改革研究”总课题组的领导和指导下进行的。要特别感谢四川师范大学文学院院长万光治教授，为了加强写作学学科建设，他将我调来四川师范大学，并成立了四川师范大学写作与思维研究所，让我负责该课题中“写作”课程子课题的研究和教材、“大纲”的编写，为我提供的这个机会，使我得以把20年来我和全国学术同仁的写作学和写作教学理论成果表达出来，对此，我深表感激，这种感激之心是我这四年编写工作的一个重要动力。

多年来，中国写作学会会长、南京大学裴显生教授以及北京师范大学刘锡庆教授，四川大学李保均教授、李朝正教授，福建师范大学孙绍振教授、林可夫教授，厦门大学林兴宅教授，一直关注、支持、鼓励我的写作学和写作教学理论研究；辽宁大学高楠教授，福建师范大学颜纯钧教授，中国青年政治学院王东成教授，湖南师范大学陈果安教授，湖北大学洪威雷教授，浙江大学金健人教授以及中国写作学会的其他同道朋友，多年来我们一起并肩战斗风雨同舟，由此而结下的深厚学术情谊，让人难以忘怀；本套教材编写组的同仁，四年来我们一起相互切磋，多次易稿，付出了辛勤劳动；在此，我表示深深的感谢。

本教材的编写指导思想、写作学与写作教学论的基本原理、编写提纲、编写体例由我提出。在1998年6月的各科主编会议上，云南师范大学骆小所教授，广西师范大学张力群教授，西南师范大学熊宪光教授，1999年4月编写会议上，西南师范大学的董小玉、陶红，重庆师院的韩健敏，云南师范大学的余玫，吉首大学的佘佐辰，四川师范大学的何平、邓琴蓉、顾全华诸先生对教材“编写提纲”和“编写体例”进行了认真、充分的讨论，提出了不少有益的意见，我们随后对提纲进行了修订。再将“编写提纲”和“编写体例”寄给本书编委会其他成员征求意见。此后，在一些全国写作学的学术会议上，吉林大学周励，首都师范大学陈亚丽，华东师范大学朱希祥，云南师范大学的李丽芳，四川师范学院的王远舟、汪莉，二炮指挥学院的张传真，常德师范学院郭红、汪苏，宜宾师范学院毛克强，乐山师范学院李康云等先生对教材“编写提纲”和“编写体例”发表了很好的意见，我们也吸收了他们的宝贵意见。

本书各章执笔分工如下：

全书“导论”：四川师范大学马正平；

上编

第1～6章：四川师范大学马正平。

中编

第7～10章：四川师范大学唐代兴；

第11章：写作学方向硕士研究生邹华芬；

第12章：四川师范大学马正平；

第13章：吉林艺术学院卢雪松。

下编

第14章：解放军二炮指挥学院张传真；

第15章：四川师范大学马正平；

第16章：吉首大学佘佐辰；

第17章第1节、第5节：四川师范大学马正平，第2～3节：吉首大学佘佐辰，第4节：吉林大学赵雨；

第18章第1节：四川师范大学马正平，第2节：吉首大学佘佐辰，第3节：吉林大学赵雨；

第19章：广西师范大学赵大军；

第20章：四川师范大学马正平。

全书由我统稿。由于水平有限，本书尚有不尽如人意之处，其错误缺点均由我负责任。

本书在编写过程中，四川师范大学、吉林大学、吉首大学等高校文学院在各方面都给予了大力支持，中国人民大学出版社编审王克方、司马兰女士为这套教材的编辑、出版付出了辛勤劳动，在此表示衷心的谢意。

马正平

2002年4月18日

图书在版编目（CIP）数据

高等写作思维训练教程/马正平主编 . 2 版 .
北京：中国人民大学出版社，2010
（国家级精品课程教材；面向 21 世纪课程教材・高等写作学教程系列）
ISBN 978-7-300-12217-5

Ⅰ. ①高…
Ⅱ. ①马…
Ⅲ. ①汉语-写作-高等学校-教材
Ⅳ. ①H15

中国版本图书馆 CIP 数据核字（2010）第 098932 号

国家级精品课程教材
面向 21 世纪课程教材
Textbook Series for 21st Century
高等写作学教程系列
高等写作思维训练教程（第二版）
主　编　马正平
副主编　陈果安　佘佐辰　邹华芬　王琳
Gaodeng Xiezuo Siweixunlian Jiaocheng

出版发行	中国人民大学出版社		
社　　址	北京中关村大街 31 号	**邮政编码**	100080
电　　话	010－62511242（总编室）		010－62511770（质管部）
	010－82501766（邮购部）		010－62514148（门市部）
	010－62515195（发行公司）		010－62515275（盗版举报）
网　　址	http://www.crup.com.cn		
经　　销	新华书店		
印　　刷	北京捷迅佳彩印刷有限公司	**版　　次**	2002 年 10 月第 1 版
开　　本	720 mm×1000 mm　1/16		2010 年 7 月第 2 版
印　　张	28.5 插页 1	**印　　次**	2024 年 2 月第 9 次印刷
字　　数	506 000	**定　　价**	59.00 元

关联课程教材推荐

ISBN	书名	作者	单价
978-7-300-21309-5	大学写作训练（第三版）	任遂虎	32.00 元
978-7-300-19269-7	写作学教程（第四版）	段轩如	36.00 元
978-7-300-24494-5	应用文写作教程（第三版）	高　玲　段轩如	39.00 元
978-7-300-23253-9	应用写作教程（第四版）	孙秀秋　吴锡山	35.00 元
978-7-300-11874-1	高等实用写作训练教程	马正平	45.00 元
978-7-300-12106-2	高等写作学引论（第二版）	马正平	58.00 元
978-7-300-22884-6	高等基础写作训练教程（第二版）	马正平	39.80 元
978-7-300-20878-7	中文学科论文写作（第二版）	卢卓群	39.00 元

配套教学资源支持

尊敬的老师：

衷心感谢您选择使用人大版教材！相关的配套教学资源，请到中国人民大学出版社网站（www.crup.com.cn）免费下载，或是直接与我们联系。

欢迎您随时反馈教材使用过程中的疑问、修订建议以及您个人制作的课件。您的课件一经采用，我们将署名并付费使用。

样书申请及课件处理，请联系：

龚洪训

电话：010－62515637

电子邮件：6130616@qq.com

选题策划及出版，请联系：

刘　静

电话：010－62513587

电子邮件：12918646@qq.com

地址：北京海淀区中关村大街 31 号

邮编：100080

俯仰天地　心系人文

www.crup.com.cn

中国人民大学出版社网站

欢迎登录浏览，了解图书信息，下载教学资源